闽台建制与两岸关系

Administrative Relationship in History between Fujian and Taiwan

许维勤 著

社会科学文献出版社
SOCIAL SCIENCES ACADEMIC PRESS (CHINA)

前　言

　　福建与台湾两地，在长期的历史发展过程中形成密不可分的关系。这种关系表现于政治、经济、文化、社会方方面面，从研究的角度，可以做出种种不同的细分。无论如何划分，行政关系都是其中无法绕过的关系，在闽台各种"缘"中，算得上一个重要的"缘"。

　　闽台行政关系的产生，既是一种基于地理关系的历史必然，又是其他各种关系得以深化的重要基础。这种关系源远流长。早在南宋时期，就有许多福建沿海居民移居澎湖，有关文献明确记载澎湖及其附近岛屿隶属福建晋江县，地方官府曾采取在岛上造屋遣将分屯等行政措施。元朝进一步加强对台澎地区的行政管理，至元年间设立澎湖巡检司，并征收盐税，仍属泉州晋江县管辖。明朝建立之初，继续保留澎湖巡检司，不久后因实行禁海政策，澎湖巡检司被废。明朝后期，沿海倭患盛炽，福建守军曾多次深入澎湖、台湾追击倭寇，明确宣示台澎一带乃中国门户，不容外国觊觎，并在澎湖设兵把守。1661年，郑成功以福建为基地收复台湾，尊奉明朝正朔建立政权。1683年清朝统一台湾，次年设立台湾府，并入福建行政序列。福建省原来辖有八个府，称为"八闽"，台湾府加入后，改称"九闽"；雍正十二年（1734年）闽东地区福宁州升格为福宁府，福建又称"十闽"。从1684年建立台湾府到1885年台湾单独建省，台湾隶属福建省行政管辖达201年。1885年台湾建省后，隶属闽浙总督，许多行政事务依然与福建省分而不离，台湾巡抚的官印称为"福建台湾巡抚关防"，台湾地方官员的考核任用曾依托于福建，台湾学子依然要到福建参加科举考试，台湾的财政缺口要以福建为主筹措"协银"补给。台湾从各项事业的开发、建设、发展，到最后成就一个行省的格局，一直离不开福建的强力支撑，在清朝高层设计中，闽台两省是"联成一气""内外相维"的关系。

　　这就是福建与台湾两地行政关系发生、发展的主体内容。然而，由于地理和人文的因素，闽台关系的渊源要深远得多，实质的行政关系只是这种渊源水到渠成的产物；同时，这种行政关系的影响，不可能随历史的变迁而消泯湮没，200多年作为"九闽""十闽"之一的台湾，留下的闽文化印记如影随形，在中国异彩纷呈的区域文化版图中，闽台地域文化具有很强的同质性。第二次世界大战中，两岸政治关系有了新的历史演绎，福建在台湾光复中扮演了重要角色。国共内战造成的两岸分离，依然没有切断闽台之间"剪不断理还乱"的关系，闽台特殊关系将持续影响两岸历史的走向。因此，阐明闽台历史上的行政关系，在厘清区域性行政关系发生、发展的主体内容的同时，还要注重渊源追溯和后续影响的扩延。

笔者始终认为，作为一种历史述说，阐述闽台历史形成的行政关系，应该具有一种超越区域和时代局限的眼光。任何历史现象，包括区域历史的发展，都不可能是孤立的，都与一定的历史条件和特定环境相联系。闽台两地从隔海相望，到跨海成为一个区域行政整体，有着深刻的历史背景和历史演进的逻辑。从足够深广的时空视野，我们可以看到，以福建人为主体的大陆人民开发台湾并将之纳入中国版图的过程，是与两种更为宏大的历史过程相伴随的，一是中国经济文化重心南移的过程，二是世界历史进入近代以后国际政治秩序的震荡和重构过程。这是述说闽台行政关系不可抽离的背景。因此，这里有必要将这两种历史过程与台湾开发和归属的关系做个前置性的梳理，也以此作为本书必要的理论建构和各章节设置的依据。

首先，应该从中国经济文化重心南移的高度，认识台湾开发的过程。

中华文明的母体是一种内陆大江大河流域的农业文明。秦汉以后，随着气候的变迁、生产力的进步以及北方游牧民族的崛起，汉族农业文明的重心总体上呈现向东、向南转移的态势。在汉族移民大规模到来之前，东南地区的历史发展极其缓慢，福建在秦汉时期还属于"瘴疠之地"，台湾到元明时期还属于原始部落社会。尽管"闽越""岛夷"很早就进入中原政权的视界，但因相隔遥远和技术手段落后，长期处于行政管辖鞭长莫及的境地。

从汉代开始，农业开发向南拓展的趋势逐渐明显。汉高祖刘邦为表闽越族协助倒秦之功，封闽越族首领无诸为闽越国王。闽越国深受汉族农业技术和冶铁技术的影响，大力发展稻作农业，经过数十年的休养生息，国力增长迅速，成为南中国一支举足轻重的政治势力，鼎盛时期"甲卒不下数十万"。这样一个强盛的王国，没有一定的经济基础是不可想象的，由此可以想见当时东南区域农业开发的程度。

闽越国因公然反叛中央朝廷，被汉武帝所灭，东南区域的历史长期陷入低谷。三国时期，东吴出于拓展领土、巩固后方的需要，派军经略闽地，增设郡县。两晋间，北方战乱，汉族南移，东南区域历史逐步走出低谷。从唐初到五代间，多种政治风云际会，进一步促成了东南区域的开发，陈元光入闽、二王入闽等，带来大批汉族移民，对东南区域展开全面经营。两宋时期，福建在围海造田、陂塘建筑、水车灌溉、品种改良、经济作物引种、海运等方面的技术运用上，都处于全国领先水平，土地开发程度被生动地描述为"水无涓滴不为用，山到崔嵬犹力耕"。以此为基础，东南区域的发展跃上新的高峰，福建从人口稀少地区一跃而成人口密集乃至过剩地区，经济、社会、文化呈现全盛状态，人力资源、技术、产品均具有了很强的向外输出能力。在这种历史条件下，作为东南地区最后一块农业开发表层空间的台湾，很快进入辛勤的汉族农人的视野。

台湾很早就已经引起大陆政权的重视和探索，其标志性事件就是吴国派军"浮海求夷洲及亶洲"和隋朝三次派兵入流求，只是限于技术条件，尚未能设治。宋元以后，福建成为全国重要的经济文化发达地区，其雄厚的经济技术条件和人口过剩所产生的强大辐射力，必然促使开发浪潮推向近在咫尺的台湾这块农业宝地。闽人发挥先祖筚路蓝缕开发福建的传统，开始向台湾地区移民。先是开发澎湖，进而开发台湾本岛。从明朝到近代日本窃据台湾之前，有史料可以查证大陆移民成规模进入台湾本岛的事实有：

明天启年间漳州人颜思齐率众在台湾北港一带开发经营。

明崇祯年间泉州人郑芝龙招徕大批沿海农民入台垦荒种植。

郑成功收复台湾时，带去大批官兵、家属以及受招徕的农民。

清朝统一台湾后，持续 200 年中，陆续有大量闽南人、客家人移居台湾。

1885 年台湾建省后的 10 年间，又有较多的大陆人移居台湾。

与这些移民潮相对应的，是台湾土地开发的一轮轮拓展。汉人到台初期，开发地主要在台南附近和平原地带；郑氏政权时代，开始分别往南、北拓展到高雄、嘉义等地，有些开发点分布到北部的鸡笼、淡水及台中等地；清朝统一台湾后，开发大军开始大规模向北部推进，原先的开发点也逐步扩大，连成一片，到嘉庆、道光年间，台湾西部及宜兰地区绝大部分已开发完毕；1874 年，沈葆桢受命办理台湾事务，开辟东西通道以促进台湾东部开发，开发区域继续向各高山荒埔延伸。到 19 世纪 90 年代，在农业土地资源的意义上，台湾已完成了全岛开发。

从以上的历史概述可以看出，整个东南区域的历史，是在汉族农业文明的影响下逐步进化的，其开发过程波浪式推进的特点非常明显，汉代闽越国的崛起、宋代福建经济社会的全盛、明清台湾的开发，就是这种波浪式推进的三波高潮标志，而推进波浪的原动力，来自中国经济文化重心的南移。

在经济文化重心南移趋势的推动下，福建、台湾的次第开发，有着深刻的历史必然性和连贯性，从福建到台湾，东南区域开发的历史，当作一个整体观。也就是说，台湾的开发，是福建开发的继续和延伸；整个东南区域的历史，就是一部汉族文化播迁、开发东南区域，使东南区域从少数民族散居的蛮荒之地发展成为以汉族为主体的经济文化发达地区的历史。

随着土地的开发和人口的发展，自然带来行政建置的跟进。福建在汉族进入之前，行政上长期属于扬州会稽郡管辖。孙吴派军入闽，始设建安郡，晋时增设晋安郡，唐代逐步发展为福州、建州、泉州、漳州、汀州五州并立，到了宋代，福建单独成一"路"建制，下辖六州二军，"八闽"格局基本成形。随后，开发浪潮推向台湾，行政建置也继续跟进，并逐步完善、升级。人们可以从汉族在台湾的土地开发和行政建制中，看到一个与福建惊人相似的过程。这个过程可以用学术界常用的一个术语来描述，那就是"内地化"。到 19 世纪 80 年代中期，当台湾农业意义上的土地资源开发基本完成的时候，台湾同样升格为内地政权的一个省级建制，并具有了 4 府（州）、17 县（厅）的地方建制格局。

因此，离开福建的开发史而孤立地看待台湾开发史，便看不出台湾历史文化的本质，也理不出台湾历史发展的头绪，无论其历史差异性如何，都应该先抓住这个最根本的主线，治经济史如此，治政治史也同样如此。研究闽台行政关系，首先必须有这样的历史高度，才能看清种种复杂的历史现象及其内在联系。

其次，应该从近现代国际政治秩序震荡和重构的高度，认识台湾主权归属的明确过程。

中国早在 12 世纪就已在澎湖实行行政管理。13 世纪这种管理得到加强。14 世纪后期到 16 世纪，明朝对台澎地区疏于管理，但在属土观念上，一直将澎湖和台湾视为不容外国染指的门户要地，台湾已出现漳、泉移民的聚居点。16 世纪中期，倭寇勾结中国私商和海盗，频繁袭扰东南沿海，明朝重新重视海上警戒。抗倭名将俞大猷、戚继光等率沿海军民，给倭寇以毁灭性打击，把海防线推进到台湾、澎湖，并恢复澎湖驻防机构，先后设立游兵把总、澎湖游击，隶属于福建南路参将。为了杜绝日本的觊觎，当时中国已有不少人意识到迟早应把行政治理范围推进到台湾，官方和民间都出现了"郡县彼土"的议论。显然，随着历史发展，中国朝代更替中代代传承的对台湾的统辖意识在不断加强，行政管理扩及台湾只是时间问题，而当时没有其他任何国家能够对此持明确的异议。

台湾被置于近现代性质的国际法和历史过程来确认主权归属问题，肇始于西方殖民势力东来以后。17 世纪上半期，当中国正在发生又一次封建王朝更替的时候，西方正逐步迈入资本主义主导的近代历史。资本的扩张性和对原料、市场的渴求，不断激发着西方国家和民间力量向海外开展殖民活动的冲动，原来相对隔绝和静态的国际秩序，再也难以为继。以世界市场一体化为趋向，国际关系不断在震荡中孕育新的秩序，原有的国家权益观念不可避免地要经受新的洗礼，而正是在经受这种新的洗礼过程中，中国对台湾的主权得到更加明晰的确认。

17 世纪初，荷兰殖民者来到东方，谋求在中国沿海夺取一个海岛作为贸易基地，起初把目标锁定澳门，但遭到先其在此的葡萄牙人驱赶，只好把目标转向澎湖、台湾，并趁着当时中国海防力量的不足，采取欺诈手段占据了台湾。荷兰占据台湾的第二年（1625 年），该国法学家、"国际法之父"格劳秀斯出版了《战争与和平法》。根据这部国际法奠基之作所倡导的"先占"原则，荷兰人从来不敢宣称他们对台湾"先占"而取得主权，因为他们在澎湖和台湾登岛时，分明看到了中国人已经先在那里经营、居住乃至设防。因此，他们只能利用明朝地方官员因海防力量不足而暂时默许他们居留台湾，编造"中国皇帝将（台湾）土地赐予东印度公司"的谎言，作为他们占据台湾的"合法性"依据；而他们也承认"如果说有什么人（在台湾）有权力征收税款的话，那无疑应该是中国人"。1661 年，郑成功东征台湾，以明朝藩王和先人经营过台湾的双重身份，严正地向荷兰殖民者索还台湾。双方信使往来的多次争执中，郑成功始终大义凛然地坚持台湾"一向属于中国"，先前的一切约定只是应远方来客通商之需，"允许荷兰人暂时借居",现在中国人想要回土地,是理所当然的事。他说:"台湾者,中国之土地也,久为贵国所据,今余既来索,则地当归我,珍瑶不急之物,悉听而归。"荷兰人既无法抵抗郑成功的进攻,又理屈词穷,只好签约投降,归还台湾。从此,台湾是中国领土的观念,在国际上就无可置疑地树立起来。

1683 年,清朝秉承中国必须统一的国家传统,统一了台湾,并设立台湾府,归入福建省行政序列,其后台湾隶属福建省管辖 201 年。在这 200 多年里,"台湾是中国领土,隶属于福建省管辖"是一种确定的事实,在当时清朝的外交中,没有遇到任何质疑。

人为地制造出台湾归属的麻烦,是世界近代史的弱肉强食的特殊年代,列强趁中国衰弱之机强加给中国的诸多灾难之一。但即使在这种麻烦之中,那种赤裸裸地恃强凌弱的行径,也屡屡遭到无可辩驳的事实的挫败。随着世界历史从近代跨入现代,尤其是经历两次世界大战之后,世界秩序和国际规则发生了重大变化,炮舰驱动的"丛林法则"日益遭到人们的唾弃,人类公平正义的呼声日益高涨,国际秩序的重构不断被纳入公理公例的法则。而正是在这个过程中,台湾的归属得到国际社会更加明晰的确认。

从 19 世纪中期开始,美国、日本、法国先后利用清朝对台湾治理中"政教不及"的空隙,企图玩弄国际法条文来侵吞台湾部分土地,最终都因缺乏道义和法理力量的支撑而被挫败。清朝为消弭外国觊觎之心,加快完善台湾治理,1885 年将台湾升格为省级建制,政令通达全岛各地,进一步使台湾主权和治权都无可置疑。但日本竟以强盗手段,通过战争迫使清政府签订《马关条约》,悍然割占台湾、澎湖列岛。这种做法,在国际关系中属于典型的"强加条约",在当时的国际道义上也是被否定的。

两次世界大战后,国际社会逐步在国际法中确立和完善"强加条约"无效的法律原则。历史终究走着公道的轨迹,长期站在反对霸权侵略、反法西斯立场的中国,终于赢得世界的尊重。第二次世界大战后期,国际反法西斯阵线对于日本霸占中国台湾、澎湖列岛的事实,进行了追究,并做出清晰的处置。1943 年 12 月 1 日,协同对日作战的美、中、英三国首脑联合发表《开罗宣言》,宣告:"三国之宗旨,在剥夺日本从一九一四年第一次世界大战开始后在太平洋上所夺得或占领之一切岛屿;在使日本所窃取于中国之领土,例如东北四省、台湾、澎湖群岛等,归还中华民国;其他日本以武力或贪欲所攫取之土地,亦务将日本驱逐出境"。这是国际社会对日本崛起以来种种贪婪行径的一次总清算，实际上在公理、法理意义上否定了包括《马关条约》在内的日本强加于受害国的一切行径的合法性和有效性。

《开罗宣言》的原则后来在盟国敦促日本投降的《波茨坦公告》中得到重申。1945 年 9 月 2 日，日本签署投降书，承认接受《波茨坦公告》条款。1945 年 8 月 17 日，驻日盟军总司令麦克阿瑟命令台湾日军向中国战区统帅投降。中华民国政府立即命令曾经长期担任福建省政府主席的陈仪，出任台湾省行政长官兼警备总司令，并于 1945 年 10 月 25 日在台北接受日本台湾总督兼日军第十方面军司令安藤利吉投降，向世界宣告："从今天起，台湾及澎湖列岛，已正式重入中国版图。"

上述种种历史事实及其所依据的道义力量和国际法规则，都再清楚不过地表明，正是在经历了近现代国际政治秩序震荡和重构过程之后，台湾归属于中国的事实和道义，变得更加明确起来。中国拥有对台湾领土主权的事实，是永远改变不了的。

目　录

第一章　闽台政治关系的历史前奏

闽台密切的行政关系的形成并非偶然，由于地理和人文的因素，闽台关系的渊源要深远得多，行政关系只是这种渊源水到渠成的产物。因此，在论述闽台行政关系的发生发展之前，必须先了解闽台两地的地理关系，以及由这种关系所衍生的早期历史关系。这种早期历史关系，不但指人类进化到阶级社会产生以后，基于国家政治文明形态之上的那种相互关系，也包括人类文明起源时期所产生的种种联系。只有看清自人类文明起源以来的种种联系，才能更加透彻地理解海峡两岸密不可分的政治地缘。

第一节　闽台地缘和早期族源

一　闽台密切的地理关系

闽台位处中国东南方，两地隔台湾海峡相望。台湾海峡呈东北—西南走向，南北长约300公里，东西平均宽度约200公里，从福建到台湾本岛的最短距离，为平潭牛山岛到新竹港，仅126公里。台湾岛呈南北狭长状，与福建海岸线走向大抵一致。

福建与台湾地形有个共同的特点，就是多山。福建素有"东南山国"之称，在地理上属华南褶皱系的一部分，境内群山耸峙，丘陵起伏，山地、丘陵面积占85%以上，素有"八山一水一分田"的说法。全省地势呈西北高、东南低走势。西北腹地多高山峻岭，东南沿海相对平缓，其间夹杂许多狭小的平原，但依然丘陵密布。由于山体起伏，福建沿海海岸线特别曲折，曲折率为全国第一，海岸线长达3951.02公里，沿岸海湾众多，入海则遍布岛屿，向台湾海峡延伸。受地势影响，境内河流多呈西北—东南流向。而隔峡相望的台湾岛，山地和丘陵也占总面积的2/3以上，整体地势特征则与福建相对应，呈东高西低，东部为崇山峻岭，西部为平原地带，河流多由东往西流入台湾海峡。

闽、台两地，虽然中间相隔一条海峡，但从地势和地质特征来看，其绵延起伏中的连续性地貌是显而易见的，其内部结构的一体性也是有迹可寻的。福建山势纵横交错，脉络走向却很有规律，大都呈东北—西南走势。西北从浙南到赣西，横亘着武夷山脉。如果将武夷山脉看作整个闽台地区山系的第一层级的话，那么，往东南一直历数到台湾，人们可以连续地看到一个起伏的规律。第一层级过后，是一个相对低平的闽北谷地；然后是鹫峰山—玳瑁山，依稀构成第二层级。第二层级之后，从古田、尤溪、大田到漳平，又是一线相对低陷的闽中山间谷地；与该谷地相平行的东南边，则是太姥—戴云山脉，构成第三层级。第三层级过后，便逐渐过渡到沿海平原。沿海平原连着台湾海峡陆架，据钻探资料，台湾海峡海面以下 500 米即是中生代基岩，岩性与福建沿海相同，可见福建、台湾海峡和台湾岛地质实体是互相连接的。闽东南沿海平原、台湾海峡的海床、台湾西部平原，可以一体地被看作一个大的谷地。最后，从台湾中部到东部，又是一个东北—西南走向的台湾中央山脉，构成第四层级。第四层级之后，才陡然入海，与深海的太平洋板块接壤。因此，在地质结构上，台湾与福建同属华南新生代槽褶皱带，台湾的东海岸才是中国大陆地理板块的边缘。

按照板块运动理论，这种地表褶皱是因地壳活动，板块之间互相挤压造成地壳升降所致。由于受到亚洲大陆板块的强大挤压力，亚洲东部作向外延展运动，但这种运动受到太平洋板块的强力阻抗，于是板块边缘地带发生隆起，出现了所谓"东亚岛弧"，台湾岛便是这一岛弧的一部分，而台湾岛的内侧下陷，形成海峡。与此同时，沿板块挤压力的相同方向纵深作用，在福建内地也依次出现了与台湾山脉和台湾海峡相平行的褶皱山体与谷地。

不过，受各种因素影响，地壳板块运动的作用力方向并不是恒定不变的，因此，特定地块的升降趋向也非一成不变。约在第三纪末，受喜马拉雅造山运动的影响，台湾海峡曾经褶皱隆起，地壳抬升又成为陆地，闽、台两地连在一起。

另一个影响闽、台地理关系的因素是气候变化引起的冰期活动。当冰期来临，地球表水被大量冻结于陆地，造成海平面大幅度下降，大片海底露出水面，而冰期结束后，冰水化解入海，海平面又大幅度上升，这就是所谓的海进海退。台湾海峡水深50～100米，以50米左右居多。[1] 其中有一道从福建东山岛发端，向东延伸到海峡中部后转向东北，经澎湖列岛直达台湾西海岸的浅滩，被称为"东山陆桥"。"东山陆桥"宽约25公里，距海平面最深不过40米，最浅处仅10米。这就是说，台湾海峡海平面只要下降40米，整条陆桥就可以浮出海面，两岸即可陆路相通。在第四纪以后的全球性冰期和间冰期，台湾海峡曾有多次海进海退，每次海退，台湾海峡均完全露出海面。有的学者指出，在这期间，福建与台湾共有四次相连、四次分离，[2] 分别发生在早、中、晚更新世和全新世。有的学者则认为，第四纪末次冰期台湾海峡曾发生三次海进和海退，每次海退，海峡均成为陆地，台湾与福建连为一体。[3]

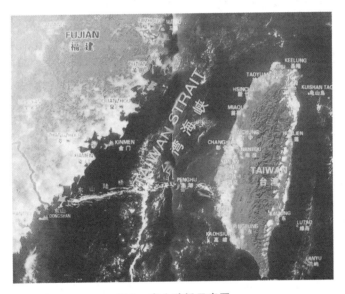

图1　东山陆桥示意图

资料来源：陈立群等著《福建东山旧石器时代文化研究》，海潮摄影艺术出版社，2006。

尽管学术界对于第四纪冰期闽台陆地相连的次数和时间有不同的陈述，

---

① 另据郭旭东《晚更新世以来中国海平面的变化》云："近年来，海底声学探测表明，台湾海峡海底水深不超过60米。"《地质科学》1979年第4期。

② 赵昭炳：《台湾海峡演变的初步研究》，《台湾海峡》第1卷第1期（1982年7月）。

③ 林朝棨：《第四纪之台湾》，载《台湾研究在中国史学上的地位》，台湾研究研讨会记录，台湾大学考古人类学专刊第四种，1967。

可以肯定的是，两岸确实曾经多次且持久地陆地相连。被研究证实最多的台湾海峡最后一次成为陆地，距今 16000 ~ 15000 年，当时海平面下降最低深度达 150 ~ 160 米。自 15000 年前冰进高潮开始退却以后，海平面才逐步回升。据赵希淘研究，台湾与大陆最近一次分离的开始时间，距今 14000 ~ 12000 年。但到 10000 年前全新世开始时，东海海平面仍在现在海平面以下 100 米左右。全新世开始以后，台湾海峡才很快形成。[①] 约在距今 8500 年前，"东山陆桥"才最后沉没于海。

即使是到全新世开始时台湾海峡海平面提高到低于如今的 100 米，台湾海峡的大部分海底也还是陆地。这些陆地地势平缓，气候温湿，土壤肥沃，动植物资源异常丰富。据植物孢粉分析，木本植物中栲、栎、松等分布极其广泛。海底发现的哺乳动物化石也很丰富。台湾渔民曾经在澎湖列岛与台湾之间的海槽，捞获大量貘、棕熊、鬣狗、虎、诺氏古菱齿象、大连马、普氏野马、野猪、斑鹿、达氏四不像、水牛等动物化石。其中大部分是晚更新世时中国华北和淮河流域常见的动物类型，铀系法测定的年代为距今 26000 ~ 11000 年。这些动物化石组合与在福建东山海域发现的动物化石组合一模一样，而且同样具有许多明显的人工砍痕。[②] 另外，石狮祥芝镇渔民在台湾海峡中线以东，东经 119°20" ~ 120°30"、北纬23°30" ~ 25°之间海域作业时，也捞获大量相同类型的哺乳动物化石。这三个海域的动物化石发现，说明台湾海峡在相同年代的确生活着同一动物物种。

在台湾本岛发现的第四纪哺乳动物化石，较集中且有代表性的是"左镇动物群"。主要有明石剑齿象、中国剑齿象、台湾猛犸象、早坂中国犀、巨貘、猕猴、猫科、台湾四不像、步氏鹿、麂、猪、水牛等。与前述发现呈北方动物群特色不同，这些动物类型主要是华南物种，生活年代大约为早 - 中更新世，而与福建第四纪哺乳动物成员名单相比，也是相同的组合。[③] 可见，台湾本岛动物也是在台湾海峡成为陆地的年代，从华南地区迁徙而去的。

综上所述，福建与台湾有着极其密切而原始的地理关系。由于地壳运动和冰期活动，两地曾经在漫长的岁月中并无截然分野的地理空间。在人

[①] 赵希淘：《台湾海峡两岸全新世地质的对比》，载《中国海岸变化研究》，福建科学技术出版社，1984，第 56 页。

[②] 陈立群：《东山陆桥动物化石人工痕迹的观察与研究》，《福建文博》2002 年第 1 期。

[③] 严晓辉：《福建第四纪哺乳动物化石、古人类化石与文化遗存之研究》，载《福建历史文化与博物馆研究》，福建教育出版社，1993。

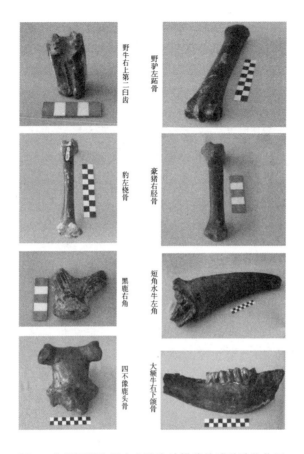

图 2　泉州石狮渔民在台湾海峡捞获的哺乳动物化石

资料来源：李国宏著《海峡深处谁人家：石狮海域发现台湾海峡哺乳
动物化石揭秘》，武汉大学出版社，2011。

类文明开启之前，台湾海峡曾是众多动物畅通无阻的共同家园，而原始人
类同样也栖息在这片广阔的沃野，并且在与自然的抗争中，共同点燃了最
初的文明之火。

二　闽台早期居民的族源关系

原始人类的活动，总是追随自然生活资源的变迁规律而动。在从更新
世到全新世早期冰期活动导致台湾海峡自然地理条件的变化中，同样留下
了大量原始人类活动的痕迹。与动物迁徙路线相一致，人类的祖先也在大
致相同的时间从大陆经由福建迁入台湾。海峡两岸原始人类的同源关系，

已经成为考古学界的共识。

迄今发现最早的台湾古人类化石，是 1971 年首次发现于台南的"左镇人"，共采集有颅骨残片 7 块、牙齿 2 枚，测定年代为距今 30000～20000 年。另外，在澎湖海槽所捞获的动物化石中，也发现有人类肢骨化石，虽未见测定年代报道，但依据伴生哺乳动物化石的测定数据，推测其年代也应为距今 26000～11000 年。据考古人类学者尤玉柱等人比较研究，左镇人化石与柳江人、清流人化石在石化程度、形态、大小上非常相近。尤其是牙齿的宽、厚，左镇人与福建的清流人极其相似，由此可以认为他们之间有着同源关系，应是后来闽台居民的共同祖先。尤玉柱等还根据历年田野发掘和古地质、气候、生物资源分析，指出：从云南到台南，大致在北回归线至北纬 25°之间，有一条自西向东、从老到新的人类化石和旧石器的密集分布带，这个密集分布带表明更新世期间人类向东迁徙的过程和路线。[①]从这样一种态势来看，结合冰河时期台湾海峡陆路畅通无阻的事实，原始人类从福建迁徙台湾的看法，确是一种合理的推论。

从台湾代表性的旧石器时代文化遗址"长滨文化"来看，台东长滨乡八仙洞所发现的原始人类器物，与大陆文化有着明显的承继关系。张光直教授认为，八仙洞的石器"与我国南部许多旧石器时代遗址出土的石器，在基本的类型和制作的技术上，没有很大的差别，尤其与湖北大冶石龙头和广西百色上宋村两处出土的砾石砍砸器相似"[②]。长滨文化被确认年代为距今 30000～50000 年，这一时期或者更早的旧石器文化，在福建境内也已得到大量发现。20 世纪 80 年代末以来，漳州地区发掘了与长滨文化相类似的大量石制品，年代分布为距今 10000～80000 年前不等。其中，长滨文化之潮音洞小型石制品中的楔形石器，是用砸击法制作的石核和石片，其制作方法在"漳州文化"中也普遍采用，而且时代早于潮音洞。由此，有学者断言，"长滨文化"中砍伐器传统和砸击技术都是从大陆或华南引进的。[③]此外，1999～2000 年，福建省考古部门在三明市万寿岩灵峰洞和船帆洞发掘大量石制品和少量骨角制品以及一批哺乳动物化石，抽样测定为距今185000 年。其中船帆洞出土的数件锐棱砸击石片和石核，都曾在贵州和台湾许多史前遗址中发现。那么，福建作为大陆旧石器文化播迁台湾的中转

---

① 尤玉柱、张振标：《论史前闽台关系及文化遗址的埋藏规律》，《福建文博》1990 年增刊。
② 张光直：《台湾省原始社会考古概述》，《考古》1979 年第 3 期。
③ 尤玉柱主编《漳州史前文化》，福建人民出版社，1991。

站的痕迹，就更加清晰可见了。创造台湾旧石器文化的人类，与福建境内旧石器文化的主人，显然有着共同的族群渊源。

图3　三明万寿岩船帆洞石铺地面

资料来源：福建省文物局、福建博物院、三明市文管会编著《福建三明万寿岩旧石器时代遗址》，文物出版社，2006。

在新石器时代，由于全新世开始不久台湾海峡就已形成，两岸的陆路交通中断。但"无论如何，台湾海峡的距离有限，在整个全新世期间，不论海平面升降到何程度，两岸交通是不成问题的"[①]。两岸新石器文化的密切关系，可以为这种论断做很好的诠释。

台湾海峡区域最早的新石器时代的文化，即有陶器和可能有农业的文化，迄今所知的，是福建的富国墩文化和台湾的大坌坑文化，两者都存在于公元前5000年至公元前2500年。张光直教授认为，它们是同一文化的两个类型，同是海岸文化，利用各种水陆资源，因而其生产方式是混合性的：农业、狩猎、捞鱼、捞贝，渔猎对象包括海产的与陆生的动物鱼蚌，还可能有相同的农作物。这种文化的生产方式中最显要的特征体现在其陶器的纹饰上。大坌坑文化陶器的纹饰以各种绳纹为主，表示绳索在这个文化中的显著地位，说明该文化对植物栽培及其纤维利用的熟悉；富国墩文化中陶器的最显要纹饰是各种贝印纹和贝划纹，表示采贝在这种文化中的重要性。但是，富国墩文化中也有绳纹，大坌坑文化中也有贝纹，所以它们应是同一个文化的两个地方相，与各自生产方式中强调植物与强调海贝有关。

---

① 张光直：《新石器时代的台湾海峡》，《考古》1989年第6期。

　　海峡两岸出现相同的新石器文化，表明即使在原始交通条件之下，海峡也阻隔不了两岸人类的往来，大陆对台湾的文化移入，在史前的各个文化时代都在不间断地进行。考古学界已经认定，台湾新石器时代的大坌坑文化，与代表台湾旧石器时代的长滨文化，没有必然的联系，前者不是在后者的基础上发展起来的，而是新的外来文化。这个外来的源头，显然是大陆。

　　国际考古学界还有一种相当普遍的看法，认为大洋洲南岛语族的祖先起源于中国东南沿海。与这种看法相呼应的是，台湾有 30 多万土著居民都是南岛语族或称马来波利尼西亚语族，由于这些土著居民各族之间的南岛语分歧程度非常之大，许多语言学者相信台湾就是南岛语族的发源地或其中的一部分。如果这些看法都得以确证，那么，可以清理出一种"大陆东南沿海—台湾—大洋洲"序列的原始人类源流关系。张光直教授根据台湾岛内的考古学文化自新石器时代到历史时代再一直到民族学的现代有相当明显的连续性，进而推断，台湾最早的新石器时代的文化即大坌坑文化，可能就是现代南岛语族的祖先文化，而"如果富国墩文化是大坌坑文化在台湾海峡西岸上的表现，那么我们可以说考古学的研究已经初步地把南岛语族的起源推上了福建和广东的海岸，这与太平洋地区考古学者的期待是互相符合的"①。

图 4　2010 年南岛语族驾仿古船到福建寻根

资料来源：《福州晚报》2010 年 11 月 20 日 A9 版，张人峰摄。

---

①　张光直：《新石器时代的台湾海峡》，《考古》1989 年第 6 期。

如果说南岛语族的起源可以推到福建、广东沿海，而台湾是个过渡的桥梁的话，那么，今天大陆上南岛语族的痕迹何在呢？尽管有人提出长期活动于东南沿海和内江的疍民，可能就是南岛语族的遗留，但由于缺乏令人信服的证据，人们依然倾向于认定大陆已经完全没有南岛语族的痕迹。为什么会这样？较为合理的解释是：第一，可能代表着南岛语族祖先文化的富国墩文化，后来受到来自大陆北方的更先进的新石器文化的强大冲击，逐渐退却到海峡东岸，成为后来台湾土著居民的祖先；第二，富国墩文化虽然在大陆没有显著的后续代表，但其某些特征还是保留在一些新的文化形态里，也就是说富国墩文化被新的文化融合了。

作为富国墩文化之后代表海峡西岸新的新石器文化的，是闽江下游的昙石山文化。昙石山文化的年代大致在公元前3000年以后，其下层陶器以细砂红陶居多，泥质灰陶次之，表面磨光以外，有绳纹、凹点纹、划纹、附加堆纹、圆圈纹、镂孔和彩绘，器形有釜、鼎、圈足壶、豉豆等。鼎、豆等新器具的出现以及饰纹中基本见不到贝印纹，说明昙石山文化是一种显然不同于富国墩文化的新文化，二者不具有明显的先后承袭关系。① 但二者的压叠关系，从个别昙石山类型文化的遗址中发现富国墩类型文化的零星陶片，可见端倪；同时，富国墩类型的高领罐同昙石山下层类型的红细砂陶高领罐在领部造型及其装饰方面很接近，这种细节的相似，不排除昙石山文化部分吸收富国墩文化某些特征的可能性。

如果说，富国墩文化系受到大陆新的新石器文化冲击而从海峡西岸消失的话，那么，这个冲击就来自昙石山文化。昙石山文化源于何处？人们注意到，沿整个中国东海岸，从北往南，分布着一系列以鼎和豆为最常见文化标志、具有显著共同特征的新石器文化带，从山东的大汶口文化，到长江下游的崧泽文化，中游的大溪、屈家岭文化，再到昙石山文化，形成一个互相接融、影响的文化圈。该文化圈活跃期在公元前4000年至公元前3000年之间，而昙石山文化的年代恰在公元前3000年以后，正表示昙石山文化是这一文化圈向南发展的结果。张光直教授将这一波文化蔓延，称为"龙山形成期"，并认为"如果富国墩文化代表南岛语族祖先的文化，昙石山文化便代表这以后在中国大陆上占绝对优势的汉藏语族的文化……在公元前三千年左右，龙山形成期的文化自北方蔓延到福建，建立了昙石山文

---

① 王振镛：《试论福建贝丘遗址的文化类型》，载《中国考古学会第三次年会论文集》，文物出版社，1984，第67页。

化，而原来的南岛文化退居海峡东岸，便是后日台湾土著民族的祖先"①。

图 5　昙石山遗址墓葬清理现场

资料来源：陈兆善供图。

值得注意的是，"龙山形成期"的文化蔓延，同样跨越了台湾海峡。与昙石山文化出现的时间相接近，海峡东岸在公元前 3000 年至公元前 2500年，也出现了一系列具有新特点的文化，如台湾北部的圆山文化、中南部的凤鼻头文化。圆山文化与早期的大坌坑文化没有承继关系，其源自何处，尚待追寻，但其中发现的有段石锛、有肩石斧等石器类型，被认为与华南有密切关系。凤鼻头文化除部分文化因素来源于大坌坑文化外，许多显著的新特点，如石器中出现大量农耕工具（斧、锄、镰），稻米痕迹，以及陶器形制中的鼎、豆，都与大陆的马家滨、崧泽、河姆渡、昙石山文化相类似，显然是受到"龙山形成期"强烈的文化影响。

如此看来，从旧石器时代开始，闽台两地就不断有人类往来，这种往来即使是台湾海峡已经形成以后的新石器时代，也没有中断，考古学所证明的史前时期各个阶段的两岸文化关系，是相当完整和连贯的，两岸早期居民的同源关系，可以得到确认。陈碧笙教授认为，现在台湾的土著居民，大部分都属于南亚蒙古人种，其祖先系从亚洲北部大陆分两条线路南下，一部分沿东部海岸南下，为百越；另一部分越长江上游入西南，为百濮。

① 张光直：《新石器时代的台湾海峡》，《考古》1989 年第 6 期。

在新石器时代中、晚期，有一支越族陆续从东南沿海渡海进入台湾，一部分与原先住在那里的矮黑人相融合，后来大概成为泰雅、赛夏、布农、朱欧等人的祖先，另一部分继续南移到菲律宾等岛；与此同时，又有几支越人和濮人到南洋群岛，其中一部分后来又经由菲律宾迁入台湾，大体成为排湾、阿美、卑南、雅美和平埔等人的祖先。[①] 这种观点具有大量考古学、人类学和语言学的根据。台湾土著居民中保留的大量风俗习惯，如崇蛇、缺齿、文身、猎首、崖葬、住干栏屋等，与古闽越人习俗极其相似，有的神话传说也与大陆极其一致，如泰雅人、布农人的"征日"传说，显然来源于大陆后羿射日的神话。

1998 年，复旦大学现代人类学研究中心金力教授和中科院遗传所杜若甫院士，分别在台湾和海南采集了阿美人、泰雅人、布农人、排湾人、黎族五个族群的血样，进行 DNA 研究，结果表明：海南黎族人 Y 染色体 SNP 单倍型具有三种类型，台湾阿美人具有其中一种，泰雅人、布农人、排湾人分别具有其中两种，这就是说，台湾这四个族群的 Y 染色体的 SNP 单倍型类型与海南黎族人是完全交叉重叠的，显然出于共同的祖先。而他们与马来人等族的 Y 染色体 SNP 单倍型相比显得较为复杂，距离甚远。同时，金力教授的研究组还以同样方法对上海马桥文化、良渚文化和战国时期古人遗骸、松江地区明代墓葬骨骼提取 DNA，与马桥、金汇一带现代人的 DNA 以及台湾、海南五个族群的 DNA 进行对比研究，结果显示，该地区现代人之多数 Y 染色体突变频率等数据特征，正是典型的古代东越族群特征，又与台湾、海南五个族群取样分析结果十分相似。这些研究结果清楚地表明，台湾、海南两岛的少数民族都源于古代生活在长江中下游和东南沿海的百越人。

第二节　大陆人们对东南海岛的早期观念

一　中国早期文献记载中的东海岛屿

中华文明从上古起，一直是多种族源冲突融合而共同创造的结果，其中既有源于内陆江河流域的农、牧族群，也有滨海和南方的渔猎农业部落。他们既可能因冲突而很快融合于共同的生产生活方式，也可能因冲突而散

---

① 陈碧笙：《台湾地方史》（增订本），中国社会科学出版社，1990。

播四方，最终在更漫长的时间内引来更大范围的融合。在文字时代记载的上古流传下来的传说中，炎帝就属于南方的天帝，他与兽身人脸的火神祝融，共同治理着南方一万二千里的地方。炎帝属神农氏，已经掌握农业生产技术，但其部属较杂，其中很强的一支，就是蚩尤。蚩尤为九黎族，有八十一个兄弟，个个兽身人面，铜头铁臂。后来，崛起于黄河中上游一带的另一个农业部落黄帝，打败了炎帝，二者合为一族。蚩尤不服，与黄帝大战于涿鹿。蚩尤属地产盐，而且在煮盐中发明了冶炼金属与制作兵器技术，因此而强大并且兼并了许多诸侯。与黄帝大战时，蚩尤能造雾，而且有风伯、雨师相助，天昏地暗，雷雨交加。黄帝请来旱魃破雨雾，又靠北斗星指引方向，才打败了蚩尤。

这个传说中，透露出许多远古时代中原南部族群的特点。管辖"一万二千里"，乃极言南部辖地之广大；"九"黎族、"八十一"兄弟，乃极言南部部落种类之多，类似于后世文献中提到的"百越""七闽"等；"兽身人面"乃是南方人文身习性；煮盐、冶炼、造雾、风伯、雨师等各要素，实际上体现的是南部族群生产生活状况和环境特征。蚩尤战败后，其部族一部分与炎黄部落融合，另一些则流散四方，其中很大一部分南下，与土著苗、蛮等部落杂居融合，适应当地生存条件，逐渐成为各地形形色色的新族群。蚩尤部有先进的生产技术，一旦与有着古老航海经验的沿海族群相结合，非常有利于人们向海上拓展生存空间，为一些人群避居于海岛创造更好的条件。

可以肯定地说，大陆人们对于东海岛屿的经验和知识，要比文字记载古老得多、丰富得多。在人们尚未能使用文字的时代，这种经验和知识主要通过口头和行为在民间代际传承，由于不属于大陆主流生产生活方式，这些经验和知识很难进入主流文化的记忆载体。中原农业文明一直是大陆文明的核心，炎黄文化居于大陆文化的强势地位，人类历史进入文字时代以后，被政权核心所垄断的文字，自然主要用以记载强势文化的事迹，而对于边缘文化则视为蛮夷忽略不予记载，或记之含糊而简单。这种特点，在中国早期文献中表现得非常明显。

尽管如此，在中国早期文献中，还是可以找到不少关于东海岛屿的记载。成书于春秋时期的《列子·汤问》，借商汤与大夫夏革的对话，探讨天地万物知识，革曰：

渤海之东不知几亿万里，有大壑焉，实惟无底之谷，其下无底，
名曰归墟。八纮九野之水，天汉之流，莫不注之，而无增无减焉。其
中有五山焉：一曰岱舆，二曰员峤，三曰方壶，四曰瀛洲，五曰蓬莱。
其山高下周旋三万里，其顶平处九千里。山之中间相去七万里，以为
邻居焉。其上台观皆金玉，其上禽兽皆纯缟。珠玕之树皆丛生，华实
皆有滋味，食之皆不老不死。所居之人皆仙圣之种，一日一夕飞相往
来者，不可数焉。而五山之根无所连着，常随潮波上下往还，不得暂
峙焉。仙圣毒之，诉之于帝。帝恐流于西极，失群仙圣之居，乃命禺
彊使巨鳌十五举首而戴之，迭为三番，六万岁一交焉，五山始峙。①

这段文字记述，虽为神异之言，但就其方位、距离和物态的描述来看，
反映出当时人们对东海之外诸岛的朦胧认识。应该说，这种认识并非空穴
来风，其中既包含了古老传承的航海经验的记忆因素，也包含了当时沿海
和海岛居民的海外知识成分，当然，还加入了江湖术士和好事之徒的附会
想象。这种经验知识和附会想象的流传，有利于大陆政权保持对海上空间
的适度兴趣。史学界许多人认为，其中提到的"岱舆""员峤"，就是台湾，
"方壶"可能就是澎湖。从发音的角度，这种推论是有根据的，台湾古称
"大员"，原是台湾南部一个部落的名称，大陆人习惯将之作为对台湾全岛
的称呼；而"方壶"，也与澎湖音近。无论如何，这些文字记载的东海诸岛
屿中，肯定包括了台湾。也就是说，在人类文明史上，最早有可能用正规
文字描述了台湾岛之存在的，是中国。

中国古地理志《禹贡》，也提到"岛夷卉服。厥篚织贝，厥包橘柚，锡
贡。沿于江、海，达于淮、泗"。颜师古释曰："鸟夷，东南之夷善捕鸟者
也。卉服，絺葛之属。……织，谓细布也。贝，水虫也，古以为货。""岛
夷"又作"鸟夷"，这是因为该夷"被服容止皆象鸟，作岛谓居海岛也"②。
可见当时人们已对东南海岛上居住的、以鸟羽和其他织物作服饰的居民，
有所认识，并把他们看作"东南之夷"的一部分；而这些"岛夷"，也经常
到大陆进贡或沿江海从事其他活动。

另一部古老的地理书《山海经》在提到东南诸夷时，则更有层次感。

---

① 列御寇撰《列子》卷五，文渊阁四库全书本。晋张湛注："《山海经》云：东海之外有大
壑"。
② 毛晃：《禹贡指南》卷一，文渊阁四库全书本。

该书将闽越记在"海内南经"部分，曰："闽在海中，其西北有山；一曰闽中，山在海中。"晋郭璞注曰："闽越即西瓯，今建安郡是也，亦在岐海中。"① 而在"海外南经"部分，记载了"海外自西南陬至东南陬"的许多同属夷俗的方国，其中在东南的有比翼鸟、羽民国、毕方鸟、谨头国等，大多属鸟状。更远的海外，则在"大荒东经"中予以体现："东海之外大壑，少昊之国。少昊孺帝颛顼于此弃其琴瑟。有甘山者，甘水出焉，生甘渊。大荒东南隅有山，名皮母地丘。东海之外，大荒之中，有山名曰大言，日月所出。有波谷山者，有大人之国……有小人国……"② 笔者认为，如果说《列子》所言"岱舆""员峤""方壶"系台湾、澎湖古地名，那么《山海经》所指"皮母""地丘""大言"的方位，更明显地应是台湾、澎湖一带，其中"大言"与"岱舆"音暗合，应是同一地名的两种表达。

《山海经》所言东海之外大壑属"少昊之国"的说法，说明在古来的传说中，东海诸岛就已属于大陆政权所延伸的领地。"少昊孺帝颛顼于此弃其琴瑟"，表明大陆人曾经到这些岛上活动。该书同卷又云："东海之渚中，有神，人面鸟身，珥两黄蛇，践两黄蛇，名曰禺䝞。黄帝生禺䝞，禺䝞生禺京，禺京处北海，禺䝞处东海，是惟海神。"（晋郭璞注"䝞一本作䝞"）也就是说，住在东南海岛的夷人，也是黄帝之种，是为黄帝守海疆的海神。这就更加清楚地表明了东南海岛与大陆的紧密关系。这种关系的认识，显然与上古时代海峡两岸先民关系的古老经验，是有联系的。

《山海经》曾长期被目为"小说家言"，尤其是其中关于"大荒经"部分，在四库全书修纂的年代，被视为"诞妄无稽"，但对于来自中国人最缺乏海外想象力的清朝中叶的评论，我们却大可不必太谨慎于怀疑。虽说中国版图总体上是随着历史的发展而不断扩大的结果，但并不等于说，对于任何方位的统治效力和范围，前古都必不如后世。对于东南广大地域的管辖，亦当作如是观。宋代程大昌论《禹贡》时就曾说道："世传百越至秦汉始隶属中国，舜陟方至苍梧，葬焉，今湖广皆是其地。禹之会稽又正越也，则百越者亦受舜禹临制也。"③ 他认为，传说中的舜禹时期，就对百越之地有所管辖。以之证诸《山海经》对于闽越以及东南海外岛夷的记载，可见《山海经》所言并不尽是虚妄，进而可知，包括海峡两岸的广大东南地区，

---

① 《山海经》卷十，文渊阁四库全书本。
② 《山海经》卷十四，文渊阁四库全书本。
③ 程大昌：《禹贡论》卷下，文渊阁四库全书本。

进入大陆政权试图管辖的视野，是相当古老的。

二　东南早期居民的海上活动经验

前面的叙述已经表明，"台湾岛内的考古学文化自新石器时代到历史时代再一直到民族学的现代，有相当明显的连续性"（张光直先生语），闽江下游的昙石山文化层，也显示出从新石器时代到青铜时代的连续性；而整个史前时期两岸关系的痕迹，同样具有清晰的完整性和连续性。这些连续关系，不可能不在创造了这些文明的人类的意识中，留下深刻的印记。两岸相连的空间概念，当作为当时世代生活于东南沿海一带的原始居民生存智慧的一部分，被带入历史时代，并在历史时代演化为政权主体拓展统治效力空间的依据。这就是后来大陆政权管辖范围逐步延及台湾的深刻基础。

东南沿海原始居民，在历史时代的早期称作"闽""越"，属于南方蛮族系列。"闽""越"又有多种，故称"七闽""百越"，甚至还有"百濮"的分支，他们都善于水上活动。其海上活动的能力和范围，可以从一些作物和器物的流传略见一斑。比如，水稻出产于南方，福建在新石器时代后期就已出现相当普遍的水稻种植，并出现石锄、石镰等工具，而同一时期的台湾遗址（如凤鼻头文化），同样出现石锄、石镰和稻米痕迹，在台北芝山岩、台中营埔里、台南屏东垦丁等遗址中，都发现过碳化稻米；在高山族的民间传说中，甘蔗的种植是由其先民中的妇女发明的，而福建种植甘蔗的历史也非常悠久。显然，这些作物的流传，都与两岸通航有关。百越时期，东南居民的海上活动能力更强，他们甚至可以到达比台湾远得多的地方，比如日本。在战国秦汉时期，日本不仅有水稻，还有中国南方分布很广的一些器物，如有南方特征的铁器等。考古学家根据先住民的衣服、文身、器具等文化要素的研究，发现台湾先住民的文化与大陆东南沿海一带的文化同属一个类型，保持有古越、濮诸族的一些文化特征，例如缺齿、去毛、猎首、行崖葬及室内葬、腰机纺织，以及父子连名等。台湾有学者据此推论，"大概在新石器的中期或晚期时期，有一支古越人从中国的东南沿海南下，东渡台湾海峡，直接来到台湾，与先前来的矮黑人相融合，成为台湾北部的泰雅人、赛夏人、布农人、朱欧人等高山族的祖先。"[1]

---

[1]　苏嘉宏：《我们都是外省人》，东华书局股份有限公司，2008，第8~9页。

图 6　汉代独木舟

发现于连江县的汉代独木舟，现藏于福建博物院。陈兆善供图。

图 7　台湾少数民族独木舟

摄于闽台缘博物馆。

　　春秋晚期，具有越族血统的吴国与越国相继崛起，其实力足以参与中原争霸。吴越为南方泽国，"西则迫江，东则薄海，水属苍天，下不知所止。交错相过，波涛潏流，沉而复起，因复相还。浩浩之水，朝夕既有时，动作若惊骇，声音若雷霆。波涛援而起，船失不能救，未知命之所维。"①因此，它们的壮大，很大程度上是利用航行优势，发展水军。吴王夫差的士兵，"衣水犀甲者十有三万人"②；越国吞并吴国后，沿海北上扩张地盘，在山东半岛建立基地并迁都于此，"徙琅琊，起观台，台周七里，以望东海。死士八千人，戈船三百艘。"③

由于当时中国政治文化中心在北方，吴越北上争霸成为重要历史事件得到记载，而他们在东南的经略活动，则易于被史家所忽略。其实，吴越倚南而图北，没有牢靠的南方腹地的支撑，是很难想象的。这种南方的后盾和缓冲作用，在越国遭到灭顶之灾的时候终于显现出来。《史记》载，周显王三十五年（公元前 324 年），"楚威王兴兵而伐之，大败越，杀王无疆，尽取故吴地至浙江，北破齐于徐州。而越以此散，诸族子争立，或为王，或为君，滨于江南海上，服朝于楚。"④ 又曰："闽越王无诸及越东海王摇者，其先皆越王句践之后也"⑤。句践的子孙们在国破家亡之时无不选择南逃。

统治中心在浙江一带的越国，在战败后，残余势力便往东南海上退却。这说明，在此之前，广大的东南地区，已是越国的势力范围。顾祖禹在《读史方舆纪要》中也指出："《禹贡》扬州地，周为七闽地。春秋以后，亦为越地。"这就是说，在西周时，东南地区是七闽之地。越国崛起后，便归入了越国的势力范围，这是越国鼎盛时期对闽地有所经略的结果。而这种经略，必是向海上有所延伸，所以国破后才有了海上的退路。连横《台湾通史》中提到："或曰楚灭越，越之子孙迁于闽，流落海上，或居于澎湖。"⑥

后来，句践后裔在闽地重新崛起，建立闽越国，在与西汉中央政权的军事对抗中，闽越王弟与宗族密谋时又说："……汉兵众强，今即幸胜之，后来益多，终灭国而止。今杀王以谢天主，天主听，罢兵，固一国完，不

---

① 袁康、吴平：《越绝书》第四卷《越绝计倪内经第五》，岳麓书社，1996，第 104 页。
② 赵晔：《吴越春秋》第十卷《勾践伐吴外传第十》，岳麓书社，1996，第 70 页。
③ 袁康、吴平：《越绝书》第八卷《越绝外传记地传第十》，第 122 页。
④ 司马迁：《史记·越王句践世家》，二十五史缩印本第 1 册，上海古籍出版社，1995，第 209 页。
⑤ 司马迁：《史记·东越列传》，二十五史缩印本第 1 册，第 328 页。
⑥ 连横：《台湾通史》，商务印书馆，1983，第 2 页。

听，乃力战，不胜，即亡入海。皆曰善。"① 再一次以海上岛屿为退路。作为一个庞大的王族，若不是对海上岛屿有深入的了解，并有盘踞生聚的把握，是不可能众口一词都同意将之作为退路的安身立命之所的。后来三国时期吴国丹阳太守沈莹作《临海水土志》，记载夷洲（台湾）"在临海东南，去郡二千里。土地无霜雪，草木不死。四面是山，众山夷所居。山顶有越王射的正白"，说明的确有部分的越国后裔逃入台湾。

上述种种状况表明，从春秋时期的越国，到秦汉时期的闽越人，在经略东南海岛方面有着相当丰富的经验，并与台湾、澎湖诸岛的夷人，保持着一定的联系。在他们的活动视野中，海峡地区从来就不存在不可逾越的空间，而这种活动经验，与上古传说时代所表现出来的对东南岛夷的统辖意识，是有继承关系的。

第三节　大陆政权经略台湾的早期探索

一　东吴政权延伸台湾的尝试

这种来自古老经验的统辖意识，在后来漫长的历史进程中，屡屡成为大陆政权拓展东南海疆的动力。从东汉后期开始，北方战乱、灾荒频仍，相对僻远的江南，逐渐显示出安宁和自然资源丰富的优势，基于此，东汉的地方行政建置，逐步向东南延伸。

先是，由于闽越在与西汉政权对抗中遭到灭顶之灾，被强迫移民于江淮之间，整个东南区域一度废为荒墟。"后有遁逃山谷者颇出，立为冶县，属会稽。"② 当时冶县的范围，几乎相当于当今的整个福建，这是福建作为地方行政建置正式归属于中原政权管辖的开始。在此之前，秦朝曾设闽中郡，范围包括福建全省、浙江南部、江西东北部，但那只是虚置，秦朝并未派官治理。汉设冶县后，开始正式管理。

按汉制，每郡均设武职"都尉"以镇守，由于闽地广阔，会稽郡特增设东部都尉以加强对冶县的管理，后来东部都尉内迁章安，留一侯官镇守冶县，故冶县在东汉时又称东侯官。随着江南经济的发展，东汉永建四年（129 年），原设于苏州一带的会稽郡移到钱塘江以南，其北归为吴郡。会稽

---

① 司马迁：《史记·东越列传》，二十五史缩印本第 1 册，第 328 页。
② 沈约：《宋书·扬州志》，二十五史缩印本第 3 册，第 123 页。

郡南移后，下辖章安、东侯官二县，因侯官兵力不足，又在县治增设南部都尉。

董卓之乱后，孙吴崛起江东。为了扩展统治地盘，巩固后方，孙策发兵攻打会稽，会稽太守王朗从海路逃到东冶。孙策派贺齐率军入闽追击，趁机展开了对闽中和东南海疆的大规模经略。从汉献帝建安元年（196 年）到建安十二年（207 年），贺齐通过两次进军闽中，先后平定闽江下游和上游，析地增设了建平、建安、南平、汉兴等县，派官驻守管理。这样，加上原先的侯官，闽中共有五个县的建置，归南部都尉节制。不久，撤南部都尉，改设建安郡，辖县又逐步增加将乐、东平、昭武（后改名邵武）、东安、绥安，合为十县，构成一个完整的地方行政建制系统。

建安郡的设立，加强了闽中与长江流域的联系，加速了南方少数民族与汉族的融合，促进了东南地区的经济开发，使闽中迅速摆脱闽越灭国以来的荒凉状态，走上新的发展之路。

闽中在三国时期的发展，最引人注目的是航海事业的兴旺。东汉以来，"旧交趾七郡，贡献转运，皆从东冶泛海而至，风波艰阻，沉溺相系。"[1] 东冶成为上接会稽，下通交趾的航海中转站。这一地位极大地刺激了闽东沿海一带造船业的发展，航海从业人口迅速增加。这对于特别注重水军建设的吴国来讲，是个多么难得的资源！于是，又有了典船校尉和温麻船屯的设置。

据宋代梁克家引旧记云，典船校尉"设在福州开元寺东直巷内，吴时都尉营所在，号船坞"[2]。《八闽通志》云：怀安县有都尉营，"吴置典船校尉，主谪徒作船于此"[3]。温麻船屯在今闽东霞浦一带，晋代因其故址立温麻县。校尉在东汉是专掌特种军队的将领，地位仅次于将军。此职的设置，说明吴国对东冶造船基地的重视，也说明所造之船大部分是战船。考秦汉以来，吴、越水军所用战船有所谓"大翼""小翼""突冒""楼船""桥船""余舟""戈船"等，汉代水军一次能出动楼船 2000 余艘、船卒 20 万人。东吴崛起后，拥有各种船舰 5000 艘，其中大船有 5 层，可载 3000 人。赤壁之战时，吴军所用战船有艨艟、巡船、楼船等，在与北军接仗中占有明显优势。由于榫连合并、钉灰加固以及水密隔舱等先进造船技术的普遍

---

①　范晔：《后汉书·郑弘传》，二十五史缩印本第 2 册，第 150 页。

②　梁克家：《三山志》卷一《地理类·叙州》（一），文渊阁四库全书本。

③　黄仲昭：《八闽通志》（下），福建人民出版社，1991，第 886 页。

运用，东吴所造的船体大而坚固，载重量大，稳定性、抗沉性和抗冲击性强，足以胜任远洋航行，是当时世界上最先进的造船技术。

图 8　汉代楼船

汉武帝三路大军平闽越，其中海路大军曾用此船。三国东吴的战船中，多有楼船。引自金秋鹏著《中国古代造船与航海》，中国国际广播出版社，2011。

图 9　泉州湾后渚出土海船的水密隔舱

资料来源：金秋鹏著《中国古代造船与航海》，中国国际广播出版社，2011。

　　水军的强大和造船业的发达，使东吴政权在经略南方的过程中，对东南海疆产生出更大胆的想象力。

　　自先秦以来，东南越人与海上岛夷往来从未间断。东南海外有夷洲、亶洲，这在当时吴人的地理观念里，已经是个常识。在闽越之地尚未平定之前，夷洲、亶洲尚属遥远，但在东吴完成对闽中经略，建立完整的地方行政建置系统之后，海上岛夷自然便进入它的经略视野。长久以来，东南沿海人民一直对海外抱有强烈的好奇心，吴中父老传言：秦始皇遣方士徐福率童男童女数千人入海求仙，最终居留亶洲不返，至今已繁衍数万家。据《三国志》记载，当时确有"其上人民时有至会稽货布；会稽东县人海行，亦有遭风流移至亶洲者"。这种状况终于激起东吴政权的探索冲动。东吴黄龙二年（230年），孙权派出一支万人水军，由将军卫温、诸葛直率领，"浮海求夷洲、亶洲"。最终由于"所在绝远，卒不可得至，但得夷洲数千人还"[①]。

亶洲是为何处？比较难于确定，清代梁章钜认为是小吕宋。但夷洲，公认的就是台湾。吴国丹阳太守沈莹所写《临海水土志》一书，根据航海人的口述（有的学者认为沈莹本人曾随吴军泛海亲历夷洲），对夷洲风土人情有比较详细的记载，其中所描绘的"山夷"习俗、物产、社会组织、生产状态以及地理特征等，无不与台湾相符，这方面，许多学者都做了细致的举证，兹不赘述。这里要进一步分析的是，孙权劳师动众派大军出海，究竟包含着怎样的政治意图？

尽管《三国志》对这件事只有寥寥数语记载，但联系到其历史背景，我们应该注意如下几个事实。

第一，孙权派军出海寻找夷洲、亶洲，是他称帝后的第一件重大军事行动，显然不可能是率意而为的轻举妄动。孙权于黄龙元年（229年）四月称帝，九月迁都建业，次年春便派遣卫温、诸葛直泛海。这些事如此紧凑地连在一起，明显含有某种战略性的安排。孙吴实力逊于曹魏，名分又不如蜀汉正统，所凭恃者，仅江南二十余郡，且多半处于偏僻和半开化状态，人口稀少，要想长期与魏、蜀对峙，必须努力拓展后方，增加人力资源和财政资源。当时盛传亶洲有秦时出海的移民后裔数万户，而且，会稽有来自亶洲的商人，显示了海外的富庶，这无疑就是促使孙权派兵出海的主要动力。也就是说，卫温、诸葛直"浮海求夷洲、亶洲"的行动，明显带有开发边远地区以求拓疆辟土的性质。

第二，作为一种开发边远地区的举措，出兵夷洲、亶洲，与经略闽地，在行动上有着明显的连贯性。东吴经略闽中，前后用了十几年，大约在东汉建安十二年（207年），才基本建立起正式的地方行政建制。在闽地基本

---

① 陈寿：《三国志·吴书·孙权传》，二十五史缩印本第2册，第137页。

安定后，吴国便因地制宜在闽东沿海建立造船基地，而后又在公元230年，进而向海上进军。整个过程连起来看，经略海峡西岸的闽地与进军海峡东岸的夷洲，恰好构成一个前后衔接的行动进展链。这个进展链是东吴扩大地盘、增设地方行政建置的总体战略的一部分。因此，尽管没有任何资料表明，吴军进入夷洲后是否在设治方面做过一些努力，但就入海寻求夷洲这个行动本身，完全可以看作大陆政权建立对台澎地区统治的一次积极的尝试。

第三，出兵行动，最终以"得夷洲数千人还"告终，实际上就是东吴将台湾地区纳入自己势力范围的一种表示。在古代社会，一种政治势力对特定地区建立有效统治，实际上包含两个方面，一是取其民，二是取其地，所谓"版图"，就是指户籍与地图。在人口不足的时代，取其民是一种更实质的控制。在一般情况下，二者是相统一的，但如果统治力不足或限于统治的技术条件，也会有将二者分步实行的情况。如汉武帝平定闽越后，因闽越"数反覆"，曾采取"虚其地"的策略，将闽越之民大部分内迁到江淮之间，而这并不妨碍闽地仍然是汉朝势力范围的性质和后世继续在闽中设治的进程。事实上，古代中国的边缘地带，有许多地方都是通过类似的分步实施，才最终纳入中国版图的。东吴内迁大量的夷洲人民，也就表明它已经初步实现对台湾地区的权力延伸。

因此，东吴"浮海求夷洲、亶洲"，不但是大陆人民大规模到达台湾的最早记载，也是大陆政权势力范围延伸台湾的最早明证。

二 六朝隋唐时期大陆人对台湾的探索

以东吴"浮海求夷洲、亶洲"事件为开端，海峡两岸的关系变得更加紧密。

随着航海技术的进步，海峡地区的海上交通越来越频繁。两晋南北朝时期，福建经济文化继续发展，地方建置也越来越完善。由于地方割据，来自官方探索东夷的行动不再发生，因此，《晋书》《宋书》《梁书》等史籍中关于"东夷""夷蛮"的记载，基本上停留于三国时期的水平，甚至有所不逮，但这并不意味着两岸的隔绝。东晋末年，宗室司马元显征集三吴、闽中壮丁到建康服兵役，激起农民起义。义军在浙江沿海一带遭到镇压，余部由卢循率领，从海路转战闽、广沿海。后来这支队伍长年漂泊于海上，代代相传，成为水上人家，称为"游艇子"。宋《太平寰宇记》记泉州风俗云："泉郎，即此州之夷户，亦曰游艇子，即卢循之余。晋末卢循寇暴，为刘裕所灭，遗种逃叛，散居山海，至今种类尚繁……其居止常在船上，兼结庐海畔，随时移徙，不常厥所。船式头尾尖高，当中平阔，冲波逆浪，都无畏惧，名曰了鸟船。"[1] 海上丝绸之路开辟后，这些擅长航海技术的船户，在海上贸易中占尽先机。顾祖禹《读史方舆纪要》记述"泉郎"以船为家，"往往走异域，称海商，盖孙恩、卢循之余习然也。"[2] 他们是闽南一带活跃于台湾海峡的亦盗亦商势力的鼻祖。以此看来，卢循残部中，应不排除有人泛海入台湾的可能性。

图 10　停泊于闽江的连家船

〔美〕西德尼·戴维·甘博摄于 1918 年。福建省档案馆"流年似水——外国摄影家眼中的闽江与福州摄影展"，2012。

　　隋朝统一中国后，国力重新强盛起来，周边国家对中国的朝贡贸易迅速恢复，当时东南亚和西亚一带通过海上航线与中国通商的有十余国。经过六朝时期的开发，东南经济迅速崛起，扬州一带成为经济重镇。而西北则因长期战争，逐步萧条。在这种历史背景下，隋朝统治者不断把注意力投向南方，于是，又有了隋炀帝三次派使节和军队探求台湾的举动。

---

① 乐史：《太平寰宇记》卷一百〇二《泉州风俗》，文渊阁四库全书本。

② 顾祖禹：《读史方舆纪要》卷九十五《福建序》，文渊阁四库全书本。

台湾在魏晋南北朝时期，除了叫夷洲，有时又称东鳀，隋唐时期则叫流求。《隋书·东夷传》记流求"居海岛之中，当建安郡东"，这一记载对台湾位置的描述已经相当确切。隋朝在平定陈朝统一中国时，发展起了一支强大的水军，这支水军曾活动于台湾海峡，因此对东部海岛有了更深的认识。

隋大业元年（605年），一位经常在台湾海峡航行的"海师"，名叫何蛮，报称，每逢春秋两季，天清风静之时，往东瞭望，依稀可见烟雾之气，绵延达几千里。"海师"何蛮很可能就是隋朝水军中经验丰富的航海人，他所依稀看到的烟气笼罩绵延之处，应该就是距离大陆较近的台湾本岛的漫长海岸线，而不太可能是距离更远且多为小岛、难于产生绵延"几千里"陆地烟雾效果的琉球群岛；而且，从《隋书》所记载的流求习俗来看，该地的习俗与沈莹的《临海水土志》有密切关系。因此多数学者认为隋朝的流求就是台湾。

隋大业三年（607年），隋炀帝派羽骑尉朱宽等携何蛮入海访求，到了流求，因言语不通，仅带回一名土人交差。

第二年，隋炀帝再派朱宽前往慰抚，"取其布甲而归"①。

三年后，隋炀帝又派武贲郎将陈稜、朝请大夫张镇周率军万余人击流求。陈稜等从义安（今广东潮州）出发，渡海经高华屿、𪇶鼊屿（属澎湖列岛）到达流求。隋军初到，当地土人曾"以为商旅，往往诣军中贸易"，可见此前应常有来自大陆的大规模商船，当地人才会习以为常。后来隋军经过几次战役，打败当地部落的抵抗，"虏男女数千而归"②。

隋炀帝出兵流求举动，孤立地看，似乎是其个人好大喜功、张扬征服欲的表现，但如果联系当时全国经济重心南移的历史背景，将隋朝营建东都、开凿南北大运河等重大历史事件联系起来看，则进兵流求却是与这些历史事件有必然联系的一环。大运河的开凿，对南方经济发展提出了新的要求，而作为南方海路要扼的台湾海峡地区，势必进入这个统一王朝的经营视野。因此，隋朝之探求台湾，是大陆政权底定东南的政治举措的一部分。它巩固了台湾与大陆古已有之的历史关系。以此为基础，后世的两岸关系，才变得更加顺畅。隋军虏归的数千流求居民，主要安置于当时人口稀缺的福建沿海，这对于增进两岸居民的相互了解，又是一大有利因素。

---

① 魏征：《隋书·流求国传》，二十五史缩印本第5册，第218页。
② 魏征：《隋书·陈稜传》，二十五史缩印本第5册，第182页。

从唐朝以后，大陆人民到达台、澎的记载开始多起来。"及唐中叶，施肩吾始率汉族，迁居澎湖"①，施肩吾曾作《岛夷行》诗："腥臊海边多鬼市，岛夷居处无乡里。黑皮年少学采珠，手把生犀照咸水。"②说明他的确去过澎湖或台湾。唐大中年间（847～858年），陵州（广西）刺史周遇从海路回福建，途中遇到风浪，曾漂泊到台、澎一带，记述了路遇狗国、毛人国、流虬国、大人国、小人国以及一个小洲岛的经历。其中记流虬国人"皆服麻布而有礼，竞将食物求易钉铁"③。还知道周遇等是"华人"，可见流虬国人富有同大陆来人进行商品交换的经验。

另外，近世《安海志》有引清人蔡永兼《西山杂志》资料云："唐开元八年，林銮舟至勃泥、台湾"贸易，并建七星塔为航标。唐乾符年间，林銮后人林灵又"经商航海台湾、甘棠、真腊诸国，建造百艘大舟"。蔡永兼所言何据，虽难于查考，但台湾著名史学家连横曾提到：明末有个游历台湾的普陀山僧人华祐，曾在台东见到一块唐碑，"上书'开元'二字，分明可辨"④。以此看来，唐朝商人到台湾贸易，在当时应该是一种常有的行为。

唐朝怀柔远方，鼓励开展海外贸易，对远来番客非常优待，规定："除舶脚收市进奉外，任其往来流通，自为交易，不得重加税率。"⑤泉州港正是在这种政策刺激下，成为最早的一批海外贸易港口，一衣带水的台湾，往来自然方便，所以，有的文献说到"闽越之间，岛夷斯杂"⑥，这说明当时有不少台湾土人到闽南一带贸易。同时，也有不少闽南汉人进入台湾。后世台湾人多称内地为"唐山"，大陆人为"唐人"，说明唐朝人在台湾的活动，留下了不可磨灭的印记。到了宋代，澎湖已是泉州一带移民相当集中的居留地，开辟了大片土地，种植粟、麦、麻等农作物。南宋政府还在此"造屋二百间，遣将分屯，军民皆以为便"⑦。有的资料明确记载："泉有海岛，曰澎湖，隶晋江县。"⑧而台湾本岛，从后世发现大量宋钱的事实来看⑨，也与大陆有了极其密切的政治、经济关系。

① 连横：《台湾通史》，第5页。
② 祝穆：《方舆胜览》卷十二《泉州》，文渊阁四库全书本。
③ 刘恂：《岭表录异》卷下，文渊阁四库全书本。
④ 连横：《〈台湾游记〉书后》，《雅堂文集》，台湾银行，1964。
⑤ 董诰等编《全唐文》第一册，中华书局，1983，第785页。
⑥ 李昉等编《文苑英华》第三册，中华书局，1966，第2328页。
⑦ 周必大：《文忠集》卷六十七，文渊阁四库全书本。
⑧ 赵汝适：《诸蕃志》卷上《毗舍耶》，文渊阁四库全书本。
⑨ 朱景英：《海东札记》卷四云："台地多用宋钱，如太平、元祐、天禧、至道等年号……"

台湾进入金属器时代，大约在 2000 年以前。十三行文化是这一时期的代表文化之一。该文化出现于距今 2500 年至 1000 年之间，主要遗址有台北县八里乡十三行、小基隆、台北市西新庄子、社子等，出土陶器为手制的几何印纹陶，颜色以灰色、棕色为主。石器则显著减少，铁器的使用是这一时期文化的特色。从出土的墓葬来看为"侧身屈肢葬"。遗址中发现有宋代瓷器及五铢钱、开元通宝等钱币。这些都进一步证明，这一时期的台湾，的确与大陆保持着往来，金属的使用，显然与大陆有密切的渊源关系。

随着海峡两岸经贸关系和人员往来的热络，大陆行政管理从福建向澎湖、台湾延伸，已是呼之欲出。

第二章　闽台行政关系的初步产生

两岸行政关系，与大陆政权对福建的经营管理和福建人口状况密切相关。东吴、隋朝出兵台湾，都是因为当时福建过于荒凉，人口稀少，而这两个王朝都有急于开发福建的愿望，所以都从台湾掳归人口补充。到了唐朝，北方人口过剩，汉人大量南下，加上本土自然繁衍，福建人口迅速增长，本土开发成为当时的地方治理重点，因此，尽管唐朝有很强盛张扬的国力，却反而不太涉足海岛。经过闽国时期和宋朝，福建得到长足发展，迅速成为全国经济文化领先地区，开始出现人口过剩，许多人口涌向海岛寻求谋生空间，澎湖、台湾越来越成为福建沿海居民频繁往来的地方甚至移居地。跟随居民移徙所至，地方行政管理也有必要扩大范围。从宋到明，闽台行政关系已初步产生。

第一节　宋元福建地方官府设治澎湖之情形

一　宋朝对澎湖的管理

宋代是福建发展空前辉煌的时期。福建虽多山地，但气候温暖，雨量充沛，水系发达。高低错落的地势，反倒造成引水灌溉的有利条件，非常适合于发展稻作农业。从北宋开始，福建地区农业生产技术取得全面进步。水利、围垦、山区梯田技术的改进，新式灌溉工具（水轮筒车、龙骨翻车）、轻便农具（翩刀、踏犁、秧马）的发明，粮食品种的改良，耕作制的改进，经济作物的推广，构成这一时期农业技术创新的辉煌成果。技术创新使农业精耕细作得以实现，土地资源得到前所未有的挖掘。当时福建是全国率先引进占城稻和最早实现一年两熟甚至三熟制的地区之一，围海造田、陂塘建筑、水车灌溉、品种改良、经济作物引种等方面的技术处于全国领先水平。仅福州一带水稻良种就达20多种，有人描述福建"水无涓滴不为用，山到崔嵬犹力耕"①。

农业的发达使人口迅速增长。北宋太平兴国年间（976～983年），福建人口为467815户，到元丰初即增至1043839户，增长123%，其中漳州增长318%，泉州增长约209%。当时全国户均耕地26.8亩，福建仅10.6亩，仅为两浙路的1/2，不到江南东、西路的1/3。②

耕地的不足和人口过剩，使福建农民开始向海外拓展生存空间，其中，一衣带水的澎湖和台湾，成为漳州、泉州农民拓垦的首选之地。以人口迁徙和土地开发为先导，福建沿海地方行政管辖范围，也开始正式向澎湖、台湾地区延伸。

宋代以官方背景修撰，概述政区作为考定官吏行政管辖效力依据的几种地理总志，约略地体现出宋朝福建地方行政管理向东南海岛延伸的端倪。

成书于北宋初年的《太平寰宇记》，在记载泉州政区同安条下记曰：海外"有岛屿四所，计四百余家居焉，无田畴，人以钓鱼拾螺为业"③。北宋中期的《元丰九域志》，未见相关记载，但在稍后由黄裳补辑的《新定九域志》中，泉州条下记有"岛屿在海中，上居民"④。北宋后期成书的《舆地广记》较为简略，不再有相关岛屿记载。北宋地志，记载较广，对一些边缘地带略而不记，是很正常的，并不说明地方管理不再涉及。上述记载对这些岛屿的名称、方位、距离都没有详细描述，很难精确断定它们是什么岛屿，但显然已包括澎湖列岛，并且随着沿海居民向岛上迁移，宋朝地方官府的行政管理即跟随而至。南宋王象之《舆地纪胜》引陆藻《修城记》云："泉距京师五十有四驿，连海外之国三十有六岛。"⑤后来"三十六岛"一般指澎湖，陆藻于北宋宣和初知泉州，《修城记》作于宣和二年（1120年），那么，至少从北宋后期开始，泉州的行政官员就有了"连"辖澎湖三十六岛的意识。

宋室南移后，由于疆域缩小，同时对南方的经营也更加重视，相关记载也就详细得多。南宋理宗年间（1225～1264年），福建人祝穆修撰《方舆胜览》，"所述者，惟南渡疆域而已。书中体例，大抵于建置、沿革、疆域、道里、田赋、户口、关塞、险要，他志所详者，皆在所略，惟于名胜古迹

---

① 方勺：《泊宅编》（中），文渊阁四库全书本。

② 参见漆侠《宋代经济史》，上海人民出版社，1987，第72页。

③ 乐史撰《太平寰宇记》卷102。

④ 王存：《元丰九域志》（下），中华书局，1984，第691页。

⑤ 王象之：《舆地纪胜》卷二百三十。

多所胪列"，"采摭颇富"。该书记泉州："其地濒海，远连二广，川逼溟渤，闽越领袖，环岛三十六。"并注："泉之晋江东出海，间舟行三日抵彭湖屿，在巨浸中……"① 以此对照前述诸志，可见宋代的地理总志，已经逐步而明确地将包括澎湖在内的东南诸海岛，纳入宋王朝的疆域范围。

东南诸岛之入版图，不是军事征服或有意识地海外探险的结果，而是随着民间开发进程而跟进的自然结果，这是两宋以后东南疆域拓展的重要特点。正因为如此，这种拓展显得比吴、隋时期来得更加扎实。到南宋初期，澎湖与泉州的隶属关系，已是非常明确。赵汝适《诸蕃志》载："泉有海岛曰彭湖，隶晋江县。"② 乾道七年（1171 年），汪大猷为泉州知府，"海中大洲号平湖，邦人就植粟、麦、麻，有毗舍耶蛮，扬飘奄至，肌体漆黑，语言不通，种植皆为所获，调兵逐捕，则入水持其舟而已"③。平湖即澎湖，毗舍耶蛮当是来自台湾的部落蛮，汪大猷为了保护澎湖"邦人"利益，派兵征服了毗舍耶，"禽四百余人，歼其渠魁，余分配诸郡"④，还在澎湖"造屋二百间，遣将分屯，军民皆以为便"⑤。

另据《闽书》引"宋志"云："澎湖屿，在巨浸中，环岛三十六，人多侨寓其上，苫茅为舍，推年大者长之，不畜妻女，耕渔为业，雅宜放牧，魁然巨羊，散食山谷间，各剺耳为记。有争讼者，取决于晋江县。府外贸易岁数十艘，为泉外府。其人入夜不敢举火，以为近琉球，恐其望烟而来作犯。王忠文为守时，请添屯永宁寨水军守御。"⑥ 此所谓"宋志"，或曰系已佚之宋淳祐《清源志》，或曰为范子长《皇朝郡县志》。⑦

以上几种记载均来自宋代，从派兵追捕前来侵掠的蛮族以保护开垦者利益、遣将屯守，以及由晋江县判决澎湖民间争讼等诸事，可以看出，宋朝地方官府对于澎湖的管理措施，已是相当得力。所谓"近琉球"，这里的"琉球"显然指台湾本岛，而不可能是距离更远的琉球群岛，只有距澎湖甚近的台湾岛居民，才有可能从海上望见澎湖烟火并且连夜来犯。而从"为

① 祝穆：《方舆胜览》卷十二《泉州》。
② 赵汝适：《诸蕃志》卷上《毗舍耶》。
③ 周必大：《文忠集》卷六十七。
④ 楼钥：《攻愧集》卷八十八，文渊阁四库全书本。
⑤ 周必大：《文忠集》卷六十七。
⑥ 何乔远：《闽书》卷七，福建人民出版社，1994，第 179 页。
⑦ 参见福建师范大学闽台区域研究中心编《闽台经济合作研究》，中国社会科学出版社，2000，第 9 页；张崇根：《台湾历史与高山族文化》，青海人民出版社，1992。

泉外府"，"推年大者长之"，"添屯永宁寨" 等说法来看，相应的管理机构和基层管理组织，也已有所设置。

按，所谓"外府"，通常指中枢行政机构或军事机构在异地所设分驻场所。宋代澎湖已有大量"侨寓"之民，这些人构成"不畜妻女"的单性社会，维持治安很成问题，同时又有每年数十艘的海上贸易量，需要加强管理和征税，为此，守土有责的泉州府或所属部门，必须在其地设置官方管理机构。"为泉外府"，说明这种机构已经存在。王忠文即王十朋，南宋乾道四年（1168 年）任泉州知府，他在任上呈请"添" 派永宁寨水师屯于澎湖加强守御，说明在他之前已有派兵戍守澎湖之制。而他之后，乾道七年（1171 年）起知泉州的汪大猷，又派兵击退毗舍耶，并造屋二百间，遣将分屯，那么，这个"外府"便更加巩固了。到了嘉定、宝庆年间赵汝适任福建市舶司提举时，更进一步明确记载澎湖隶属泉州府晋江县管辖。

至于"推年大者长之"，则是中国社会基层治理的传统，大抵相当于保甲制和宗法制的结合体。中国古代政治，有相当完善的基层乡村治理制度，秦汉魏晋时就有作为县政府派至乡的亭游徼官吏治安体系；到了宋元明清，乡里行政机构消失，承担基层乡村治理的社会主体大抵有两种，一是保甲组织，二是由家族、会社、乡约等组织构成的父老自治体系；此二者之外，还在关隘要地设有巡检加强监控。这些官吏被称为"不入流"或"流外"。由于澎湖社会还不成熟，"推年大者长之"，大抵相当于保甲制和父老自治的结合体。《古今图书集成》职方典卷 1110《台湾府部杂录》曰：澎湖"在宋时编户甚蕃"，居民既已为编户，而又远偏海岛，必有专门的基层治理机制，虽未设郡县，"流外" 的基层官阶之设，是不可或缺的。

总之，上述史料联系起来分析，大体可以看出，至少从 12 世纪上半叶到 13 世纪上半叶的百余年间，宋朝泉州府对澎湖实行了有效管理，而且管辖意识越来越明朗，管理的主体越来越明确和具体，管理的机构和机制越来越完善，管理的效力越来越强化。由此可以认定，福建从北宋末就已树立管辖澎湖的意识，而福建辖下的澎湖行政建置，应肇端于南宋。

宋元之战，宋朝宗室、官兵逃散海上者甚众，一般平民避乱入海岛垦殖者也大为增加。其间汉人入台、澎一带也必增多。据清人朱景英记载："台地多用宋钱，如太平、元祐、天禧、至道年号，铁质小薄，千钱贯之，长不盈尺，重不逾二斤。"① 这种状况正是与宋末人们携财入海遁避战乱有关。郁永河在《裨海纪游》中也说，宋时有"避元者，为飓风飘至（台湾），各择所居，耕凿自赡"。宋人之能入台澎避乱，是宋朝曾经管理澎湖的结果。

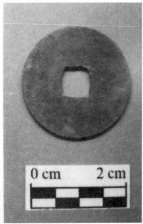

图 11　台南出土宋代钱币

台南水交社前清墓葬出土宋朝钱币。引自卢泰康、李匡悌《发现台南水交社前清墓葬群》，台南艺术大学艺术史学系，2009。

图 12　台南出土明代钱币

台南水交社前清墓葬出土明朝钱币。引自卢泰康、李匡悌《发现台南水交社前清墓葬群》，台南艺术大学艺术史学系，2009。

① 朱景英：《海东札记》卷四。

二 元朝设置澎湖巡检司和探索台湾

元朝统一中国后，采取鼓励海外贸易的政策，对于台湾海峡作为海上贸易通道的地位尤为重视，加上澎湖一带居民增多，商、盗混杂，地方不靖，于是，便有了澎湖巡检司的设置。

元朝为体现"四海为家""亲仁善邻"国策，非常重视与中西亚国家的海上往来，为了控制海外贸易，增加财政收入，制定了市舶、朝贡、官本船等一系列管理制度。这些制度的执行中心在东南沿海，于是很快使泉州成为东方第一大港。泉州的繁荣，带动了澎湖的开发，进一步激发了官方和民间对于台湾的重视和兴趣。元朝设治澎湖和探索台湾，是大陆政权进一步加强对于台澎地区管理的具体举措。

元至正年间，南昌人汪大渊曾"附贾舶浮海越数十国"，以亲身见闻写下《岛夷志略》。该书记述澎湖全文如下：

> 岛分三十有六，巨细相间，坡陇相望，乃有七澳居其间，各得其名。自泉州顺风二昼夜可至。有草无木，土瘠不宜禾稻，泉人结茅为屋居之。气候常暖，风俗朴野，人多眉寿，男女穿长布衫，系以土布，煮海为盐，酿秫为酒，采鱼虾螺蛤以佐食，爇牛粪以爨，鱼膏为油，地产胡麻、绿豆。山羊之孳生，数万为群，家以烙毛刻角为记，昼夜不收，各遂其生育，土商兴贩以乐其利。地隶泉州晋江县，至元年间立巡检司，以周岁额办盐课，中统钱钞一十锭二十五两，别无科差。①

这里明确记载了元朝澎湖的范围、距离、行政隶属、设立机构及课税情况。并且确切表明，澎湖之设治，是以泉州移民开发的成就为前提的。

巡检司是主管地方治安的机构，其职责"掌巡捕盗贼奸宄之事"②，相当于现代的公安局派出所。巡检为九品或从九品官，多设置于一县之内的关隘要地，但不是每县必设，而有的县却可能设多个巡检司，设置与否主要取决于当地治安状况和军事战略的考虑。按元制，江淮以南的中县（户口为一万至三万户）"不置丞"，"民少事简之地则以簿兼尉"。晋江当时为中县，但职官设置却完全如上县，计有达鲁花赤、县尹、县丞、主簿、县

---

① 汪大渊：《岛夷志略》"彭湖"条，文渊阁四库全书本。
② 宋濂：《元史·百官志六》，二十五史缩印本第9册，第269页。

尉各一员，典史二员。县尉本身就是"主捕盗之事"的职位，每县必设，驻于县治，而巡检司多设于关隘要地，其职责与县尉有所重叠，可见巡检司实际上是主管县境治安的外派机构。

元朝晋江县除了澎湖巡检司，还有哪些地方设有巡检司？笔者尚未查到直接资料，但明《八闽通志》提到，宋代晋江设有石湖四县巡检、石井镇巡检，明代则设有祥芝、深沪、围头、乌浔四巡检司，巡检各二员。元代晋江经济和战略地位更高，上述地方应当也有巡检司之设。这些地方都有负责基层治理的乡里行政体系和父老自治体系，巡检司并不完全取代地方行政管理。由此看来，澎湖巡检司也属于与乡镇级建置同司职责的机构，它的设置，只是说明元朝对澎湖的重视和管理的加强，不能说巡检司就是澎湖的行政建置，也不表明澎湖地方建置从此才有；在巡检司设立之前，当地应同样另有"流外"的建置机构履行行政职能，而且这种状况与南宋时期之情形应有所承继。所谓"奸宄之事"，古代盗起于内者为奸，起于外者为宄，澎湖地处边鄙，多"海盗"聚集，且经常遭受来自台湾土著的侵扰，所以，澎湖巡检司显然含有对台、澎加强监管的职责，其军事职能强于行政职能。汪大渊的记述先是提到澎湖"地隶泉州晋江县"，后说"至元年间立巡检司"，行文中即含有在巡检司设立之前已有行政管理之意。

元朝有两次"至元"年号，一次是元初世祖所用（1264~1294年），另一次是元末顺帝所用（1335~1340年），两者相隔几十年，因此，元朝设置澎湖巡检司到底是元初还是元末，一直有不同理解。由于记述人汪大渊是元末时人，《岛夷志略》所记多是当时闻见，很容易让人理解为他所说的"至元"是指元末，清代所修的台湾地方志，大都认定是元末设澎湖巡检司。但从《岛夷志略》该段专述澎湖的文字的行文本身理解，并不排除其有追述更早的建置沿革的含义。事实上，元初的至元年间，元世祖忽必烈已经在利用澎湖大做探索经略台湾的文章，如果当时澎湖没有得力的行政资源依托，这些经略的大动作，是很难想象的。从以下事实来看，不能排除元朝设立澎湖巡检司是进一步经营台湾事务的一个重要步骤的可能。

至元二十八年（1291年），元世祖忽必烈应海船副万户杨祥之请，准备出兵"收附"瑠求（即台湾），后因福建书生吴志斗建言："若欲收附，且就彭湖发船往谕，相水势地利，然后兴兵未晚也。"① 遂改为派杨祥为宣抚

---

① 《元史·瑠求传》，第541页。

使、吴志斗为礼部员外郎、阮鉴为兵部员外郎，前往招抚。

杨祥一行携招抚诏书，率少量兵力，于至元二十九年（1292 年）三月二十九日从澎湖的汀路尾澳出海，船行不久，当天巳时，便在正东方向望见一处约 50 里开外"山长而低者"的海岛，杨祥认为就是瑠求，阮鉴则认为不能确定。船至岸边，杨祥因望见岸上人众而胆怯，不敢亲自登岸，只派军官刘闰等 200 余人，带一名三屿人陈辉做翻译，改乘小舟登岸，结果岸上的人听不懂三屿人语，起了冲突，被杀死三人，只好退还澎湖。杨祥欲就此谎报已经到达瑠求，向朝廷交差，要求阮鉴、吴志斗二人出具"已到瑠求"文字。二人不从，加上吴志斗先前与杨祥有过语言冲突，曾斥言杨祥"生事要功"，"其言诞妄难信"，怕杨祥加害，便在澎湖逃匿了。杨祥返回后，报称"已至瑠求而还，志斗惧罪逃去"，但吴志斗之妻"诉于官"，元世祖令杨、阮二人返回福建对质。后来遇赦，此件官司才不了了之。

此次招抚台湾的行动，因使者办事不力和准备不足而未成，但元朝之探索台湾，显然不是一时冲动的举动，而是有长远的战略目的。元贞三年（1297 年），元朝廷改福建行省为福建平海等处行中书省，并将省会由福州迁往泉州，加强对台湾事务的经营。福建省平章政事高兴言："今立省泉州，距瑠求为近，可伺其消息，或宜招宜伐，不必它调兵力，兴请就近试之。"[1] 当年九月，高兴派省都镇抚张浩、福州新军万户张进率军赴台湾，擒回当地土著 130 余人。

元朝派使者招抚和出兵台湾，带有军事统制的性质，与东吴、隋朝之东南海上经营，有类似的一面；而同样也以取其民而归告终，体现出中国古代王朝对边疆管理的一贯方针。当边缘地区尚处于未开化状态，中央王朝限于技术条件，并不轻易取其地实行行政建置的直接管理。但元朝对于台湾的统辖意识，是相当明确的。《元史》对台湾的记述提到："瑠求在南海之东，漳、泉、兴、福四州界内，彭湖诸岛与瑠求相对"，"天气清明时，望之隐约若烟若雾，其远不知几千里也。"[2] 《元史》虽为明人所作，但元朝之巡检司，经常要处理来自台湾的贸易事宜，加上常有台湾一带土著侵掠澎湖的事件，元人对于台湾的关注，且视之为在"漳、泉、兴、福四州界内"，也是很自然的事。澎湖的开发和设治，为后世进一步经营台湾，做了奠基性的准备。

---

① 《元史·瑠求传》，第 541 页。
② 《元史·瑠求传》，第 541 页。

三　宋元时期台湾社会状况

宋、元政权最终都没有实现对台湾本岛的直接管辖，从根本而言，并非因大陆军力不足，台湾也谈不上有什么正式的政权形态构成对大陆的抵制，而是因为台湾本土居民社会发展不够成熟，尚不适合文治社会的治理。

从宋、元时代的记载来看，在当时大陆人眼中，台湾尚是一个未开化的社会。《宋史》"流求国"传记载：

> 流求国在泉州之东，有海岛曰彭湖，烟火相望。其国堑栅三重，环以流水，植棘为藩，以刀槊弓矢剑铍为兵器，视月盈亏以纪时。无他奇货，商贾不通，厥土沃壤，无赋敛，有事则均税。
>
> 旁有毗舍耶国，语言不通，袒裸盱睢，殆非人类。淳熙间，国之酋豪尝率数百辈猝至泉之水澳、围头等村，肆行杀掠。喜铁器及匙箸，人闭户则免，但刓其门圈而去。掷以匙箸则俯拾之，见铁骑则争刢其甲，骈首就戮而不知悔。临敌用标枪，系绳十余丈为操纵，盖惜其铁不忍弃也。不驾舟楫，惟缚竹为筏，急则群异之泅水而遁。①

《宋史》这段文字，当沿自赵汝适《诸蕃志》所记"流求国""毗舍耶"资料。《诸蕃志》还记：流求人"男女皆以白纻绳缠发，从头后盘绕，及以杂纻杂毛为衣，制裁不一，织藤为笠，饰以羽毛"，"编熊豹皮为甲"，"曝海水为盐，酿米麹为酒"，耕种则"先用火烧，然后引水灌注，持锸仅数寸而垦之"，"尤好剽掠，故商贾不通，土人间以所产黄蜡、土金、鳌尾、豹脯往售于三屿"。毗舍耶人除了曾到泉州肆掠，更多的是为害澎湖居民，"时至寇掠，其来不测，多罹生啖之害，居民苦之。"②

将这些记述，与三国时期《临海水土志》所记夷洲人习俗："各号为王，分划土地，人民各自别异"，"作室居，众荆为蕃障"，"土地饶沃，既生五谷，又多鱼肉"，"能作细布，亦作班文布，刻画其内有文章，以为饰好也"，"战得头着首还，中庭建一大材，高十余丈，以所得头差次挂之，历年不下，彰示其功"③，以及掌握酿酒技术等风土人情，两相对比，可见

---

① 《宋史·流求国传》，二十五史缩印本第 8 册，第 1599～1600 页。
② 赵汝适：《诸蕃志》卷上"流求国""毗舍耶"条。
③ 李昉等撰《太平御览》卷 780《四夷部·东夷》，文渊阁四库全书本。

台湾土著居民的社会，在这千余年的时间内，没有多大的进化。可以明显见到进步的，是金属工具和兵器的普及。三国时东夷虽"亦出铜铁"，但一般族人"唯用鹿觡矛以战斗耳，磨砺青石以作矢镞、刀斧，镮贯珠珰。"宋时则普遍使用金属兵器。从台湾土人剽掠澎湖、大陆时所表现出来的对铁、铜等金属的痴迷、珍惜，以及各种记载也都提到，流求一带土人在与大陆贸易中，特别喜欢用当地土产交换铁、铜等物，可以看出，台湾铁、铜原料的主要来源是大陆。

金属器具的使用，改进了土著居民获取生活资源的手段，但在生产领域，金属工具却没有带来革命性的变化，当地社会的农业生产依然处于相当粗放的状态，社会组织形态也依然原始。虽然大陆官方和民间的各种资料记载中，往往称之为某某"国"，实际上，当地社会从来没有形成完整形态的政权，而只是一个部落林立、互不统属，甚至互不往来的半原始的社会。

图 13　番社图

清人所绘《台湾风俗图·巡社》，反映18世纪台湾土著居民生活状态。引自刘如仲、苗学孟著《清代台湾高山族社会生活》，福建人民出版社，1992。

元朝汪大渊以亲身经历，见证了台湾社会的这种状态。《岛夷志略》记琉球：

> 地势盘穹，林木合抱，山曰翠麓、曰重曼、曰斧头、曰大峙。其峙山极高峻，自彭湖望之甚近。余登此山，则观海潮之消长，夜半则望旸谷之出，红光烛天，山顶为之俱明。土润田沃，宜稼穑，气候渐暖。俗与彭湖差异。水无舟楫，以筏济之。男子、妇人拳发，以花布为衫。煮海水为盐，酿蔗浆为酒。知番主酋长之尊，有父子骨肉之义。他国之人倘有所犯，则生割其肉以啖之，取其头悬木竿。地产沙金、黄豆、麦（疑为黍）子、硫黄、黄蜡、鹿豹麂皮，贸易之，货用土珠、玛瑙、金珠、粗碗、处州瓷器之属。海外诸国盖由此始。[1]

"余登此山"之句，说明作者确曾亲临其地。文中提到"自彭湖望之甚近"，"山极高峻"，"气候渐暖"，都极准确地描述了台湾的位置和地理特征。而"知番主酋长之尊，有父子骨肉之义。他国之人倘有所犯，则生割其肉以啖之"，反映了台湾土著居民已有一定的社会组织和行为规范，但仍然处于部落酋长制的落后状态，保留生吃人肉的野蛮习性。取人头挂于木竿以炫耀战功，则是三国时代就有的风俗，至此没有改变。可见，当地社会的进化的确相当缓慢。

但汪大渊的记载，也透露出不少当地社会有不少变化的信息。

首先，"土润田沃，宜稼穑"的记载，明显比宋代《诸蕃志》所记"先用火烧，然后引水灌注"的技术要进步得多，说明一些地方开始出现经营良好的农田，而不再是刀耕火种的原始农业，台湾土人用于交换的产品中，出现了黄豆、黍子等农产品，可见当时农业的确有了很大进步。这种进步，显然是汉人进入台湾之后，传授农业生产技术的结果。

其次，记载当地土人剽掠肆杀之事有所淡化，而贸易活动的记载多起来，而且在贸易活动中，来自大陆的粗碗、处州瓷器，竟成为当地的硬通货，说明来自福建的产品很受台湾土著居民的欢迎，而土人与大陆汉人之间的关系，也已大为改善。福建本身历来盛产陶瓷，其产品外销甚多，贩运台湾是很方便的；处州（今浙江丽水）在元代为路（府）级建置，当时

---

[1] 汪大渊：《岛夷志略》"琉球"条。

福建与浙江并属江浙行省，其瓷器产品经由福建流入台湾，也是很自然的事。贸易活动的增多，使台湾土人在对外交往中逐步开化起来。

再次，在当地尚保留食人猎头风俗的情况下，作为汉人的汪大渊，却可以从容地游山玩水，观海潮、看日出，其间提到"地势盘弯，林木合抱"，还提到四座大山的名称，台湾崇山峻岭多位于中部，说明汪大渊在台湾的活动，达到相当的纵深。如此优游，如果没有当地社会的宽容和熟悉当地风情的通事引导，是不可想象的，可见当地社会的确较前开化了许多。台湾学者郭廷以认为：由此可以推知，在汪大渊之前，必有内地人民来过台湾，或迁往台湾，澎湖既有民户，进而入居台湾，是很自然的，汪大渊之登山观览，可能是当地汉人引导，至于内地商人之早已到台湾贩卖，似更无可疑。这种推论，是完全可以站得住的。

从宋到元，台湾社会之所以有此明显的改观，有着深刻的历史背景。前已述及，福建尤其是闽南的人口压力，促使沿海居民向海上迁徙，南宋时期，澎湖列岛已经出现汉人聚居的农业社会，少部分甚至进入台湾；宋末元初的战乱，带来了更多避难的人口，经澎湖到台湾的汉人也必明显增加；元朝积极经营台湾事务，发展海上贸易，进一步推动了东南沿海人民的海外探索事业，则又为汉族人民介入台湾社会创造了有利条件。台湾土著居民，原是个部落林立、互不统属、排外性极强、发展极其缓慢的封闭的半原始社会，汉族是历史上第一个介入台湾，并有力地推动台湾历史发展的先进民族。汉族同胞对台湾社会发展的贡献，逐步得到台湾土著人民的认可。只有在当地人民与汉族同胞共同开发，发育出一个初步成熟的农业文明社会的基础上，才可能实现地方政权建置的直接管辖。

第二节　明朝外患中逐步加强的台湾主权管理

一　明朝对外交往中的台湾

经宋元时代的开发，澎湖的汉人村落越来越壮大，闽、台之间的民间往来越来越密切。明初，定居澎湖的汉族移民已达到相当大的数量，他们以"耕渔为业，牧牛羊，散食山谷间"[①]。航行海峡的商船，往往以澎湖为中转站。当时尚有方国珍、张士诚的残余势力流窜于海上，疑与澎湖居民

---

① 陈懋仁：《泉南杂志》，转引自（明）《泉州府志》。

有所联络，"岛民叛服难信"；同时"倭奴往来停泊取水，亦必经此"①。为根绝其奥援，明太祖朱元璋采取徙民、禁海政策，派兵强迁澎湖居民回内地，安置于漳、泉之间；多次严令：禁止民间私通海外从事贸易活动，禁止民间制造海船，禁止民间使用番香、番货，违者轻则发配充军，重则以"谋叛"罪行律处斩。居民既被内迁，自宋、元以来在澎湖的一切军、政建置，自然也被裁除。

明初迁界和禁海政策，就大陆与台澎地区的行政关系来说，是开了个历史倒车。但从民间来说，这一政策并没有真正禁绝福建沿海人民继续迁居澎湖和台湾的潮流。正如顾祖禹所说："（洪武）二十年，尽徙屿民，废巡司而虚其地，继而不逞者潜聚其中。"② 可见，就在迁界之后不久，澎湖一带便不断又有新的居民潜居其间。这是个不可逆转的趋势，因为漳、泉"海滨一带田尽斥卤，耕者无所望岁，只有视渊若陵，久成习惯……一旦戒严，不得下水，断其生活，若辈悉健有力，势不肯缚手困穷，于是所在连结为乱，溃裂以出。"③ 所谓"不逞者"，多是闽南一带居民迫于生计，或为商，或为盗，或垦殖，冒险入海登岛。明朝理学家林希元评漳州民风："……其地负山而襟海。山居之不逞者，或阻严谷林菁，时出剽掠为民患；海居之不逞者，或挟舟楫，犯风涛交通岛夷，甚者为盗贼，流毒四方。故称漳州难治，莫若龙溪也。"④ 有明一代，漳、泉人民迁居澎湖、台湾，始终络绎不绝。

也就是说，自宋元以来汉族人民拓垦开发澎湖、台湾的进程，不但没有因明朝迁界和禁海政策而中断，而且随着商品经济的发展和海外知识、航海经验的积累，呈加快发展的态势。当倭寇流窜海上，以及后来西方殖民者到达澎湖和台湾时，见到的当地居民，往往为汉人。这一情况，我们还将在后文详述。

澎湖巡检司的裁撤，只是基于一种政权维护的权宜之策，并不表明明朝对相关疆域主权的放弃。这种情况，在历史上并不少见。汉武帝时，曾因闽越之地"数反覆"难于治理，强迁其民于江淮之间而"虚其地"。直到东汉以后，随着移民的增多和土地的开发，又重新设置郡县加以治理。澎

---

① 顾祖禹：《读史方舆纪要》卷99，中华书局，1955。
② 顾祖禹：《读史方舆纪要》卷99。
③ 张燮：《东西洋考》卷七，中华书局，2000。
④ 林希元：《林次崖文集》卷十《金沙书院记》。

湖、台湾的开发，同样要经历这样的过程。

　　暂不设治，但在观念上视之为疆域范围，这是明朝对台澎地区的一种基本态度。可以为证的是，在当时的对外交往中，无论中国人，还是外国人，都把明朝的东海边疆算到台湾东北部的钓鱼岛在内。

　　最早发现和命名钓鱼岛的，正是福建航海人。从明初朱元璋赐琉球"闽人三十六姓善操舟者，令往来朝贡"开始，往来于中国和琉球国之间的朝贡和册封船只便络绎不绝。在两国交往中，双方的使节、随从和船上水手，都有一种常识：钓鱼列岛之一的赤尾屿与久米岛之间的海沟，是中、琉两国的交界。现珍藏于英国牛津大学鲍德林图书馆的《顺风相送》一书，记载了钓鱼岛及其附属岛屿：

　　　　北风东涌开洋，用甲卯取彭家山，用甲卯及单卯取钓鱼屿，……正南风梅花开洋，用乙辰取小琉球，用单乙取钓鱼屿南边，用卯针取赤坎与用艮针取枯美山（姑米山），南风……赤屿用甲卯针取琉球国为妙。①

图14　钓鱼岛史料

　　成书于明永乐年间的《顺风相送》，最早记载了钓鱼岛及其附属岛屿的地名。摄于2013年福建省档案馆、福建师范大学闽台区域研究中心主办的"钓鱼岛历史与主权"展览。

---

　　① 《顺风相送》，英国牛津大学鲍德林图书馆藏，明万历年间传抄本。

《顺风相送》是宋元时期中国舟师根据长期的航海经验积累编写而成的海道针经，明永乐年间中国官员根据下西洋的航海实践，累次校正传抄。上述关于福建往琉球的针路记载表明，早在 14、15 世纪，中国便已发现并命名了钓鱼岛及其附属岛屿。

明清中国册封琉球有 20 余次，每次都留下使事记述。这些记述中都把赤尾屿作为中国进入琉球的边界。如，明嘉靖四十年（1561 年）任册封使的郭汝霖记道："闰五月初一日过钓屿，初三日至赤屿焉。赤屿者，界琉球地方山边也。再一日之风，即可望见姑米山矣。"[1]

而在赤尾屿以西，中国人则认为还在国境以内。事实上，明朝的许多文献和地图，都把钓鱼岛、黄尾屿、赤尾屿标在版图之内。如，明嘉靖年间兵部尚书胡宗宪编纂的《筹海图编》，就将钓鱼岛和澎湖标入海防地图。

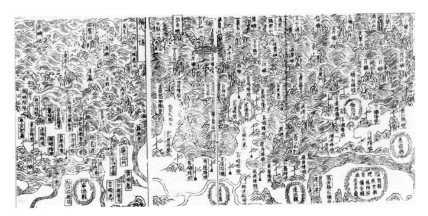

图 15　明朝海防图

明朝嘉靖年间兵部尚书胡宗宪编纂《筹海图编》，已明确将钓鱼岛和澎湖置于地方行政管辖范围。

这些情况，日本人其实是很清楚的。早在 20 世纪 70 年代，日本著名的历史学家井上清教授就曾撰文认为，钓鱼诸岛在历史上属于中国。近年又有横滨国立大学教授村田忠禧指出："明代以来各种各样的中国地图和文献都把钓鱼岛、黄尾屿、赤尾屿标注在中国的版图内。特别是明代为防备倭寇和海盗侵入，政府实施海禁……对沿海的海防相当注意。确保沿海的安全是国家的重要任务，在应当保卫的沿海岛屿中，也包括钓鱼岛、黄尾屿、

---

[1]　郭汝霖：《重编使琉球录》。

赤尾屿。"①

　　村田教授还特别提到明朝册封使陈侃入琉球时的一个重要细节：同船的琉球人看到琉球群岛西南部的久米岛（姑米山），认为是到了故乡，所以都特别高兴。陈侃是明嘉靖十三年（1534 年）出使琉球，回来后写有《使琉球录》，其中多处记载经过钓鱼列岛的情形，从中可以很清楚地看出琉球的地域是从久米岛开始的，并不包括钓鱼列岛；越过列岛之一赤尾屿与久米岛之间的海沟，才算进入琉球。

　　钓鱼岛和澎湖既被视为明朝版图，那么位处两岛之间的台湾，更应属于明朝着意保护和控制的国内地界。《顺风相送》中所描述的通向琉球海道，在钓鱼岛之前的国内路线，就包括"小琉球"。本节后文将用事实表明，正是在涉外事务中，明朝对台湾的主权意识越来越明朗。

　　这里必须将明代以后的琉球与元代以前的琉球加以严格区分。在元代以前，人们因海外知识的匮乏，只是含糊地将澎湖以东的众多岛屿统称为琉球，或瑠求、流求、流虬等，描述位置时，每曰与澎湖"烟火相望"，"彭湖诸岛与瑠求相对"，"自澎湖望之甚近"，所记风情物产也与台湾相符，所以，当时所指琉球，显然就是台湾，而不可能是远处海外、中间还隔了一座台湾大岛的琉球群岛。随着航海技术的发展和海外知识的积累，从明朝开始，人们才清楚地将琉球与台湾区别开来。明太祖册封琉球后，已经很清楚地界定了琉球的地域，就是久米岛（古称枯美山、古米山或姑米山）以东、以北的诸多岛屿，是为域外附属国；而钓鱼岛以西，仍被视为中国地界。为了区别，有时也称受册封之琉球为"大琉球"，而称台湾本岛为"小琉球"。

　　台湾依然是个未"向化"的"蛮夷"之岛，明朝并未对之直接施治，但它位于已被确认的领土钓鱼岛和澎湖岛之间，而以往正史记载之"琉球"知识，已不能再套用于台湾，基于这种情况，明朝开始的时候，很少提到台湾，或在航海途经之时，称之为"小琉球"。继而，随着大陆汉人入渡台湾的增多，出外使节也耳闻目睹，有关台湾的记载才又多起来，名称也多所变化，有称鸡笼山、北港、笨港、东番、东岛、东国、东山、东海、海东、东溟、台员、大员、大冤、大湾、台窝湾、台湾等。台湾的地理概念，越来越清晰，明朝统治者再也不能熟视无睹。明万历四十年（1612 年），日

---

① 〔日〕村田忠禧：《尖阁列岛·钓鱼岛争议》，日本侨报社，2004。

本南侵琉球，引起明朝警觉，浙江总兵杨宗业加强了海上戒备。1616年，日本进一步南下，"有取鸡笼山之谋"。鸡笼山，《明史》称"其地名台湾，密迩福建"①。

日本谋取台湾的重要军事情报，由琉球中山国王尚宁派人密报于明朝。明朝廷立即"诏海上警备"。当时朝廷大臣关于加强东南海防的奏议很多，担任内阁大学士的福建人叶向高认为，日本人若占领鸡笼、淡水，将成为"门庭之寇，腹心之患"，"不得不为之防"②；福建巡抚黄承玄也上《条议海防事宜书》，建议加强澎湖防务，并随时视察台湾。由此可见，在当时的外交事务中，无论是琉球、日本，还是中国，都已把台湾视为中国的势力范围。

二　外患严峻的形势下明朝对台湾地位认识的变化

明朝来自海上的外患，主要是日本，末期又加入西方殖民者。

1. 抗击倭寇侵略台湾。

从明初开始，中国沿海就倭患不断。起初，明朝对付倭寇的经验不足，以为只要内迁居民，坚壁清野，便可阻止倭寇的侵犯。殊不知，放弃台、澎海上防御，恰恰给倭寇侵扰东南沿海提供了中转据地；同时，海禁还促成了海上武装走私集团与倭寇的勾结，使倭患变本加厉，"盖江南海警，倭居十三，而中国叛逆居十七也"③。这种教训，使有识之士在抗倭治乱中，产生了两种重要的认识变化：一是海禁不足以抗倭治乱，而适度的开放却可以带来安宁；二是抗击外患必须将海防前推，澎湖、台湾是不可放弃的东南门户。

前者的认识，可以福建巡抚许孚远为代表。明万历二十年（1592年），日本侵犯朝鲜，沿海再度吃紧，第二年，兵部严申"海禁"，许孚远上疏反对，他说：

> 近奉文禁番商，民心汹汹告扰。本职目击事，窃时计其为地方隐患者有四：夫沿海居民，凭藉海边，易与为乱，往者商舶之开，正以安反侧杜乱萌也。乃今一禁，彼强悍之徒，俯仰无赖，势必私通。继

---

① 张廷玉等：《明史·琉球传》，二十五史缩印本第10册，第918页。
② 叶向高：《答韩辟哉》，《明经世文编》卷461《苍霞正续集》，中华书局，1962。
③ 李国祥等主编《明实录类纂·福建台湾卷》，武汉出版社，1993，第469页。

以追捕急，则聚党遁海，据险流突。……先是海禁未通，民业私贩，吴越之豪，渊薮卵翼，横行诸夷，积有岁月，海波渐动。当事者尝为厉禁。然急之而盗兴，盗兴而倭入。嘉靖之季，其祸蔓延，攻略诸省，荼毒生灵，致烦文武大师，殚耗财力，日寻干戈，历十有余年，而后克底定。于是隆庆初年，往任抚臣涂泽民用鉴前辙，为因势利导之举，请开市舶，易私贩而为公贩，议止通东西二洋，不得往日本倭国。亦禁不得以硝黄、铜铁违禁之物夹带出海。奉旨允行几三十载，幸大盗不作，而海宇晏如。①

许孚远以明初以来禁弛利弊的事实，表明了适度开禁有利于社会安定和国计民生的观点。这一观点得到采纳后，立即有走私集团胡台、谢楠等率船队归附，成为合法商人；第二年，地方"饷骤溢至二万九千有奇"②，收到很好的经济效益。因势利导，易私为公，既弭乱萌，又增税收，这种治海观念，已逐步成为当事者的共识。

后者的认识，也以福建军、政大吏为主要倡议者和实践者。

抗击倭寇，起初都在沿海布防，虽然实行官民联防、官军游哨、加强呼应等措施，但倭寇忽南忽北、声东击西，官兵总是难于摆脱疲于奔命的被动状态。一些将官逐步认识到，若不主动出击，捣毁倭寇在海上的巢穴，则倭患永无消除之日。俞大猷、戚继光等抗倭名将，都曾追击倭寇于海上。尤其是俞大猷，《明史》多次提到他"逐贼海中"，"入洋追之"，"出海追击"，"夺其舟，追战数日"，乃至"穷追至海东云屯"。

这些追击行动，有些是击倭寇，有些是剿"海盗"，总之都体现了边防将领对海岛的重视，追击范围，包括台湾。

几种台湾地方志和连横《台湾通史》都提到：嘉靖年间，"澎湖属泉同安，设巡检守之，旋以海天遥阻，弃之"③；明嘉靖四十二年（1563年），俞大猷曾追击"流寇"林道乾到澎湖，道乾逃入台湾，大猷"留偏师驻澎湖"④。近年，有学者考证，明设澎湖巡检和俞大猷追击林道乾于澎湖的说法，"没有可靠的史料依据"⑤。尽管如此，明代后期福建地方大吏和边防将

---

① 《明神宗实录》卷277，"中央研究院"历史语言研究所影印本。
② 张燮：《东西洋考》卷七《饷税考》。
③ 高拱乾：《台湾府志》卷一《封域志·建置》，中华书局，1985，影印《台湾府志三种》。
④ 刘良璧等：《重修福建台湾府志》，台湾文献丛刊本
⑤ 陈孔立：《澎湖不属同安考》，《台湾研究集刊》2005年第2期。

领对澎湖、台湾的战略地位越来越重视，是不争的事实。明万历二年（1574 年），福建"海贼"林凤自澎湖逃往东方魍港，总兵胡守仁、参将呼良朋追击之，还"招渔民刘以道谕东番合剿"①。林凤在台湾难于立足，只好"远遁"。顾炎武也提到，"彭湖一岛……明朝徙其民而虚其地，自是常为盗贼假息渊薮，倭奴往来，停泊取水必经要害。嘉、隆之际，万历初年，海寇曾一本、林凤等常啸聚往来，分舟宗入寇，至炀大举捣之始平。"② 可见，从嘉靖到万历年间，明军为了打击倭寇和"海盗"，曾不止一次地主动出击到澎湖、台湾一带。张燮《东西洋考》也提到：台湾"其地去漳最近，故倭每委涎，闽中侦探之使亦岁一再往。"这就是说，为了防止倭寇盘踞台湾，明朝福建边防军每年都要一两次前往台湾察探。

主动出击使倭寇失去可靠的海岛据地，到明嘉靖末年，倭患基本上已是强弩之末，明朝在澎湖、台湾的海防逐步取得主动权。明万历三十年（1602 年），又有一股倭寇潜据台湾，"夷及商、渔交病"，也就是搞得当地土著居民和来台湾经营商业、渔业的大陆居民不得安宁。驻守厦门的浯屿把总沈有容，暗中派渔民入台湾侦察地形，画清倭寇巢穴位置，经过周密准备，于十二月初八率 21 艘战船，从金门料罗湾出发，直捣台湾倭寇巢穴，一举歼敌数百。破敌后，曾在台湾停泊 20 余日。当地高山族首领大弥勒为答谢沈有容除害之功，率数十人前来献鹿馈酒，犒劳明军。这段由连江人陈第以亲身经历记载下来的史事，反映出明朝边防官员对台、澎作为东南门户、不容外人染指的意识越来越强。

明万历四十四年（1616 年），倭寇再犯台湾，这次不再是小股倭寇的流窜，而是德川幕府有计划的侵略行动。福建巡抚黄承玄闻讯，上报朝廷称：

> 今鸡笼实逼我东鄙，距汛地仅数更水程，倭若得此而益旁收东番诸山，以固其巢穴，然后蹈暇伺间，为所欲为，指台、礵以犯福宁，则闽之上游危；越东涌以趋五虎，则闽之门户危；薄彭湖以闚泉、漳，则闽之右臂危。即吾幸有备，无可乘也，彼且挟互市以要我，或介吾濒海奸民以耳目我，彼为主而我为客，彼反逸而我反劳。彼进可以攻，退可以守，而我无处非受敌之地，无日非防汛之时，此岂惟八闽患之？

---

① 《明神宗实录》卷 26。

② 顾炎武：《天下郡国利病书》，中华书局，四部丛刊三编。

两浙之间，恐未得安枕而卧也。①

明朝廷对此非常重视，"诏海上警备"。由于福建方面加强了澎湖防务，加上途中遇风，船队被吹散，日军这次军事行动未能得逞。其中部分兵力转至福建东涌（即东引岛）一带劫掠，并挟持明朝材官董伯起返回日本。第二年，日本派兵船将董伯起送回，被明军截获。明朝海道副使韩仲壅召日船头目明石道友，详细审问其何故侵扰鸡笼、淡水，何故谋据北港，何故擅掠内地与挟去董伯起等。审问结果，黄承玄立即上报朝廷，大略云：德川家康"有窥我南鄙之心"，而长崎长官山村等安，因其他事情得罪了家康，便自请出兵取台湾以示讨好，"会我汛事戒严，弗克"，便"逞心于我"，骚扰福建。如今家康去世，其子代之，仍然对台湾怀有野心，但恐国内人心未稳，又怕中国来找麻烦，所以"内逆外顺"，主动送还董伯起。针对这种情况，黄承玄建议："今于其伺我疆场者，擒而芟之，使知吾天威之严；于其就我戎索者，姑恤而遣之，使知吾宣仁之大。"②

韩仲壅在审问明石道友时，义正词严地斥责："所经浙境，乃天朝之首藩也，迤南而为台山、为礵山、为东涌、为鸟丘、为彭湖，皆我闽门户之内，岂容汝涉一迹！"并警告说："上年琉球之报，谓汝欲窥占东番北港，傅其尽妄……汝若恋往东番，则我寸板不许下海，寸丝难以过番。兵交之利钝未分，市贩之得丧可睹矣。"③ 明朝维护澎湖、台湾的严正立场，使日本侵略台湾的野心有所收敛。

2. 与西方殖民势力周旋中的台湾主权意识和危机意识。

几乎在日本人觊觎台、澎的同时，西方殖民势力也侵入我东南。

1604 年 8 月，荷兰东印度公司的韦麻郎，率一支船队，趁中国汛兵撤防的间隙，占领了澎湖。企图以此为据点，开展对华贸易。这一行动，立即引起福建地方震动，"金谓彭湖乃漳、泉门户，许之必多勾引，久且窟穴庐室其中，或易以梯乱，利一而害百，宜驱之，不则剿之"④。明军积极备战。当年 11 月，浯屿把总沈有容入澎湖面谕韦麻郎：中国绝无任由外人占据澎湖的可能，你们若赖着不走，不但通商不成，而且将引起战争。荷兰

---

① 黄承玄：《题琉球咨报倭情疏》，载《明经世文编》卷479，第5268页。
② 《明神宗实录》卷560。
③ 《明神宗实录》卷560。
④ 李光缙：《却西番记》，载沈有容编《闽海赠言》卷二，台湾文献丛刊第56种。

人见沈有容态度坚决，无机可乘，只好退出澎湖。但到 1622 年 7 月，荷兰舰队又侵入澎湖、台湾，并在当地构筑城堡，提出强硬的通商要求。明朝福建地方官府在多次交涉无果的情况下，调集重兵入驻澎湖，与荷兰军队对峙。在这种情形之下，荷兰人只好同意回到谈判桌。明朝福建地方官府也怕事态扩大，私下做出让步，由总兵俞咨皋与荷兰人达成协议：荷兰人退出澎湖，允许他们在台湾贸易。

在做出这项允诺时，中国官员并没有忽略强调，台湾这块土地依然是中国领土。据甘为霖（W. M. Campbell）《荷兰人侵占下的台湾》一书引述，荷兰人退往台湾后，厦门官员曾有一封答复荷兰人的信，大略是说福建地方最高官员已经了解荷兰人要求在"巴达维亚及我方的福摩萨岛之间与我方贸易"的愿望，表示将往福州做进一步的报告。这位官员提到台湾时，特意加以"我方的"定语，显然是提醒荷兰人，他们所立足的台湾依然是中国领土。但荷兰人却蓄意曲解，单方面认为，福建官员既同意他们在台湾贸易，就表明中国人已经将台湾让给了他们。后来荷兰人在纳税问题上与日本人发生争执时说：日本人在台湾有义务纳税，"因为台湾土

图 16　沈有容谕退韦麻郎碑

明朝浯屿把总沈有容入澎湖谕退红毛番韦麻郎纪念石碑。

地不属于日本人，而是属于中国皇帝。中国皇帝将土地赐予东印度公司，作为我们从澎湖撤退的条件"①。

所谓"土地赐与"之说，显然是强词夺理。首先，福建地方官员允许荷兰人在台湾经营贸易，只是一种私下交易的条件，并没有得到中央政府的正式认可，所谓"中国皇帝将土地赐予东印度公司"，是无稽之谈。其

---

① 厦门大学郑成功历史调查研究组编《郑成功收复台湾史料选编》，福建人民出版社，1982，第 94 ~ 95 页。

次，地方官员接受荷兰人占据台湾的事实，是一种暂时的策略性让步，并未允其长期占有，福建巡抚南居益在"条陈彭湖善后事宜"中就说："彭湖既复，海甸方清，而复倭交通，尚伏近岛，谨陈用间方略，以靖余孽，以永奠南陲。"[①] 可见，在当事者眼里，台湾也是最终要收复的。再次，福建当局只默许荷兰人暂据北港一小块地方，为之提供贸易方便，这只是借地经商性质，并没有将台湾全岛管辖权让与荷兰。

此外，在荷兰殖民者窃据台湾之后，台湾是中国领土，不容他国染指的观念，在朝野有识之士眼里，变得更加强烈起来。就在荷兰人占据台湾不久，诏安乡绅沈铁就曾上书南居益说："夫大湾去彭湖数十里，虽称裔区，实泉、漳咽喉也"，不可让荷兰久驻，他建议联合暹罗以驱逐之。[②] 明崇祯八年（1635 年），给事中何楷又上奏，献靖海之策，言称：台湾前为"海寇"之窟，今为"红毛"所据，"墟之之计，非可干戈从事"，先进行海上封锁，然后乘虚击之。只有赶走荷兰人，海疆方可安宁。[③]

尽管由于明朝末年国内危机四起，无暇顾及台湾事务，但欲安中国，清除边患，台、澎门户必不可弃，已经成为牢不可破的观念。顾祖禹在《读史方舆纪要》中写道："总兵俞咨皋者，用间移红夷于北港，乃得复彭湖……然议者谓彭湖为漳、泉之门户，而北港即彭湖之唇齿，失北港则唇亡而齿寒，不特彭湖可虑，漳、泉亦可忧也。"

三　晚明加强对澎湖、台湾管理的措施

随着东南边防危机的加深和有识之士对澎湖、台湾战略地位认识的提高，福建地方官府也在不断加强澎湖边防机构的建置。

自明初内迁居民后，澎湖便完全处于弃守状态。直至明万历二十年（1592 年），日本侵略朝鲜，有情报表明，日本可能将南下侵犯台湾，福建官员高度紧张，开始议论在澎湖设兵戍守。明万历二十三年（1595 年）巡抚许孚远在奏折中，举海坛山垦田固守，成为"屹然一雄镇"为例，认为"至彭湖遥峙海中，为诸夷必经之地，若于此处筑城置营，且耕且守，断诸夷之往来，据海洋之要害，尤为胜算。但此地去内地稍远，未易轻议"[④]。

---

① 《兵部题行"条陈彭湖善后事宜"残稿》，载《明清史料》乙编第七本，中华书局，1987，第 605 页。
② 康熙《诏安县志》卷十二《艺文》。
③ 《明史·鸡笼传》，二十五史缩印本第 10 册，第 920 页。
④ 《明神宗实录》卷 284。

这一奏议得到朝廷批准。但许孚远未及实施这项计划便卸任了。继任巡抚金学曾委派分守张鼎思、都司邓钟到澎湖实地考察，于万历二十五年（1597 年）上书言防海四事，称："惟彭湖去泉州程仅一日，绵亘延袤，恐为倭据。议以南路游击汛期往守。"① 得到"部覆允行"，当年，正式在澎湖增设游兵。

这是继元朝设巡检司之后，中国官方再次在澎湖设立的驻防机构。

澎湖游兵隶属于南路参将。明代福建兵制，分福建驻兵为三路：福宁为北路、兴化为中路、漳州为南路。据《天下郡国利病书》，澎湖游兵"初创一游、一总、四哨，冬鸟船二十艘，目兵八百有奇。二十六年春，又虑孤岛寡援，增设一游总哨。"军需由漳、泉二州供应。又，万历末巡抚黄承玄《条议海防事宜疏》言，澎湖游兵最多时曾"镇以二游，列以四十艘，屯以千六百余兵"，后来裁去一半。万历《泉州府志》载："嘉靖四十二年军门谭纶题奉钦依，比照浙江定海等关把总，以都指挥体统行事，于浯屿寨为钦总，其浯铜游兵把总，及万历二十五年新设澎湖游兵把总，俱军门札给名色者。"②

按，游兵不是一种常驻兵力，而是一种"汛守"的轮防、游哨制度。澎湖游兵分为春、冬二汛，"春以清明前十日出，三个月收；冬以霜降前十日出，二个月收"③。也就是说，每年实际上只汛守五个月。由于海路遥远，供应困难，一旦有警，后援不及，官兵都视戍守澎湖为畏途，有些甚至找借口"偷泊别澳"，实际上是"有守之名，无守之实"。荷兰人两次进占澎湖，都没有遇到守军抵抗，如入无人之境，可见澎湖防务之虚。这种状况，根本上是因为还没有真正采用许孚远提出的耕守之法。军无常驻，又缺乏地方资源，靠泉、漳供应，要维持长久而固定的戍守，是不可能的。澎湖戍守的有名无实，客观上加剧了外患的猖獗，使东南边防处处被动。

到明万历四十四年（1616 年），日本果真入侵台湾，巡抚黄承玄感到事态严峻，上奏朝廷，备述日本窥我东南之危。他总结了澎湖游兵设置的利弊，建议"合以彭湖并隶浯彭游，请设钦依把总一员，专一面而兼统焉"，使澎湖防务有所加强。他认为：

---

① 《明神宗实录》卷 312。
② 阳思谦等纂《泉州府志》卷 11《水寨官》，影印明刊本，泉州市编纂委员会，1985，第 9页。
③ 黄任等：乾隆《泉州府志》卷 24《军制》，引万历《泉州府志》，光绪八年重刻本。

夫浯铜系漳、泉门户，彭湖为列郡藩篱，今一设重镇，而有虎豹在山之形，一得内援，而无蛇豚荐食之患，其便一也；顷者越贩奸民，往往托引东番，输货日本，今增防设备，扼要诘奸，重门之柝既严，一苇之航可察，其便二也；兹岛故称沃野，向者委弃之，不无遗利之惜，今若令该总率舟师屯种其间，且耕且守，将数年以后，胥原有积仓之富，而三单无糇粮之虞，其便三也。①

这个想法，实际上就是 20 多年前许孚远"筑城置营，且耕且守"计划的翻版。在黄承玄的设想中，镇守澎湖的官员，"一苇之航"就可以视察台湾，是可以管辖到台湾的。如果澎湖重镇及时建立起来，而且招引大批大陆居民前来屯垦，那么，明朝在台、澎的地位要稳固得多。

可惜的是，这只是一个束之高阁的想法。直到 1622 年荷兰人第二次侵入澎湖时，遇到的只是几名根本没有抵抗便逃入内港的汛兵。荷兰人登上岛后，用了半个多月时间，很从容地在澎湖巡视，寻找筑城地点、探测港道，还到台湾考察港口，调查物产、环境及商业贸易情况等，再无遇到任何阻碍。由此可见，所谓建立澎湖重镇的想法，并未实施。

1624 年，明朝调集重兵于澎湖，荷兰人被迫退出澎湖后，澎湖防务设施的建设，才得到较大的改观。这时，又有人建议，应该在澎湖建立城堡，专设游击，永久把守。第二年，明朝命铸"澎湖新设游击关防"，也就是将澎湖边防建置，从浯屿把总兼管的游兵，升格为地位在把总之上、仅次于参将的游击，而且是固定驻守。《明史》"兵志"专此提到："天启中，筑城于澎湖，设游击一、把总二，统兵三千"。澎湖之边防军政建置，重新得以完善。但不久后又弛懈，以致被郑芝龙、刘香等海盗所控制。郑芝龙归明后，平刘香，澎湖才又回到明朝手中。

另外，还有一些迹象表明，福建地方官员曾把设防的城堡，建到了台湾本岛。

万历末，有个叫赵秉鉴（即赵若思）的水师军官，因私下纠合叛众，勒索商人，还勾结盘踞于台湾的"海盗"，图谋不轨，被巡抚王士昌设计诛灭。厦门大学陈小冲教授曾从北京国家图书馆善本部发现了曾被疑为佚失的张燮所著《霏云居续集》，其中有一篇《海国澄氛记》，记述了赵若思案

---

① 黄承玄：《条议海防事宜疏》，载《明经世文编》卷 479，第 5271～5272 页。

的详细过程。

赵若思为总右翼军，与之勾结的"海盗"叫沈国栋。沈国栋是长泰人，"集众海外行劫，声势渐盛，便欲谋据东番，窃此为夜郎王，自以为形陋不足威远夷，推杨钟国为渠帅，而自立为军师。"而"若思既谋攻郡县，翻念安顿处所，莫如东番，遂收杨、沈为唇齿。厦门把总林志武、澎湖把总方舆皆附焉，盖七日而筑城赤勘（嵌）矣"。陈小冲教授推定，赵若思在台湾赤嵌设置城堡，可能在 1617 年，比荷兰殖民者侵入台湾早了 7 年。[①]

这条史料非常值得注意。

第一，赵若思虽以谋逆被诛，但他在台湾筑城堡时，还是军官身份，而且同他一起经营赤嵌据点的，还有厦门把总林志武和澎湖把总（按，应为浯彭把总）方舆，不管他们筑城的真实意图如何，至少在名义上是一种官方行为。在此之前，中国官府虽曾多次派兵到过台湾，却从未在台湾固定驻守，那么，这个城堡也就是中国军队在台湾建立的首个前沿基地，代表着中国政府的管辖权已经正式及于台湾本岛。

第二，赵若思筑城于台湾之事，是否得到上司的正式批准和支持，不得而知，但以当时情形可以判断，福建最高当局应该是知道而且是默许的。从明万历二十三年（1595 年）开始，福建多任巡抚如许孚远、黄承玄等，曾屡次提出过设立澎湖重镇的设想，也都得到了朝廷的批准。这些设想中，本身就含有通过澎湖重镇的建设加强对台湾监管的意图，只是由于地方官府的贯彻不力，这一设想才迟迟没有落实。赵若思在台湾筑城，是符合当时官方对台、澎的总体策略的"积极"表现，所以，他大可不必瞒着上司私自行动。

该史料还提到，巡抚王士昌在发现赵若思的不轨蓄谋，想解决他的问题之时，曾"佯令国栋与若思、志武往谕林谨吾来归，以觇其举止"，林谨吾是当时盘踞在台湾的另一伙海盗。这就是说，福建巡抚已经在表面程序上，利用下属军官在台湾设立城堡的优势，就近招安海盗，这也就可以进一步说明，这个城堡据点是在福建地方当局的视野里的。只是由于当时明朝内忧外患，官场腐败无能，这样的据点，在他们看来，没有充分的把握去控制它，所以在擒获赵若思等谋逆之众后，也就放弃了对该据点的继续经管。

①　转引自陈小冲《张燮〈霏云居续集〉涉台史料钩沉》，《台湾研究集刊》2006 年第 1 期。

其实，在明末的福建，在倭寇和西方殖民者频频侵扰台、澎的复杂局面中，无论是官方还是民间，都已经出现了一股经营台湾并增设行政建置的思潮。许孚远、黄承玄耕守澎湖的主张，海道副使韩仲雍不许日本人登陆台湾的警告，给事中何楷武力驱逐荷兰人的建议，都表现出官方对于台湾的主权意识。曹学佺《石仓全集》称："闽抚院以其地为东洋、日本门户，常欲遣数万人屯田其间，以备守御。"可见，福建地方官府的高层，对于设治台、澎的问题，一直都在考虑当中。

而与此同时，民间人士和下层将士身经体历，处于反侵略斗争的最前列，对于经营台湾的必要性和可行性有着更深刻的认识。如何根除外患，保家卫疆？来自民间的议论更多。如果能在台湾置将屯兵，设立行政建置，杜绝外人觊觎之心，不失为一劳永逸的好办法。天启中，有个莆田秀才周婴，随游击将军车寿叔"料兵于海"，后来他也与陈第一样，写了一篇《东番记》，其中提到："泉、漳间民，渔其海者什七，薪其岭者什三，语言渐同，嗜欲渐一。……疆场喜事之徒，爰有郡县彼土之议。"① 如此看来，当时来自民间和基层将士的关于在台湾建立行政建置的呼声，的确已是渐渐高涨。而上述欲谋据台湾为"夜郎王"的沈国栋，早年也曾向福建地方当局建议在台湾开展屯田，他与赵若思都曾为诸生，有相当高的文化素质和政治见解，可能是因为地方当局迟迟没有设治台湾的实际行动，而他们对台湾的地理和资源优势看得一清二楚，先径自打起了经营台湾的算盘。

综合这些资料所透露的历史态势，我们不妨假定，当时的明朝，如果不是因为不久就发生了大规模的农民起义而无暇于南部边防，福建地方当局就能顺其趋势，逐步加强对于台湾的经营和行政管理，那么，最终驱逐荷兰殖民者，并增设台湾郡县，只是个时间的问题。

第三节　移民开发与台湾主权

一　早期汉族移民与台湾的开发

前已述及，宋元以来，耕地的不足和人口过剩，使福建农民开始向海外拓展生存空间，其中，一衣带水的澎湖和台湾，成为漳、泉农民拓垦的首选之地。以人口迁徙和土地开发为先导，福建沿海地方行政管辖范围，

---

① 周婴：《远游篇》卷 12《东番记》，明末刊本。

也开始正式向澎湖、台湾地区延伸。到元末明初，澎湖已经是一个相当繁荣的耕渔村落社会，居民作为大陆王朝的"编户"，承担着官府的课税，基层社会有一定的组织，"推年大者长之"，维持着与内地同构的社会形态，官方则有巡检司等机构的建置，维护地方安定。如果不出重大波折，这种社会将不断壮大和扩展，近在咫尺的台湾本岛，也将经历同样的发展过程。明初的迁界和海禁政策，使这一进程受到一定的干扰。但海禁并不能完全阻止福建沿海人民继续迁居澎湖、台湾的趋势。由于迁界后明朝不再在澎湖课税，澎湖恰恰成为逃避王朝赋税的世外桃源，同安、漳州一带的渔民，不断有人潜往澎湖、台湾打鱼、垦殖和经商。明初虽禁私人出海，但官方的朝贡贸易和海路出使却很频繁，在册封琉球和郑和下西洋的使团中，都曾招募大量福建籍水手、兵勇、向导、翻译等，他们在出使活动中进一步熟悉了台湾海峡的航道和海情，为民间私渡活动积累了更多的经验。

　　明朝中叶以后，民间私渡活动逐渐多起来。连横《台湾通史》指出："台湾为荒服之地，当明中叶，漳、泉人之至者已数千人"①。早期移民情况，在民间族谱中也有所反映，如，《安平颜氏族谱》记载，晋江安海人颜龙源，"生嘉靖甲午，卒失考，葬台湾。配郑氏，子一。"此人生于1534年，有妻室，并生一子，那么，他去台湾时当为壮年，在16世纪50年代后

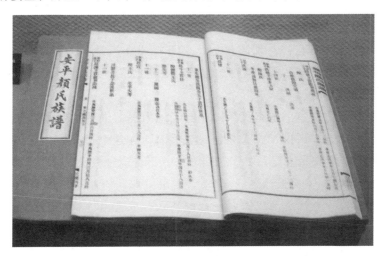

图 17　安平颜氏族谱
记载早期移民台湾的晋江《安平颜氏族谱》。摄于闽台缘博物馆。

———————————

①　连横：《台湾通史》上册，第114页。

期到 60 年代。另惠安东园人庄诗，也在嘉靖年间"与兄赴台湾谋生"①。据周婴《东番记》所载，到台湾谋生的泉、漳之民，约 7/10 是从事打鱼，3/10 是进入山地开发（"薪其岭"），他们之间以及与当地居民之间，相处得相当融洽，以至"语言渐同，嗜欲渐一"。

到明万历初年，闽南移居台湾谋生的人数更多，以至在台湾形成一定的能量。明万历二年福建总兵胡守仁追击"海贼"林凤入台湾时，曾"招渔民刘以道谕东番合剿"。刘以道当是定居台湾的闽南渔民头面人物，而且与台湾土著居民建立了良好关系，才会担当联络当地居民，配合官军围剿"海盗"的角色。后来陈第随沈有容到台湾捣毁倭寇巢穴，所写《东番记》中也记载了许多当地汉族人与土著居民交往、贸易的情况。比如他提到，当地土人爱剖食鹿肚肠里快要消化成粪便的草料，称之为"百草膏"，汉人见了会呕吐；而土人不吃鸡，见汉人吃鸡便呕吐。汉人送旧衣服或布料给土人，土人很高兴，却只珍藏不用，或者出见汉人时才穿一下，事后又脱掉，"裸以出入，自以为易简云"。

陈第还写到，土人原先也聚居于海边，后来遭倭寇焚掠，才避居深山，但与汉人保持往来，而且这种往来"今日则盛，漳泉之惠民，充龙、烈屿诸澳，往往译其语，与贸易"。这就是说，到 1602 年的时候，福建沿海人民到台湾捕鱼、经商的，已经为数不少，而且与台湾土著居民有很密切的往来。万历末，福建巡抚黄承玄建议设置澎湖重镇时说，这样做的目的是，可以随时前往台湾巡视，既防倭寇，又可抚慰在当地捕鱼的渔民。可见，随着到台人数的增多，当时福建地方官员的确已经产生支持民间开发台湾，以巩固边防的意识。

毫无疑问，就和平地移民台湾，与当地人民共同开发台湾，促进台湾社会的发展和进步来讲，汉人是捷足先登者。在这个过程中，即使有倭寇来台湾活动，也是来去飘忽，剽掠四方，并不受当地社会的欢迎。陈第说，倭寇滞留台湾时，"夷及商、渔交病"，这里"夷"指土著居民，"商、渔"则是大陆移民，也就是说，倭寇在台湾，只有危害当地社会，没有任何开发意义可言。而到了西方殖民者侵入澎湖和台湾时，见到的已经是一个汉人与土著杂处的社会。

1622 年荷兰人首次入侵澎湖时，在澎湖不但见到有明朝少量兵力看守

---

① 两条族谱资料均见庄为玑、王连茂编《闽台关系族谱资料选编》，福建人民出版社，1984，第 2~3 页。

的小堡，还见到有居民放养的山羊和猪、牛，并提到岛的北面有许多渔夫居住。后来他们到台湾考察，就是由一名在台湾捕鱼的中国渔民带他们去的。荷兰军官雷尔生在日记中写道：他们到达"台窝湾"附近时，发现有许多大陆移民与当地原住民住在一起，如安平港附近有一条街，叫作萧垅，"在此村男子所住家中，有中国人一、二、三人或五、六人同居"①。

第二年荷兰人入据台湾，对台湾汉人做进一步调查，发现"住在该处原住民中间的中国人，为数超过一千或一千五百人"，他们"沿着海岸从一个地方航行到另一个地方，去寻找他们的交易和利益"②。当时荷兰人入据的是安平港，"该处"显然仅指安平港的汉人中的经商和打鱼者，并不指在台汉人总数，总数统计起来，应该已有几千甚至不下万人。③ 由于长期与原住民和平相处，萧垅一带甚至有不少原住民会说汉语，许多汉人还与当地原住民结婚。④ 日本人所写辞书也说："西历 1626 年西班牙人初据基隆港时，已有汉族移民部落。"⑤ 荷兰人入据后，还曾答应每年给当地汉人首领 3 万张鹿皮，⑥ 以示好先到者。

由此可见，大陆移民率先在台湾定居，并从事渔业、商业、农业等开发活动的事实，连初到的日本人和西方殖民者都是不得不承认并予以尊重的。

台湾早期的开发，除了零星、陆续的大陆普通移民，还有一种势力的作用不可忽视，那就是活跃于东南沿海一带的海上武装商业集团，他们犯禁走私，亦商亦盗，官方称他们为"海贼""海盗"。这些"海盗"为稳固立足之地，都很重视对台湾的开发和经营，他们的活动对台湾社会是有建设性意义的，与剽掠成性的倭寇有极大的区别，因此也是汉人开发台湾过程的一个重要组成部分。

大陆"海盗"盘踞台湾始于何时？现已很难考证。从宋《太平寰宇记》记泉州"游艇子"有悠远的航海传统，"往往走异域，称海商"来看，这种

---

① 参见《巴达维亚城日记》，郭辉译，台湾文献委员会，1970，序说第 12、47 页。
② 《萧垅城记》，江树生译，载《台湾风物》第 35 卷第 4 期。
③ 施琅《恭陈台湾弃留疏》言："然其时中国之民潜至、生聚于其间者，已不下万人。"便是指该时期。
④ 转引自〔日〕中村孝必《荷领时代之台湾农业及其奖励》，《台湾研究丛刊》第 25 种，台湾银行，1954，第 48、56 页。
⑤ 〔日〕伊能嘉矩：《大日本地名辞书续编第三：台湾》基隆堡条，富山房，1909。
⑥ James Wheeler Daridson：《台湾之过去与现在》，《台湾研究丛刊》第 107 种，台湾银行，1972，第 9 页。

亦商亦盗的团伙到台湾活动，应是很早就有的，可惜找不到确切记载。

到了明朝，则可以找到许多相关线索。万历初，就有潮州"海寇"林凤逃入台湾，但林凤显然没有在台湾长期驻扎下来，谈不上什么开发。有意识地以台湾为根据地，应是到万历后期大陆移民达到一定数量以后。《明史·鸡笼传》载，明崇祯八年（1635 年）给事中何楷陈靖海之策，称："自袁进、李忠、杨禄、杨策、郑芝龙、李魁奇、钟斌、刘香相继为乱，海上岁无宁息，今欲靖寇氛，非墟其窟不可，其窟维何？台湾是也。台湾在彭湖岛外，距漳、泉止两日夜程也，地广而腴。初，贫民时至其地，规鱼盐之利，后见兵威不及，往往聚而为盗。近则红毛筑城其中，与奸民互市，屹然一大部落。"

何楷上的是靖海专策，他的奏折应该是在调查研究的基础上，严谨地写出来的，因此，我们可以从中解读出一些比较有价值的信息。

首先，何楷列出曾在台湾为"窟"的"海寇"名单，是"相继为乱"，也就是按活动的时间先后而列的，其中袁进、李忠被首先提到。这就是说，最早引起明朝注目的盘踞台湾的"海盗"，是袁进、李忠所部。清代史学家吴伟业在《绥寇纪略补遗·漳泉海寇》中也说："漳、泉海寇，起自袁进。"曹学佺《石仓全集·湘西纪行·海防》提到，袁进、李忠部于明万历四十七年（1619 年）秋降于水标参将沈有容，袁进以下首领 17 人被招为明水师军官。据徐晓望教授考证，袁、李二人盘踞台湾当在万历三十九年（1611年）以后，也就是说，他们盘踞台湾的时间约 8 年之久。① 该伙"海盗"投降时，规模达 40 余船，其中被掳人质就有 600 余人，徐晓望认为，该"海盗"队伍至少也有数百人或上千人。如此庞大的队伍长期盘踞台湾，又能够裹胁 600 多人质，说明他们在台湾经营有年，根基深厚。

其次，台湾"海盗"的经营，与普通百姓的开发活动，往往很难截然分开。"海盗"成员中，绝大多数是移居台湾"规鱼盐之利"的贫民，因见"兵威不及"，才有一部分人聚而为"盗"。所谓"盗亦有道"，福建盗匪历来有"兔子不吃窝边草"的箴言。他们既立足台湾，对于当地的安分居民，不至于过度骚扰；而他们自身，要维持长期生存，除了必须构筑寨堡、营房和经商、作战之外，还应该继续保持渔猎、垦田等生产活动，乃至对当地居民的生产活动进行组织和管理，以征收"保护税"。所以，"海盗"之

---

① 徐晓望：《郑芝龙之前开拓台湾的海盗袁进与李忠——兼论郑成功与荷兰人关于台湾主权之争》，《闽台文化交流》2006 年第 1 期。

经营，恰恰是官方管理不到的情况下，大陆人民入台湾从民间自发、零星的开发活动，过渡到自觉、有组织开发活动的必经环节。

再次，大陆"海盗"有组织地开发、经营台湾，明显早于荷兰人。何楷说得很清楚，先是大陆贫民在台湾"规鱼盐之利"，继之聚而为"盗"，然后才是荷兰人到来。如果按袁进、李忠从明万历三十九年（1611年）开始"聚而为盗"，那么，该部"海盗"经营台湾整整早于荷兰人12年。

其实，在这前后盘踞台湾的"海盗"，远不止此数。前述张燮《海国澄氛记》中，就提到一个叫林谨吾的，在"彼中（指东番）为酋主"，曹学佺《石川全集》也提到此人。此人所干营生，主要是"互市"和"与倭奴往返"。后来沈国栋"欲谋据东番，窃此为夜郎王"，就是想取代此人的地位。可见林谨吾在台湾也有牢固的根基。另，当时福建官员在书信往来研究海防对策中，曾经提到："……如所谓林心横诸人皆林锦吾下小头领，其作此无赖，锦吾亦未必知，就中何法禁弭，移檄北港诘问，似可行。"[①] 锦吾即谨吾，从文中口气来看，林谨吾似乎与福建当局打过交道，以至当局可以"移檄北港诘问"，显然是一种可以有效控制的口气。

明天启以后，各种资料提到台湾"海盗"的名字更多，有大铳老、鸣喈老、黄育一等惯走日本的武装商帮，有许彬老、钟大番、余三老等袁进余党，还有据称拥众万人的"巨寇"林辛老，以及后来称霸海上的颜思齐、郑芝龙等。

这些团伙都曾在台湾"招亡纳叛，争为雄长"，经营有自己的根据地，管辖着一定数量的移民。从某种意义上说，这种根据地的经营，已经带有政权雏形的性质。也就是说，"海盗"的盘踞活动，实际上构成了大陆政权向台湾延伸的特殊形式。有意思的是，盘踞台湾的"海盗"，最终大多数是被福建官员所招安（而非被剿灭），福建官府与"海盗"之间，似乎有一种微妙的关系，这是个值得进一步研究的现象。近年有不少学者从中央王朝厉行"海禁"与地方官员和民间力量联合反"海禁"之间博弈的角度，来分析明代后期的"海盗"和倭患问题，不失为一个有创意的切入点。的确，人多地少的福建对海洋有着特殊的依赖，地方利益与朝廷政策的博弈是长期存在的。无论如何，台湾是在频繁的"海盗"活动中，不断增加来自大陆的移民，不断推动着开发的进程，这是无法否认的历史事实。

---

① 沈演：《止止斋集》卷55《答海澄》，明刊本。

二　有组织的移民活动与台湾的开发

大陆有组织地移民台湾从事开发活动，开端于郑芝龙。由于郑芝龙的开发活动对后来台湾历史具有关键和深远的影响，这里有必要专门费些篇幅进行考辨。

郑芝龙是福建南安人，小名一官，早年曾在澳门谋生，接受天主教洗礼，取名尼古拉，后来又到日本投靠李旦。李旦是海上巨商，拥有一支强悍的武装船队，活跃于中国、日本及东南亚各地，进行海上贸易和抢劫活动，在台湾也有巨大的商业利益。1623 年荷兰人与明朝福建地方当局澎湖之争，最后各让一步，荷兰人退出澎湖，福建当局允许其暂据台湾，这个结果，就是李旦出面斡旋而成的。郑芝龙跟随李旦多年，深受李旦器重，经常随商船来往于日本、台湾与大陆之间活动。后来，因商船遭到"海盗"抢劫，郑芝龙便加入该"海盗"队伍，该"海盗"团伙的头目，就是长期盘踞台湾的颜思齐。

颜思齐，字振泉，因其事迹与李旦有诸多雷同，而许多资料记载郑芝龙都受二人器重，且都曾父事之，因此不少学者认为颜、李实为同一人。但这种说法疑点甚多。其一，许多资料提到，李旦是泉州同安人，而颜思齐是漳州海澄人；其二，李旦定居地点是日本，而颜思齐主要根据地是台湾；其三，虽不能完全排除李旦后来移巢于台湾的可能性，但不少资料又说，郑芝龙是乘巨商之船（按，应是李旦的商船）途中被劫才归附于"海盗"颜思齐的，若李、颜为同一人，此节便说不通。

然而，郑芝龙既改投颜思齐，而 1623 年李旦为明朝福建地方当局与荷兰人斡旋澎湖之争时，郑芝龙又参与了其事，并跟着荷兰人到台湾当通译，这又作何解释？笔者认为，当时的"海盗"集团之间，既有互相争夺的一面，又有互相联合、利用的一面，郑芝龙改投颜思齐后，继续与李旦保持密切联系的可能性不是没有的。况且，"荷兰人并不信任李旦"①，那么，在斡旋活动中，增多一方的参与，是符合荷兰人的利益的。郑芝龙既被荷兰人倚重，李旦也就只能容之。

弄清这种关系的目的，是要说明郑芝龙到台湾，比荷兰人要早。荷兰人与郑成功对抗时，曾经辩称：郑芝龙原只是荷兰人的一个翻译，他只是

---

① 此话为荷兰首任台湾长官宋克在信中所言，转引自张增信《明季东南海寇与巢外风气》，载《中国海洋发展史论文集》第三辑，1988，台北。

跟随荷兰人来到台湾的。这显然是个诡辩。

在荷兰人之前，颜思齐、郑芝龙已经在台湾有很大的领地。据清初诸罗知县季麒光说："明万历间，海寇颜思齐踞有其地，始称台湾。"又云"思齐剽掠海上，倚为巢窟。台湾有中国民，自思齐始。"① 另有人记郑芝龙"为父所逐，有巨商携往海外，初至日本……久之，仍附巨商归，中途为盗所劫。盗魁颜振泉复爱之，任为头目"②。《台湾外志》则说颜思齐与郑芝龙是明天启元年（1621 年）进入台湾的。无论郑芝龙是后来投附颜思齐，还是一开始就与颜思齐一起入台，他成为台湾"海盗"的时间，都应在 1621年之前。而为荷兰人当翻译时，他在台湾已经有很雄厚的实力。有关资料表明，颜思齐在台湾建有"十寨"，"寨各为主，芝龙之主，又主中主也"③。颜思齐死后，郑芝龙更统率各部。正是有了如此深厚的根基，所以在荷兰人据台初期，他们是与郑芝龙"双方占有""平地"的。④ 直到郑芝龙接受明朝招安，担任福建水师将领后，才逐步地淡出台湾，最终将他的领地让渡给荷兰人，这就是施琅所说的"将此地税与红毛为互市之所"⑤。

郑芝龙之所以乐于促成荷兰人入据台湾，显然是为了便于开展海外贸易，同时也造成对明朝"海禁"政策的更大冲击。他比颜思齐具有更加发达的政治头脑，《台湾外志》写到，郑芝龙继为首领后，所部设有佐谋、督造、主饷、监守、先锋等职位。这不啻为正规化的官式建置。他的势力范围，也就具有了更加完善的政权形态。而另一个更实质地反映郑芝龙具有发达政治头脑的是，在他担任首领前后，大陆移民台湾人数明显增加起来。

连横《台湾通史·开辟纪》写道："天启元年，海澄人颜思齐率其党入居台湾，郑芝龙附之，事在其传。于是漳、泉人至者日多，辟土田、建部落，以镇抚土番，而番亦无猜焉。"又在颜、郑传中具体提到，郑父死后，"芝龙昆仲多入台，漳、泉无业之民亦先后至，凡三千余人"。这 3000 多人移居台湾，显然受到郑芝龙及其兄弟的影响。郑芝龙与李旦在斡旋荷兰人撤澎入台时，他们对于荷兰人入据台湾也是有条件的，那就是要求荷兰人"答应准许该地的中国移民照旧居住和生活，新从中国来的人，也准予定居

① 黄叔璥：《台海使槎录》卷一《赤嵌笔谈》，台湾文献丛刊本。
② 梅村野史：《鹿樵纪闻》卷中。
③ 彭孙贻：《靖海志》卷一。
④ 《巴达维亚城日记》第三册，第 282 页。
⑤ 施琅：《恭陈台湾弃留疏》。

和贸易"①。提出这样的条件表明，在郑芝龙和李旦的心目中，台湾的确只是"借"给荷兰人暂据，而中国移民开发台湾的主权是不应该受到影响的。

该时期郑芝龙是否有意识、有计划地组织过大陆移民？没有记载。但1633年9月李旦之子奥古斯丁在一封信中提到：其父李旦"在1624年曾主持把荷兰人从佩斯卡多尔迁至福摩萨，后来又鼓励中国人从大陆移居该岛。当时翻译一官利用职权向移民勒索，后来又进行海盗活动，并在李旦死后侵吞了死者大部分财产"②。由此看来，郑芝龙当时即使没有有计划地组织过大陆移民，但有意识地招引大陆移民是有的，而且还向这些移民征税。奥古斯丁说郑芝龙是利用担任翻译的职权向移民勒索，这是说不通的，翻译哪有那么大的职权？真实情况应是：当时郑芝龙正与荷兰人共同占有台湾，而且掌握着大陆方面的航线，大陆移民必须先向郑芝龙缴纳一定钱物后，方可进入台湾。

正因为有了该时期招引大陆移民的经验，郑芝龙降明后，才会把握十足地向福建地方当局提出组织大规模移民入台的建议。明崇祯元年（1628年），郑芝龙接受泉州知府王猷的招抚，成为海防游击。入省城面见巡抚熊文灿时，有了向高层表达他的见解的机会。黄宗羲《赐姓始末》记：

> 台湾者，海中荒岛也。崇祯间，熊文灿抚闽，值大旱民饥，上下无策。文灿向芝龙谋之，芝龙曰："公第听其所为？"文灿曰："诺。"乃招饥民数万人，人给银三两，三人给牛一头，用海舶载至台湾，令其芟舍开垦荒土为田。厥田惟上上，秋成所获，倍于中土。其人以衣食之余，纳租郑氏。后为红夷所夺。③

这是大陆有组织地移民台湾的首例正面的记载。不过，对于这段史料，不少人有怀疑，认为在当时的交通条件下，不可能运输如此庞大数量的人、牛，且从当时台湾汉族人口的实际增长情况，也看不出有如此大的增长量。笔者认为，这些质疑不无道理，但不足以全面否认这次移民活动的存在。

古人记述史事历来讲究精炼和传神，因此也就带有了缺乏精确和科学性的毛病。解读上述史料，也当作如是观。"招饥民数万人"只是个概数，

---

① C. E. S. :《被忽视的福摩萨》卷上，载《郑成功收复台湾史料选编》，第121页。

② C. R. 博克塞：《郑芝龙（尼古拉一官）兴衰记》，《中国史研究动态》1984年第3期。

③ 黄宗羲：《赐姓始末》，第6页，台湾文献丛刊本。

而且还可以理解为是在某一时段内的目标概数，并不是非得一次性完成，以当时台湾的实况和航运能力，在一段时间内完成数万移民是不成问题的。至于耕牛，更可以提供货币的形式，由移民自行解决，并不是非得从大陆船运以入。而这些移民，既归郑氏管辖，也可能采取春去冬归的方式，谋生于台湾而依然定居于大陆，即使移民于台湾也是很不稳定的，因此，他们中的许多人，完全有可能不会体现在台湾的人口估计当中。另外，从这段史料还可以解读出，在郑芝龙受招安之后，在某一段时间内，他作为明朝官员，仍然保有对台湾的部分有效管辖权。

由于郑芝龙对移民活动的鼓动和组织，加上荷兰人从自身利益出发，也注重招引大陆移民，在荷据时期，移居台湾的汉族人口继续快速增长。据杨彦杰教授根据 1637 年 6 月到 1638 年 11 月期间，来往于两岸船只运载人数所做大体测算，在此前后台湾移民人口实际增长数，每年 1300 多人[①]。1638 年 12 月 22 日，巴城总督樊·第蒙的一份报告称，"在台湾的荷兰人支配地区内，约有一万至一万一千名的汉人，从事捕鹿、种植稻谷与糖蔗以及捕鱼等活动"。1650 年荷据台湾长官费尔堡估计，当时的中国移民达15000 人。到 1661 年郑成功收复台湾前，据《被忽视的福摩萨》记载，在大员附近已"形成一个除妇孺外，拥有二万五千名壮丁的殖民区"。杨彦杰估算该年实际汉人数是 35000 人。与移民人数增加的同时，耕地面积也不断增加，杨彦杰估算，1645 年至 1659 年，稻田和甘蔗园面积从 2325 摩根（荷兰人的土地面积单位，合 0.856 公顷）增加到 12252 摩根，增加了 4 倍多。[②] 但这些数据只是根据荷兰人有效控制地区的统计，实际可能还不止。

大陆移民率先开发台湾，以及即使在荷兰殖民统治下依然加快移民开发进程的事实表明，作为整个东南区域开发进程的一部分，汉文化积蓄已久的延伸台湾的趋向，是势不可挡的。这种开发主力军的作用，以及建立于这种作用基础上而产生的自然主权，是无论如何都无法被否定的。荷兰人尽管曾经捏造"中国皇帝将土地赐予东印度公司"的谎言，却也承认台湾土地"属于中国皇帝"的前提事实。这个前提非常关键，它是后来中国政权收回台湾主权，并且正式设立官府，实行行政管理的合历史规律性和合法理性的难于撼动的可靠依据。

---

① 杨彦杰：《荷据时代台湾史》，江西人民出版社，1992，第 158～161 页。

② 杨彦杰：《荷据时代台湾史》。

第三章　台湾明郑政权与福建

　　荷兰殖民者用武力和讹诈手段占据台湾，却未敢公然宣称对台湾拥有主权，明王朝也从未承认荷兰人占据台湾的合法性和合理性，福建地方官员和民间有识之士长期都有收复台湾并设置郡县的思想准备。17 世纪中叶，风雨飘摇的明王朝，在农民战争和满族政权的连续打击下轰然倒塌。清朝的铁骑长驱南下，明朝的残余势力退却于东南，福建继宋末抗元之后，再次担当起了支撑流亡朝廷作最后抵抗基地的角色。与宋幼帝在福州毫无立足根基的命运有所不同的是，南明政权得到了长期经营台湾海峡、掌握强大军事实力的郑氏集团的拥戴；而郑氏这个起于草根的地方集团，也借此历史机缘戴上了代言正统王朝的光环，获得丰厚的政治资源。郑氏虽未能最终实现反清复明的大业，却以代表中国正统王朝的姿态，立下收复台湾的历史奇功。这个遗民政权，恰恰在明王朝退出历史舞台的最后时刻，续写了它要设治台湾的未尽篇章。从此，台湾属于中国的主权观念，便无可置疑地树立起来。这也是以闽人为主体的大陆人民长期开发台湾瓜熟蒂落的必然结果。

第一节　郑成功东征是闽人收管台湾的历史必然

一　郑氏集团的海上事业与台湾主权意识

　　郑成功最终能够完成收复台湾的历史重任，与闽人长期经营的基础和继承父亲郑芝龙的海上事业是分不开的。郑氏集团，是东西海上商道贯通、全球市场体系初步形成的世界历史大背景下，基于对世界市场变幻的敏锐感觉和对神秘的大海所蕴藏的经济价值的认识，而肇启中国海权观念的奠基者。

　　明朝的海防，长期处于被动状态，根本原因在于缺乏开放观念和海权意识。这恰恰给外国觊觎我海岛以及私人海上武装集团的活动，留下可乘之机。此一情势，郑氏集团看得一清二楚。郑芝龙在寻求明朝招安时承诺："苟得一爵相加，当为朝廷效死力，东南半壁可高枕矣。"他之受抚，不但使明朝海防形势大为改观，也使明朝海权范围大为拓展。在世界历史刚刚跨入海洋争霸的时代，郑氏集团不由自主地担当起了维护国家海权的角色。他们对颟顸王朝闭关自守的海禁政策的冲击，客观上把中国的岸基海防，推进到了岛基、海基海防，并在强邻觊觎之中，进一步明确了国门岛屿的主权归属。这是郑氏集团很不平凡的历史贡献。

这一贡献，凝聚了郑氏集团两代人的努力。

郑芝龙担任明朝福建水师将领后，凭着过人的海上作战才能，先后平定了福建、浙江、广东等地"海盗"，还多次打败荷兰舰队，完全掌握了东南沿海制海权。他也从海防游击，逐步擢升到福建总兵。他以制海权经营海上贸易，组织商船往返于日本、中国台湾及东南亚各地，贩货牟利；同时，还向其他海商课税，沿海一带海商，只要打着他的旗号，就可以在海上畅通无阻，可获 20 倍的利润，而"海舶不得郑氏令旗，不能往来，每一舶例入三千金，岁入千万计。芝龙以此富可敌国"[1]。当时海上唯一能与之匹敌的，只有荷兰东印度公司。据陈碧笙教授研究，17 世纪 20 年代至 40 年代，郑芝龙与荷兰东印度公司曾三次缔结商约，也多次发生冲突与战争。[2] 当时郑芝龙在台湾仍然拥有大量经济利益，以他的实力和权势，若要以武力从东印度公司手里收回台湾，是不成问题的。但他与荷兰人之间，既互相矛盾又互相利用。在国家利益与自身利益之间，郑芝龙所看重的是后者。他不可能基于"总兵"的职责而急于解决台湾问题。

郑成功则与其父有所不同。他受过儒家正统教育，又受到南明隆武帝的格外恩遇，赐予"国姓"，忠君报国思想浓厚。在复杂的国内、国际局势中，他既能够立足于家族基业，背靠海洋来发展壮大自己的实力，又能够以国家主权的观念与西方殖民者周旋于海上，成为在国内动乱的年代捍卫固有海权的国之干城。

1644 年，李自成攻破北京，明王朝轰然倒塌；接着，清军入关，一路南下，破南明弘光小朝廷。1645 年闰六月，明唐王朱聿键在福州即皇帝位，改元隆武。隆武政权的武力支柱全靠郑芝龙，但郑芝龙先是态度暧昧，后

---

① 计六奇：《明季北略》卷十一，台湾文献丛刊本。
② 陈碧笙：《台湾地方史》（增订本），第 63 ~ 64 页。

来竟经不起清贝勒博洛许以"闽粤总督"高位的诱惑，投靠了清朝，结果被清军裹携北上，郑氏苦心经营多年的实力，土崩瓦解。在这件重大事情上，郑成功头脑清醒。他先是苦劝父亲"虎不可离山，鱼不可脱渊"，认为"闽粤之地，不比北方得任意驰驱，若凭高恃险，设伏以御，虽有百万，恐一旦亦难飞过。收拾人心，以固其本，大开海道，兴贩各港，以足其饷，然后选将练兵，号召天下，进取不难矣"①。继而见劝阻不了，毅然脱身入海，收拾父亲余部，树起拥明抗清旗帜。

图 18　"漳州军饷"银币

郑成功在闽南抗清时铸造"漳州军饷"银币，中有草书花押，
经辨认为"朱成功"三字合书。

郑成功 1646 年海上起兵后，完全继承了他父亲经营海上的套路并有所创新。他首先听从参军冯澄世的建议，从开通与日本贸易的老路开始，逐步拓展海上贸易，建立起严密的商业组织系统。

史料记载，郑成功的商业组织有海、陆十路。在厦门及其附近设海路五商，分别以仁、义、礼、智、信为字号，每一商号各配备 12 艘船，专责海上贩运；又在杭州一带设山路五商，分别以金、木、水、火、土为字号，专责出口物资的采购。海上商贩，则又分东、西洋船，分别航行于日本、中国台湾、吕宋和东南亚。还设有裕国库和利民库，负责各商号及东、西洋船的财务核算和资产管理。

郑成功还效仿了其父利用制海权向其他海商收取饷税的做法。他曾在写给居留于日本的胞弟七左卫门的信中说："东洋船应纳饷银，大者二千一百两，小者亦纳饷银五百两，俱有定例，周年一换。其发牌之商，须察船之大小，照例纳饷银与弟，切不可为卖，听其短少。不俟有令：着汛收兵

---

①　江日昇：《台湾外志》卷五，齐鲁书社，2004，第 71 页。

丁、地方官盘验，遇有无牌及旧牌之船，货、船没官，船主、舱公拿解。"①

由此可见，郑成功对于海上商船，采取的是每年包税，一次缴清，发予牌照的办法。这项税银，由各地汛兵、地方官负责查收，甚至在日本的胞弟，也成为他收税的代理人。所不同的是，税额似乎比郑芝龙为轻，这可能是出于鼓励海上贸易的考虑；另外，郑芝龙之收饷税，是为一己和家族利益，属于以官牟私性质，而郑成功则是为抗清事业，便有了移私作公的性质，做法也比较正规。他在复父亲劝降书中表示，自己从小"服春秋之义"，决心效忠于明朝，并说："夫沿海地方，我所固有者也；东西洋饷，我所自生自殖者也。进战退守，绰绰余裕。"②

这种把政权和军事力量建立于发展海洋经济基础之上的思想，是小农经济的中国在世界市场初潮中的一种前所未有的创新。

正是基于这种思想，从郑芝龙到郑成功，从来都很重视沿海岛屿的主权问题。在郑芝龙时代，台湾被"税与红毛为互市之所"也好，"为红夷所夺"也罢，对郑芝龙而言，都只是一种暂时的让步，在他眼里，要将台湾揽入彀中，并非难事。他被清军裹携北上时，曾遗书郑成功说："倘不可为，台湾有如虮虱之安"，"众不可散，城不可攻，南有许龙，北有名振，汝必图之。"③ 可见，郑芝龙心里很清楚，统一沿海诸岛，进取台湾，是终究要实现的。郑成功后来发展壮大，依托的都是沿海岛屿，尤其值得注意的是，当他感觉有足够实力后，很快就恢复了对台湾的权力渗透。早在1646年，荷兰人就从日本方面得到消息，说"国姓爷由于处境不利，暗中觊觎福摩萨"，为此，荷兰人在1650年就作出决议："热兰遮城堡即使在太平时期守军也不得少于一千二百名。"④

据现有可查资料，郑成功重新整合了家族集团势力后，首次与台湾的荷兰人发生关系，是在1653年初。当时一艘荷兰船只在广东沿海失事，郑成功予以了救助，并托船员带给巴达维亚荷兰当局一封信，信的具体内容不详，以当时情势而论，应主要是对荷兰东印度公司表示友好和通商的愿望。当年10月，郑成功又给台湾荷兰长官卡萨去信，据卡萨向巴达维亚荷兰当局的汇报，该信的主要内容是提出要派10艘大船到台湾贸易，希望荷

① 转引自厦门大学台湾研究所历史研究室编《郑成功研究国际学术会议论文集》，江西人民出版社，1989，第48～49页。
② 杨英：《先王实录》，福建人民出版社，1981，第63页。
③ 邵廷寀：《东南纪事》卷十《张名振》。
④ C.E.S.：《被忽视的福摩萨》卷上，载《郑成功收复台湾史料选编》，第123～124页。

兰人予以协助。荷兰东印度公司当时正谋求与清朝通商，因此对郑氏采取两面手段，表面表示乐意合作，但私下却令船队袭击并抢夺了郑氏的一艘商船。郑成功为此又给卡萨去信，索要被抢物资，说："数年来，我竭力与鞑虏交战，耗费甚巨。今欲派遣商船前往巴达维亚、暹罗、日本、东京、大员等地贸易，所得收入以充兵饷。阁下谅已洞悉，非我之船，抑非经我准许，任何船只不得赴台。"这封信义正词严又不失礼节。荷兰人很快明白，郑氏已"握有一切权力，完全能够禁止商人与大员贸易"，只好以袭击事件纯属"误会"为借口，送还被抢物资。①

基于父亲经营台湾的基础，郑成功对于台湾，持着理所当然的主人翁姿态。这从许多方面都表现出来。

其一，1654 年，因先前马尼拉西班牙人苛待华人华商，郑成功发布命令，禁止所有船只前往马尼拉贸易，这道命令很明确地适用于台湾。当他发现台湾荷兰人并不遵照执行，又果断地采取惩罚措施，禁止一切船只前往大员贸易，已往船只限 100 天内携指定货物返回，否则货没官、人处死。郑成功在命令中，指责"大员荷兰人之所为，与马尼拉西班牙人如出一辙，亦视商民为可供人食之鱼肉，本藩闻知此情，心血翻腾，极为愤怒"。他质问："在此之前，本藩曾发一道命令，断绝与马尼拉贸易来往。此道命令，人人遵守，到处执行，唯有大员拒不执行，甚至不予张贴。……正值本藩严禁与马尼拉通商之际，大员为何置若罔闻？"②后来荷兰人派通事何斌携礼物前来通好，愿意纳贡，郑成功才解除对台湾的禁令。这一事件反映出，郑成功当时虽尚认可荷兰人占据台湾，但他在保留对于台湾的政令效力方面，是决不含糊的。

其二，郑成功起兵不久，就把自己的商业据点设到了台湾。据日本有关史籍记载，从 1651 年以后，郑泰"曾年年从台湾派商船来到长崎，从事贸易"③。郑泰是郑成功之兄，他与洪旭二人，是受郑成功之命，专门负责造船和经营海上贸易的。洪旭是郑芝龙旧人，"事赐姓父子，尽效诚悃"，《巴达维亚城日记》提到，郑芝龙手下有一个叫 Ghamphea 的大商人，在 1634 年前后就经常到台湾贸易，后来成为郑成功军中的重要将领。杨彦杰教授认为，Ghamphea 很可能就是洪旭。这也说明，郑芝龙为明朝将领的时

---

① 上述信件往来，均见《郑成功研究国际学术会议论文集》，第 295~300 页。
② 《郑成功研究国际学术会议论文集》，第 316~317 页。
③ 〔日〕木宫泰彦：《日中文化交流史》，胡锡年译，商务印书馆，1980，第 633 页。

候，在台湾仍保留有商业据点和代理人，而这个商业据点，在郑成功开始大力发展海上贸易后，就由郑泰将之恢复了起来。直到 1659 年何斌事件发生后，荷兰人才查封了郑泰的商馆。①

其三，郑成功还直接在台湾开征关税和安插代理人。《先王实录》载：永历十一年（1657 年）六月，"台湾红夷酋长撰一遣通事何廷斌至思明启藩：年愿纳贡，和港通商，并陈外国宝物。"② 所谓"年愿纳贡"，实际上是荷兰人承认郑成功在台湾的权益。郑成功发布海禁令后，荷兰派何斌（即何廷斌）来交涉，郑氏提出在台湾征收关税，作为开禁的条件。何斌后来给荷兰司令官樊特朗的信中追述道："数年前，国姓爷禁止大陆帆船渡台，大员长官及评议会命吾赴厦，向国姓爷探询禁航原因，国姓爷答欲在台征收关税。吾旋即回台，向长官明确传达此意。长官命吾再次前往传述，关税如不涉及公司，或不至损害公司利益，对国姓爷自向中国人课税并无异议。"③ 何斌曾是郑芝龙旧部，郑成功便委托他为征收台湾港税代理人。

另外，郑成功还把台湾当作流放罪人的地方，六察官常寿宁就因指控他人无据，惹怒郑成功，将之"幽置"台湾，由何斌供给衣食开销。

这些以主人翁姿态而采取的权力渗透，对于郑成功来讲都是天经地义之事，对台湾的掌控权，历来是郑氏集团海权意识的一部分。在郑成功致力于大陆抗清事业，无暇东顾之时，他可以容忍荷兰人继续占领台湾，但他的意识深处，始终是以台湾主人自居的。在他还没有进攻台湾之前，曾在一封给荷兰台湾长官表示友好的信中说到："多年以前，荷兰人前来大员附近居住，我父一官当时统治此地，曾予开放、指导，并维持该地与中国之贸易。"④ 这种口气显然意味着，他终究要实现对台湾的占领。

二 郑成功收复台湾的民意基础和道义力量

郑成功从海上树旗抗清不久，在金门、厦门一带声势浩大，当时台湾人民就对郑成功出兵台湾有所期待。一方面，台湾是郑氏集团的起家之本，子承父业，台湾重新成为郑氏海上事业的基地是顺理成章的，且台湾的大多数汉人都是在郑芝龙时代移居台湾的，其中许多人还是郑芝龙的旧部，

---

① 《巴达维亚城日记》第三册，第 205～208 页；《郑成功收复台湾史料选编》，第 238～239 页。
② 杨英：《先王实录》，第 153 页。
③ 《巴达维亚城日记》第三册，第 209～210 页；《郑成功收复台湾史料选编》，第 240 页。
④ C. E. S.：《被忽视的福摩萨》，载《郑成功收复台湾史料选编》，第 138 页。

他们希望郑成功收复台湾后，将台湾与福建故乡连成一体，永固海疆。另一方面，荷兰人在台湾实行殖民掠夺政策，台湾人民不堪重负，希望摆脱殖民统治。据杨彦杰《荷据时代台湾史》罗列，荷兰人在台湾向汉族移民征收的税目有：人头税、村社贸易税、稻作税、渔业税、宰猪税、衡量税、酿酒税、市场税、出售牛奶税、房屋税、航运税、薪炭税、家畜税，以及一些临时增加的附加税。沉重的税负，使"普通的中国人十分贫困"①。1650 年至 1651 年，在甘蔗、粮食减产的情况下，荷兰人还将人头税增加一倍，许多汉族农民生活陷入绝境，他们更加希望郑成功军队的到来。1652 年郭怀一策动反荷起义时，就曾用郑成功将派军队前来增援以激励群众。

郑成功是否的确鼓动了这次起义？中方资料没有明确记载，但起义者中不少人相信郑成功可为后盾的，却是事实。C.E.S 在《被忽视的福摩萨》一书中说："岛上中国居民认为受公司压迫过甚，渴望自由，他们受到国姓爷方面的鼓励，认为可以得到国姓爷的支持，于是举行了一次危险的暴动。"② 荷兰人不止一次地肯定，郑成功就是郭怀一起义的幕后主使者。

另一件反映台湾汉人希望郑成功收复台湾的事情，就是何斌主动向郑成功提供台湾情报。关于何斌何时向郑成功密献台湾地图，史学界有各种说法。

一说是 1657 年荷兰人派他到厦门洽谈"和港通商"时，就已向郑成功透露台湾荷兰人的布防、兵力并献港路地图。

一说是 1660 年春荷兰人"复遣通事何斌及其酋长再来议贡，何斌密进地图，劝赐姓取之"③。

还有一说是，何斌被人告发并遭到荷兰人迫害后，才密绘台湾地形图潜逃回来献给郑成功，时间推测是在 1661 年正月。

最后一种说法被广泛引用，因为这种说法被江日昇《台湾外志》演绎成生动的故事情节，容易深入人心。

但《台湾外志》演义成分太大，其说不可轻信。根据荷兰人 1659 年 3 月 1 日大员评议会决议录，何斌已于此前遭到揭发并被调查，该年 4 月 21 日又被荷兰人法院会议判决，罪名是"数年来辄向航行于赤嵌附近海岸的

---

① 1651 年 10 月 24 日巴达维亚城特使 Verstegen 及大员评议会致巴达维亚城总督及东印度参事会信，殖民地档案 1183 号。
② C.E.S.：《被忽视的福摩萨》，载《郑成功收复台湾史料选编》，第 124 页。
③ 阮旻锡：《海上见闻录》（定本），福建人民出版社，1982，第 44 页。

舢板，以及在本地砍伐和贩卖木炭的人抽税"①，实际上是因他与郑成功有联结并引起商船绝迹。当时荷兰人已在严防郑成功，何斌被调查时曾被囚禁，判决后又受到严密防范。在这种情况下，他能从台湾脱身已属不易，很难想象他还能够开展侦察活动，使人密测鹿耳门水道并绘成地图；更不可能再被荷兰人派到厦门议贡。而从郑成功的角度来看，他出兵台湾是一项重大的战略转移，手下许多将领一时很难赞同，他也不可能很仓促地做出决定，况且对何斌的信任，也需要有一个过程。因此，笔者认为，何斌在1657年第一次被派到厦门洽谈"和港通商"时，就向郑成功密献地图并建议进取台湾，可能性是比较大的。

何斌当时的身份，是荷兰东印度公司通事兼华人长老，深受荷兰人信任。但他作为郑芝龙旧部和华人社会的头面人物，对殖民统治下华人悲惨境遇的同情和对郑成功有所期望，是不难理解的。受命出使正好给了他一个接续与郑氏集团关系的机会，也给了他向祖国当政表达台湾人民共同心愿的机会，此时的他，带来有关荷兰人布防、兵力情报并献上地图，最为方便。

当时郑成功主要目标在于北伐，出师在即，东征之议不可能被提起。但这显然也给了他一个战略思考的方向，所以，他乐于解除对于台湾的海禁，并就势委托何斌在台湾开征关税。到了何斌遭迫害潜回厦门时（据杨彦杰先生考证，何斌逃回厦门最有可能是在1660年初），他也许带回了一些新的情报，但最关键的是，郑成功此时已北伐失败，且面临清军骑兵追击和数省水师合剿的严峻局面，另谋出路成了他战略思考的重点。在这种情况下，何斌的再次鼓动，促使郑成功最后下了攻取台湾的决心。到1661年2月，受命防卫台湾的荷兰军官樊特朗将军队撤走，台湾兵力空虚，这一情报"由福摩萨的中国人写信报告给国姓爷"②，可见，当时在台湾为郑成功搜集情报的，远不止何斌一人。

早在何斌逃回之前，郑成功已有"议遣前提督黄廷、户官郑泰督率援剿前镇、仁武镇往平台湾，以安顿将领官兵家眷"的预案。黄廷在郑军中多负责守卫和后勤，而郑泰则负责经营，先遣他们前往平定台湾，应该是考虑到他们已有经营台湾的基础。1660年4月初，传令各提督统镇下将领

---

① C. E. S.：《被忽视的福摩萨》所述"可靠证据"第八号，载《郑成功收复台湾史料选编》，第190~191页。

② C. E. S.：《被忽视的福摩萨》，载《郑成功收复台湾史料选编》，第141页。

官兵家眷搬往金门，表明东征已是箭在弦上。但当时清军达素、李率泰来袭，大战在即，东征之论又作罢。后来海门大战，击败清军，并以送巾帼羞辱的手法，试探出清军一时无意再战，郑成功才全力修葺船只，准备以主力东征。可见，郑成功收复台湾，是有一个酝酿过程的。

这样一个过程，实际上也有利于台湾民心的争取。郑成功军队在台湾登陆时，出奇的顺利，得到当地人很好的接应。据荷兰人记载，1661 年 4 月 30 日郑军到达台湾沿海，准备登陆之际，"随即有几千中国人出来迎接他们，用货车和其它工具帮助他们登陆。这样，不到两小时，大部分敌军已进入我们的海湾，几千个士兵已完成了登陆，其战船则驶抵我方两个城堡——热兰遮城堡及普罗文查城堡之间。"① 欢迎郑军的不仅仅是汉人，各土番社也"俱来迎附"。5 月间，郑成功到蚊港（笨港）视察时，"土民男妇壶浆，迎者塞道"②。许多汉人和原住民还自动拿起武器，参与攻击荷兰人。如此众心向归，若非有个充分的酝酿过程和精心准备，是很难设想的。

上述可见，郑成功收复台湾，在台湾人民中有着深厚的民意基础。

与此同时，郑成功之所以能够顺利收复台湾，并且在收复之后，台湾作为中国领土成为再也不可动摇的理念，还在于他所行使的是一种国家主权。也就是说，他是基于一种国家意志代表人的身份行使对固有领土处置权的资格，以武力向入侵者索回被侵占的土地，因此，这种武力具有不可抗拒的、符合国际关系法则的道义力量，具有强大的正义性。

郑成功显然相当自觉地运用了这种道义力量。据荷兰人记载，在登陆台湾的第二天，他就"分别致信普罗文查堡的代司令描难实叮和热兰遮城的长官揆一，并在长方形木板上贴出布告，要求我们交出城堡。信中说：澎湖岛离泉州诸岛不远，属他管辖，台湾接近澎湖岛，也应置在中国统治之下。我父亲一官将此地借与荷兰人，我现在为改善此地而来，你们不应该再占有我地。若肯交还此地，身份将会提高，生命及妻子得以保存，所有物品一律归还，那时，可根据你等要求，在我国领土内居住下去。如敢违抗，杀戮无赦！"③

在整个交战过程中，双方又有过多次信使往来，郑成功都反复声明，此来无意荷兰东印度公司作战，也"并非谋求任何不正当之物"，而是"为

① C. E. S.：《被忽视的福摩萨》，载《郑成功收复台湾史料选编》，第 142 页。
② 杨英：《先王实录》，第 250、252 页。
③ 《巴达维亚城日记》，载《郑成功收复台湾史料选编》，第 261 页。

向公司索回原属泉州，现应归我领有的福摩萨土地和城堡而来"①，只要荷兰人肯交出台湾土地，其他事项都可以商量。荷兰人质疑郑成功出兵理由，郑成功对荷兰使者说：他完全没有义务说明自己行动的理由，"该岛一向属于中国。在中国人不需要时，可以允许荷兰人暂时借居；现在中国人需要这块土地，来自远方的荷兰客人，自应把它归还原主，这是理所当然的事。"② 中国文献也记载，郑成功围城后，在给荷兰的劝降信中说："夫战败而和，古有明训，临事不断，智者所讥。贵国人民远渡重洋，经营台岛，至事不得已，而谋自卫之道，固余之所壮也。然台湾者，中国之土地也，久为贵国所据，今余既来索，则地当归我，珍瑶不急之物，悉听而归。"③

这些话语，即使放在当时西方殖民者四处开辟殖民地，国际争端日益增多，国家之间开始以近代国际法原则来解决主权争议问题的历史背景下，也具有无可辩驳的法理力量。其间的表述所包含的如下事实和原则，值得注意。

其一，台湾在荷兰人到来之前，已由汉人进行开发并居住，在民间经济实体的形式上，已有特定的权利主体；而在政府行政管辖上，也与明朝的泉州府，已经产生归属关系，因此，台湾不是无主土地，其主权属于中国，是无可争议的。

其二，荷兰人占据台湾，只是"借居"性质。由于"来自远方的荷兰客人"需要贸易基地，在当时中国非正常的情况下，疏于管理的台湾领土被"借与"了荷兰东印度公司；该公司在台湾的活动，属企业经营性质，其对台湾的占据，只是"暂时"的，不可能导出对台湾拥有主权的结果。

其三，如今，作为明朝政府的合法代表，为"改善"对这块土地的管理，国姓爷有权收回台湾土地，行使主权和管理权，这是"理所当然"的合法行为。中国收回主权和管理权后，荷兰人只要愿意，还可以继续在台湾居住和从事经营活动，其生命财产受到保护。

其四，出兵完全是为了确保收回土地主权，没有丝毫恶意地攻击他国公司和"谋求不正当之物"的用意，所引起的战争，是因为荷兰东印度公司之"违抗"，即拒绝交出主权和管理权。因此，战争的责任，应该由荷兰人负责。

---

① 《巴达维亚城日记》，载《郑成功收复台湾史料选编》，第265页。
② C. E. S.：《被忽视的福摩萨》，载《郑成功收复台湾史料选编》，第153页。
③ 连横：《台湾通史》上册，第17页。

其五，荷兰人长期经营了台湾，由此而产生的财产，国姓爷予以承认并答应任由他们带走。

这些事实和原则的表达，极其富有国际争端处理的正义性精神，完全符合国际法理和道义。

在交涉中，荷兰东印度公司使者提出，"福摩萨不属于中国而属于荷兰东印度公司，因为公司曾经同中国高级官员订立一个正式契约，规定荷兰人离开澎湖群岛，占有福摩萨，所以，国姓爷既没有权利也没有理由可以提出什么领土要求。"① 他们还举出曾于1630年与一官立过契约，作为"国姓爷的入侵是非法的"依据。这些事情，显然是指1623年福建总兵俞咨皋"用间移红夷于北港"和郑芝龙"将此地税与红毛为互市之所"之事。但这些理由之荒谬与苍白无力，恐怕连为国际法创立做出重大贡献的荷兰人自身，也是很难自圆其说的。荷兰人之占领澎湖、台湾，本身就是一种侵犯他国领土的非法行为。在这个过程中，他们窥觑中国海防的薄弱环节，用极不光彩的手段，勾结中国商人，先造成侵占事实，而后逼使中国地方官员与之达成私相授受的占有协议，已经构成对他国的侵权。中国官员与他们之间的协议，充其量只是绥靖边患的一种权宜之策，协议对象也只是作为经济实体的荷兰东印度公司而非国家实体，也没有明确许可他们永久占领台湾。最关键的是，这些私相授受的协议，并没有得到中国中央政府的正式批准。在这种情况下，郑成功代表明朝流亡的中央政府索回台湾，不存在"非法"的问题。

在国际法语境中，领土主权是国家主权的核心主权之一。国家主权是一种最高权力（supreme power）、最高权威（supreme authority）、最高意志（supreme will），其核心主权部分在任何时候、任何情况下都不可分割，由中央政府亲自掌管和执行。国家主权最突出的特征，是具有合法性。在国际环境中，国家主权对内表现为最高权力，对外表现为平等权利，这种权利不受国家强弱大小贫富的影响。国际行为中最重要的规范，就是不得损害他国主权。国家之间的关系，通过国际契约来调整；而国际契约中最重要的规定，是认可国家主权的独立性和彼此间的平等性，以及对违反国家间契约的国家实施有效制裁和惩罚的措施，从而形成基于主权平等原则之上的国际秩序。

---

① C. E. S.：《被忽视的福摩萨》，载《郑成功收复台湾史料选编》，第154页。

荷兰东印度公司所谓与明朝地方官员之间的"契约"，涉及的是国家核心主权的领土主权，既没有经过双方最高权力中心（中央政府）的认定，也不具有平等性，纯粹是荷兰国家权力主体之外的某种势力，通过不正当手段所导致的对中国主权的单方面损害，这种单方面损害对正常的国际秩序是有破坏性的。因此，荷兰人所提到的所谓"契约"，即使存在，也不具有合法性。

在国际法产生之前，国家的领土归属早已是既定事实，因此，领土归属首先是一个历史问题。在国际法产生之初，首先所尊重的，也是历史既成事实，因此而确立了对国家领土取得的"先占"原则。这一原则的首倡者，就是荷兰人本身。在西方国家，很早就有"Qui prior est tempore, prior est jure"（先到者有优先权）的格言。这一格言被荷兰法学家格劳秀斯（Hugo Grotius）引入国际法原则后，成为解决国际领土争端的基本法则。

格劳秀斯在 17 世纪初，以古希腊和古罗马的正义理论（即自然法学说）为基础，阐述了调整作为主权民族国家之间关系的法律原则，因此被尊称为"国际法之父"。他在 1625 年出版国际法奠基之作《战争与和平法》时，正是荷兰人四处扩张殖民地并与其他国家产生诸多领土争端的时代。格劳秀斯对"先占"原则的表述是："自古以来，先占就已经，并继续是唯一自然、基本的取得方式。这是我们所关心的。就无主物而言，在适当的意义上，存在两种占有，即主权与所有权，两者是不同的。"其不同就是，对国家而言，是主权；对个人而言，是私有权。这是在一般意义上对"物"的占有，而在国际法上的先占理论，仅指主权意义上的国家行为，形成的只是对领土的主权，不存在私人财产权利。在谈到对诸如未开发土地、海岛、野生动物、鱼类和鸟之类无主物的先占时，格劳秀斯指出："占有可以采取两种方式，即群体的占有，或通过个人定居的方式占有。第一种方式通常由群体人，或其统治者采用；第二种则由个人实施。然而，个人定居的占有，常常依据授权而非自由占领。如果作为整体被先占的任何物还没有转让给个人所有，不应被视作未占物，因为这依然属于最先占有的所有者，不论这是某群人或某君主。"[①]

这些法则，在最初占领台湾的荷兰殖民者心中，是明了的，因此他们也曾承认"如果说有什么人（在台湾）有权利征收税款的话，那无疑应该

---

① 参见张乃根《国际法原理》，中国政法大学出版社，2002，第 105～106 页。

是中国人"①。但后来他们却肆意否认了这一点。

格劳秀斯创立国际法的动因，是要解决当时荷兰与以"先占"名义霸占马六甲附近海岛的葡萄牙之间的争端。他以这些岛屿原先就有当地主人和相应政权的存在为由，成功地否定了葡萄牙人对这些岛屿的所谓"先占"，并得到西方国际社会的认同。这些法理原则，也就逐步成为具有普世意义的法则。

我们若同样以这些法则来看待台湾问题，可以很顺利地得出结论，荷兰人无论如何都不是台湾土地的"先占"者。首先，在荷兰人到来之前，台湾不是"无主物"。这片岛屿最早的主人，是散居岛上、与大陆颇有渊源的原住民，后来又加入来自大陆的汉族居民。他们在17世纪初以前，已经在岛上和平相处并成为这块土地的共同主人。其次，在荷兰人来之前，台湾也不是"未开发土地"，台湾虽曾长期处于缺乏明显的国家形态的状况，但捷足先登的大陆汉人，已与原住民一道，共同发挥起开发台湾的主体作用，并由此引起中国政权逐步加强的各种形式的管理，台湾显然已"不应被视作未占物"。再次，荷兰人占领后，并未得到"最先占有的所有者"的授权，所谓"中国皇帝将土地赐予东印度公司"纯属捏造。

图19　郑成功受降图

台南古迹郑成功受降雕塑，背景为赤崁楼。

---

① 甘为霖：《荷兰人侵占下的台湾》，载《郑成功收复台湾史料选编》，第96页。

　　由此可见，即使以扩张、霸权时代的荷兰人自身所创立的国际法原理来衡量，荷兰东印度公司也构不成对台湾的主权。而以同样原理来衡量中国明朝政府对于台湾的主权所有，恰恰可以成立。因此，郑成功以明朝政府的名义，宣布对台湾拥有主权并将之纳入自己管辖之下，是完全正当、合法的。这种合法性经由与荷兰人签订投降协议书，完成了法律文件程序。该协议书开宗明义："本条约经双方订定并经双方同意"，一方为"大明招讨大将军国姓殿下"，另一方为"代表荷兰政府的热兰遮城堡长官弗里德里克·揆一及其评议会"，条约共 18 条款。根据该条约，郑成功代表明朝收回台湾土地及财产主权，荷兰人携带必需品及部分财物离开台湾。

　　从此，台湾是中国土地的观念，就在国际范围明确确立起来。

第二节　台湾明郑政权的行政建制

一　台湾明郑政权建设

　　台湾之有正式的政权建制，始于郑成功收复台湾之时。这个政权在体制上完全延续了明朝官制，在辖区上与福建沿海连为一体，并且利用了大量从福建凑集的行政资源。

　　郑成功对台湾地方设置郡县，早在荷兰人完全投降之前就已开始。郑军于 1661 年 4 月 30 日（公历）顺利登陆后，迅速形成对荷兰人盘踞的热兰遮城堡（台湾城）和普罗文查城堡（赤崁城）的分割包围之势。第二天双方发生激战，荷将拔鬼仔（贝德尔上尉）等 118 人被歼，荷兰战舰也在大员湾遭到毁灭性打击。赤崁城荷酋描难实叮在孤立无援的情况下，于 5 月 4 日向郑军投降。初战告捷，郑成功对占领台湾确立了信心。不久，第二批复台大军也抵达台湾，郑成功即下令，将已经收复的赤嵌地方，改为东都明京；台湾设承天府，下辖天兴、万年二县，县之下有乡级建置，称为社；澎湖原已设镇守游击（郑军入台时便是由澎湖游击洪暄前导引港），现升而设为安抚司。按明制，安抚使为武职地方官，兼理地方军、民两政。那么，一府二县，遂成为中国正式设治台湾本岛的最早的地方建置。

　　天兴、万年之名，寄托了郑成功对明朝复兴，国祚永续的期望。当初隆武帝在福州即位，以福建布政使司为大内宫殿，改福州府为"天兴府"，郑成功就在这里受到隆武帝接见，并赐国姓"朱"，改名"成功"，郑成功对此终生难忘。

图 20　明郑承天府旧址

摄于闽台缘博物馆。

图 21　明郑天兴县旧影

摄于闽台缘博物馆。

郑成功在台湾设郡县时，还是大敌当前，热兰遮城里还盘踞着 1733 名荷兰人，其中士兵 870 名，炮手 35 名，他们凭借坚固的城堡和充足的粮食、弹药储备，准备顽抗到底，可以说，更加激烈的战斗还在后头。军务倥偬，郑成功何以不待台湾全面收复以后再来统筹地方行政建置，而急于在战事正紧的间歇中去设置郡县？

解答这个问题，首先应该注意到的是，当时在郑氏集团内部以及整个反清阵线，对于收复台湾的思想并不统一。一些人或基于对明朝的"愚忠"，希望郑成功挥师内地，与清军周旋到底，以求翻转局面；或囿于金、厦弹丸之地，以为足以纵横于海上，因此很难理解郑成功"开疆辟土，垂业万世"的战略意图，缺乏长期立足台湾的思想准备；有的将领到台湾以后，无视郑成功的严厉约束，竟然抢掠民间，扰乱地方。设置郡县，则足以进一步表明郑成功以台湾为基业的决心，有利于整肃军纪，理顺驻扎各地的军队与地方的关系。其次，随着驻台时间的迁延和到台军队的增多，军粮供应问题日益紧迫，尤其是 5 月 25 日猛攻热兰遮城失败后，郑成功改用了长期围困、"俟其自降"的策略，贯彻这一策略，必须得到强有力的后勤供应，只有建立健全的地方行政工作系统，才能确保既不扰民又能得到物资供应。因此，一府二县和澎湖安抚司的设立，体现出郑成功过人的政治眼光。

那么，一府二县和澎湖安抚司设置的确切时间在何时？杨英《先王实录》记载一府二县之设，在农历"五月初二日"条下。该条总共记载了会审吴豪等人、二程官兵到台、设东都明京和府县三件事，之后便跳到"十八日"条，其间跨越 16 天时间。杨英叙事多有时间混错的毛病，该处时日会不会有所交错？笔者认为，基于整肃军纪和解决军粮问题的前提，这三件事应该是在同一天进行的。阮旻锡《海上见闻录》在五月初二日条目之下，是先提二程官兵到台，然后提会审吴豪等人和设府县之事，这一叙事顺序的调整，使事情显得更加清楚；《台湾外志》叙府县之设，也是在农历五月二程官兵到来以后。

阮旻锡与郑成功"生同时，居同地，身同事"，其所记多亲眼所见或采录于退将宿卒、故老遗民，"俱确然有据"，晚年又核对杨英《先王实录》和佚名《海记》后作了重订。因此他对该条序事的调整，应是合理和更具有可信度的。那么，事情就很清楚：吴豪在事先就极力反对出兵台湾，到台湾后又"抢掠百姓银两、岛匿米粟"①。郑成功对这种自私和目光短浅的行为极为不满，但战事正紧，用人之际，他不便贸然处置。到了第二批援兵来台，军力已足，需要更加强调军纪，并展开广泛的征粮活动，于是，

① 阮旻锡：《海上见闻录》（定本），第 46 页。

大会诸将，严办吴豪之罪，杀一儆百，重申长期立足台湾的决心，同时宣布正式设立府县，开展地方工作，以确保军队供应。这些都是一气呵成的举措，所以，五月初二是改赤嵌为东都明京和设置一府二县的日子，是可以确定无疑的。连横《台湾通史》记该事为同年十二月，不知何据。

台湾一府二县和澎湖安抚司的设立，除了整肃军纪、明确战略意图和解决军粮问题的需要，还与郑成功在厦门的政权建设经验有密切的关系。

《先王实录》载，永历九年（1655年）二月：

> 藩以和议不就，必东征西讨，事务繁多，议设六官，并司务及察言、承宣、审理等官，分隶庶事，令各官会举而行。遂以参军举人潘庚钟管吏官事，张玉为吏官左司务；忠振伯洪讳旭任户官事，贡生林调鼎为户官左司务，参将吴慎为右司务，杨英陈中出征，加衔司务；以参军举人郑擎柱管礼官事，吕纯为礼官左司务；以指挥都督张光启任兵官事，黄璋为兵官左司务，李彻为右司务；以都督程应璠管刑官事，杨秉枢为刑官左司务，蔡政加衔司务，张义为刑知事；以参军举人冯澄世任工官事，举人李赞元为工官左司务，范斌、谢维俱司务。后因张名振条陈不宜僭设司务，遂改司务为都事。挂印常寿宁为察言司，举人邓愈为承宣司，叶亨为承宣知事，举人邓会、恩生张一彬为正副审理。[①]（夏琳《闽海纪要》卷一载：礼官为陈宝钥。——引者注）

次月，又增设六察官，"俾其敷陈庶事，讥察利弊"，以常寿宁掌六察官印。继之，又将厦门从同安县辖下的中左所，升格为州级建置，称思明州，顾名思义，表示对明朝的忠诚，任命薛联桂为思明州知事，举人邓会、恩生张一彬为正、副审理。在此之前，已任命参军举人林其昌代理海澄县事。这就是说，思明州已是郑成功在大陆建立地方行政建置的实践，而海澄县知事的任命，也表明他对所控制地方行政建设的重视。

上述可见，郑成功在金、厦抗清时，已建立起一整套从权力中枢到地方的完整的行政建置系统。收复台湾后，建立东都明京，增设一府二县和澎湖安抚司，只不过是其政权建设的继续。其时，闽粤浙沿海还有诸多地方，如南澳、铜山、崇武、湄洲、南日、海坛、三都、舟山、海门等岛，

---

① 杨英：《先王实录》，第111页。

以及部分沿海陆地，都还在郑成功的有效控制范围，那么，这些地方加上金、厦、台、澎，连为一体，便成为明郑政权的基本地盘。这是后世闽台一体的地方行政建置的嚆矢。

明郑政权在闽台的行政建置，是明朝政府行使对台湾领土管辖权在特殊历史条件下的继续。前一章已经提到，对于荷兰人占据台湾，明朝福建地方官员和民间有识之士一直都有不可让荷兰久驻，必须"用间方略，以靖余孽，以永奠南陲"的思想。只因内忧外患，一直不能实施。明室南移后，反而使收复台湾的条件逐渐成熟。

郑成功作为南明栋梁，始终效忠于明王朝。他被皇家赐国姓殊荣，曾向隆武帝誓言："臣愿捐躯别图，以报陛下，此头此血，总之已许陛下矣。"[①] 起兵海上后，他始终以"国姓招讨大将军"的名义行事。隆武帝殉难后，明桂王在肇庆称帝，立年号永历。郑成功闻讯，"加额曰：吾有君矣。遂设香案望南而拜，尊其朔号"[②]。后来他开基台湾，永历帝流亡到云南、缅甸，下落不明，"或曰杀矣，或曰幽矣，或曰遁矣"，但郑成功始终都尊奉永历正朔。临终前，他还登台遥望大陆海面，"冠带请太祖祖训出"，以不能完成中兴大业，感叹"有何面目见先帝于地下矣"[③]。可见，郑成功对明朝的忠诚，是不容置疑的。他所实行的一系列中枢和地方建置，即使在正统的继承观念中，也是名正言顺的。

郑成功之设六官等中枢机构，在当时的抗清阵营中，有人认为是"专擅"甚至是"僭越"的行为，而一些杂记史料，则称郑成功"伪设六官"[④]，或称之"伪郑"。这些评价并不恰当。郑成功之政权建设，承命于明朝的正统性是显然的。《南疆逸史》列传第38《郑成功传》记载："先是隆武之以总统命成功也，许立武职得至一品，文职至六品；至是兵势既盛，乃设六官分理庶事。"则在起兵之初，郑成功就已得到明朝皇帝"总统"天下兵马的资格任命，并且有任用一品武职、六品文职的权力。直到永历九年（1655年），郑成功才正式建立中枢行政系统，这时，他已经得到永历皇帝的进一步授权。《闽海纪要》载：

---

① 刘献廷：《广阳杂记》卷二，台湾文献丛刊本。
② 江日昇：《台湾外志》卷六，第84页。
③ 江日昇：《台湾外志》卷十二，第179页。
④ 邵廷寀：《东南纪事·总传》卷十一《郑成功》（上）。

　　初，成功以明主行在遥隔，军前所委文武职衔一时不及奏闻，明
主许其便宜任用。武职许至一品，文衔许设六部主事。成功复疏请，
以六部主事衔卑，难以弹压。明主乃赐诏，许其军前所设六部主事，
秩比行在侍郎，都事秩比郎中，都吏秩比员外。[①]

　　郑成功得到这些授权后才设六官体制。六官体制衍变自朝廷六部，称六
官而不为六部，说明其设置只是为了"分理庶事"而不是要另立朝廷。明季
散乱，诸王监国称制者甚多，与桂王同时，尚有鲁王举兵于浙江，亦称监国
以号令天下。后来鲁王兵败，投靠郑成功。若要另立朝廷，这是郑成功的最
好机会。但郑成功从大局出发，既善待敬事鲁王，又劝其取消监国年号，维
护桂王永历帝的正统地位。这些都说明，郑成功在处理尊奉明朝正朔和非常
时期"便宜行事"的关系方面，是把握了较好的分寸的。设置六官，是郑成
功在特殊历史条件下，从谋求"中兴"大业的实际需要出发，对明朝中央官
制变通的一种创举，不存在"专擅"或"僭越"的问题。明郑政权也不是
"伪"政权，它与明朝的关系，是一种明确的君臣关系和政权延续关系；它到
台湾后的一切政权建设，都具有中国正统王朝的代表性和权威性。

图22　台南宁靖王庙

　　明朝皇族宁靖王朱术桂，备受郑氏尊奉优养。清军入台时，宁
靖王自缢殉节。

---

①　夏琳：《闽海纪要》卷一，台湾文献丛刊本。

正因为郑成功能够自觉地维护这种正统性，他才能得到效忠于明朝的遗臣和知识社会的广泛支持。著名史学家连横说："延平郡王独伸大义于天下，开府思明，经略闽粤，一时熊罴之士，不二心之臣，奔走疏附，争趋国难。虽北伐无绩，师沮金陵，而辟地东都，以绵明朔，谓非正义之存乎？吾闻延平入台后，士大夫之东渡者盖八百余人"①。当时名臣张煌言、王忠孝、辜朝荐、沈佺期、卢若腾等，均依附于郑成功幕中，参议军政大事。投奔台湾的士大夫中，绝大多数是福建各地的饱学有志之士，他们为台湾明郑政权的建设注入强大的智慧、精神和人力资源。

二　台湾明郑政权地方行政机制及其沿革

台湾初设一府二县，以协理五军戎政杨朝栋为承天府尹，府治就设在东都明京。当时二县范围如何划分？未见详细记载。连横《台湾通史》说："凤山以山名，旧治在兴隆里，为郑氏之万年县，自二层行溪以南归之，远及琅峤，为府治之右臂。"地方行政区划一般具有历史承续性，二层行溪至今仍为台南、高雄之分界线，那么，从郑氏时代就以该溪为天兴、万年二县的分界线，可能性很大。当时台湾"开辟荆榛"之际，行政区划无法细致，只能根据开发状况和汉人居住情况，作个大体划分。赤崁城和台湾城一带，固因荷兰人的经营，聚集了大量居民，而二层行溪以南，土地肥沃，气候温湿，灌溉便利，向称"物力充仞"，沿海一带"鱼盐之饶甲全台"，漳、泉以及广东的移民，也很早就在此地聚居。因此，郑氏开台之初，以二层行溪为界，暂分南北二县，大体是平衡的。

《先王实录》载，天兴、万年二县设立时，"委庄文烈知天兴县事，祝敬知万年县事"，阮旻锡《海上见闻录》同此说。而江日昇《台湾外志》则说以祝敬为天兴知县，庄文烈为万年知县，连横《台湾通史》同此说。何者为确？邓孔昭《〈台湾通史〉辨误》一书以《海上见闻录》为据，亦认为庄任天兴、祝任万年。但这个问题，或许还可以用后来的一件事进行判断。1662 年初荷兰人撤出台湾后，郑军面临军粮供应紧张的问题，"诸镇兵诣成功辕门，告给发月粮，扣剋用小斗。质实，杀府尹杨朝栋、知县祝敬、斗给陈伍等示众。"② 这件事，《海上见闻录》也提到。万年县治远驻兴隆里，而天兴县治就在府治，所以配合府尹杨朝栋分发诸镇军粮的，应是天

兴县知县，既以同案被杀，祝敬当是天兴知县。

承天府和天兴、万年二县设立之初，主要职能是"查报田园册籍，征纳（税）银"，并配合随军的户都事筹粮。当时留驻厦门的户官郑泰，迟迟不发粮船接济，驻台郑军粮食供应极其紧张，"每乡（粮）斗价至四五钱不等。令民间输纳杂子番薯，发给兵粮。"官兵们每天只吃两餐，有的官兵甚至"食木子充饥"[1]。府尹和知县最主要的工作就是拿着银子到处买粮。户都事杨英曾受遣同府尹杨朝栋到鹿耳门守候粮船，无论官私船，只要运米，都尽数买籴供应军中；杨朝栋、杨英二人还带着黄金驰往天兴县内的新港、萧垄、麻豆、目加溜湾等平埔土番四社，购买军粮。可见，战时的地方行政，主要是为军队服务，还顾不上诸端庶政。

除了一府二县，郑成功还将热兰遮城改为安平镇。据杨英记载，"改台湾为安平镇"是与府、县之设同时。但当时热兰遮城还在荷兰人手里，设治似乎为时尚早。陈碧笙先生认为，安平镇之改，当在郑成功逐走荷兰人，完全收复台湾以后。《台湾外志》载，郑成功逐走荷兰人，完全收复台湾后，的确又有一次"祭告山川神祇，改台为东都，附红毛城，置第宅居焉"的举动，当是指设安平镇之事。郑成功因怀念故乡安平，热兰遮城地方很像安平镇，所以收复后便将之作为安居之所，并以故乡之名名之，如此看来，是比较可信的。连横《台湾通史》也说："十二月（此时荷兰人已被逐。——引者注），以热兰遮城为安平镇，改名王城，建桔柣门，志故土也。"但安平镇之设应该有个过程，阮旻锡《海上见闻录》载：1661年"七月，红夷会甲板至。吊右虎卫前协裴德帮守台湾街，名其街为安平镇"。当时台湾街指热兰遮城堡外的华人市街，赤崁城收复后，该街已在郑军控制范围，荷兰人仅守热兰遮孤堡，所以，郑成功先将城外华人街改为安平镇，待拿下热兰遮城堡后，再将整个城堡及周边地界命名为安平镇，这种可能性应该更大些。

如此看来，郑成功从收复台湾到他去世，已完成的台湾地方建置是：一府二县、澎湖安抚司、安平镇，在大陆则辖有思明州。

郑成功去世后，长子郑经袭位，仍据思明州而统台湾。1663年秋冬，清军与荷兰人协攻思明，金、厦失守，部属多降。洪旭、陈永华、刘国轩、冯锡范等人拥郑经入驻台湾，明宗室宁靖王、沪溪王、巴东王、鲁王世子

---

[1] 杨英：《先王实录》，第257页。

以及诸遗臣皆随行。至此，明郑政权的政治重心移到台湾。

永历十八年（1664 年）八月，郑经对台湾行政体系进行了新的调整，综合起来，其措置有：

中枢继续沿用六官体制，以陈永华总理政事，刘国轩统管镇兵，冯锡范掌管侍卫；

改东都为东宁，驻所仍为承天府，划府治为东安、西定、宁南、镇北四坊，坊置签首，处理民政庶事；

天兴、万年二县升为二州，增设凤山、诸罗二县属之；①

边远之地，设为三十四里，置总理（乡长），行乡治之制。所谓乡治之制，就是移植内地基层社会的保甲制度。以十户为牌，牌有长；十牌为甲，甲有首；十甲为保，保有长，理户籍之事，凡人民之迁徙职业婚嫁生死，均报于总理，总理定期汇报于官府，考其善恶，信其赏罚。

另外，沈云《台湾郑氏始末》记载，郑经在进行上述建置的同时，还"设澎湖及南北路安抚使"②，有关方志也记载："成功死，子郑经改东都为东宁，二县为二州，设安抚司三，南北路、澎湖各一。"③ 澎湖安抚司为郑成功所建，郑经继续保留。北路安抚司和南路安抚司是郑经增设。连横《台湾通史》不记南路安抚司，而记北路安抚司设立于永历三十六年（1682年），这时候郑经已死，郑克臧被杀，刘国轩辅佐年幼的郑克塽理政，明郑已是强弩之末，增设地方机构的可能性不大，其时间应该有误。

上述可见，郑经时代的台湾行政系统，得到进一步完善和健全。金、厦失守后，郑经已经确立立足台湾，长期经营的决心。受命总理国政的陈永华，颇有政治才干。他辅佐郑经，移植大陆政治制度，采取"与民休息"的政策，并亲自游历南北各地巡视，"镇抚诸番，劝各镇垦田，植蔗熬糖，煮海为盐，以兴贸易。而岁又大熟，民用殷富。"④ 经过苦心经营，台湾从以往许多人惮于前往的地方，很快成为一方乐土，"道不拾遗，市物者不饰价"。由此也可以看出，这时候的地方建置，已经在民间日常政治生活中，发挥起全面的作用。

1666 年，陈永华为了拓展海上贸易，"以江胜为水师一镇，驻厦门，与

① 此据阮旻锡《海上见闻录》所记，余书皆不载。
② 沈云：《台湾郑氏始末》卷五，台湾文献丛刊本。
③ 《福建通志·台湾府》"沿革"，台湾文献丛刊本。
④ 连横：《台湾通史》上册，第 30 页。

边将交欢，毋扰百姓。"自清军破厦门以来，厦门荒芜不堪，清朝实行"迁界"政策，更使得厦门成为政治真空，被另一伙"海盗"陈白骨、水牛忠所踞。江胜入驻厦门后，破除"海盗"，令邱辉据守达濠，江胜则专事贸易，"布帛无缺，凡货入界者以价购之，妇孺无欺。自是内外相安，转运毋遏，物价愈平。"① 此后，厦门、达濠、铜山、南日、舟山等处相继又被郑氏政权控制，在政治上与台湾融为一体。

郑经时代的明郑政权，曾经与清朝多次谈判，这些谈判中郑经的一些言论，容易引起现代学者的不同解读，这里有必要进行一番辨析。清朝曾于1667年和1669年派使者到台湾议和，要求郑氏归附。郑经不接诏，答复说，"台湾远在海外，非中国版图，先王在日，亦只差'剃发'二字，若照朝鲜例则可。"清方指出，台湾"非可与外国之宾臣者比"。郑经又说自己已经"会师而退，远绝大海，建国东宁，于版图疆域之外，别立乾坤"，可与清朝相安无事；在复清朝靖南王耿继茂的信中，也有"东宁偏隅，远在海外，与版图渺不相涉"② 之语。这些言论，被有的学者解读为"自外于中国"的分裂言论，"与郑成功有着本质不同"，"郑经已从与清朝两个政权的对峙，发展到妄图将台湾从中国版图上分裂出去。"③ 笔者认为，如此理解郑经的言论，值得商榷。

首先，不应用现代的理念去理解古人的措辞。在古代政治纷争中，"国"的概念与政权的概念是很含混的，并不像现代如此严谨。在中国历史上，一些边缘的政权或弱势政权，称中原政权或占据中国强势地位的政权为"中国"，是很常见的。在这样的称呼中，彼此称"国"实属正常，边缘政权或弱势政权并没有将自己看作与中国无关的外国的意思，如汉代的闽越、东瓯和南越国，以及五代时期的北汉和南方九国。所谓"版图"，也往往仅指政权的势力范围，并不等同于现代国家的领土观念。郑经说"台湾非中国版图"的准确意思，应是指台湾非清朝版图；而自己立足的台湾和福建沿海岛屿，是明朝版图，与清朝不相干，欲与清朝隔海而治。这显然仍属于国内两个政权之争。郑经在复信中，有时称清朝为"贵国"，有时又称"贵朝"，可见在他的观念中，"国"与"朝"是混同的，其中并没有自外于中国的意思。他既没有说清朝是外国，也没有说自己不是中国人，所

---

① 连横：《台湾通史》上册，第31页。
② 连横：《台湾通史》上册，第33页。
③ 唐文基：《康熙统一台湾始末》，《炎黄纵横》1996年第1期。

以，所谓"妄图将台湾从中国分裂出去"，也就无从谈起。

其次，郑经提出"照朝鲜例"，应该联系当时特定的语境和明郑政权的策略。清朝要求郑氏臣服，焦点问题是要求剃发易服，双方屡次谈判都在这一问题上搁浅。正是在这一点上郑经无法接受，所以才提出要像朝鲜那样不必剃发，其本意是要保持自己代表中国汉族政权的正统地位和象征意义，而非像朝鲜那样做个"外国"。同时，郑经也希望通过引朝鲜例，让清朝减轻对台湾的压力，以便赢得时间，养精蓄锐，伺机而动，这是一种政治权谋和策略，不能从表面言论出发，认定他要以台湾自立为外国。

再次，对历史人物的论定，要察其言而观其行。郑经固然说要"建国东宁"，但也一再表示自己"岂肯坠先王之志"。他明知明朝皇帝已经死去，却始终尊奉永历正朔而没有建立自己的国号，就是对时机有所等待，想继续用明朝旗号复兴汉族大业。1673 年大陆三藩之乱起，郑经立即率军进驻厦门，经略闽、广沿海。他说："我家世受国恩，每思克复旧业，以报高深，故枕戈待旦，以至今日。幸遇诸藩举义，诚欲向中原而共逐鹿。倘天意厌乱，人心思汉，则此一旅，亦可挽回，何必裂冠毁冕，然后为识时之俊杰也哉？"[1] 这些言行，很清楚地表明，他与郑成功一样，始终没有放弃复兴汉家天下的责任，固守台湾，只是欲以台湾为复兴基地，而不是要自立为外国。

三　明郑地方行政与台湾开发经营

郑成功既欲以台湾为"万世不拔之基"，就不能不重视台湾的经营与开发。入台初战告捷，郑成功便"令谕招我百姓回家乐业"。他还亲自深入开发较早的新港一带，踏勘土地，抚慰汉族移民和土番四社。全面收复台湾后，立即引古来"寓兵于农"之法，仅留勇侍卫二旅守卫安平镇和承天府，其余军队分遣各地，开展垦田活动。平时以十分之一军力值勤放哨，相连接应，其余轮流开荒，农闲训练，有警则集中作战，无警则负耒而耕。所垦田地收成，三年之内，七成留用，三成归正供；三年之后，定其上、中、下田级，确定赋税。他着令户官颁布创建田宅规则：

——承天府、安平镇，本藩暂建都于此，文武各官及总镇大小将

---

① 连横：《台湾通史》上册，第 37 页。

领家眷，暂住于此，随人多少，圈地永为世业，以佃以渔及经商，取一时之利，但不许混圈土民及百姓现耕田地；

——各处地方或田或地，文武各官随意选择，创置庄屋，尽其力量，永为世业，但不许纷争及混圈土民及百姓现耕田地；

——本藩阅览形胜建都之处，文武各官及总镇大小将领设立衙门，亦准圈地，创置庄屋，永为世业，但不准混圈土民及百姓现耕田地；

——文武各官圈地之处，所有山林陂池，具图来献，本藩薄定赋税，便属其人掌管，须自照管爱惜，不可斧斤不时，竭泽而渔，庶后来永享无疆之利；

——各镇及大小将领官兵派拨汛地，准就彼处择地起盖房屋，开辟田地，尽其力量，永为世业，以佃以渔及经商，但不许混圈土民及百姓现耕田地；

——各镇及大小将领派拨汛地，其处有山林陂池，具启报闻，本藩即行给赏，须自照管爱惜，不可斧斤不时，竭泽而渔，庶后来永享无疆之利；

——沿海各澳，除现在有网位、罟位，本藩委官征税外，其余分与文武各官及总镇大小将领前去照管，不许混取，候定赋税；

——文武各官开垦田地，必先赴本藩报明（亩）数，而后开垦；至于百姓，必开（亩）数报明承天府，方准开垦。如有先垦而后报及报少而垦多者，察出定将田地没官，仍行从重究处。①

以上规则，根据台湾遍地荒野沃土的实际情况，允许文武官吏和士兵以及衙门机关，有秩序地开辟田宅，准其永为世业，这对调动官兵个人和地方衙门的开荒积极性，具有巨大的激励作用；严格禁止圈占土著居民和汉族移民的现耕田地，则确保圈地导向荒野而不扰民，有利于迅速扩大耕地总量；对山林、陂池加强管理，则有利于公共资源的保护和利用。另外，规则还体现了对渔业、商业经营的鼓励政策。

应该注意到，这些田宅政策，是在一府二县、安平镇和三个安抚司的地方行政体系建立以后才出台的，其实施依托于地方行政基础性作用的用意很明显。其中规定：文武各官开垦田地要向"本藩"报备，平民百姓垦

---

① 杨英：《先王实录》，第 254～255 页。

田则向承天府报备，这就明确界定了中枢行政系统与地方行政系统的分管范围。入台之初，官兵眷属多惮于远渡而滞留金、厦，现因按人口圈地，大批眷属都纷纷入台，官员纷纷申请垦荒建立田宅；地方官府则积极招徕大陆移民认垦土地，由于清朝"迁界"，许多颠沛流离的沿海居民也乐于到台湾垦荒谋生。于是，台湾人口大增，土地开发和经营卓有成效。

明郑时代台湾开发最集中的地方是在南部。由于福建早期移民多聚居南部，已经奠定农业开发的较好基础，因此南部地方多被郑成功赐给有功人员开发，同时也有不少民间人士认垦土地，而且经营也比较多样化，如，有商人吴某"居哆啰店仔口（今台南白河镇）经营小贩"；在凤山，有蔡月、王光好、李奇等"与徐阿寿等七人，移旗后捕鱼，并建妈祖宫"①。凤山当时已成为重要渔港。从农业水利设施来看，据日本学者松田吉郎罗列，郑氏时代修筑陂、潭、池等灌溉设施20处，都集中于台南、高雄两地，其中高雄占14处，②可见土地开垦向南延伸的趋势很明显。这一地区荒地开辟较多的有新丰里、文贤里、维新里、嘉祥里、长治里、衣仁里、仁寿里、大目降里、广储东里、广储西里、外新化南里、新化里西堡、新化西里、新化北里、新化东里、大社等。仅从地名来看，郑氏时代的"里"，多为对"平埔番"新开辟的地方，这些地方相对于城镇为边远，相对于山区"生番"又为发达，设有乡级机构，乡下面又有庄，建置相当完善，受县衙和驻军双重节制。另外，连横《台湾通史》提到，恒春县柴城之旁有统领埔，"土厚而腴"，相传为郑氏军队屯田之地，可见，郑氏时代台湾土地开发已经延伸到最南端。查《先王实录》所载，郑成功曾派中冲、义武、左冲、前冲、游兵等镇军队驻扎南路凤山、观音山屯垦。南路安抚司之设，应与南部军屯有密切关系。

中部地区在明郑时代的开发，成效也很突出。当时中部、北部都归于"北路"。《先王实录》记："左先锋扎北路新港仔、竹堑，以援剿后镇、后口镇、智武镇、英兵镇、虎卫右镇继扎屯垦。"③从后来激变大肚土番的事实来看，这些军队多数在台中一带屯垦。郑成功还曾派左武卫刘国轩驻军于彰化一带，以讨诸番；又派参军林圮进驻斗六门平番，林圮令军队垦田，

① 台湾省文献委员会编《台湾省通志》卷二《人民志·氏族篇》。
② 〔日〕松田吉郎：《郑氏时代台湾的开发》，载《郑成功研究国际学术会议论文集》，第251~252页。
③ 杨英：《先王实录》，第255页。

还招徕百姓开荒，后来该地方开辟为云林县，就是纪念林圮的功劳。所以，中部的开发，军队起了很大作用。但当时也有不少民间人士在中部开发。地方志记载，漳州人陈石龙和其他几个垦户，获得开垦许可后，召集大批同乡在斗六门打猫东顶堡的内崁头顶区垦地，后来陈石龙把已垦土地卖给翁拱，翁拱又包买了附近一带土地。因涉嫌霸占民业，翁拱的土地最后都被官府没收。从管辖范围来看，没收翁拱土地的应是北路安抚司或其属下机构，由此可见当时地方官府在规范垦荒行为中的作用。另外，该地方志还记载，漳州人林天生、林万福、林浮意合伙开垦了诸罗笨港。①

台湾北部，绝大部分是军队开发。当时竹堑、淡水、鸡笼都是军事重镇，郑氏派兵把守，就地垦田。一些军人退伍后继续留在当地招徕农民开荒。如郑军同安籍士兵王世杰，因运饷有功，获得竹堑一带的开垦权。他用金器、猪、酒等物品与当地土民搞好关系，取得大片荒地，招徕大量移民垦殖，先是开发打铁巷街，后来逐步拓展。据日本人调查，"杨寮庄、浸水庄、油车港庄、十块寮庄、糠郎庄、埔顶庄、赤水崎庄地方是属于康熙年初渡来的泉籍垦户王世杰开垦地域，王氏……从北庄一直渐渐地开垦到南庄。"② 当时北部属边远地区，郑氏有时还将之作为发配罪人的地方，如，"嗣王郑经贬洪士昌、杨明琅及其家属百余人于淡水、基隆。"③ 这些人发配到北部后，就在当地开荒定居。这些开发活动，也都归北路安抚司统制。

在明郑官兵和汉族移民经营、开发的带动下，原住民的生产状况也明显改善。郑氏入台之初，台湾原住民的农业生产非常粗放，效率极其低下。他们只能选择自然肥沃之地，粗放播种，不会利用犁、耙、锄、斧、镰等农具，"只用寸铁刜凿"撒种，收成时逐穗采拔，播种一亩田地要用将近一个月时间，收成一亩也要数十日，还不懂得建设灌溉设施，许多好地都置之无用。针对这种情况，户都事杨英曾经建议：对于归顺的土民各社，各派一名汉族农民，配给铁犁、耙、锄各一副，耕牛一头，指导他们耕种，让广大土民"欣然效尤"。杨英还强调，管理土民的官员，必须勤廉，克己奉公，"用心抚绥，家喻户晓，恩威教导。垦多力耕者有赏，怠玩少作者有

---

① 台湾省文献委员会编《台湾省通志》卷二《人民志·氏族篇》。
② 〔日〕临时台湾土地调查局：《台湾土地惯行一斑》第一编，1905，第19页。
③ 台湾省文献委员会编《台湾省通志》卷二《人民志·氏族篇》。

罚"，以俾"风移俗易"①。作为主管财赋的高级官员，杨英对原住民的生产、生活状况，表现出极大的关心。在汉族同胞的帮助下，台湾原住民的农业生产能力显著提高。

上述可见，明郑政权的地方行政系统，在推动台湾的经营和开发中，发挥了重要作用。

第三节　明郑政权与台湾文治化社会的建立

一　郑成功的文化背景和文化政策

纵观历史，但凡对于有土著居民的区域，单纯的军事占领和政治统治，都不能解决彻底开化以造成心理认同的问题，唯有文化和教育，才能逐步融化当地社会，最终导向心理的认同。在汉族文化到来之前，福建本身也曾经是部落林立的土著社会，后来经过长期汉族移民的开发和中原文化的浸染，才与内地浑然一体。台湾与福建一样，由于土著社会的存在，必须经历一个逐步移植汉族文化，最终实现与内地先进地区同质化的过程。郑成功收复台湾的伟大功绩，除了使台湾作为中国领土成为再也不容置疑的事实之外，还在于他从正统文化的高度，启动了台湾社会的文治化。

要弄清大陆正统文化如何从福建移植台湾，必须先了解郑成功的文化背景和明郑政权的文教政策。

郑成功早年乃一介儒生。他7岁开始接受儒学启蒙教育，9岁熟读四书五经，11岁开始读《春秋》《左传》《战国策》《诗经》《孙子兵法》等，15岁补博士弟子员，入南安县学为廪生，21岁进南京国子监为太学生，受教于江南名儒钱谦益。清军南下，才打断了他的学业。据说他起兵前，曾携儒服到孔庙焚烧哭拜。后来他为一方统帅，仍然手不释卷，对儒家文化敬奉有加。"春秋大义""华夷之辨""纲常之伦"对郑成功的价值观有着极其深刻的影响。他尊奉明朝正朔，对儒家正统文化的"教化"功能有深刻的认识。由于长年东征西讨，军务倥偬，在收复台湾之前，郑氏政权的文教政策，还很难形成清晰的系统，但从郑成功在政权建设过程中的一些做法，已经表现出他对教育文化的重视。

首先，他一直坚持儒家文化的"正统"观念。对于明朝宗室，始终敬

①　杨英：《先王实录》，第260页。

奉优养；对明朝遗老，也都予以礼待。明朝鲁王、宁靖王、沪溪王、巴东王、兵部侍郎王忠孝、浙江巡抚卢若腾、御史沈佺期、兵科给事中辜朝荐、都察院左副都御史徐孚远、太仆寺卿沈光文、定西侯张名振等，都在郑氏军中受到崇高待遇，"军国大事，时咨问焉"。这些人的参与，使明郑政权在文化观念上的正统性，得到了广泛认同。

其次，郑成功非常注意搜罗民间饱学之士。他在厦门设立储贤馆、育才馆，招募地方知识精英，储备政教人才。永历帝在粤西开科取士，郑成功大力支持，给赴考人士发放花红路费，鼓励他们前往应试。明朝后期，闽南一带已经成为福建教育文化重心，在历次科举考试中，泉州、漳州的中榜人数往往在全省名列前茅。郑成功对文化人的重视，吸引了大批知识精英和社会名流前来投附，著名的有同安陈永华、郭贞一、张灏，晋江许吉燝、诸葛倬，惠安张士榔，龙溪李茂春，漳浦黄骧陛（黄道周从子），厦门叶后诏、阮旻锡等。一时间，"岛上衣冠济济，犹有升平气象"①。连横说，郑成功入台后，"士大夫之东渡者盖八百余人"。这些人才在后来台湾文教建设中，发挥了重要作用。

再次，郑成功很重视对科举人才的量才使用。明朝任官制度，非常注重科举功名出身。郑成功建立六官、察言、承宣、审理以及监察制度，也处处体现对所任用官员的科举功名的重视。这在杨英《先王实录》叙事的字里行间表现得很明显。杨英本身也是闽南人士，他自称于永历三年（1649 年）因向郑成功献策，被郑成功召见并录户科任用，估计也是地方上功名有成的士子。所以，杨英每提到郑氏某官之任，往往冠以科第头衔，如，吏官潘庚钟、礼官郑擎柱、工官冯澄世、工官左司务李赞元、承宣司邓愈、审理官邓会、海澄县知事林其昌，都特别标明为举人出身，而户官左司务林调鼎为贡生、副审理张一彬为恩生，也一一列之。当时散乱之际，明郑政权局处一方，进士之才固不易得，而举人、秀才则为地方翘楚，所以多为郑氏所用。郑成功本身为太学生，"学而优则仕"思想浓厚，对读书人多所奖掖，是很自然的。而他的这种取士倾向，对于教育文化的鼓励作用，是不言而喻的。另外，郑成功在厦门所设育才馆（又称育胄馆），主要是用于本集团内部子弟的教育，可见他在军务繁忙中没有忽视对后续人才的培养。

郑成功收复台湾，意在以之为"万世基业"，以郑成功的文化背景和在

---

① 夏琳：《闽海纪要》卷一。

大陆的文教政策，他平定台湾以后，大力移植大陆的文教制度以促进台湾社会的开化，是势在必行的。荷兰统治台湾期间，曾开展奴化教育，据连横《台湾通史》记载：

> 荷兰得之，始教土番，教以为隶而已。领台之三年，乃派牧师布教，以崇信基督。其时归化土番，曰新港、曰目加溜湾、曰萧垅、曰麻豆、曰大目降、曰大杰颠，各社教堂。每逢星期，众皆休息，群集于此，祷福讲经，以是从者日多。永历二年，各社始设小学，每学三十人，课以荷语荷文及新旧约，牧师嘉齐宇士又以番语译《耶教问答》及《摩西十诫》，以授番童，拔毕业者为教习。于是番人多习罗马字，能作书，削鹅管，略尖斜，注墨于中，挥写甚速，凡契券公文均用之，故不数年而前后学生计有六百人。①

这种情况，郑成功是了解的。他入台之初，就曾到新港、目加溜湾、萧垅、麻豆等地视察，以他的文化背景和政治远见，不可能不对此有所感触而产生开展祖国化教育的紧迫感。

可惜，由于郑成功在收复台湾的第二年就过早地病逝了，所以他在发展台湾教育方面的举措还没来得及出台，连横说："延平克台，制度初建，休兵息民，学校之设，犹未遑也。"② 但郑成功所罗致的大批文教人才，以及所创立的中枢和地方行政制度，已经为大陆文教制度移植台湾打下坚实的基础，正是在这个意义上，可以说，在正统文化的高度启动台湾社会的文治化，从郑成功时代就已经开始。

二　明郑教育制度的建立及其对台湾社会的教化之功

在台湾贯彻实施郑成功的文化政策，建立儒家正统教育体系，陈永华起了重大作用。

陈永华，字复甫，福建同安人，其父陈鼎为县学教谕。清军攻城时，陈鼎因拒降而自缢于明伦堂。陈永华从小学业优异，曾补博士弟子员，父丧后，愤而弃举子业，究心天下大事。郑成功开府思明，陈永华被王忠孝引荐给郑成功，成功与之畅谈终日，诧为"今之卧龙"，任命为参军。郑经入台，以陈

---

① 连横：《台湾通史》上册，第187页。
② 连横：《台湾通史》上册，第187~188页。

永华为辅政，"毋论大小，悉与咨之"，分镇垦田、地方建置、百业兴举，多出陈永华之策。永历十九年（1665年）十二月，陈永华以"开辟业已就绪，屯垦略有成法"，遂正式向郑经提出建圣庙、立学校的主张。郑经起初以"荒服新创，地狭民寡"为由，认为兴学之事可以暂缓。陈永华说：

> 昔成汤以百里而王，文王以七十里而兴，岂关地方广阔？实在国君好贤，能求人材以相佐理耳。今台湾沃野数千里，远滨海外，且其俗淳。使国君能举贤以助理，则十年生长，十年教养，十年成聚，三十年真可与中原相甲乙，何愁其褊促稀少哉？今既足食，则当教之。使逸居无教，何异禽兽？须择地建立圣庙，设学校，以收人材。庶国有贤士，邦本自固，而世运日昌矣。[①]

郑经最终听取了陈永华的建议，选择在承天府宁南坊面对魁斗山的方向，建立孔庙，称"先师圣庙"，庙旁设明伦堂。第二年春，圣庙落成，郑经亲率文武百官，到圣庙隆重举行祭拜典礼，前往观礼者达数千人，盛况空前。此后，明郑政权在台湾的教育体系正式建立。

图23　台南孔庙大成殿

明郑初创台湾教育体系，完全仿自内地的教育制度，大体上分为初级

① 江日昇：《台湾外志》卷十三，第199页。

图 24 全台首学

陈永华创立学校，后来成为台湾府学，称"全台首学"。

（学塾、社学）、中级（州学、府学）、高级（学院、太学）三个层次。

初级教育主要是各庄、社的学塾和社学。鼓励汉人聚居的自然村庄，普设学塾，平埔原住民聚居的各社，则遍设社学，"延中土通儒以教子弟，凡民 8 岁入小学"，课以经史文章。初级教育重在普及，旨在增加粗通文墨者的数量，以培养民间礼让向化之风；少数学有所成、考试优等者，则选拔升入州学。

天兴、万年二州，设州儒学，任命学正一名，训导二至三名，主持日常教务和教学工作，每三年举行一次考试，"照科、岁例开试儒童"。考试优秀者送入承天府学深造。府学设教授一名，训导二至四名，学生经府学培训后，同样经过严格考试，优秀者送入学院。州、府两学，相当于中等教育。

学院为高等教育，由陈永华亲自主持，叶亨为国子助教，聘鸿儒主讲，试以策论，合格者升入太学；太学生每月考试一次，三年则大考一次，中试者分拨到六官各部门授职任事。

于是，台湾有史以来，第一次有了系统完善的教育制度，并且开通了由学而官的科举途径。这不但使广大汉族和原住民同胞受教育的积极性空前高涨，而且使跟随郑氏政权东渡台湾的大批知识分子，也有了用武之地。正如连横所说，"避难搢绅，多属鸿博之士，怀挟图书，奔集幕府，横经讲学，诵法先王，洋洋乎，济济乎，盛于一时矣。"① 避清于台湾的士大夫，在为当地教育发展尽力的同时，还咏诗抒怀、属文记事，开创了台湾独具

---

① 连横：《台湾通史》上册，第 188 页。

特色的士人文化。如太仆寺卿沈光文，隐居于罗汉门山中，教学于目加溜湾番社，闲余则作诗著述，著有《台湾舆图考》《草木杂记》《流寓考》《台湾赋》《文开诗文集》等传世，被人称为海东文献"初祖"。

政教合一，是唐宋以来中国地方行政的重要特点，凡有县级行政建置的地方，无不设立官学，以加强对人民的教化。这种教化是中国文化产生强大向心力的基础。因此，明郑台湾教育和科举制度的建立，对于台湾社会的文治化和内地化，有着里程碑的意义。

台湾社会的内地化，从有汉族移民聚居之时，就已经开始。在台湾定居的汉族移民，不忘故土，他们仍按故乡习俗生活、带去先进的生产技术和工具、崇拜故乡神灵，由于汉族与当地土著社会之间发展程度的落差，他们的生活、生产方式和语言、信仰、观念，都会不同程度地影响当地社会，这就造成了一种民间文化的内地化。郑氏入台，汉族移民骤增，大大加速了民间文化的内地化进程。而与此相呼应，明郑建立教育制度以后，台湾社会的内地化，进展到了上层文化的层面，这对台湾社会的进一步开化，产生了巨大的推动作用。连横说："台人自是始奋学。"也就是说，从郑氏时代开始的儒家文化教育，使台湾人普遍体会到了文化知识的重要，并从此对内地文化有了牢固的归属感。清朝统一台湾后，担任台厦兵备道的周昌，对明郑在台湾的教化之功深有体会，他说："本道自履任后，窥见伪进生员犹勤藜火，俊秀子弟亦乐弦诵。"[1] 这无疑是对明郑时代教育成效的客观肯定。

应该特别强调的是，台湾社会的内地化，不但因其移民主要来自福建沿海，而使民间文化的内地化主要趋同于福建民俗文化；而且，由于追随郑成功入台的知识分子，绝大多数也都是福建人，因而上层文化（或曰士人文化）的内地化，也主要趋同于闽文化，其核心是尊崇朱子理学。同安、漳州都是朱熹亲自"过化"之地，理学传统根深蒂固；明朝后期，闽南已经取代闽北，成为全省理学文化的重心，读书人无不以闽学（即朱子理学）为宗。正是产生于这样的文化土壤之上，郑氏政权才具有了那么牢固的儒家正统观念。郑氏在台湾建立儒学，所用学官、教师，多是闽南一带饱学之士，所用教材都是朱熹所注释的儒家经典，学子所崇拜的先师，除了孔子，就是朱熹，因此，闽学实乃台湾文化之根。上层文化和民间文化的内地化，使台湾与福建成为一个再也难于分离的区域文化整体。

---

① 周昌：《详请开科考试文》，载《台湾府志三种》上册，中华书局，1985，第1001页。

第四章　台湾正式纳入福建省行政序列

　　明郑政权立足台湾 22 年，随着清朝在大陆统治秩序的建立，明朝复兴无望，台湾一隅之治越来越难以为继。1683 年，清朝统一台湾，次年设立台湾府，归入福建省行政序列。从此，台湾隶属福建省管辖 201 年。福建从宋到明，一直有八个府（州、军、路）建置，习惯称"八闽"，台湾府加入后，称"九闽"，后来闽东地区的福宁州升格为福宁府，又称"十闽"。台湾并入福建省行政序列后，大陆移民持续增加，人口迅速发展，土地开发逐步推进，地方行政建置也随之不断完善。到 19 世纪中期，台湾已从清初的一府三县建置，扩展为一府四县三厅建置，成建制地区主要是中央山脉以西、地势较为平缓、呈南北走向的狭长地带。由于内山地区的原住民与汉族移民和平埔族关系颇为复杂，清朝采取"汉番"隔离政策，对内山及山后的原住民地区疏于政教。这种状况，在近代西方列强侵入中国后，成为列强主导的国际法语境下所谓"无主土地"的解释空间，从而给外国人侵留下借口。清朝在付出沉重代价之后，加快了开发台湾中部、东部的步伐，并着力完善各级各地行政建置，到 19 世纪 80 年代，台湾共设二府八县五厅，基本上实现了本岛行政建置的全覆盖，进一步巩固了台湾主权。

第一节　清朝统一台湾的历史必然

一　清朝统一台湾始末

　　郑成功收复台湾之年，清顺治帝突然死去，年方 8 岁的康熙继位。此时清朝内部棘手之事甚多，南方连年灾荒，鳌拜集团弄权，后来又发生"三藩之乱"，对于盘踞海上的明郑政权，只能相机行事，主要采取招抚政策。从 1662 年到 1679 年，清郑双方曾经多次派人进行和谈，历次和谈之中，双方立场都很不确定。

　　起初，清朝提出的和谈条件很清楚：郑氏"剃发登岸，自当厚爵加封"。明郑则坚持"仿朝鲜例"称臣，不剃发易服、不登岸的立场。对此，清方使者答复："贵方遁迹荒居，非可与外国之宾臣者比。"① 双方各执一词，和谈破裂。在这些说辞中，清朝强调的是人的因素，认为明郑乃中国之人，不可以与外国宾臣相比拟，却忽略地的因素，没有表明台湾也是中国属土。这体现了清朝对台湾主权的认识模糊。这种糊涂认识甚至导致一些官员在后来的谈判中，偏离前期的一贯立场。如"三藩之乱"基本平定，郑经再次退回台湾后，清军曾再申和议，康亲王杰书提出"若贵藩以庐墓桑梓、黎民涂炭为念，果能释甲东归，照依朝鲜事例，代为题请，永为世好，作屏藩重臣"。并提出"凡海岛归之朝廷，以澎湖为界，通商贸易"②。这里，杰书实际上已违背过去要求"剃发登岸"的立场，全盘接受了郑经的和谈条件。一介武夫的平南将军赍塔，在给郑经的信中甚至妄称，只要郑经"若能保境息兵，则从此不必登岸，不必剃发，不必易衣冠，称臣入贡也可，不称臣不入贡亦可也。以台湾为箕子之朝鲜，为徐福之日本……"③ 这些言论，反映了当时满族大员对台湾事务的颟顸无知。但当郑经提出要以海澄为互市时，杰书也不敢擅自做主，让使者征询于福建总督姚启圣，姚启圣明确反对，认为"寸土属王，谁敢将版图封疆轻议作公所？"和议才没有达成。最终康熙帝再次强调要"薙发归诚"，才又明确了招抚的条件。

　　从郑氏方面来看，也是首鼠两端，反复无常。在谈判中，有时称自己已经"会师而退，远绝大海，建国东宁，于版图疆域之外，别立乾坤"，只要"仿朝鲜例"，不剃发、不登岸，可与清朝相安无事。但当清朝官员表示可以考虑这些条件时，郑方却又要"索四府为互市""并海澄为公所"。"三藩之乱"一起，郑经立即挥师西进，经略闽、粤。冯锡范说："先王在日，仅有两岛，尚欲大举征伐，以复中原，况今又有台湾，进战退守，权操自我，岂以一败而易夙志哉。"④ 这种状况表明，台湾不统一，东南一方难于安宁。

　　平定"三藩之乱"当中，清朝在福建聚集了大量军队，康熙帝认为这是趁势解决台湾问题的良机。他指示康亲王会同福建将军、总督、巡抚、

① 连横：《台湾通史》上册，第32页。
② 江日昇：《台湾外志》卷二十三，第314页。
③ 连横：《台湾通史》上册，第39页。
④ 连横：《台湾通史》上册，第38页。

提督等详议"速行进讨"。但当时众人对出海作战殊无把握，康亲王杰书、将军赉塔、巡抚吴兴祚、水师提督万正色，都反对出兵，唯有总督姚启圣，力主武力征讨。

姚启圣是个有胆有识的传奇人物，他早年在广东为官，谙于海上事务和边防战略，在平定"三藩之乱"中表现出色，升为福建总督，康熙帝对他欣赏有加，有"闽督今得人矣"的赞语。他认定平定台湾是东南海疆一劳永逸的千古功业，便一面积极整军备械，保持军事强势，并在漳州建"修来馆"以瓦解郑氏军心；一面在朝廷中争取支持者，通过闽籍大学士李光地施加影响，进一步坚定康熙帝统一台湾的决心。1681年，郑经病死，长子郑克臧在政变中被杀，年幼的郑克塽继位，大权旁落，姚启圣看出这是进攻台湾的天赐良机，即上疏"请急攻台湾"，并力荐擅长水战的郑军旧将施琅出任福建水师提督。康熙帝即刻批准。

姚启圣本欲亲率大军完成这项功业。但他在具体进军战术上，与施琅发生了严重分歧。姚启圣主张冬季出兵，兵分两路，一路由施琅率水师打澎湖，一路由他自己率领从台湾北部登陆，由北往南进攻。施琅则认为，郑军主力是水师，绝大部分集中于澎湖，只要在澎湖消灭郑军水师，便可底定大局，根本不需要陆路进攻本岛。两人争执不下，出兵时机一再拖延。康熙二十一年（1682年）十月，施琅上奏："臣于水师营中，简精兵二万余，战船三百艘，已足破灭海寇。请令督抚趣办粮饷给臣军，而独任臣以讨贼，无拘时日，臣整理舟师，时加操练，但遇风利，即可进兵。"康熙权衡再三，率水师作战，非施琅莫属，遂下旨：征台指挥全权交予施琅，"相机自行进剿。"[①]

康熙二十二年（1683年）六月十六日，施琅率战舰230余艘，官兵21000人，以提标署右营游击蓝理为先锋，从铜山向澎湖进击。姚启圣坐镇厦门督战并保障后勤。清军在娘妈宫与刘国轩率领的郑军水师主力展开激战。初战不利，先锋蓝理身受重伤，腹破肠流犹酣战不已。二十二日两军再战，时潮水大涨，郑军全体出动，清军凭优势兵力穿插包围，双方鏖战近五个时辰，郑军终于不支，主力几乎被歼殆尽，刘国轩率残部逃往台湾。清军也付出总兵官朱天贵、游击赵邦试等阵亡的沉重代价。

刘国轩兵败澎湖，台湾空虚，军心民心涣散。郑克塽急召文武众官商

---

① 张本政主编《〈清实录〉台湾史资料专辑》，福建人民出版社，1993，第55页。

议对策。会上有人主张弃台逃往吕宋，刘国轩力陈不可，认为"大势已去，速当顺天"，冯锡范最终也支持刘国轩的意见。七月十一日，郑克塽遣使到澎湖向施琅递交降表，"缴奏版籍、土地、人民，待命境上"。八月十一日，施琅率军登上台湾岛，郑克塽率百官出鹿耳门迎接，从此，台湾正式并入清朝版图。

施琅本为郑成功的得力干将，后来两人反目，恩怨纠葛，令人嗟吁。施琅登岛后，勒部甚严，安民抚众，台湾部众"欢呼踊跃"。次日，施琅拈香祭于郑成功之庙，泪言："琅起卒伍，于赐姓有鱼水之欢，中间微嫌，酿成大戾。琅于赐姓，剪为仇敌，情犹臣主。芦中穷士，义所不为，公谊私恩，如是则已。"① 经施琅题奏，明宗室、郑氏及文武各官，均予以优待，移回内地妥善安置。

二　国际国内视野下的台湾命运

在清人眼里，台湾之入版图，"岂天假手于郑，以式廓我朝无外之疆域也。"② 认为台湾能够通过郑氏之手，最终纳入大清版图，是天意使然。江日昇以"闽人说闽事"，说得更具体一些："台湾系海外荒服，地将灵矣，欲入为中国之邦，天必先假手一人为之倡率。如颜思齐者，是为其引子；红毛者，是为其规模；郑氏者，是为其开辟。俾朝廷收入版图，设为郡县，以垂万世。"③ 从世界历史背景来看，郑成功收复台湾和清朝统一台湾，是两起连贯的历史事件，其间所包含的历史因果要壮阔得多。

从国际视野来看，随着世界地理的大发现和西方殖民者的东来，中国固有的领土范围及其主权，必须在国际范围、在法律上得到明确界定，以避免国际争端，而台湾作为汉人开发新区和中国东南门户，尽管观念上早已纳入中国政权的控制视野，但实际的政治建置却滞后于民间社会的开发，结果导致了西方殖民者的觊觎和占据，给中国沿海安全带来严重的危害。因此，无论什么样的政权控制中国大陆，都将终究面临收复台湾，实现国土的完全统一，以应对世界局势变幻的问题。郑成功收复台湾并设治，正是顺应这种历史大势，收获明朝长期以来解决东南海患问题的一项总成果。这项成果，使"台湾者，中国之土地也"的理念，无论在历史事实上，还

① 连横：《台湾通史》上册，第41页。
② 高拱乾：《台湾府志》卷一《封域》。
③ 江日昇：《台湾外志》"凡例"，第407～408页。

是法律权利上，都得到明晰的确立。明郑政权与清朝之间，是国内两个政权之争，无论是谁控制台湾，都是行使中国对台湾的主权权力。郑成功以台湾为基地坚持抗清，具有忠义和反抗国内民族压迫的正义性；清朝统一台湾，具有完成国家统一大业的正义性，两个政权之争，比的是民心向背和实力，无论时间持续多久，无论谁最终取胜，都不可能再使台湾割裂于中国，都不能改变台湾属于中国的事实。这是特定世界历史时代所决定的大陆与台湾两岸关系的根本性质和大势所趋。

从国内局势来看，随着全国大部分地区的占领，清朝统治者开始调整统治政策，它先后免除了明末各种苛捐杂税，停止投充、圈地，放宽逃人法，使老百姓的赋税负担明显轻于明朝；又下令把明朝藩王的土地"给与原种之人，改为民户，号为更名地，永为世业"①，也就是使原来明朝贵族土地上的佃农变成自耕农。这些措施，很大程度上缓解了满族统治者与汉族人民之间的矛盾。同时，清朝还注重从上层建筑和文化上调适姿态，淡化少数民族的征服色彩和野蛮色彩，大力笼络汉族官吏和士绅，凡旧朝官吏，愿投顺者，均按名录用；凡明宗室来归，不夺其爵。又恢复明朝官制，承袭明朝法律，宣示满汉一体，重建社会秩序；恢复科举和教育制度，维护儒家"纲常名教"，提倡程朱理学，罗致文治人才；等等。这些措施，逐步加大了汉族官僚和士绅对新王朝的接受程度。总之，在台湾郑氏政权坚持尊奉明朝正朔的同时，清政权在大陆也完成了中国正统王朝的建设，使社会生产和社会秩序得以恢复。此时清王朝，生机勃勃，实力雄厚，没有什么力量能够替代它统一中国，也没有什么力量能够阻止它统一中国。郑氏政权既然已经失去"恢复中兴"明朝的可能性，那么，只有通过清朝的统一，才能巩固郑成功收复台湾和宣言"台湾者，中国之土地也"的历史成果。

也就是说，清朝统一台湾与郑成功收复台湾，是基于同一历史因果的两个连贯性事件，郑成功收复台湾是大陆政权设治台湾的过渡形态，为后来的大陆政权接管台湾，开辟了先河，而清朝统一台湾则是实现一个统一的中国在台湾地方的正式设治。从法律意义上，清朝统一台湾并建立地方行政建置，具有天然的合法性。根据国际法原则，领土主权是国家主权的核心部分之一，而国家作为一种独立的"国际人格者"，其核心主权是不可

---

① 嵇璜、刘墉等撰《清朝通典》卷一《食货》，清刻本。

分割的，只能随着国家政权（政府）的更替而自然地、完整地继承。国家政权（政府）的更替，无论是通过和平方式还是通过武力方式，只要不涉及国际人格者的变化，新政权都有继承旧政权包括领土在内的全部国家财产的合理和合法的权利。清朝替代明朝，不是产生新的国际人格者，而是同一国际法主体内部发生的政权更替和前后继承问题，这种更替和继承完全是一个国家的内政，不受任何国际势力的干涉，因此，清朝统一台湾，在国际法上不存在任何问题。事实上，在清朝统一台湾的时代，西方国家已经相当普遍地运用国际法原理处理国际争端，但当时没有任何一种国家力量对清朝统一台湾的行为进行阻挠或提出争议，这本身也说明了这一事件在法律上的性质。

在两岸史学界和一般民众中，都存在一种相当普遍的观念或是情绪，认为施琅原为郑成功悍将，后来与郑成功闹翻而降清，他帮助清朝攻灭郑氏纯粹是一种报复，似乎没有施琅，台湾明郑政权的命运或可有另一番景象。台湾还有一些学者为诠释台湾历史的"主体性"，把明郑时代的台湾称为"东宁王国"时期。笔者个人认为，这些观念或囿于一时一事，或刻意于以今度古、以古方今，缺乏历史发展的时空视野，未免有些一厢情愿。

首先，清朝统一台湾是一种大势所趋，非个人所能左右。施琅在这一历史事件中起了一定的作用，但且不论施琅入台后对郑氏并无明显的报复举动，即使没有施琅，清朝统一台湾也只是个时间问题。随着各抗清势力的相继败亡，郑氏政权逐步失去各地呼应的力量，已难于翻转局面，人们对明朝"恢复中兴"已普遍失去信心。"三藩之乱"被平定后，郑经再次撤回台湾，孤立的局面使他灰心丧气，"不理国政，建园亭于洲仔尾，与诸将落之，欢饮较射，夜以继日。"[1] 此时的明郑政权，已沦为苟延残喘的地方割据势力，腐败气息越来越浓，统治集团内部矛盾越来越暴露，权利斗争越来越激化，台湾弹丸之地，已越来越不能给人以安全感，许多人叛逃回归大陆。据清朝专职管理福建安置投诚事务的户部郎中贲岱疏报，从康熙元年到三年（1662～1664年），郑氏投诚文武官员达3985员，食粮兵40962名，归农官弁兵民64230名口，眷属人役63000余名口，大小船900余只。[2] 另据孔立教授统计，1677～1680年，明郑官兵又有一次降清高潮，降清事

---

① 连横：《台湾通史》上册，第39页。
② 张本政主编《〈清实录〉台湾史资料专辑》，第10页。

件达 30 多起，估计总人数在 10 万以上。① 这些投诚者中，有不少是郑氏的得力干将和郑氏家族的核心成员，由此可见郑氏集团的人心涣散。同时，由于沉重的战争负担和清朝的"迁界"封锁，台湾社会经济显得畸形而脆弱，民生凋敝，统治集团只能通过横征暴敛维持运转，除了沉重的租赋，百姓凡 16 岁以上、60 岁以下，还要负担每人纳银五分的"毛丁"；每条船以丈尺计算纳饷，名曰"梁头"②，这些名目使得台湾"民番重困"。郑经趁"三藩之乱"攻占泉州、漳州、潮州等地时，甚至纵兵劫掠，民间为之十室九空。刘国轩在澎湖与施琅决战时，水师主力仅约 6000 人，战船 70 余艘。这样一个政权，岂能成一"王国"格局？而反观清朝，则是蒸蒸日上，仅在姚启圣经营之下，福建水师就已发展到 2 万余人，数倍于郑军水师，底定东南海疆已绰绰有余。人心向背和军力对比都已发生根本变化，岂仅依赖于施琅个人之力？

再说，清朝若不统一台湾，明郑政权也不可能有更好的命运与出路，台湾仍将沦为西方国家的殖民地。当时，被驱逐的荷兰殖民者并不甘心失败，还在"常思恢复"，西班牙和日本也长期对台湾怀有企图，沙俄帝国则开始从北部侵扰中国。后来的历史事实已经表明，当时的西方国家，正在酝酿一种更大的侵略、掠夺东方的冲动。在这样的世界环境之下，孤悬海外的台湾，并没有安全保障；甚至整个中国，都处在西方殖民势力的潜在威胁之中。从这样的历史高度来看，统一国土、建立一个强大的国家政权，才是中华民族的根本利益，也才符合台湾的长远利益。因此，清朝统一台湾，是一种符合两岸人民利益的历史大势使然，只有站在这样的历史高度来认识清朝统一台湾与郑成功收复台湾的内在联系，才是实事求是的历史态度。

三　闽籍官员与清朝台湾政区的建立

历史大势使然，并不意味着当时的人们就一定有着相应的清晰而普遍的历史自觉性。事实上，清朝统治者在解决台湾问题的过程中，起初在主观上对台湾领土的主权观念，是相当朦胧和混乱的。清王朝起于北方游牧民族，对南方海岛状况极其陌生，加上王朝的兴盛过于突兀，来不及对前朝的海防经验进行充分消化。对于郑氏之盘踞台湾，清朝所念念不忘的，

① 孔立：《郑氏官兵降清事件述论》，载《郑成功研究国际学术会议论文集》，第 64～65 页。
② 夏琳：《闽海纪要》卷下。

是要肃清敌对残余势力，重点并不在于国土的统一和海疆的巩固，这种状况，一直体现于对台湾明郑政权的摇摆不定的策略之中。为了肃清明郑政权，清朝甚至曾经试图借助荷兰人的海军力量，联合剿灭郑氏集团，并让荷兰人重新占据台湾，只是由于荷兰舰队并未及时配合，而两岸局势变幻，清朝水师力量迅速壮大，该计划才被放弃。而在施琅平定台湾之后，清朝上下对于台湾地方如何管理，依然缺乏思想准备，以致出现台湾弃留之争。许多大臣并不了解东南沿海的海防形势和台湾历史与现状，认为台湾"此一块荒埂，无用之地耳，去之可也"。有人主张台湾"孤悬海外，易薮贼"，不如"迁其人，弃其地"而"专守澎湖"。甚至康熙帝本人，也一度认为"台湾仅弹丸之地，得之无所加，不得无所损"①。这些观念，与明朝后期海防危机中，福建官民中普遍认为台、澎系泉、漳咽喉，"皆我闽门户之内"，不容外人染指，并曾经做出设治台澎努力的状况相比，显然是一种倒退。

上述种种表现，反映出起于北方的清朝因立朝不久，对于台湾在国际关系中的海防战略地位，尚缺乏深刻体验，对于管理台湾也缺乏信心。当然，这种状况持续不久，而且没有对统一台湾造成实质障碍。在姚启圣、施琅等福建封疆大吏的建议和坚持下，清朝高层最终还是顺应历史潮流，确立起统一台湾和管理台湾的决心。

在清朝对台湾地位认识转变的过程中，福建封疆大吏和地方人士起了重大作用。闽台一水之隔，两岸有着长期往来的历史，福建人对台湾战略地位的认识，已有数百年的积淀。黄叔璥《赤嵌笔谈》载：南宋朱熹登福州鼓山考察地理，曾预言"龙渡苍海，五百年后海外当有百万人之郡"②。可见福建人对台湾成郡的期待，由来已久。在明末清初福建人的观念里，台湾已是福建不可离弃的一部分。这种观念，不可避免会对清朝高层制定对台政策产生影响。施琅一如既往地坚持统一台湾和管辖台湾的立场，就是这种影响的突出表现。

施琅作为从郑氏集团投向清朝的重要将领，有着丰富的海洋作战指挥能力和经验，对东南海岛战略形势了如指掌。早在康熙三年（1664 年）清军夺取金、厦，郑经退入台、澎时，施琅就力主乘胜追击，进攻澎湖，直捣台湾。他所提出的理由是，此时台湾"民心未固，军情尚虚"，乘胜进攻可以一举实现"四海归一，边民无患"。在施琅看来，底定东南海疆，永靖

---

① 张本政主编《〈清实录〉台湾史资料专辑》，第 61 页。
② 范咸：《重修台湾府志》卷十九，转引自黄叔璥《赤嵌笔谈》。

边患，是新王朝不能回避的一项战略任务。当时清朝惮于海战，主导思想在于迁界封锁和招抚。但施琅对招抚始终不予看好，对于迁界政策更是不以为然，认为完整的国土，岂能因郑氏盘踞一岛而析五省沿海之地划为界外？何况这些地方都是东南膏腴之地，本是"财赋之薮"，现在却要依赖外省协济，将来若旷日持久，边防费用"何所底止"？边民生活何所安顿？而只要台湾一平，则边疆宁静，防兵可减，百姓得享太平，国家获增饷税，沿边文武官员都可安心供职，所以他认为，平定台湾，是"一时之劳，万世之逸"。

对于如何平定台湾，施琅也是胸有定策。他认为"澎湖为台湾四达之咽喉，外卫之藩屏"，只要先攻下澎湖，"胜势已居其半"，然后"遣员先宣朝廷德意"，如果郑经愿意"革心归命"，则"善为渡过安插，可不劳而定"；若郑经执迷不悟，继续顽抗，便"提师进发，次第攻克，端可一鼓收全局矣"。这些见解，早在康熙六年至七年（1667～1668年）间，就已经向朝廷密疏陈述，但当时清朝出于各种原因，没有予以重视，仅将奏折"留中"①。

施琅力主武力攻台，许多人都理解为是报仇心切，因为他与郑成功闹翻后，家属惨遭杀戮，他在奏疏中也表示自己与郑氏"仇不共戴"；一些昧于情势的人，则认为施琅"喜功好事"。这些看法，显然低估了施琅作为战略家的胸襟和远见。后来郑经趁着"三藩之乱"反攻福建，东南战火重起，才让人感觉到台湾绝非无关紧要的"海外弹丸"之地，台湾问题绝非无伤大体的"疥癣之疾"。

在统一台湾的过程中，施琅所表现出来的自信、谋略和胸襟，体现出他是个以大局为重的战略家，并非只会汲汲于私仇的泛泛之辈。他谋定而胜算在握，澎湖一战后，在胜局已定的情势下，他"以恩信结台人，凡降伪镇营弁，奖赏有差，给士卒粮米；焚伤覆溺未死者，以医药救治之；有欲归见妻子者，给舟送之"。不久，台湾郑氏纳表称降，事态发展一如施琅的预料。施琅大军登陆台湾后，及时安抚民心，"农不易亩，工不迥肆"，"官民有旧怨者，悉为捐释。"②对郑氏族属和明朝遗裔，一并予以优待保护，为其后台湾地方安绥，铺平了道路，反映了他作为深悉"闽疆情形"宿将的深谋远虑和处理台湾事务的过人智慧。

---

① 前述引文均见（清）江日昇《台湾外志》卷十四，第204～210页。
② 范咸：《重修台湾府志》卷十一。

明郑政权投降后，台湾地方如何处理？施琅在给清廷奏疏中，有台湾"或去或留，臣不敢自专，合请皇上睿夺，或遴差内大臣一员来闽与督臣商酌主裁，或谕督抚二臣会议，俾臣得以遵行"① 等语，似乎施琅对台湾去留亦无主见。这个问题，应该对施琅说这话的具体处境有所分析。

施琅说此话时，人还在台湾，他的职责只管征讨不管善后，说这话只是根据实际情况提出问题请朝廷决策，表示对朝廷的忠诚，加上官场人际关系的紧张和他自身也是海上降将的身份，论事尤其必须谨慎避嫌。实际上，他对台湾的重视体现在行动上。据江日昇《台湾外志》，施琅在处理了郑氏官兵就抚事宜后，亲自踏勘了台湾南北二路，见其山川峭峻，土地膏腴，人烟辐辏，俨然海外一雄镇，"若弃而不守，则将来不但肖小窃据，亦必为红毛所图，其贻害地方，又不仅吾闽一省，自当请留，以作边海屏藩。"② 等到他回到福州，一场关于台湾弃留的争议已经在朝廷和福建高层官员中展开。当时清朝派工部右侍郎苏拜到福建料理军前粮饷事务，与福建总督姚启圣、巡抚金铉会商台湾弃留的问题。姚启圣认为台湾如果弃而不守，将来势必又会成为"贼巢"，所以必须留守。但当时台湾经济落后，留守必然增加财政负担，苏拜、金铉对台湾情况都不了解，无法判断，只好以"留恐无益，弃虞有害"上报朝廷。而此时施琅已经身在内地，不必顾虑，于是，上《陈台湾弃留利害疏》，旗帜鲜明地力主留守台湾并设置机构管辖。

施琅在这篇奏疏里，力陈台湾留守之必要，其关键点有三：其一，台湾战略地位极其重要，"北连吴会，南接粤峤，延袤数千里，山川峻峭，港道迂回，乃江浙闽粤四省之左护。"其二，台湾"野沃土膏，物产利博"，加上海上交通发达，货物流通，日用品无所不有，"实肥饶之区"，善加经营，可成东南之保障，"永绝边海之祸患"。其三，"地方既入版图，土番人民均属赤子"，大量汉族人民已在当地落地生根，并与当地民族和平杂处，"善后之计尤宜周详"。

对于弃守之贻害，施琅所陈关键点也有三：其一，如果弃守，强迁人民于内地，必致人民失业流离，且劳民伤财，耗时、耗费无穷。其二，如果"弃为荒陬，复置度外"，"则该地之深山穷谷，窜伏潜匿者，实繁有徒"，加上内地逃军流民啸聚其间，"急则走险"，"剽掠滨海"，将再度造成海疆不安。其三，台湾曾为荷兰人盘踞，若弃守必致荷人卷土重来。他们

① 范咸：《重修台湾府志》卷二十。
② 江日昇：《台湾外志》卷三十，第 394~395 页。

船坚炮利，一旦得以台湾托足，必然"窃窥边场，逼近门庭"，那时沿海诸省断难安宁。针对有人认为可以弃台湾而守澎湖，施琅也指出，"澎湖孤悬汪洋之中，土地单薄，界于台湾，远隔金、厦，岂不受制于人？"只有将台湾、澎湖"联为臂指，沿海水师汛防严密，各相犄角，声气关通，应援易及"，才可以确保东南海疆安宁。

基于以上各点，施琅认为，莫说台湾现有耕种规模也足以提供部分军粮，即使是不毛荒地，军费全部要靠内地供给，也"断断乎其不可弃"。

施琅在奏疏中还从军事角度提出了留守台湾的具体办法：其一，汰减内地官兵分防台湾、澎湖两处。台湾设总兵1员、水师副将1员、陆师参将2员，兵8000名；澎湖设水师副将1员，兵2000名。总兵、副将、参将、游击等守将，每两三年轮换一次。其二，以上总共10000官兵，三年之内全部由内地给养，台湾免赋税杂饷；三年之后开征赋税，逐步实现自给自足。

总之，施琅认为"台湾一地，虽属外岛，实关四省之要害"，"弃之必酿成大祸，留之诚永固边围"。这些看法，实际上积累了明朝以来抗倭、防海盗、反西方殖民者侵略以及清朝与明郑政权对峙中所产生的关于东南海防的所有重要经验，所以引起许多有识之士的共鸣。康熙二十三年（1684年）初，围绕施琅的奏疏，廷议台湾去留。大学士李霨、王熙等都赞同施琅的意见。李霨一向很受康熙帝尊重，每遇廷议重大事项而有争论之时，李霨往往默不作声，最后"乃出片语定是非"。康熙帝最终也认为："台湾弃取，所关甚大。镇守之官三年一易，亦非至当之策。若徙其民，又恐所失；弃而不守，尤为不可"①，镇守大策遂定。

第二节　台湾府县建制及其沿革

一　清初台湾行政区划及人口概况

镇守之策既定，如何设定地方建制，也就提上议事日程。在这个问题上，福建地方大吏的意见，同样也起了关键的作用。

康熙二十三年（1684年）四月十四日，差往福建料理钱粮侍郎苏拜，会同福建总督姚启圣、巡抚金铉和提督施琅疏言："台湾地方千余里，应设一府三县，设巡道一员分辖；应设总兵官一员，副将二员，兵八千，分为

---

① 《大清圣祖仁皇帝实录》卷115，台湾文献丛刊本。

水陆八营。澎湖应设副将一员，兵二千，分为二营，每营各设游、守、千、把等官。"① 得到朝廷批准。从这个联衔奏疏中可以看出，军事守备方面基本上是采纳了施琅前疏的意见，还增加了一员副将；行政建置方面，除了一府三县，还设立分巡台厦道。军、政规格均有所提高。

清朝台湾一府三县，与明郑台湾行政建制有直接继承关系。一府即台湾府，沿袭自明郑的承天府，府治在台南；三县为台湾县、凤山县、诸罗县。凤山、诸罗二县明郑时已有，郑成功设天兴、万年二县，郑经升天兴、万年为二州，设凤山、诸罗二县属之。清凤山县即明郑之万年，诸罗县即明郑之天兴，所增设台湾县，系将府治所在城郭地方单独析出而建，原先也属于天兴州。三县的有效管辖范围，大体如下。

台湾县：南起依仁里与凤山县交界，北至新港溪与诸罗县交界，南北共50里；东至咬狗溪大脚山，约50里，西至澎湖大洋，除包括澎湖三十六岛外，水程四更之内皆属辖境。按当时算制，水程一更约为旱程50里，四更则是200里。那么，台湾县辖境有三个部分：一是方圆约50里的陆地，二是澎湖列岛，三是往西200里以内的广大海域。其中所谓澎湖三十六岛，只是历来传说的概数，按高拱乾《台湾府志》比较精确的算法，说得出名称的，实际上有45个岛屿。

图25　福建城隍图

省会福州的龙峰泰山庙，有清代福建十府二州共12位城隍壁画，其中后排右二为"台湾府城隍"，说明台湾作为福建省辖下的区域行政单位之一，当时都体现到民间信仰之中。

---

① 张本政主编《〈清实录〉台湾史资料专辑》，第64页。

凤山县:北起二层行溪,南至沙马矶头,南北共 495 里;东至淡水溪,西至打狗仔港,东西共 50 里。

诸罗县:南起新港溪,北至鸡笼城,南北共 2315 里;东至大居佛,西至大海,东西共 51 里。

以上所谓里数,是古代交通条件下的路程,而非直线距离,很难据此匡算各建制县的管辖面积。不过,从中可以看出,清初台湾一府三县,实际上囊括了明郑一府二县和澎湖安抚司、南路安抚司、北路安抚司的所有地望,主要分布于台湾西部南北通透、向东纵深约 50 里的狭长地带。

当时这些地方有多少人口?这一问题一向比较含混。据首任台湾知府蒋毓英记载,清领台湾之初,台湾在编汉民 12727 户,番民 2324 户,明郑时代人口("伪额")21320 人,底定存册 12724 人,招徕 3550 人,实在民口 30229 人(其中男子 16274 人,妇女 13955 人),实在番口 8108 人;另,澎湖还有居民 523 户,"伪额"口 933 人,底定存册 546 人。以上资料中,在编汉民、番民和澎湖居民总户数为 15574 户,而实在民口、实在番口加上澎湖底定存册人口,共 38883 人。具体分布情况见表1。

表1 清初台湾府所辖人口分布情况

单位:户,人

地　名	民户	番户	"伪额"口	底定存册	续招徕	实在民口	实在番口
台湾县	7836		11782	7083	1496	15465	
凤山县	2455	未编	5126	2802	694	6910	3592
诸罗县	2436	2324	4412	2839	1360	7853	4516
澎　湖	523		933	546			
合　计	13250	2324	22253	13270	3550	30228	8108

资料来源:根据蒋毓英《台湾府志》卷七《户口》资料制成。

按,表1中台湾、凤山、诸罗三县"实在民口"相加为 30228 人,与前述所列 30229 人不符,蒋毓英《台湾府志》原载如此,且就此列之。另,其中澎湖在行政序列上归属于台湾县,而人口单独列项,但蒋毓英没有载明该项"实在民口",故此处暂且以"底定存册"一项加入人口总数,即人口总数=实在民口+实在番口+澎湖底定存册人口。

清初台湾人口在册仅 3.8 万多人,显然与实际人口不符,这样的数额,还不及当时内地一个人口最少的县,怎么可能撑起一府三县的规模?这一点，连横在《台湾通史》中就已提出了疑问；同时，蒋毓英所记"伪额"
人口，与实际情况也相去甚远。据李汝和主修《台湾省通志》综合各种资
料估算，明郑末期台湾汉族人口应有 12 万，[①] 对这个测算史学界较为认同。
康熙二十三年（1684 年）施琅奏称，当时因郑氏官员、兵丁和难民回迁，
台湾人口减少"近有其半"[②]；受命来福建处理台湾善后事宜的苏拜也说，
"郑克塽、刘国轩、冯锡范、明裔朱桓等俱令赴京。其武职一千六百有奇、
文职四百有奇，或自愿回籍，或愿受职，应听部察例议叙。兵四万余人，
愿入伍、归农各听其便。"[③] 这些人等最终都被迁回内地安置。如果按加上
家属共有 5 万多人的话，差不多占了台湾人口的将近一半，与施琅所说大抵
相符，那么，清朝统一台湾后，仍居留台湾的汉族人口还有六七万，加上
新招徕的移民，应为 7 万左右。

　　清初在台湾常驻军队数量究竟有多少？按朝廷最初批准的方案，额定
数量为 10000 人，其中台湾 8000 人，澎湖 2000 人。但这些都只是陆、水营
兵数额，实际布防时，又增加了许多其他兵种。据蒋毓英记载，具体项目
有以下几个。

　　1. 陆师汛地。分为镇标防汛、南路防汛和北路防汛，官兵合计 1327
人。其中镇标防汛五处，设把总 5 员，兵额 430 名；南路防汛四处，设千总
2 员、把总 2 员，兵额 300 名；北路防汛八处，设千总 1 员、把总 3 员、百
总 1 员、管队 3 员，兵额 580 名。

　　2. 水师汛地。分为台湾水师防汛和澎湖水师防汛，官兵合计 1172 人。
其中台湾水师防汛七处，设千总 1 员、把总 5 员、百总 1 员，兵额 610 名；
澎湖水师防汛五处，设千总 4 员、把总 1 员，兵额 550 名。

　　3. 陆兵。其中台湾镇兵 3000 名，北路营兵 1000 名，南路营兵 1000 名，
合计 5000 人。

　　4. 水兵。其中台湾协镇水兵 3000 名，澎湖协镇水兵 2000 名，合计
5000 人。

　　5. 道标兵。分巡台厦道标兵 500 人。

　　6. 弓兵。台湾县新港、澎湖、凤山县下淡水、诸罗县佳里兴四处各设

---

① 台湾省文献委员会编《台湾省通志》卷二《人民志·人口篇》第一册，众文图书公司，
1970，第 51～52 页。

② 施琅：《靖海纪事》卷下。

③ 《大清圣祖仁皇帝实录》卷 118。

巡检司，每司辖弓兵 18 名，合计 72 人。

7. 铺兵。台湾县铺兵 12 名、凤山县 28 名、诸罗县 67 名，合计 107 人。

图 26　台南安平海山馆

台南安平海山馆（福建海坛会馆），是清代班兵戍守台湾的临时驻
地之一。摄于闽台缘博物馆。

图 27　福州虎头山戍台将士墓

福州虎头山戍台将士墓，集中埋葬在戍守和开发台湾过程中献出生
命的官兵。在福建各地，这样的墓葬群有许多处。

以上共计军队数量为 13178 人。那么，清初台湾府设立时，人口数量当
为 83000 多人，当然，这里面没有包括尚未"归化"的原住民人口。这样

的人口规模，也仅相当于当时内地一个中等的县。

以区区 7 万人口而设立一府三县，并驻兵万余，说明台湾在清朝福建地方建制中，的确是个比较特殊的区域。

二 移民开发与地方行政建制的发展

清朝统一台湾的第二年，就解除了海禁令。当时台湾因为顿失大批人口，土地大量抛荒，劳动力极其缺乏，清朝新上任的台湾地方官，首要之务就是恢复生产。他们几乎都从招徕人口入手，复垦荒地。如，首任台湾知府蒋毓英刚到任时，"见其井里萧条，哀鸿未复……因躬历郊原，披荆斩棘……其役之不急者罢之，土番之杂处者饬勿扰之；招流亡，询疾苦……"① 首任台湾知县沈朝聘 "咸思移徙内郡，侯多方安集之"②。首任诸罗知县季麟光 "……广劝召募，在贫民有渡海之费，相率而前。到台之日，按丁授地，并将明郑遗生熟牛只照田给配，按三年起科之令，分则征收"③。首任凤山知县杨芳声也在定制清赋、招徕垦荒方面政绩显著。台湾府政运转不足两年之内，从内地招徕了 3550 人，而这仅仅是草创时期招徕工作的起步。

对于大陆居民到台湾进行垦荒活动，清朝统治者从心态到政策都是相当复杂的。一方面，台湾作为新辟之地，沃野千里，资源丰富，经济潜力非常之大，治理得好，不但可成为东南海防屏障，还可以成为财赋重地。另一方面，台湾又是 "海外孤悬之地，易为奸宄逋逃之薮"，所以有人又认为 "不宜广辟土地以聚民"。在这种情景之下，清朝前期总体上采取为 "防台而治台" 的政策，在移民开垦方面，设置了诸多限制。如规定：欲渡台者，须先取得原籍地方官照单，经分巡台厦兵备道稽查，依台湾海防同知审验批准，方可入台；凡渡台者，一律不准携带家眷；严禁单身游民无照者偷渡，违者严办；禁止潮、惠之民渡台；禁止汉人私入原住民地区，不许汉番结亲；官员失察，予以处分；等等。这些规定，限制了大陆居民移垦台湾的规模。

但是，由于闽、广之地人稠田少，生计艰难，而咫尺之遥的台湾，"地

---

① 高拱乾：《台湾府志》卷十。
② 陈文达：《台湾县志》，第 98 页，台湾文献丛刊本。
③ 陈文达：《台湾县志》，第 228 页。

气和煖，无胼手胝足之劳，而禾易长畝，较内地之终岁勤者，其劳逸大异。"① 所以，一向勇于冒险犯难、漂洋过海的闽广之民，还是"归者如市"，千方百计偷渡台湾。他们有的伪造官府"路照"；有的买通渔船、商船甚至官军的哨船，搭船混入台湾，有时每船搭乘偷渡者多达一二百人。由于获利丰厚，经营偷渡甚至成为一种职业，称为"客头"。"客头"组织的偷渡活动极为艰险，动辄被抓或溺毙。乾隆二十五年（1760年），福建巡抚吴士功在一份奏疏中称，仅在此前不足一年之内，共查获偷渡民25起，老幼男女999名，其中溺毙男女34名，而未查获的偷渡者尚不知几何。如此势不可挡的移民趋势，迫使清政府屡屡放宽禁渡政策，分别于雍正十年（1732年）、乾隆十一年（1746年）、乾隆十二年（1747年）、乾隆二十五年（1760年）、乾隆四十一年（1776年）、乾隆五十三年（1788年）数度允许渡台官、民携眷。直到1875年，才彻底解除大陆人民渡台的禁令。

持续不断的偷渡活动，使台湾人口迅速增长。据康熙五十年（1711年）台湾地方官的一份报告，每年增加的人口有十几万。当时台湾缺乏精确的人口统计，地方官都只作大体估计，上述估计可能有夸大成分，但每年增加几千乃至上万人口是可能的。由于禁止携眷的政策，台湾社会男女比例失调，自然繁殖人口的能力有限，增量人口主要来自移民。雍正十年（1732年），大学士鄂尔泰等奏称，在台湾垦田、做工和经商的闽、广之人有几十万。厦门大学陈孔立教授在《简明台湾史》一书中，根据档案资料，罗列了从乾隆二十八年（1763年）到四十七年（1782年）的几个人口数字，从666040人增加到912920人，19年间平均每年增加约13000人。但在非法移民社会中，人口统计是没法准确得出的，通常都是低估，因为总是有大量偷渡人口无法进入官方的统计。到嘉庆十六年（1811年），台湾人口已达到1901833人，其中成丁男女1098374人。② 当然，这仍然是不准确的数字，只能作大致的参考。

移民的陆续到来，为台湾开发提供了大量劳动力。南部的台湾、凤山二县，在郑氏时代开发基础较好，所以初期的移民多集中在南部，据统计，清初开垦田园，台湾、凤山二县合计占全台开垦田园的73.7%。③ 其中台湾县的开发很快达到饱和，而凤山县幅员辽阔，垦民趋之若鹜，康熙末期到

① 高拱乾：《台湾府志》卷十。
② 沈瑜庆、陈衍：《福建通志·户口志》，民国刊本。
③ 编辑部同人编《台湾史》上册，海外出版社，1985，第198页。

台湾的蓝鼎元形容道："南路下淡水以下，大崑麓、瑯峤二三百里"，"向皆有番无民之地，今开垦流移日趋日众。"① 到 1734 年，凤山县开垦田园达10944 甲，与 1683 年的 5048 甲相比，增长 116.8%。

移民开发的路线，大体呈南北分展、由南而北、由西而东推进。台湾史专家曹永和先生曾经很概括地描述这一进程："开拓的一般趋势，大致至康熙四五十年间，台湾县境开发殆尽，分别向南向北开拓。至雍正年，南已至琅峤下淡水一带，嗣后即全由南而北，西部平原北至鸡笼淡水，肥沃易耕之地，大多经人开垦。开拓开始时，作点状的分布，点逐渐扩展，至与其它各点相互连接，再经扩展变为面，面逐渐伸展，至乾隆末年西部肥沃平原地带开尽，以后渐及较瘦地区或山麓，再进去交通不便之隔离地方。嘉庆年间即进展去开垦宜兰平原，自嘉庆末年至道光年间，开始进入埔里地方，咸丰年间已成为汉人部落。此时也渐入东部卑南开垦。"②

在这个过程中，汉、番界限屡屡被打破，汉族活动区域越来越大，而大批原先从不与汉族往来的原住民，也逐渐愿意内附，加入成为清朝的编户。如康熙末闽浙总督觉罗满保奏报，"南北二路生番自古僻处山谷，声教未通，近见内附熟番赋薄徭轻，饱食煖衣，优游圣世，耕凿自安，各社生番亦莫不欢欣鼓舞，愿附编氓。今据台湾镇道详报，南路生番山猪毛等十社土官匝目等，共四百四十六户，男妇老幼计共一千三百八十五名口；北路生番岸里等五社土官阿穆等，共四百二十二户，男妇老幼计共三千三百六十八名口，俱各倾心向化，愿同熟番一体内附。"③ 在此前后归附的还有内山阿里等社、彰化水沙连等社。

随着土地开发的进程和原住民的归附，清朝有效管辖范围逐步发生变化，原有的行政建制已不能满足地方管理的实际需要。于是，扩展增设地方行政建置，便被屡屡提上议事日程。

扩展方向，首先是开发成效最为显著的中北部地区。1735 年前后，原诸罗县所辖地区（含诸罗、彰化、淡水）田园开垦已达到 27329 甲，较1683 年的 4844 甲，增加 4.6 倍，比台湾、凤山二县合计数量还超出许多。这种情况引起清朝高层的重视。在此之前，清朝已于康熙六十一年（1722年）增设巡视台湾监察御史，以加强台湾地方政务管理。第二年，即雍正

---

① 蓝鼎元：《平台纪略》，台湾文献丛刊本。
② 曹永和：《台湾早期历史研究》，联经出版事业公司，1981，第 21 页。
③ 范咸：《重修台湾府志》卷二十《艺文一》。

元年（1723 年），巡台御史吴达礼在考察地方政务后，报称："诸罗县北半线地方，民番杂处，请分设知县一员、典史一员；其淡水，系海岸要口，形势辽阔，并请增设捕盗同知一员。"① 得到朝廷批准，于是增设彰化县、淡水厅。

彰化县名，取义于"表彰王化"，起初辖地，析诸罗县虎尾溪以北皆归之。后来在雍正九年（1731 年），福建总督刘世明因大甲溪以北"更为辽阔，一切钱粮命盗等项，悉令赴县，殊属不便，请将大甲溪以北地方，归淡水同知就近管理"②。并移淡水同知驻竹堑。彰化县境，遂明确界定于虎尾溪与大甲溪之间。东起番界，西至海滨，鹿港是其境内重要港口。

淡水厅，范咸等编《重修台湾府志》以其与彰化县"并设"于雍正元年；连横《台湾通史》则以雍正九年设淡水同知。这两种叙述都不太准确。按清制，"厅"为新开发地方的一种行政建置，其长官为同知或通判，有直隶厅和散厅之别，直隶厅与府、直隶州平行而属于省辖，散厅与散州和县平行而属于府辖。淡水厅显然为散厅，但在雍正元年所设同知，系为台湾府"捕盗同知"，专司北路，驻彰化，兼督彰化捕盗事务，属台湾府佐官，与原先已设台湾府海防同知（负责南路）相应。此时该官职未有独立辖境，并非执行一方全面治理职责的官员，所以还称不上"厅"。只有在雍正九年明确其管辖大甲溪以北地方，改称"抚民同知"，并移驻所于竹堑后，才算正式成为散厅建置。而连横没有区分淡水同知设立之年与明确辖境之年，也是疏忽。淡水厅所管辖范围，相当于后来的台北、桃园、新竹、苗栗等地。

雍正五年（1727 年），福建总督高其倬还奏请加福建兴泉道为巡海道衔，移驻厦门；将原来驻厦门的台厦道改为台湾道，移驻台湾府治；同时添设台湾府通判一员，驻澎湖，裁去原来的澎湖巡检。澎湖从此从台湾县分出，成为散厅建置。

乾隆三十一年（1766 年），因北部地方频频发生汉番争界事件，经闽浙总督苏昌奏请，利用裁撤泉州府西仓同知一职所腾出来的行政资源，设立台湾北路理番同知，驻彰化县城，在原淡水捕盗同知的旧署办公。乾隆五十一年（1786 年），北路理番同知移驻鹿仔港，兼理海防，直至光绪元年（1875 年）裁撤北路理番同知，改为台湾中路抚民理番同知。台湾北路理番

---

① 张本政主编《〈清实录〉台湾史资料专辑》，第 96 页。
② 张本政主编《〈清实录〉台湾史资料专辑》，第 107 页。

同知系专门协助台湾府处理汉番事务的佐官，其职责为"凡有民番交涉事件，悉归该同知管理"①，兼理海防事务后，也仍属负责专项治理的部门机构，而不是全面治理一方的建置，所以，鹿港虽长期驻此重要机构，但仍算不上散厅建置。到后来设中路抚民理番同知，变"理番"为"抚民理番"，从而有了治理一方的职能，才可以算个散厅，此待后文再述。

18 世纪后期，汉族移民的开发浪潮，从台湾北部继续向东推进，进入兰阳平原。1768 年，有个叫林汉生的人集众到蛤仔难（又称噶玛兰）开垦，被原住民所杀。其后仍不断有人尝试开发该地区，都没有成功。直到嘉庆元年（1796 年），漳浦人吴沙率乡勇 200 余人进到乌石港南筑土围垦，站住了脚跟；其后，漳、泉、粤人相继跟进，终于形成规模。由于地方不靖，当地垦民屡请地方官设治。闽浙总督方维甸受命到台勘查，查清当地已有漳籍人 42500 余丁、泉籍人 250 余丁、粤人 140 余丁，又有生、熟各原住民杂处其中，奏称噶玛兰"若不官为经理，必致滋生事端"②。嘉庆十六年（1811 年），廷命"建福建台湾噶玛兰城楼四座，北兰一座，炮台一座，并立山川社稷坛庙。设通判、县丞、巡检各一员，听淡水同知就近控制"③。第二年，将该地区从淡水厅划出，归于台湾府直接管辖，噶玛兰厅正式成立。

这样，到 19 世纪前期为止，台湾已形成一府四县三厅的建置。其中诸罗县于乾隆五十一年（1786 年）林爽文之役后已改名嘉义县。整个台湾府已完成建置的行政管辖范围，东西（含水、陆）广 450 里，南北袤 1171 里。见表 2。

表 2　19 世纪前期台湾府建置一览

府　别	辖　县	辖　厅
台湾府	台湾 凤山 嘉义 彰化	淡水 澎湖 噶玛兰

三　近代国际法挑战中地方行政建制的完善

鸦片战争后，台湾领土主权面临新的挑战。当时，从台湾中部山区到东海岸，超过全岛一半的地方，尚属未开发的"番界"，在清朝的行政管辖

① 张本政主编《〈清实录〉台湾史资料专辑》，第 210 页。
② 张本政主编《〈清实录〉台湾史资料专辑》，第 723 页。
③ 张本政主编《〈清实录〉台湾史资料专辑》，第 726 页。

概念中，属于未入"版图"之地。这种基于古代王朝以编户齐民为核心的版图概念，在近代国际关系的环境中，给外国侵略者留下了"无主土地"的解释空间。如何在列强环伺中尽快完善地方行政建制，确保中国对台湾的完整主权，成为清朝政府面临的严峻问题。

事实上，对于未"开化"的原住民地区，清朝的主权地位本来都是清楚的。从清朝统一台湾开始，便确立了台湾全岛都是"属土"，"土番人民均属赤子"，"其民既为我国之民，其地即为我国之地"的观念。之所以未能全境设治，是出于对地方治安的顾虑，以及汉族与原住民的融合需要一个漫长的过程的因素。清朝的治台策略中，历来包含有大量的保护原住民权益的规定。这也就意味着，从国家主权意义而言，未设治的原住民地区，也已置于清政府的特种管理和保护之下；同时，这些地区迟早要纳入建制，也是清朝朝野明确的观念。康熙三十六年（1687年）郁永河入台湾时就预言，只要化以礼义诗书，教以蓄有备无之道，远则百年，近则三十年，原住民就可以与内地之民无异。1823年，曾任台湾知县的姚莹也说："不及百年，山后将全入版图"①。在当时清朝的观念中，"属土"与"版图"是两个不同的概念。"版图"仅指已设治的领土，"属土"包括未设治但本国拥有主权的领土。因此，在近代西方列强扣关之前，从国际法意义上，中国对台湾全岛的主权是没有问题的，并没有人提出过异议。西方列强侵华后，各国官方对于台湾全岛为中国领土，也是予以承认的；只是个别别有用心的人，出于侵略利益的需要，才很牵强地提出了台湾未开发原住民地区的主权问题。

原住民地区主权受到质疑，起因于原住民的原始习俗引起的国际纠纷，以及清政府对国际事务的无知和处置不得法。

1867年，美国商船"那威"号在台湾南部遇风触礁沉没，船长马西德率所部乘小艇在琅峤登陆，被习性剽悍的当地"生番"所杀。美国公使向清政府交涉，要求惩伐"凶番"。清政府的答复中，有"番界非台湾政令所及"之语，美国便自行出兵讨伐，遭到原住民的顽强抵抗，损兵折将。最终，仍然通过台湾兵备道的合作，才由美国驻厦门领事李仙得出面，与原住民达成和解。这一事件本身的处理，美国人以要求清朝履行主权责任为前提来解决事端，但从此便有一些别有用心的人，抓住原住民地区"非中

---

① 连横：《台湾通史》上册，第304页。

国政令所及""不得视为中国版图"为借口，制造新的事端。

1871年，一艘琉球船遇风浪漂流到台湾南部，在琅峤东海岸登陆，船员也遭到当地原住民猎杀。尽管当时日本强占琉球尚未完全实现，但已蓄意扩张的日本，立即抓住该事件，以琉球漂流难民保护者的姿态，准备"征台"。然而，当时日本政府毕竟还认为台湾是"清国领土"①，就此直接出兵，自己都感到底气不足，所以一时之间不敢轻举妄动。日本外务卿副岛种臣知道美国海军曾经与台湾原住民作战，故特向美驻日公使德朗咨询。德朗将处理"那威"号事件的李仙得推荐给了副岛种臣。李仙得不但向日本人提供了他在台湾期间所获取的有关台湾地理和原住民概况的详细情报，而且为日本人提出，中国政教不及原住民地区，根据"万国公法"，"政教不及"即为"野蛮无主"，文明国可以侵占为殖民地。

这套说辞，令日本人无比兴奋。他们立即联系到当年倭寇侵略台湾的历史，牵强附会地建立起一套吞并台湾原住民地区的理论，并且不动声色地从外交活动中，为这套理论寻求根据。1873年，副岛种臣趁到中国换约之机，表面上围绕觐见中国皇帝的礼仪问题，与清朝总理各国事务衙门大闹别扭，却闭口不谈琉球难民事件，因为他已经知道李鸿章"台湾生番戕害琉球难民一案，原与日本无干"，"琉球系我属国，仅可自行申诉"的态度，直接交涉讨不到便宜，便故意低调处理，套取口实。他仅派随员二人到衙门总署，以迂回方式，口头询问中国对澳门、朝鲜、台湾原住民地区能否施行实际政教管辖权。清朝大臣毛昶熙和董恂对日本人的别有用心缺乏警觉，果然答称：朝鲜"虽称属国，至于内政教令，皆无关旨"；台湾原住民地区乃"化外之地"，"政教不及"②。日本使者得到这个答复，立即匆匆忙忙回国。

经过精心准备，1874年4月底到5月初，日本悍然出兵3000多人，进犯台湾。日本人满以为凭其牵强附会的"台湾番地无主论"，先造成占领台湾原住民地区的事实，便可以阻止中国干涉，并取得国际社会的默认。没想到出兵之际，英、美、西班牙等西方列强，都声明承认台湾全岛为中国领土，而保持"局外中立"。清朝政府则做出强烈反应，朝廷屡次给总理各

---

① 日本使节柳原前光从天津向日本政府报告该事件的标题即为《琉球人于清国领土台湾遭杀害》。

② 参考〔日〕藤井志津枝《近代中日关系史源起——1871-1874年台湾事件》，金禾出版社，1992，第66页。原引日本外务省调查部《大日本外交文书》第六卷，日本国际协会，1939，第177~179页。

国事务衙门和地方大臣的紧急密谕反复强调：

"生番地方本系中国辖境，岂容日本窥伺？该处情形如何，必须详细查看，妥筹布置，以期有备无患。"（同治十三年三月二十九日六百里密谕）

"生番地方久隶中国版图，与台湾唇齿相依，各国觊觎已久，日本相距尤近，难保不意图侵占……台湾道视为番界寻衅，势难禁止，实属不知缓急。现在日本兵船已赴台湾，且有登岸情事，急应迅筹办法，使彼族无隙可乘。"（同年四月十四日六百里密谕）

"番地虽居荒服，究隶中国版图，其戕杀日本难民，当听中国持平办理，日本何得遽尔兴兵，侵轶入境？若谓该国仅与生番寻仇，未扰腹地，遂听其蛮触相争，必为外国所轻视，更生觊觎。衅端固不可开，体制更不可失。"（同年四月二十一日五百里密谕）

"生番既居中国土地，即当一视同仁，不得谓为化外游民，弃置不顾，任其惨遭荼毒。事关海疆安危大计，未可稍涉疏虞，致生后患。"（同年四月二十五日六百里密谕）

"生番本隶中国版图，朝廷一视同仁，叠谕该大臣等设法抚绥，不得视同化外，任其惨罹荼毒。"（同年五月二十五日六百里密谕）[1]

北京总署和对台湾有守土封疆之责的闽浙总督衙门，都向日本政府和侵台日军发出照会，声明全台湾为中国领土，"生番"乃居住在中国版图之内，[2] 要求日本立刻撤军。同时，派福建船政大臣沈葆桢为钦差大臣，授予节制福建镇、道官兵，并调遣江苏、广东沿海各口轮船的大权，前往台湾与日本人相周旋。

沈葆桢一方面积极调兵遣将，严密布防，形成对日军的强大军事压力，另一方面派福建布政使潘霨前往面晤日军首领西乡从道中将，以地方志等无可辩驳的资料，证明中国对原住民地区的主权，要求日军退出中国领土。与此同时，北京总署也与前来交涉的日

图 28　沈葆桢像

①　上引各条分见张本政主编《〈清实录〉台湾史资料专辑》，第 998、999、1001、1002、1004 页。
②　文庆等纂《筹办夷务始末》卷 93，国风出版社，1974，第 29～30 页。

本全权办理大臣展开辩论，以户部所存数十卷档案为台湾"番地"纳税的证明，并称：中国虽说过"化外番地"，却未曾说过无主之地，台湾原住民地区理所当然也属于中国。在强大的道义力量、事实根据和军事压力之下，日本人既理屈词穷，又惮于实力不足和舆论上的孤立①，只好在清朝承认日本出兵是"保民义举"并给予50万两白银补偿的条件下撤兵，同时也承认台湾"生番"应由中国自行"设法妥为约束"②。

"台湾事件"的解决，清朝付出了沉重的代价，也由此得到深刻的教训。在近代国际关系环境之下，传统的属土观念受到了严峻的挑战，"政令不及"的地方，在强者所解释的所谓"万国公法"中，是缺乏主权保障的。因此，尽快开发台湾中、东部，扩展政令覆盖范围，以绝外国觊觎之心，是为当务之急。沈葆桢非常清楚地看到这一点，于是提出"开山""抚番"的主张。沈葆桢的战略思维极其明确，他说：

> 迩来番社深险之处，皆有游历洋人来往传教，绘图山川，萌芽已见，涓涓不塞，恐成江河。引类呼群，日积月盈。其轮船足以迅接济，其炮火足以制生番，其机器足以尽地利。我今日所谓"瓯脱"，彼他日皆可成都会；根株已深，图之何及！后山一去，前何可复守？台地皆中土之藩篱也，藩篱既撤，则蛇蝎之毒，将由背脊而入我腹心。今日犹云借地以居商，他日竟与我分疆而对峙。言念及此，为之寒心！③

因此，"人第知今日开山之为抚番，固不知今日抚番之实以防海；人第知预筹防海之关系台湾安危，而不知预筹防海之关系南北洋全局也。"在他看来，"开山""抚番"是一体两面的措置，而"开山"是其中关键之关键："务开山而不先抚番，则开山无从下手；欲抚番而不先开山，则抚番仍属空谈。"④

根据沈葆桢的奏报，光绪元年（1875年）正月十日，朝廷下谕："福建台湾全岛，自隶版图以来，因后山各番社习俗异宜，曾禁内地民人渡台及

---

① 日本出兵时，外国在日本所办报纸多持批评意见，如《新闻报》4月4日说"台湾属于中国福建省领土"，日本征台"简直是疯狂的冒险"；《前锋报》4月17日评论："台湾确实属于中国领土，日军登陆台湾可以说是对中国宣战的行为，因此外国应该采取严守中立。"参见〔日〕藤井志津枝《近代中日关系史源起——1871～1874年台湾事件》，第107～109页。

② 《中日北京台事专约》。

③ 罗大春：《台湾海防并开山日记》，台湾文献丛刊第308种，1972，第59～60页。

④ 沈葆桢：《福建台湾奏折》，台湾文献丛刊第29种，1959，第2页。

私入番境，以杜滋生事端。现经沈葆桢等将后山地面设法开辟，旷土急须招垦，一切规制自宜因时变通。所有从前不准内地民人渡台各例禁，著悉与开除。其贩卖铁、竹两项，并著一律弛禁，以广招徕。"[1] 从此，自清初以来实行了一百多年的禁渡政策彻底解除，大陆居民移徙台湾人数大为增加，有效解决了垦荒劳动力不足的问题，台湾中、东部开发迅速推进。

在沈葆桢主持之下，从 1874 年 9 月到 1875 年 12 月的一年多时间里，动用军队与乡勇，在台湾北、中、南部分别开凿了贯通东西的四条道路：

北路从噶玛兰的苏澳达台东崎莱、花莲，计 200 余里；

中路从林圯埔（沙连堡）达台东之璞石阁，计 265 里；

图 29 八通关古道

八通关古道就是当时的中路官道，最早辟建于 1875 年，具体负责工程的是总兵吴光亮。引自路寒袖著《走在台湾的路上》，远景出版事业有限公司，2012。

南路分别由凤山县的赤山、射寮起程，终点都是卑南，长度分别为 175 里、204 里。

这四条道路的修筑，使台湾全岛连为一体。随着道路的修筑、土地的开发和人口的增加，地方行政建制也必须加以进一步完善。从"台湾事件"到台湾建省期间，地方行政建制变化情况如下。

1. 增设恒春县。

1875 年 1 月，沈葆桢亲赴南部枋寮、琅峤等地踏勘，见琅峤一带地势

①　张本政主编《〈清实录〉台湾史资料专辑》，第 1021 页。

雄峙，"为全台收局"，遂奏请设恒春县，2 月 17 日，得到朝廷批准。恒春县属台湾府管辖，其辖境：东北起卑南南部，西北起凤山县枋寮汛以下，南北袤 120 里，东西广 37 里，另包括东部海上的红头屿和火烧屿。

2. 台北设一府三县一厅。

台湾北部地区地势辽阔，1860 年开放淡水为通商口岸后，人口日增，土地日辟，华洋杂处，纠纷尤多。淡水同知半年驻竹堑衙门，半年驻艋舺公所，两地相距 120 里，应接不暇。显然，仅仅一个淡水厅的建置，已远远不能满足地方治理的需要。1875 年 7 月，沈葆桢以当时台北形势"非区三县而分治之，则无以专其责成；非设知府以统辖之，则无以挈其纲领"，奏设台北一府三县。1876 年 1 月 16 日，朝廷准奏，遂以艋舺为治所，设台北府，隶属于台湾兵备道。台北府下辖三县一厅，具体建置为：（1）于附府之地，设立淡水县；（2）裁去淡水厅同知，在其治所竹堑设立新竹县；（3）改噶玛兰厅为宜兰县，辖境"入后山界"；（4）原噶玛兰厅通判改为台北府分防判，移驻于鸡笼地方，后便称基隆厅。

3. 移驻南北（中）路理番同知与埔里社厅、卑南厅、鹿港厅的设立。

台湾府曾于康熙年间设有海防同知一员，驻府治。乾隆三十一年（1766 年）增设北路理番同知时，海防同知即改为南路理番同知，仍兼海防，负责稽查鹿耳门海口，兼督台湾、凤山、诸罗三县捕务。南、北路理番同知只是台湾府的专项职能机构，并非一级地方行政建置。"台湾事件"以后，随着中、东部开发快速推进，原先以处理汉番关系为重点的"理番"政策，转变为加强原住民地区治理的"抚番"，南、北路理番同知的职能和驻所都要进行调整。光绪元年（1875 年）底，沈葆桢以"番民交涉事件日多，旧治殊苦鞭长莫及"，奏请将南路理番同知改名"南路抚民理番同知"，从府治移驻于卑南；北路理番同知则改名"中路抚民理番同知"，从鹿港移驻于水沙连，在埔里社地方筑土城建衙署。其中卑南是台湾东南重镇，南部山路开凿后成为道路的东端，日渐繁荣；埔里社则在嘉庆、道光年间已有较好的开发基础，"开山"之后，该地又成为中路山道的开端，益显重要。沈葆桢的建议很快得到朝廷批准。因各加"抚民"字样，两路同知都从专项职能机构变成了一级地方行政建置，于是，埔里社地方正式成为散厅，而南路抚民理番同知驻地卑南，也简称卑南厅。到光绪十年（1884年），福建总督何璟、福建巡抚张朝栋又奏准于埔里社添设抚民通判一员，归台湾府管辖，中路抚民理番同知仍迁回鹿港，光绪十三年（1887 年），中路抚民理番同知一职被裁撤。

鹿港在清代前中期是台湾第二大城镇，历来有"一府二鹿三艋舺"的说法，曾长期与泉州蚶江对渡直航，由此兴旺而被称为"小泉州"。因长期驻扎台湾北路理番同知，不少学者也将之视为散厅。但笔者认为，北路理番同知只是台湾府的专项职能机构，不是治理一方的独立散厅，只有改为中路抚民理番同知，加了"抚民"字样后，才算散厅建置，但改称后驻所已经移到水沙连，衍变为埔里社厅，此前并无鹿港厅之存在。只有光绪十年埔里社添设抚民通判，中路抚民理番同知移回鹿港后，才可以称鹿港厅，与埔里社厅并存。但仅三年后，中路抚民理番同知裁撤，鹿港厅又不复存在。其时鹿港因港口淤塞已经衰落，且又面临台湾建省后政区调整，所以鹿港厅只是短暂存在。

因此，到台湾建省之前，共有二府八县五厅建置，除早期所管辖的西部地区外，"北部、南部、东部皆有经营矣"[1]，清朝政令基本上覆盖于全岛。其建制情况见表3。

表3 台湾建省前行政建制一览

府 别	辖 县	辖 厅
台湾府	台湾、凤山、恒春、嘉义、彰化	埔里社、卑南、澎湖、鹿港
台北府	淡水、新竹、宜兰	基隆

图30 光绪帝准建郑成功祠圣旨

沈葆桢巡台期间，奏请在台湾建立郑成功专祠，得到光绪帝批准。图为光绪帝批准在台湾府城建立"朱成功"专祠的圣旨。引自陈政三著《红毛探亲记——1870年代福尔摩沙纵走探险行》，五南图书出版股份有限公司，2013。

---

① 台湾省文献委员会编《台湾省通志》卷一《土地志·疆域篇上》第一册，第36页。

第五章　清朝闽台官制体系与台湾治理

台湾纳入福建省行政序列后，建立了完善的官制体系，并根据台湾社会特点实行有效治理，闽台两岸在政治、经济、文化各方面得以全面的整合。清朝福建管辖下的台湾，正是台湾大部分地区从未开化社会状态向文治化社会状态转化的过程，在这个过程中，台湾新的社会秩序和社会生活的建立，受到福建因素的深刻影响，而台湾的开发也给福建的发展带来新的空间和活力。闽台行政系统的治理成效，表现在台湾经济社会的繁荣景象和两岸经济文化关系的进一步强化。

第一节　闽台官制体系构架

一　文官序列

（一）闽浙总督

清制，总督为朝廷派往地方办理军务、监督吏治的军政长官，正二品，

图 31　清代闽浙总督署

清代闽浙总督署初建于 1661 年，辛亥革命后改为福建都督府，即今福州市省府路 1 号。引自福建省地方志编纂委员会、福建省档案局、中国国民党革命委员会福建省委员会编《辛亥革命福建英烈图志》，海峡书局，2011。

一般可以管辖两三个省，也有的只管一省，通常还加以兵部尚书、兵部侍郎或都察院右都御史等京官头衔，在辖境内掌握升迁调补正四品文官、从二品武官以下官员，监督参劾文武官员，节制绿营军，审核财政及裁判等大权。雍正朝以前，福建该职历经浙闽总督、福建总督、闽浙总督数度反复变化，驻福州，雍正十二年（1734年）后，定制为闽浙总督。

（二）福建巡抚

清朝为防止地方大员专权，赋予巡抚与总督相当的品级、权力，使两者互相制约和监督。福建巡抚为从二品，地位略低于闽浙总督，但不是总督属官，而是与总督并行向朝廷负责。福建巡抚惯例加"提督军务"并兼有都察院右佥都御史头衔，也常兼兵部侍郎衔，可节制兵勇，其职权为总揽全省军民政、吏治、刑狱、乡试等事。巡抚之下有两名重要佐官——布政使和按察使。布政使分管全省民政和财政，按察使分管全省司法，二使的官衙分别称为"藩司""臬司"。1875年以后，经钦差大臣沈葆桢奏定，福建巡抚半年（冬春）驻台湾，半年（夏秋）回省城福州，以加强台湾治理。

（三）分巡台湾道（台厦道）

道，是清朝介于省与府之间，作为省级派出机构，加强对府的管理的机构。其官员称为道员，正四品，隶属于巡抚。道有分守道和分巡道之别，前者隶属于布政使，主要职能是分理钱谷政务，有相对固定的辖区，兼管若干个府；后者则隶属于按察使，分理刑名案件，只是分巡某一个地区。由于是作为省级派出机构，它往往随形势的变化和应时的需要而变动，康熙早期福建政局比较动荡，曾设有分守福宁道、分巡福宁道、分守兴泉道、分巡兴泉道、分守汀漳道、分巡海防汀漳道、分守漳南道、分巡漳南道、分守建南道、分巡建南道、分巡延建邵道等，其中许多道设置不久就裁撤。经过调整，最终保留的有分守兴泉道（后为分守巡海兴泉永道）、分巡海防汀漳道（后为分巡汀漳龙道）、分巡延建邵道和分巡台厦道，加上专司粮储、驿传二道，全省共有6个道。

在这些道级建制中，分巡台湾道是最特殊的一个，实际上是台湾文官系统的最高长官，负有代表巡抚统辖台湾府、县、厅各级的职责。台湾道的沿革和职权变化情况有些复杂。

分巡台湾道最初全称"分巡台厦兵备道"，长驻台湾，兼管厦门，为福建巡抚直接管辖的属官。由于远处海岛，代理省署管理台湾府以下各级官府的机构，唯此一个，而维持台湾地方治安和开发台湾的任务又特别繁重，因此，分巡台厦道实际上承担了比内地分巡道多得多的职能。首先，康熙二十三年（1684 年）始设台厦道时，就赋予了该道"兼提督学政"的职能，这是其他分巡道所没有的。学政本是地位极高的官员，堪与督、抚平行，由朝廷从侍郎、京堂、翰林、科道等官中简派，按例每省只设一员，康熙增设台湾学政，并令台厦道兼之，体现了朝廷对发展台湾教育的特别期待。其次，台厦道设立之初，便冠以"兵备"衔，这就使得台厦道不仅管理地方刑名案件，还兼具地方防务的军事功能，按康熙末年福建巡抚吕犹龙奏称，台厦道原所属有"守备一员、千总一员、把总一员、兵三百六十名、战船四只"①，近代以后该道的军事功能逐渐强化，到台湾建省前，台湾道能直接统率的军力甚至超过台湾总兵。再次，由于台湾初辟，地方经济不够发达，钱谷政务比较简单，所以不见有分守道之设，而从分巡台厦道的实际运行来看，显然兼具了分守道的职能。如此看来，分巡台厦道实际上是台湾集军政学职权于一身的最高权力机构；而且，与内地各道相比，台湾道还享有一项特别权力，那就是可以直接向皇帝奏事。乾隆五十三年（1788 年）谕："凡遇有补放台湾道员者，俱著加按察使衔，俾得自行奏事。"② 按清朝规定，按察使以上官员，才有权直接向皇帝奏事。给台湾道加按察使衔，就是给该道以特别奏事权，体现了朝廷对台湾的特别重视。

关于台厦道"兵备"衔，有的志书称系加于乾隆三十二年（1767年），③ 这不准确。早期地方志虽都只记"分巡台厦道"，但早在第二任台厦道王效宗去职时，闽浙总督在向朝廷推荐接任人选的奏疏中就说："台厦一道，特设标兵，与台湾总兵权位略等，其间安戢兵民，抚绥地方皆该道之责。"④ 很清楚地表明，台厦道从一开始就是兼兵备之责的。而成书于乾隆十二年（1747 年）的范咸《重修台湾府志》，则清楚地记道："分巡台湾道本台厦兵备道兼理学政，康熙六十年改为台厦道，雍正五年学政归汉察院，雍正六年改为台湾道。"⑤ 可见"兵备"衔并不是乾隆三十二年才加的，在康熙朝就已有，康熙六十年（1721 年）后被撤去，乾隆中期后又恢复。

康熙六十年之所以撤台厦道"兵备"衔，与朱一贵之乱有关。朱一贵之乱平定后，康熙帝曾严词斥责"台湾府文职官员，平日并不爱民，但知

① 张本政主编《〈清实录〉台湾史资料专辑》，第 91 页。
② 托津等纂《钦定大清会典事例》卷二十五。
③ 沈瑜庆、陈衍：《福建通志·职官志》卷二十二《清·总辖》。
④ 高拱乾：《台湾府志》卷十《艺文》。
⑤ 范咸：《重修台湾府志》卷三《职官》。

图利苛索，及盗贼一发，又首先带领家口，弃城退回澎湖，殊属可恶!"①令将道员以下文职官员，俱拿严办。由于防务方面的失职，此后台厦道便被削去兵备衔，根据福建巡抚吕犹龙等人的奏请，"台厦道所属守备一员、千总一员、把总一员、兵三百六十名、战船四只，甚属无益，请将此备弁兵丁，分设于南北两路，战船拨归台镇。……从之"②。

雍正六年（1728年），分巡兴泉道由泉州改驻厦门，分巡台厦道改为分巡台湾道，专管台、澎地区，从此便称"台湾道"。

综上所述，分巡台湾道上属闽浙总督和福建巡抚管辖，下辖台湾府、县，是台湾地方行政建制的第一级权力机构。

（四）知府、知县及各类属官

府为道以下、州县厅以上的地方建置。其首长为知府，起初为正四品官员，后来改为从四品，主要职责为征收县厅应纳钱粮、审判州县转呈案件、监督考核州县吏治、考选地方童生秀才等，应上缴的钱粮解送给布政使，应上报的案件呈报于按察使，考选秀才则为学政组织乡试做准备。知府一般还分派同知、通判，作为专管某项事务的佐官或分管某个地方。

知县为正七品官员，掌一县政令，凡该县赋役、诉讼、文教各项事务，都由知县总理。知县的属官有县丞、典史、巡检、教谕、训导等。

清初台湾建一府三县，府、县及所属各级官员如下。

台湾府知府1员，海防粮捕同知1员，经历司经历1员。

台湾县知县1员，县丞1员，典史1员，新港巡检司巡检1员，澎湖巡检司巡检1员。

凤山县知县1员，典史1员，下淡水巡检司巡检1员。

诸罗县知县1员，典史1员，佳里兴巡检司巡检1员。

台湾府儒学教授1员，台湾县儒学教谕1员，凤山县儒学教谕1员，诸罗县儒学教谕1员。

台湾道加衔"兵备"时期，另辖守备1员、千总1员、把总1员，加上府、县各官，合计22个官员。后来随着地方建置的增加，官员逐步增多，到了雍正年间，台湾地方行政官员增为36名。光绪十一年（1885年）建省前，台湾已有二府八县五厅的行政建置，各级行政官员已达到60多名，其

---

① 张本政主编《〈清实录〉台湾史资料专辑》，第87页。

② 张本政主编《〈清实录〉台湾史资料专辑》，第91页。

官制序列为：

——按察使衔分巡台湾兵备道兼提督学政，直辖守备、千总、把总。

——台湾知府、海防同知（南、中路抚民理番同知）、府学教授、经历。

台湾知县、县丞、典史、教谕、训导、新港巡检、罗汉门巡检。

凤山知县、县丞、典史、教谕、训导、下淡水巡检。

恒春知县、枋寮巡检。

嘉义知县、县丞、典史、教谕、训导、佳里兴巡检、斗六门巡检、大武垅巡检。

彰化知县、县丞、典史、教谕、训导、猫雾捒巡检、鹿仔港巡检。

埔里社抚民通判、澎湖海防通判、八罩屿巡检。

——台北知府、府学教授、经历。

淡水知县、县丞、典史、教谕、训导、八里坌巡检、新庄巡检、竹堑巡检、大甲溪巡检。

新竹知县、县丞、典史、训导。

宜兰知县、县丞、典史、训导、罗东巡检。

基隆海防通判。

二　武官序列

（一）福州将军

福州将军全称"镇守福建福州等处将军"，从一品武官，初为平定"三藩之乱"而设，后遂为常制，是全国 13 个将军驻防单位之一。该职为福建八旗驻防兵的最高长官，兼有节制福建绿营陆路各营之权，一般由满人担任。清朝中期以后有个定例，每年由福州将军、闽浙总督、福建巡抚、福建陆路提督、福建水师提督轮流一人到台湾巡查。

（二）福建陆路、水师提督

清朝在地方的驻兵以绿营为多。提督为各省绿营的最高主管官，有的还跨省管辖，全称"提督军务总兵官"，从一品武职，其直辖部队称为提标，统辖总兵以下各绿营将官，与总督、巡抚并称封疆大吏，仍受总督或巡抚节制。清朝在全国常设 12 名陆路提督、3 名水师提督（福建水师、广东水师、江南水师）。福建因地位特殊，并设陆路、水师两提督，水师提督驻厦门，两提督都有巡视台湾之责，而一旦有事，更有可能由福建水师提督到台湾主持大计。

（三）台湾总兵

台湾总兵是驻台最高武官，正二品，受福建提督管辖，所统领军队称镇标（台湾镇），人数在一万以上，是全国总兵中拥有兵力较多者。总兵职责是定期巡阅营伍、奏报军务事项、管理屯兵事务，拥有对副将以下武职官员管理权、千总以下武官拔补权，并可监督参劾台湾文武官员。台湾道被取消"兵备"衔时，道标兵也归总兵所辖。台湾总兵起先并非挂印之缺，雍正年间台湾民变频繁，经福建总督郝玉麟奏请，台湾总兵照西部边疆之例，改为"挂印总兵官"，则增加了处理民事权责，其地位甚至凌驾台湾道之上。林爽文之乱后，台湾总兵还加以提督衔，加重其刑事处分权。由于驻台中下级军官和班兵多为闽人，清廷颇为忌惮闽人抱团，尽量不派闽人出任台湾总兵，但由于缺乏水军将才，这一原则不得不灵活掌握，所以实际上担任台湾总兵的，还是闽人居多，从 1684 年到 1895 年，总共有 101 任台湾总兵，其中闽籍总兵占 32 任。

（四）副将、参将、游击、都司、守备

副将为从二品武职，受总督、巡抚、提督、总兵节制，专责练兵和地方警卫，没有处理民事权。1684 年台湾建制时，共设两员副将，即台湾水师协副将和澎湖水师协副将，后因北路开发推进，地方不靖，雍正十一年（1733 年）经福建总督郝玉麟奏请，将原北路参将升格为北路副将，共为三员副将。副将以下参将、游击、都司、守备，都是绿营中的中级将官，分兵驻扎各地，镇守地方，其间随行政建制的变化，营制和驻地也不断变化，不一而足。

三　监察系统

清代闽台官制体系中，文武官员之间和行政官员之间，都有互相监督制衡的机制，但毕竟台湾远处海外，难免有监察不力之时。康熙六十年（1721 年），台湾爆发朱一贵之乱，暴露出台厦道权力缺乏监督、易生弊端的缺陷。清朝在检讨这一事件时，认为有必要特设巡视台湾监察御史一职，以加强对台湾文武官员的督察，于是增设巡台满、汉御史各一员。

巡台御史由朝廷直接派出，是全国独有的特设官员，其职责为专门巡查台湾各地，考察吏治、整饬军旅、探访民情、表正风俗、主张兴革等，但不具体管理地方事务，重大事项按照言官之例直接奏报朝廷，小事则与

督抚会商办理。雍正五年（1727 年），又将原属台厦道兼管的提督学政职能，改归巡台汉御史兼理。因此，从康熙六十一年（1722 年）设立到雍正年间，巡台御史是台湾相当重要的职位，尤其对台湾文教事业的发展，起了很大的推动作用。在这期间，基本上是个常设机构，实行与地方官一样的三年更替制度。

但是，巡台御史对台湾情况，毕竟不如镇道熟悉，职权也过于超脱，除了前期一些出任者责任心较强，尚能勤于有为之外，随着时间的推移，逐步成为一个多余的闲职，加上一些巡察官员利用职权，营私舞弊，滋扰地方，既徒增冗费，又使地方官员正常履责备受掣肘。所以到了乾隆十二年（1747 年），开始出现巡台御史是否有必要再保留的议论。乾隆十六年（1751 年）十二月，彰化县发生原住民戕杀兵民事件，文武地方官都及时上报，所报情景不一，而作为朝廷耳目的巡台御史，反而迟迟没有奏报。乾隆帝催其具报，巡台御史却以地方官已经上报过的情况来敷衍了事，拖延数月还搞不清事情真相。此事令乾隆帝非常不满，认为该御史"巡察三年更替，徒拥虚名，事权则不如督抚，切近又不如守令，介在其间，在有志向上者或以多事致败，而循分供职者多致志气堕颓，或且难为摈斥外出也，于公事殊无裨益"①。于是，着令此后巡台御史每三年派往一次，事竣即回，不必留驻台湾，其提督学政职能复归道员。乾隆三十年（1765 年），又改为不定期派往。林爽文之乱，更加暴露出巡察制度的有名无实，乾隆五十三年（1788 年），正式停止请派巡台御史之例，改由闽浙总督、福建巡抚、水陆两提督以及福州将军，每年轮值一人前往台湾，行稽查之责。

第二节　台湾行政系统的运行特点和施政重点

一　台湾行政系统的运行特点

闽台先有明郑抗清，后又卷入"三藩之乱"，是清朝费了极大心力才平定的地区，反清复明的势力潜伏很深，尤其是台湾，孤悬海外，长期作为逋逃聚叛之所，又经常面临外国侵略势力的觊觎，威胁沿海数省安全；同时，经过明末清初的战乱，福建社会经济和文化事业都遭到极大破坏，建立安定和谐社会环境的任务相当艰巨，台湾作为清朝新辖地区，也有待于

---

① 张本政主编《〈清实录〉台湾史资料专辑》，第 179 页。

迅速恢复和发展明郑时代的开发成果。在这种情形之下，清朝对闽台治理颇为用心，其行政带有显著特点。

从地方行政系统的高层设计来看，清朝对闽台地区的管辖，军事镇守的色彩特别浓厚。初制，东南地区最高军政长官为闽浙总督。顺治十五年（1658 年），为了加强对明郑用兵，专设福建总督。康熙七年改回闽浙总督、九年又专设福建总督；统一台湾后，复归闽浙总督，但到雍正五年再次专设福建总督。直到雍正十二年（1734 年），才最终定制为闽浙总督。清朝总督一般都兼管数省，一省专设总督的情况较为少见，可见其对福建防务的重视。为了确保对东南地区的控制，清朝还在福州设将军，台湾海峡一旦有警，八旗军队立即出动。台湾林爽文起义时，福州将军常青入援盐水港、攻取鹿仔港便是一例。在台湾本岛和澎湖，则安置大批军队，作为地方安靖和行政畅通的保障。乾隆后期停派巡台御史后，改由闽浙总督、福建巡抚、水陆两提督以及福州将军每年轮流巡视台湾，显然也是加强军政统合、安绥地方的重要举措。

对于台湾行政官员的任用，朝廷与地方有严格的权界。凡台湾道、府官员出缺，由福建督、抚从现任闽省品级相当的官员中推荐，由朝廷"特旨补用"，任满回调也由朝廷安排；同知、通判、知县以下，则由福建督、抚从现任闽官中选用，任满回调一般也留在福建安排。对于赴任台湾的高级官员，朝廷审查特别严格。例如，康熙二十七年（1688 年）因台厦道王效宗被参劾解任，其印务暂由泉州知府高拱乾代理。后来推荐台厦道接任人选时，福建督、抚一时很难从本省道级官员中找出合适人选，便力荐直接以高拱乾破格擢用。此类用人，在内地原是顺理成章的，但康熙命吏部审核后，以"于例未合"否定了这一推荐。后来福建督、抚再次联名保奏，一再声明推荐高拱乾是"其慎筹之再三"的慎重之举，朝廷才予以批准。可见朝廷对台湾用人之慎重。

对于台湾官员的任职期限，也有特殊规定：凡出任台湾道、府、县乃至教职各官员，一律以三年为期，其政绩由福建督、抚考核；官员赴任台湾期间，一律不准携带家眷。之所以这样规定，一方面是要防范官员在台湾地方经营太久，扎根太深，官绅结合，出现尾大不掉的局面，朝廷鞭长莫及，不好控制；另一方面是因为台湾初辟，地方萧条，一般官员无不视赴任台湾为畏途，加上不准携带家眷的规定不合人性，也不宜留任太久。为了补偿任台官员的艰辛，康熙三十三年（1694 年）又补充规定，凡赴任台湾的各级官员，只要任满考核称职，调回内地即应提升使用。①

这种任期制是特殊条件下的制度选择，但这种制度在运行过程中会产生一种难于克服的弊端：由于任期太短，官员难于熟知地方事务，很容易出现短期行为，有的官员甚至玩忽塞责，真正能实心办事的不多，以致酿成康熙末期的朱一贵之乱。针对这种情况，福建督、抚提出，"嗣后台湾道、府、厅、县在任三年，果于地方有益，俱照升衔再留三年升转。"② 后来这一规定又扩大适用于知县以下的官员。这么一来，赴台官员任期变成了六年，又出现任期太长而使官员家眷分离太久的诸多不便。于是仍改为三年任期，补充规定：台湾官员到任两年后，福建督、抚即提前选出接替官员赴台协办，经过半年，新员熟悉情况后，旧员即可调回内地。这就是所谓台湾"三年官两年满"说法的来历。但这样依然存在任期太短的弊端，一直到乾隆四十八年（1783 年），鉴于台湾地方分类械斗愈演愈烈，地方官员弹压无力，社会治安恶化，上谕：

> 向例该处总兵、道、府，俱系三年更换，即调回内地，该员等因瓜期不远，未免心存玩忽，以致诸务废弛。近来屡有械斗滋事之案，必当设法调剂……嗣后台湾总兵、道、府各员，俱著改为五年任满。届期若一体更换，未免俱易生手，著将总兵、道、府各员，轮间更换，每过两年，更调一员，庶该处前后交代，常有久任熟谙之员，督率经理……③

其后不久，厅、县等官员任期也都改为五年。

台湾官员任期制的逐步改革，体现出清朝对于闽台地方行政系统的运行，具有前紧后松、逐步放宽控制的特点。巡台御史制度的逐步废止和官员携眷限制的逐步放宽，同样说明了这样的特点。乾隆十六年将常驻巡台御史改为三年一派后，很大程度上减轻了闽台行政系统所受掣肘，获得了更大的自主空间，提高了行政效率。禁止官员携眷实是一种有违人性的做法，随着台湾地方行政建置的完善和政局的稳定，这一规定必然也要逐步废止。雍正十二年（1734 年），经福建总督郝玉麟奏请，允许调台官员年逾

---

① 《清会典台湾事例》，台湾文献丛刊第 226 种，第 13 页。
② 张本政主编《〈清实录〉台湾史资料专辑》，第 90 页。
③ 张本政主编《〈清实录〉台湾史资料专辑》，第 284～285 页。

40 岁而无子者，可携眷赴任。乾隆四十一年（1776 年），诸罗知县李俶以 55 岁无子，按例呈请携眷。乾隆帝就事发挥，认为前此禁令已是"殊可不必"，台湾"自设立府县以来，地方宁谧，与闽省内地无异。且各员携眷赴任，不致内顾分心，于办公亦甚有益，方今中外一家，更不必过存畛域之见……嗣后台湾文武各官，无论年岁若干、有无子嗣，如有愿带眷口者，俱准其携带，其不愿带者，亦听其便"①。

　　在逐步宽松的行政环境之下，台湾基层社会的自治组织也得以进一步完善。清朝设治台湾之初，就已沿用明郑时代的乡治之制，但由于短暂的任期制下官员与基层社会之间的天然隔膜，乡治之制逐渐废弛。朱一贵之乱平定后，地方当局重新认识到基层社会组织的重要性，总兵蓝廷珍上书闽浙总督满保，建议重行保甲制度，于是，乡治之制得到恢复。该制度的设计精髓在于：从各县选取若干干练勤谨、品行端正且家境殷实的地方人士，任命为乡长，各乡互为联结，设大乡总以统辖之；大乡总予以外委千、把总衔，从官庄支给配足 10 名游兵的给养，乡长则配给 4 名游兵，一旦有事，守望相助，一家被盗，四邻救援；凡地方有窃劫之案，乡长有缉获之责，限期不获则受惩，三案不破，乡长革职，大乡总销衔，而勤谨办公、三年无过者，量行擢用；乡长如有生事扰民，纵容奸匪，而大乡总不报者，则获同罪。据载，乡治之制恢复初期，台湾共设大乡总 4 名、乡长 36 名。

　　显然，这种联保制度是地方行政建置对接基层社会组织的重要环节，也是行政系统运行过程中的权力延伸。在台湾开发早期行政建置过于疏放、行政效力相对不足的情形之下，这种带有地方自治性质的联保制度，对于维持地方安定起到了重要作用，因此，它也是台湾地方行政系统运作的一大特点。

　　由于台湾镇守兵力分散，乡治组织除了维持社会治安，还带有很强的军事协防性质。从蓝廷珍建议恢复保甲制度开始，乡治组织就一直担当一项重要职能，就是办团练以协防地方。每乡都组织青壮乡丁，置办装备，进行军事训练，有事则兵，无事则农。长此运作，这种地域和宗族色彩浓厚的乡兵制度，以一种独特的现象植根于台湾基层社会。它既可以助长诸如分类械斗等负面社会效应，也可以在社会动乱时期起到强有力地保障一方平安的正面作用。而在近代屡遭外国入侵的复杂局势下，乡兵在台湾人

---

① 张本政主编《〈清实录〉台湾史资料专辑》，第 255 页。

民保家卫国的斗争中，演出了一幕幕动人心魄的感人故事。

二 闽台行政系统的施政重点

作为首次实质治理台湾的大一统王朝，清朝并无太多现成的经验，只能在实践中逐渐积累。闽台行政系统的建置为治理台湾提供了有力的保障。对于台湾地方政务，朝廷注重听取汇报和发出一般性的原则指示，具体措置通常都采纳闽台地方官员建议。概括起来，闽台行政系统对台湾的治理，施政重点主要围绕社会教化、土地开发、治安维持三个方面展开。

（一）推广文教

清朝派任台湾的首批主要官员，无不以兴学重教而著称。如首任台湾知府蒋毓英，上任不久就在府治东安坊建立两所社学，"以教童蒙"。后来他又与台厦道周昌（兼理学政）配合，将明郑时代的旧学宫改建为台湾府学。台湾首任知县沈朝聘和凤山首任知县杨芳声，到任当年也都把县学建立起来；诸罗首任知县季麟光也"以诸罗偏僻，民番杂处，首兴教育"。其后继任者，也无不以兴学重教为己任，如康熙三十八年（1699年）王之麟担任台厦道，到任的第一件事，就是视察台湾府学和孔庙，见学宫破旧，立即予以重修并扩大规模。被称为台湾第一贤吏的陈瑸，早年为台湾知县时，就非常注重办学，多年后他升任台厦道，仍以办学为首务，扩建府学，并首次倡建朱文公祠，大谈朱熹在同安、漳州的"教化"之功，认为朱熹虽未到过台湾，但在仅一水之隔，又多漳泉之民之台湾，崇祀朱子、弘扬朱学，理所当然。

按照惯例，每个正规建置的府、县都要办官学，这是地方官的职责所在。台湾初辟，办学资源紧缺，但府县儒学无不依建置而设立，从未耽搁，详见表4。

表4 台湾建省前各府、县学的建立情况

行政单位	建置时间	官学建置	建置时间	备 注
台湾府	1684 年	台湾府儒学	1685 年	后为台南府儒学
台湾县	1684 年	台湾县儒学	1684 年	后为安平县儒学
凤山县	1684 年	凤山县儒学	1684 年	
诸罗县	1684 年	诸罗县儒学	1686 年	后为嘉义县儒学
彰化县	1723 年	彰化县儒学	1726 年	
恒春县	1875 年	恒春县儒学	1877 年	

续表

行政单位	建置时间	官学建置	建置时间	备　　注
台北府	1876 年	台北府儒学	1880 年	
淡水县	1876 年	淡水县儒学	1879 年	
新竹县	1876 年	新竹县儒学	1817 年	原为淡水厅儒学
宜兰县	1876 年	宜兰县儒学	1876 年	

从表 4 可见，清朝台湾府、县学的建立，与行政建置的时间高度一致，最多相差不过三四年。其中还有办学走在行政建置之先的情况，如在嘉庆年间，新竹尚未建县，只有淡水厅建置，按制是可以不办官学的，北部士子归在彰化县学求学。由于路途遥远，诸多不便，后来经过地方人士的请求和福建诸任督抚、台湾道的考察，遂于嘉庆二十一年（1816 年）特准筹办淡水厅儒学，次年办成，满足了北部士子求学的需要。

在遍设府、县儒学的同时，同样由官员主导，作为基础教育的义学、社学、番学也普遍设立。如首任台湾知府蒋毓英曾在台湾县、凤山县建社学三所；康熙三十四年（1695 年）知府靳治扬在各县及南北路原住民地区广设番学。康熙四十五年（1706 年）知府卫台揆创义学三所。张伯行任福建巡抚时，曾令诸罗县在红毛井边等 8 个村庄各设社学一所，同时要求台湾县建社学 18 所。朱一贵之乱平定后，在蓝鼎元的大力提倡下，台湾义学、社学、番学得到迅速发展，并且与书院和官儒学教育相衔接。雍正元年，上谕要求全国广大乡村遍设社学，强令适龄儿童和青少年入学，台湾官员办学益力。这些基础教育设施虽难于进行精确统计，但从一些零星资料也可对其普及情况有个大致的概念，比如，乾隆年间，仅各县、厅所设番学就达 51 所，其中台湾县 5 所、凤山县 8 所、诸罗县 11 所、彰化县 21 所、淡水厅 6 所。原住民地区已然如此，汉族居住区的基础教育当更加发达，到光绪年间，凤山县有官、民立义学 7 所、苗栗县有义学 12 所、台东州有义学 8 所；另外，恒春县仅光绪元年就设立了 7 所义学。①

书院在古代社会后期，既是民间学术载体，又是官学教育的补充。由于其民间性、独立性色彩较浓，清朝初期曾经对书院保持了相当长期的疑忌心态。所以，清初全国书院体系是相当萧条的。但与这种状况形成鲜明对照的是，从康熙统一台湾开始，台湾书院制度就非常活跃。施琅占领台

---

① 参考黄新宪《闽台教育的交融与发展》，福建人民出版社，2005，第 103、96 页。

湾后，就在西定坊建立书院，以示对士人的重视。其后，西定坊书院曾于1698 年、1704 年、1709 年分别由各任地方官一再重建。到雍正十一年（1733 年）书院政策改变之前，台湾已共办书院 17 处。除去 4 所正音书院为"奉文设立"外，其余均为各级地方官所倡办。① 在当时政治大环境下，这不能不视为对台湾的一种特殊文教政策。

　　在地方百废待举之际，为何独重教育？王之麟在《重修府学新建明伦堂记》中说道："台地僻在东南海外，从古未沾王化，罔识宾兴。迨我朝开疆之后，置郡县、立学宫，凡取士之典，皆与内地同，始彬彬称治，为海邦邹鲁矣……其所以扬圣天子文教之盛，壮海外之观，均于是乎在，而况培人心以厚风俗，首重学校，尤为莅治者之先务哉。"② 陈璸也在《重修府学碑记》中说："台湾荒岛也，夫子庙在焉，圣人之教与皇化并驰，固无海内外之隔。"他还在《重修台湾县学碑记》中，直指兴修庙学为"为政第一事"③。对治台有超凡见解，被称"筹台宗匠"的蓝鼎元也指出，"台湾之患，不在富而在教"，"兴学校，重师儒，自郡邑以至乡村，多设义学，延有品行者为师，朔望宣讲圣谕十六条，多方开导，家喻户晓，以孝悌忠信礼义廉耻八字，转移士习民风，斯又今日之急务也。"④ 这些话清楚地表明，清朝对于台湾的统治策略，是基于长远考虑的。清朝既视台湾全岛为版图，又基于台湾"荒服"的历史和社会现状，并不急于以武力推行对全岛的有效统治，而是希望通过政教合一的"教化"手段，使"圣人之教与皇化并驰"，循序渐进，逐步扩大政令所及范围，使"王化"遍及全岛。雍正六年（1728 年），夏之芳出任巡台御史兼学政，说起皇帝亲自选任台湾官员的情景："……临轩遣策，加意遴选，再三训诫，俾奉命诸臣得所遵循，以为观风训俗之轨。"可见，以兴学重教为先务，是来自朝廷最高层的旨意。雍正十年（1732 年）台湾知府褚禄上任第二天也是先到刚重修竣工的文庙拜谒，然后才拜访前任范昌治和巡台御史六十七。"六、范二公教以移风易俗必先培养人材，当思体圣天子崇道兴学之意，以为政治之本。"褚禄表示自己"心识其语，因以知化理之隆，造邦者之大有造于兹土也"⑤。这些都表明，兴学重教的确是清朝官员治理台湾的长期施政重点。

---

① 详见王启宗《台湾的书院》，台北"行政院文化建设委员会"，1999，第 27 页。
② 范咸：《重修台湾府志》卷 22《艺文三》。
③ 范咸：《重修台湾府志》卷 22《艺文三》。
④ 蓝鼎元：《鹿洲全集》，厦门大学出版社，1995，第 556 页。
⑤ 范咸：《重修台湾府志》卷 22《艺文三》。

（二）土地开发

明清福建人口迅速增长，耕地不足问题非常突出，19世纪初漳州府人均土地仅为全国人均土地的14.87%，泉州府仅为29.23%，即使是耕地较为充足的延平府和邵武府，也只有全国平均数的58.97%和74.35%。① 这就使得福建产生两大社会问题，一是大量剩余劳动力需要输出，二是大量的粮食缺口需要输入。而台湾地旷人稀，到处是待开垦的沃野，统筹得好，台湾可得开发之利，福建可缓解社会问题。雍正年间，台湾知府沈起元上福建督抚《条陈台湾事宜状》，第一条就指出"偷渡之禁不可不为转计"。沈起元赴台之前是兴化知府，对福建民生之艰难和台湾开发潜力之大，有较深的体认。从"父母官"的角度，他看到闽人渡台的必不可禁，因此他主张"法当第禁奸民之偷而不当禁良民之渡"，只有解除良民渡台之禁，鼓励他们在台湾安居乐业，才是防止台湾成为"逋逃之薮"，建立良好社会秩序的根本之道。

沈起元曾亲历台湾南北踏勘，对台湾土地开发潜力进行细致评估，在另一篇《治台湾私议》中，他进一步指出，"即凤邑沿山一带，二三十里之广，百余里而遥；与台邑罗汉门内，重山叠涧，泉甘土肥，其可耕而树者，可数万顷，可引而溉者，不下数十道；而北路四五百里膏腴之产，更弥漫无际，使举而教民开垦，可活数十万穷民而裕如。是天设之以济闽民之穷也。"② 这种体认，在当时闽台地方官员中，有着广泛的共鸣。

正因为如此，我们经常可以看到，在清朝高层出于政治因素的考量，屡屡申论禁渡、禁垦政策时，闽台地方官员通常多有站在反思的角度予以疏解者。从某种程度上可以说，围绕治台方略，存在着朝廷与地方的博弈。从康熙到乾隆，都屡屡严申禁止私渡台湾，但实际情况却是私渡从未禁绝，而地方官员中，要求放宽渡台限制的呼声也从未间断。博弈的结果是，禁渡令的形同虚设，通常都是闽、粤督抚和台湾镇道等按惯例每年年底向清廷汇报"拿获偷渡人犯、审拟治罪"一次，而朝廷也照例趁此训饬一次，严令地方有司继续努力缉拿，防范偷渡，实际上是走个形式而已。

与执行禁渡政策相比，台湾官员在实行奖励开垦政策方面的实效要大得多。清初几任台湾府县官员如蒋毓英、沈朝聘、季麟光等，在招徕人口、

---

① 唐文基主编《福建古代经济史》，福建教育出版社，1995，第503页。
② 贺长龄辑《皇朝经世文编》卷八十四，《近代中国史料丛刊》第74辑，文海出版社，第3030页。

复垦土地方面的成就，前已述及。首任台湾总兵杨文魁在所撰《台湾纪略碑文》中说："又如靡芜极目，藉人耕垦始无旷土，奈阻于洪涛，招徕不易，虽有司牧力为经理，然余忝厕封疆，未获倡兴建白。此后统冀当事之贤徐为擘划尽善，治益图治，以垂永久之惠养又安耳。"① 可见不但行政官员，地方军事长官也对土地开发怀有很大的热忱和紧迫感。

从清初到中期，台湾土地开发成就斐然，由南往北梯次推进。

南部的开发主要在凤山县，1734 年，凤山县耕垦田园 10944 甲，比 1683 年增长 116.8%；台湾县由于原先已经开垦比较充分，同期仅增长 43%，达到 12244 甲。

中部的诸罗县，1683 年仅有田园 4844 甲，到 1735 年前台，由其分析出的诸罗、彰化二县和淡水厅，合计耕垦田园 27329 甲，增加 464%。

北部在 17 世纪末还是 "八九十里不见一人一屋"，"平原一望罔非茂草，劲者覆顶，弱者蔽肩，车驰其中，如在地底"② 的荒凉景象，18 世纪初才有垦户请垦。18 世纪初，台厦兵备道陈璸调兵驻防淡水，为垦民增加了安全保障，垦荒者逐渐增多。淡水厅设置后，垦荒进程加快，1735 年淡水厅共有田园 555 甲，1744 年增至 1819 甲，到 18 世纪 70 年代，台北附近荒地大部分得到开发。继之又有垦民向东北的兰阳平原进垦，知府杨廷理大力倡垦，先后 5 次深入噶玛兰勘察土地，设立章程。1813 年，该地报升开垦田园 3818 余甲。1848 年增至 7274 甲。③

关于禁渡政策与台湾开发的关系，论者多持负面评价的观点，认为禁渡延缓了台湾土地的开发，但这种看法可能过于直观。从实际效果来看，禁渡不见得对台湾开发起到多大的阻滞作用。且不说该政策并未禁绝大陆人民渡台，仅换个角度来看，可能对台湾土地的有序、渐进地开发，也有特定的好处。其一，若不加限制，必然造成台湾流民过多，易致社会动乱，反倒不利于有序开发；其二，台湾汉番争地事件本来就多，大陆移民增加过快，必然激化民族矛盾，地方官府难于维持秩序；其三，当时渡台之人，多做候鸟式打算，即播种季节到台垦殖，收成后返回大陆，商人也多如此，若往来过于便利，反而不利于台湾定居社会的形成。沈起元在《条陈台湾

---

① 高拱乾：《台湾府志》卷十《艺文》，中华书局影印本《台湾府志三种》，1985，第 1125 页。

② 郁永河：《裨海纪游》，台湾文献丛刊第 44 种，台湾银行，1958，第 22 页。

③ 陈淑均：《噶玛兰厅志》，台湾文献丛刊第 160 种，1962，第 65～68 页。

事宜状》中就提到，他曾听"王镇"（当指台湾总兵王郡）说，"近日台民比前加多几倍。盖以不禁渡台，凡农工商贾来去自如，一自禁之后，一去则不可复来，故来者不敢复去，所以禁愈严，而人转多。"沈起元认为这是"王镇阅历之言"。沈起元还认为，以往任由汉民请垦之法不妥，垦首占用土地太多，广种薄收，既不利于容纳更多的垦民，也影响原住民生计，应当采用限田之法，鼓励"一人一牛，付垦十甲"的自耕农开荒。这样可以容纳更多的大陆移民，也给接受教化的原住民留下耕作之地。同时加强水利建设，鼓励精耕细作，以图将来"一登再登之谷，可以接济，漳、泉两郡之民，永无艰食之患矣"①。

如此看来，台湾土地的开发，是闽台官员长期关注的施政重点，而禁渡政策则是围绕有利于维护土地开发秩序而执行的。

（三）治安维持

台湾开辟之初，为郑氏三代所经营，基层社会中传续着根深蒂固的明朝遗民情愫，在清初很长一段时期内，台湾士民都还保留着不愿意到清朝做官的心态，社会每每动荡，往往都有"反清复明"的因素作祟；清朝实行禁渡政策，限制携眷入台，造成台湾社会男女比例失调，光汉冒险犯难无所顾忌，大批不事生产的游民流窜啸聚，易生事端；移民社会又固有抱团谋生的特点，乡谊、宗亲观念浓厚，结盟、尚武之风盛行，民风剽悍；而台湾大多数原住民桀骜难驯，"不服王化"，在土地开发过程中，很容易产生汉番冲突。这些因素，屡屡成为台湾社会动乱的根源，清代台湾民变、分类械斗、民番冲突、原住民抗官事件频频发生，都与上述因素有关，地方官员维持治安的压力很大。"筹台宗匠"蓝鼎元曾提出综合治理台湾十九事："信赏罚、惩讼师、除草窃、治客民、禁恶欲、儆吏胥、革规例、崇节俭、正婚嫁、兴学校、修武备、严守御、教树畜、宽租赋、行垦日、复官庄、恤澎民、抚土番、招生番"，其中涉及治安的内容占很大分量。

维持台湾治安的措施主要有：其一，限制铁器输入台湾，以防止民间制造和收藏武器；其二，勘定汉番边界，禁止居民越界开垦或深入山地活动，以避免汉番冲突或民番勾结作乱；其三，实行班兵制度，从内地抽调兵丁，分散驻防台湾各地，满三年轮替调回；其四，一旦发生大的动乱，则鼓励地方士绅、商郊或垦首等组织义民武装参与平乱，事毕则解散；其

① 贺长龄辑《皇朝经世文编》卷八十四《兵政》，《近代中国史料丛刊》第74辑。

五，实行保甲制度，组织团练，加强民间联保和自保，这种制度在近代以后得到较快发展。

　　勘定汉番边界是一项事关全局的工作，从督抚到镇道府都非常重视。由于土地开发不断推进，汉番边界曾多次重勘，并向朝廷汇报。前些年西北师范大学图书馆新发现一份台湾地图，经笔者考证，为乾隆二十五年（1760 年）左右绘制的《清厘台属汉番边界地图》，其中含有大量土地开发和地方防务的信息。①

图 32　清厘台属汉番边界地图
西北师范大学图书馆供图。

　　班兵布防也是一项随土地开发和地方行政建置变化而不断调整的工作。早在雍正初年，沈起元就提出台湾防务"宜防山而不宜防海"的建议，认为台防重兵应北移于诸罗"以控制南北"，注重山隘驻防，但清廷狃于以往平台都从澎湖进兵鹿耳门的成见，过于注重澎湖、安平的军事地位，在改变布防策略方面比较迟滞，这也成为台湾地方不靖的一个因素。在《清厘台属汉番边界地图》中我们看到，这种情况已有所改变，内山防务得到了加强，从南到北的界线附近，星罗棋布着营盘、汛防、关隘、望楼，有的地方还标出驻扎官兵的具体数额，总体来看，当时台湾防务的重点，在府治附近和台湾北部，府治周边兵力最重，淡水汛、隘布点最多，彰化次之，诸罗、凤山又次之。

三　关于清代台湾吏治的一些辨析

　　关于清代台湾吏治，论者往往因道光末担任台湾兵备道的徐宗干说过

---

　　①　参见拙作《新发现乾隆时期台湾彩绘地图之考证》，《台湾研究》2008 年第 4 期。

"各省吏治之坏,至闽而极;闽中吏治之坏,至台湾而极"一语,便认为台湾是清代全国吏治最坏的地方之一。对于这一点,需要做些辨析。

对于新建置的台湾,清朝求治的愿望是相当强烈的。清朝派任台湾的首批官员,如首任台湾知府蒋毓英、首任台湾知县沈朝聘、首任诸罗知县季麟光、首任凤山知县杨芳声等,都是勤政廉洁的能员,在任职台湾期间颇有政声,建立起很高的威望。这与清朝廷和福建最高当局选贤任能、促进台湾开发的努力是分不开的。这里再以前述泉州知府高拱乾被破格提拔为台厦道之例,说明当时清朝对任台官员的高标准要求。

闽浙总督兴永朝在《会荐台厦监司疏》中指出,作为海疆重地,台厦道员责任重大,"其人必才猷练达,年力富强,既有廉洁之操持,复具深沉之胆识,方克胜任而愉快。"之所以不从现任道员中简选,一个很重要的原因,是"伏念御边之才与腹里不同。腹地监司,倘能循谨守职,不难坐镇雅俗;若边地则非才识过人者不可。此本司等之于现在各道所以不敢轻为保举也"。而高拱乾"才守兼优,年力并壮;有胆有识,能慎能勤;留心濒海之情形,熟悉岩疆之风土","其言行才守允为方面翘楚",以之升补台厦道员缺,"必能整顿地方,抚辑兵民"①。吏部因其不符定例,予以否决。兴永朝再度上奏,申明"内地各道,类皆循谨安静,虽于现任之职守无忝,然求其文武兼资,措施各当,使兵民咸畏威怀德而无虞隙越者,实难其选"②,而自己若非看准了高拱乾确实才堪其任,是不敢轻为保举的。他终于说服了皇帝,后来的事实表明,高拱乾确实是个胜任的人选。

这种选贤任能的做法,后来一直成为对台湾地方官选任的特别要求。雍正帝曾多次强调"台湾地方远隔重洋,全在道府厅县各得其人,而该员又须熟悉风土情形,殚心办理,于地方始有裨益","令督、抚于内地拣选贤员到台协办"③;乾隆帝也一再谕示福建督、抚对台湾事务要"实力为之,勿久而懈","台湾为海外重地,民番杂处,最关紧要"④,必须加强对该地方官员的督查和训练。

概括地说,清朝加强台湾吏治主要围绕三个方面展开。一是提高选官标准("拣选贤员")和加强任台官员的训练(新旧员协同办理、轮间更换

---

① 高拱乾:《台湾府志》卷十《艺文》。
② 高拱乾:《台湾府志》卷十《艺文》。
③ 张本政主编《〈清实录〉台湾史资料专辑》,第103~104页。
④ 张本政主编《〈清实录〉台湾史资料专辑》,第284页。

制度）。二是奖励升迁，只要能在台湾称职任满，就可以回内地升迁一级；雍正帝时，更补充规定，台湾官员任满，考核政绩优著者，可以升二级，称职者升一级。三是对不称职和贪赃枉法、玩忽职守的官员，加重惩罚。如规定，对"无劣迹而办事因循、年力就衰者，勒休"①；官员犯罪，同等情况下，台湾官员一般要受到更加严厉的处罚。

因此，清朝台湾官员受到查处的特别多，是与台湾特殊的社会条件，以及清朝对台湾民间的特殊保护政策密切相关，而非因为台湾官员特别腐败。台湾作为开发新区和移民社会，本身潜藏着更多的不安定因素，社会动乱事件比他处为多，本来就不足为怪。问题是，每每有事，总是让人产生官逼民反的联想，而清朝廷也惯于以惩办官员来平息事态。对于这个政治敏感区，清朝有必要淡化明清改朝换代的政治遗留问题，因此将社会动乱归咎于官员渎职、腐败，即单纯的吏治问题，是一种不错的政治策略，有利于避免事态的失控。而在客观上，要保证在这样的移民社会重建基本秩序，保护民间社会的平稳发展，也有必要对"官斯土者"采取更加严格的监管措施。另外，清朝对于在台湾过于显赫的官员，有一种深刻的疑虑，但这种猜疑不宜过于表面化，因此也往往借经济问题入手，来解除他们所认为的政治隐患。凡此种种，都导向对台湾地方官员经济问题的格外注目和更加严厉的查处。

最典型的例子，莫过于乾隆帝对台湾海口"陋规"案的处理。"陋规"是指下级用各种名义向上级输送钱财，或官员在赋税中以各种名义浮收截留，是清朝官场相沿成习的潜规则，自清初以来一直受到姑息和默许，即使是洁身自好的官员也不免。但台湾林爽文之乱平息后，乾隆帝即以台湾总兵柴大纪等官员收受海口陋规为突破口，大规模清查官员贪渎，结果判柴大纪斩立决，台湾文武官员涉案者达百余名，其中49员拟绞监候。而同样曾引起乾隆帝震怒、涉及面和涉及金额可能更大的厦门洋行陋规案，最终却以虎头蛇尾告结，仅从轻处理涉案官员10人。有人进行对比分析后指出，两案处理之所以截然不同，根本原因在于林爽文之役使柴大纪头上光环过于耀眼，而影响到满洲权贵福康安形象的缘故。②

由此可见，所谓台湾吏治之坏，仅是一种复杂背景中的表面假象。而

---

① 张本政主编《〈清实录〉台湾史资料专辑》，第256页。
② 参考晏爱红《乾隆晚年台湾海口陋规案探析》，《石家庄学院学报》第8卷第4期，2006年7月。

在另一面，我们却可以看到，台湾青史留名的良吏之多、政绩之显著，比之福建内地各府，要突出得多。这里可以用《嘉庆重修一统志》中福建各府所列"名宦"名单，作个具体的对比分析。在这部全国地理总志的福建部分，分府胪列了清朝开国到嘉庆末期的"名宦"，详见表5。

表5　清朝开国到嘉庆末期的福建各府名宦

单位：人

府（州）别	福州	兴化	泉州	漳州	延平	建宁	邵武	汀州	福宁	台湾	永春直隶州
名宦人数	9	7	12	12	13	7	10	10	9	31	4

从表5可以看出，台湾名宦人数，是同时期内地各府名宦平均数的3倍多。入祀名宦者，一般为所谓有"德施民""死勤事""劳定国""御大灾""捍大患"等显迹的官员。台湾社会比内地动荡，死事官员自然比内地为多，31个名宦中，有10个是单纯为平定动乱而死的武官，而内地此类则较少，但即使如此，其他以忠于职守、勤于政事著称的名宦，也比内地多得多；而且，还有一些能干的官员，由于在福建任官时就已经名列名宦，任职台湾后同样政声卓著，却不再重复列出，如杨芳声、高拱乾、沈起元等，若加上他们，则台湾名宦就更多。

图33　台湾孔庙中所配祀的清代闽台名宦

台湾孔庙中所配祀的清代闽台名宦。本图仅摄入小部分，从左到右依次为分巡台湾道陈大辇、福建水师提督施世骠、福建巡抚陈瑸、南澳镇总兵蓝廷珍、台湾知府蒋毓英、台湾府海防同知洪一栋、台湾知府靳治扬。

这些官员的政绩，最引人注目的有以下几个方面。

一是招徕垦荒，安辑流亡。如首任台湾知府蒋毓英、首任台湾知县沈朝聘、台湾道陈大辇等，都以抚民垦荒著称。陈大辇受任于朱一贵之乱甫定，百废待举之时，他"安辑流亡，抚绥部落，生番归化者接踵……台民获安"。

二是抚番教化，改良民风。如知府靳治扬"抚辑土番，加意教化"，广立社学，加强原住民地区的教育；知府卫台揆"时课诸生，分席讲艺，文教大兴"。知县陈瑸、知府周元文、巡台御史夏之芳、同知曾日瑛等，也都在兴教办学，改良社会风尚方面政绩突出。

三是救荒赈灾，维持公正。如知县陈瑸亲率民众抗水、旱灾，申请免赋，台民为之感奋，百废俱兴，称为"海疆治行第一"；知县李中素"善听断，遇冤狱必竭力申救，民以不冤，卒官，台人思之"。

四是兴利革弊，注重民生。如同知孙元衡"性刚正，诸不便民事，悉除之"，曾在荒年令商船南北运米，平抑米价，民间不饥；知府洪一栋"通商惠工，裁革水口积弊，豁除逃亡丁赋，台人德之"。知府周元文、道员王敏政等，都以关注民生而享有盛誉。

这些官员的政绩，总体上反映出清代台湾行政系统的施政重点，同时也反映出清朝选贤任能、加强对台湾官员督察的种种做法是有成效的。否则，无法解释台湾能够从清初财赋不足之地，迅速成为粮食的输出重地；无法解释台湾土地迅速开发，各项社会事业日臻完善的事实；无法解释一个畸形结构的移民社会，终于发展为人民安居乐业的定居社会的现象。

第三节　闽台行政系统的治理成效

一　清代台湾农业之兴盛和社会之富足

由于地方官员招垦有力，清朝台湾设治不出数年，社会生产便得到迅速恢复，很快就超过明郑时代的水平。据范咸《重修台湾府志》记载，台湾府"旧额"田园18453甲余，到雍正十三年（1735年），增垦田园共34408甲余，新旧合计达到52862甲余，按1甲为10亩计算，共计528620余亩。

但这个数目，仅是向官府上报的田园数。清代台湾有大量隐田，这在当时就是不宣之密，闽台官员一清二楚。雍正四年（1726年）闽浙总督高其倬奏报："窃查台湾田土，向当台湾初定之始，止台湾一县之地原有人户钱粮，故田土尚为清楚。其诸罗、凤山二县，皆系未垦之土，招人认垦。而领兵之官，自原任提督施琅以下，皆有认占，而地方文武亦占作官庄，再其下豪强之户，亦皆任意报占，又俱招佃垦种取租。迨后佃户又招佃户，辗转顶授，层层欺隐……亩数则种百亩之地，不过报数亩之田……"[1] 次年巡台御史索琳、尹秦也向朝廷奏报了台湾田园"以多报少，欺隐之田竟倍于报垦之数"[2] 的情况。乾隆五十五年（1790 年）清丈土地，仅汉人越过标识汉番界线土牛界所垦之田，就查出 3730 余甲。直到台湾建省后，首任台湾巡抚刘铭传进行清赋，查出田地共 29 万余甲，比清赋前 7 万余甲多出 3 倍多，而这次清赋，依然有大量隐田存在。[3] 可见，清代台湾所开发的农地，远比所能查到的数据为多。

台湾气候温湿，土地肥沃，水田宜稻，坡园宜蔗，"一岁数获"。清代台湾已有几十个水稻品种，大部分地方都种上双季稻，单位产量数倍于内地，蓝鼎元曾形容"台地一年耕，可余七年食"；闽浙总督高其倬也说："台地一年丰收，足供四五年之食"[4]。台湾新垦之田，上者每甲可产粟六七十石，最下者也可产三四十石。首任巡台御史黄叔璥很生动地描述：台湾人种田都不施粪肥，一施就产量太高，穗重容易倒伏，所以种完就任其自生，也不耘草，只要坐等收获，与内地农人的辛劳程度大相径庭。台湾土地还特别适合种甘蔗，种蔗制糖，"勤者岁得数千斤，贩于各省。"其他农副产品还有麻、豆、鹿皮、鹿脯等。这些产品可大量出口，商船穿梭于江、浙、闽、广四省及占城、暹罗、真腊、满剌加、浡泥、荷兰、日本、苏禄、琉球等国。

物产之丰富，商品之流通，使台湾社会远远富足于内地。郁永河说："近者海内恒苦贫，斗米百钱，民多饥色；贾人责负声，日沸阛阓。台郡独似富庶，市中百物价倍，购者无吝色，贸易之肆，期约不愆；佣人计日百钱，趑趄不应召；屠儿牧竖，腰缠常数十金，每遇樗蒲，浪弃一掷间，意不甚惜。"[5]

地方志记载，台湾县"俗尚华侈，衣服悉用绫罗，不特富厚之家为然

---

[1] 《雍正朱批奏折选辑》，台湾文献丛刊第 300 种，1972，第 113 页。

[2] 《雍正朱批奏折选辑》，第 43 页。

[3] 参见编辑部同人编《台湾史》上册，海外出版社，第 210 页。

[4] 《雍正朱批奏折选辑》，第 104 页。

[5] 郁永河：《裨海纪游》，第 30 页。

也，下而舆隶之属、庸败之辈，非纱帛不袴"。"家有喜事及岁时月节，宴客必丰，山珍海错，价倍内郡，置一席之酒，费数千之钱，互相角胜，一宴而不啻中人之产。"① 诸罗县也差不多，"人无贵贱，必华美其衣冠，色取极艳者，靴袜耻以布，履用锦，稍敝即弃之。下而肩舆隶卒，袴皆纱帛。"② 不但殷实之家生活奢华，连打杂佣工之辈，手头也挺宽裕，因为工钱也好赚，"一切农工商贾以及百艺之末，计工受值，比内地率皆倍蓰。"社会经济之繁荣和民生之优裕景象跃然纸上。

这种状况，当然与台湾人少地多、自然条件优越密切相关，但清代从朝廷中枢到福建地方行政系统，对于台湾的治理，在政策上有诸多优惠，对此应该加以充分考量。

其一，税率的大幅降低。

清朝统一台湾后，根据施琅的奏请，康熙帝给台民大幅减赋，比明郑时期旧额减少40%，尤其是对实际务农的普通百姓，诸如官佃和新移民垦殖之人，田赋税率仅为明郑和荷据时期的一半，其他杂税也大幅降低。1731年又规定，自雍正七年（1729年）新垦及自首升科的田园，改照泉州同安县下沙则例输粟，折算税率，仅为原先税率的1/3。后因户部认为这一税率过轻，于1744年略为加高，但仍比旧额为低。

其二，台湾赋税，绝大部分就地留用。

郁永河说："是台湾一区，岁入赋七、八十万，自康熙癸亥削平以来，十五、六年间，总计一千二、三百万。入多而出少，较之内地州县钱粮悉输大部，有出无入者，安得不彼日瘠而此日腴乎？"③ 由于经费充裕，台湾行政系统可以避免征敛过度，有利于改善民生。据高拱乾《台湾府志》载，（1696年左右）"存留经费"项，台湾府各项正杂饷税额银23970两余；到范咸《重修台湾府志》时（1747年左右），该项经费，正杂饷税加上盐课，额征银降为15746两余。

其三，台湾驻军费用主要由福建省财政负担。

清代台湾常驻军队一万余人，军费开支，"三邑丁赋，就地放给外，藩库又岁发十四万有奇，以给兵饷。"④ 即军费的大部分由福建省布政使司库

---

① 陈文达：《台湾县志》，第57、59页。
② 周钟瑄：《诸罗县志》，台湾文献丛刊第141种，1962，第146页。
③ 郁永河：《裨海纪游》，第30~31页。
④ 郁永河：《裨海纪游》，第30~31页。

拨付，给台湾造成的负担并不大，高拱乾《台湾府志》所载"存留经费"项下，充兵饷银为17247两余，到范咸《重修台湾府志》，同项开支仅为4534两余。

其四，官方有意遗利台民。

台湾初入版图，清朝有加以抚恤之意，以安抚台民之心，而闽台地方官员也乐得地方安宁，"体庙堂加惠小民德意，施法外之仁，使海滨赤子，乐安太平"，对于台湾隐田一事，上下皆知，但普遍认为，此事"在国家为漏卮，在小民为遗利"①，不必汲汲为于增加赋税而清丈田园。乾隆九年（1744年），因台湾武官私置庄田，与民争利，福建布政使高山奉命前往清查官庄地亩，乾隆帝特意嘱咐"此举不过为民间清宿弊，并非为增益钱粮起见，不得会错意也"②。

其五，宽容台湾对外贸易。

清朝实行闭关自守政策，对于海上外贸控制甚严，近代以前仅限于广州作为通商口岸，福建沿海海上贸易基本上被禁绝，基于安全考虑，对于粮食、铁铜、硫黄等战略物资更是严禁出口。但台湾却可以通过一定途径，"商舶交于四省，遍于占城、暹罗、真腊、满剌加、浡泥、荷兰、日本、苏禄、琉球诸国"③，大量输出米、谷、糖、麻、豆、鹿皮、鹿脯等物产。物产的流通，是台湾农业繁荣和社会富足的重要条件。

二　政区统一下的两岸经济关系强化

明清时期福建商品经济得到长足发展，自然经济的平衡趋于瓦解，社会经济结构出现畸态变化。如果说宋元时期福建人多地少的问题，由于农业技术创新的活跃而尚能维持区域经济的基本平衡的话，那么，明清时期新一轮土地资源不足，已经使福建经济陷入无法自成循环的系统失衡。一方面，这一时期福建农业活力明显趋弱，农业生产技术基本上没什么创新，由于商品经济的冲击，大量农田改种经济作物，水利灌溉工程不再受到重视，一些宋元时期修建的农田基本设施甚至遭到人为破坏，更加剧了粮田的萎缩。另一方面，人口迅速增长，人均耕地急剧减少，沿海一带的土地不足问题尤为尖锐，大量富余劳动力需要外移，大量粮食缺口需要输入；

---

① 周钟瑄：《诸罗县志》，第87~88页。
② 张本政主编《〈清实录〉台湾史资料专辑》，第141~142页
③ 《福建通志·台湾府》，台湾文献史料丛刊第84种，台湾大通书局，1960，第432页。

与此同时，土地不足还使得大量人口转向从事手工业生产，由此产生的大量手工业产品也需要输出，这又大大增强了福建经济的对外依赖性。

在台湾纳入福建行政序列之前，福建人口主要向国内临近省份如广东、浙江、江西、湖南等地迁移，沿海一带还大量外移到东南亚；粮食也主要从上述邻省输入，尤其是仰赖于江西和浙江。清朝统一台湾后，这种情况继续长期存在，但由于台湾纳入福建行政序列，福建省内调配资源的能力得到很大的提高。

台湾建府之初，区区八万余人，只相当于内地一个小县的人口规模，到处都是待开垦的沃野。这对于生计艰难的福建人来讲，不啻天赐乐土。而福建的高层官员，也看准了台湾土地资源对解决福建民生问题的意义，经常以两岸人力资源和土地资源的互补说事。台湾知府沈起元说："漳、泉内地无籍之民，无田可耕，无工可佣，无食可觅，一到台地，上之可以致富，下之可以温饱，一切农工商贾，以及百艺之末，计工授值，比内地率皆倍蓰。而必曰尔其坚坐饿死，无往求生为也，既非为民父母之道，且或亲戚兄弟在台成业，此既需人助理，彼可相依为活。合之则两全，离之则两伤。"① 因此，在有条件开放的情况下，福建居民还是取得了渡台的优先权。在最初的禁令时，曾规定不许潮、惠之民渡台，而福建居民则可以在官方手续清楚的条件下渡台，这毋宁是行政建置的一体化带给闽人的一项便利。当时闽台官员在执行禁渡政策时，普遍怀有复杂的心态：作为朝廷命官，他们必须贯彻朝廷政策，也担心台湾流民过多，引起社会动乱，大意不得；但从谋治一方的"为民父母之道"出发，福建民生过于贫困，闲散劳力过多，同样潜藏着社会危机，而在福建行政力所及范围，只有台湾能够充当消化过剩劳动力的缓冲之地。在这种复杂心态的交织中，他们往往倾向于放宽闽人渡台的限制。雍正十年（1732年）大学士鄂尔泰估计，在台湾垦田、做工和经商的闽广之人有几十万，显然，当时台湾已成为福建劳动力输出的主要地区。

与之相应，福建粮食短缺，也越来越依赖台湾米的输入。清初台湾府初建，产米有限，为保证岛内供应，曾限制粮食出岛。从康熙后期开始，台湾米就大量流入福建。"福建省城五方杂处，食指浩繁，漳、泉皆滨海之处，地方斥卤，所产米谷，即甚丰稔之年，亦不敷民食，全赖台湾米贩源

---

① 贺长龄辑《皇朝经世文编》卷八十四，《近代中国史料丛刊》第74辑，第3025页。

源接济。"① 雍正二年（1724 年），清廷以供养驻台兵丁家眷的名义，规定此后每年从台湾官仓拨运 5 万石 "眷米" 到泉、漳平粜，称为 "台运"，从此，台米供应福建沿海四府成为常态化。后来又加供福建 "兵米"，每年合计 "台湾岁运福建兵、眷米谷八万五千二百九十七石，遇闰加运四千二百九十八石"②。这还只是官运。事实上，当时还有大量商船、渔船夹带台湾米到内地。至乾隆初，"盖缘拨运四府及各营兵饷之外，内地采买既多，并商船所带，每年不下四五十万。又南北各港来台小船，巧借失风名色，私装米谷，透越内地。" 据估计，"台运" 及大小商、渔船从台湾贩运之米，合计少则五六十万石，多则八九十万石。③ 有人推算，18 世纪中叶，福建沿海四府缺粮总额为 210 万～260 万担。④ 其中从台湾运米获得的补充，占缺口总量的 30% 左右。

此外，政区统一也使得两岸其他商品的互通有无变得更加便利。台湾手工业相对落后，生产工具和生活日用品比较缺乏，主要从福建内地供应，建筑材料和建筑工匠也主要从福建输入；而台湾的蔗糖、植物油、靛青等特产，也越来越依赖内地市场，康熙末期，台湾 "三县每岁所出蔗糖约六十余万篓，每篓约一百七八斤"⑤，这些物产，经由福建商船的贩运，销往大陆各地。

1684 年，厦门被确定为与台湾鹿耳门对渡的 "正口"。其时日本进入锁国时期，与台湾贸易极少，东南亚地区物产与台湾雷同，通商需求不强，西方各国所大量需求的丝、茶，已不需从台湾转贩，因此台湾此前的国际转口贸易，已成明日黄花。闽台两地贸易进入主要以两岸市场互通有无、与本地日常经济生活密切联系的阶段，此后一直到 1860 年台湾被迫向西方开港，台湾的岛外贸易对象主要是大陆。

在统一初期，两岸贸易的规模较小。据康熙末年出任巡台御史的黄叔璥记述，当时经营两岸贸易的，绝大多数是漳、泉商贾。他们的海船主要来往于闽台两地，有的也贩运到上海、浙江、宁波、山东、关东。往返贩运货物如下。

① 《台案汇录丙集》，台湾文献丛刊第 176 种，第 197 页。
② 连横：《台湾通史》下册，第 380 页。
③ 《台案汇录丙集》，第 169 页；王世庆：《清代台湾的米产与外销》，《台湾文献》第 9 卷第 1 期，第 20 页。
④ 王业键：《十八世纪福建粮食供需与粮价分析》，《中国社会经济史研究》1987 年第 2 期。
⑤ 黄叔璥：《台海使槎录》卷三《物产》。

从福建运至台湾的，漳州载运丝线、漳纱、剪绒、纸料、烟、布、草席、砖、瓦、小杉料、鼎、铛、雨伞、柑、柚、青果、橘饼，泉州载瓷器、纸张，兴化载杉板、砖、瓦，福州载大小杉料、干笋、香菇，建宁载茶。从台湾回船，则载米、麦、菽、豆、黑白糖、锡、番薯、鹿肉，售于厦门诸海口。

从台湾运至上海的，载糖、靛、鱼翅，到达后改小艇拨运姑苏行市。回程则载布匹、纱、缎、巢棉、凉暖帽子、牛油、金腿、色酒、惠泉酒，或从浙江载回绫罗、绵、绸、绉、纱、湖帕、绒线，或从宁波载回棉花、草席。

图34 新建蚶江海防官署碑记

台湾运至山东的，则贩卖粗细碗碟、杉、枋、糖、纸、胡椒、苏木，回程则载白蜡、紫草、药材、茧、绸、麦、豆、盐肉、红枣、核桃、柿饼。

台湾运至关东的，则贩卖乌茶、黄茶、绸缎、布匹、碗、纸、糖、釉、胡椒、苏木，回程则载药材、瓜子、松子、榛子、海参、银鱼、蛏干。①

随着台湾开发的北延和彰化县、淡水厅的建置，中北部地区逐渐繁荣起来，私商往来频繁，许多商船直接从彰化、竹堑、八里坌等地出入，原有仅限于厦门与鹿耳门单口对渡的格局，显然已经不敷实际需要。到乾隆四十九年（1784年），清廷加准开放彰化的鹿仔港与泉州府晋江的蚶江口对渡通商。为加强管理，经闽浙总督奏请，还特命"将福宁府通判改驻蚶江口，台湾府理番同知移驻鹿仔港，稽查验放……"② 这种行政安排，使蚶江口的贸易地位迅速攀升。至今福建石狮市蚶江镇原海口官署旧址仍留有《新建蚶江海防官署碑记》，记曰："（蚶江）为泉州总口，与台

---

① 黄叔璥：《台海使槎录》卷二《商贩》。
② 张本政主编《〈清实录〉台湾史资料专辑》第291页。

湾之鹿仔港对渡。"乾隆五十七年（1792 年），又开放淡水厅的八里坌与蚶江和福州五虎门对口通商。这些口岸开放后，一批以走私方式进行的贸易港口，如乌石港、鸡笼、笨港、东石、旗后、梧栖等，也逐渐繁荣起来，两岸贸易进入全面发展阶段。

图 35　石狮蚶江海口官署遗址

摄于闽台缘博物馆。

口岸的开放，便利了两岸人员往来，有利于大陆商人在台湾立足，也使台湾本土的商业力量迅速壮大，促进了闽台两地商业组织——郊行的发展。厦门有鹿郊、台郊等；蚶江口开放后，很快成为对台交通中心，乾隆朝以后与台湾通商的大行郊有 20 多家，来往的船只近 200 艘。而台湾的郊行，几乎都面向大陆贸易。较早的有台南的北郊、南郊、糖郊。中期以后鹿仔港有泉郊、厦郊、南郊等，据计，道光年间鹿港泉郊所属商号多达 200 余家，厦郊所属商号也有 100 余家。台北的艋舺，在道光年间也出现了泉郊、北郊等，分别经营福州、泉州和福州以北地区的贸易。此外，笨港一带有泉州郊、厦门郊、龙江郊；大稻埕有厦郊；噶玛兰也有"商郊船户"，"往江、浙、福州曰北船，往广曰南船，往漳、泉、惠、厦曰唐山船"[1]；等

---

① 　陈淑均：《噶玛兰厅志》卷五（上）《风俗·商贾》。

等。从台湾各口岸郊商组织的活动范围来看，基本上是以经营闽台两地贸易为主，即使是经营福建范围以外地区的贸易，也往往以福建口岸为中转，如，"鹿港泉、厦郊船户，欲上北者，虽由鹿港聚载，必仍回内地各本澳，然后沿海而上"①；噶玛兰"兰地郊商船户，年遇五、六月南风盛发之时，欲往江、浙贩卖米石，名曰上北。其船来自内地，由乌石港、苏澳或鸡笼头，搬运聚载，必仍回内地各澳，然后沿海而上"②。这些活动路线，既受商业规律的影响，也有政令制约的因素，从中可略见行政格局对两岸贸易影响之一斑。

图 36　鹿港郊铁钟

清道光十七年（1837 年）所铸"泉郡南关外浯江铺塔堂鹿港郊公置"铁钟，为鹿港与泉州商贸往来物证，现存闽台缘博物馆。

在闽台行政官员看来，闽台经济关系的强化，显然是他们所谋求地方治理的重要目标。前已述及，围绕治台方略，存在着高层与地方的博弈，

---

① 周玺：《彰化县志》卷一《封域·海道》。
② 陈淑均：《噶玛兰厅志》卷五（上）《风俗·商贾》。

最终的政策是博弈的结果，政策的实际执行情况同样是博弈的结果。每当清朝高层出于政治因素的考量，屡屡申论禁渡、禁垦或其他影响两岸关系的政策的时候，闽台地方官员通常多有站在反思的角度，予以疏解者。福建官员缉私之不力，很根本的一个原因，在于两岸往来热络对于整个区域经济的重大意义。在许多励精图治的官员眼里，适当放宽渡台限制，促进台湾开发，使两岸经济连为一体，是解决东南民生和永固海疆的根本之策。

事实上，从康熙末开始，闽台经济的一体化，至少在福建地方高层的官员中，就已经有具体的概念。这一点，可以从闽浙总督高其倬在雍正四年所上《请开台米禁疏》中，看出端倪。当时，由于朱一贵之乱，清廷担心台米输出接济海盗，又怕输出过多造成台湾米贵，引起恐慌，所以应巡台御史之请，禁止台米过海。高其倬分析这一禁令的不良后果说：

> 漳泉之民，有米无米，在所不顾。不知台湾地广民稀，所出之米，一年丰收，足供四五年之用，民人用力耕田，固为自身食用，亦图卖米换钱。一行禁止，则囤积之米，废为无用，既不便于台湾，又不便于泉漳。究竟泉漳之民，势不得不买，台湾之民，亦势不能不卖，查禁虽严，不过徒生官役索贿私放之弊。臣查开通台米，其益有四：一泉漳二府之民有所资藉，不苦乏食；二台湾之民既不苦米积无用，又得卖售之益，则垦田愈多；三可免泉漳台湾之民因米粮出入之故，受胁勒需索之累；四泉漳之民既有食米，自不搬买福州之米，福民亦稍免乏少之虞。[1]

从这段表述中，我们可以解读出闽台经济关系的以下要点。

（1）粮食禁运，于两岸民生和经济发展都不利，福建沿海固然对台湾粮食有依赖，但台湾商品化的农业生产，同样已离不开内地市场的需求，一旦禁运，首先伤害的是台湾农民。

（2）台湾农业一旦失去内地市场需求的刺激，势必影响农民的生产积极性，从而延缓土地开发的进程，造成台湾社会经济发展的停滞。

（3）福建内地一旦失去台湾粮食的供应，将引起粮食市场的连锁反应。

---

[1]　贺长龄辑《皇朝经世文编》卷八十四《兵政》，《近代中国史料丛刊》第 74 辑，第 3022 页。

（4）两岸经济互为依存的关系，事实上已经切割不断；人为的切割，只能增加商业活动的混乱和官场的腐败。

由此可见，清代闽台密不可分的经济关系，是与政区统一相伴生的。

三　闽文化的传播与台湾社会的进一步内地化

统一台湾并将之纳为福建省治下的一个行政区域，一直是清朝引以为自豪的一件盛事。台湾原为蛮荒之地，"不服王化"是求治的最大障碍，因此，只有施以儒家正统文化的"教化"，才能循序渐进，建立长治久安的文治化社会。而福建既是台湾汉人最主要的祖居地，又具有极其丰富的儒家正统文化资源，大力推广闽文化，成为台湾社会治理的一项意义悠长的重要成效。

闽文化在台湾传播主要通过两个层面进行。一是随移民而自发播迁的俗文化，也就是民间文化；一是由官方自上而下推广的教育文化，也可以称为雅文化或士人文化。官方推广的教育文化，主要通过附属于地方行政系统的官学系统来实现。台湾官员大多数从福建内地现任官员调任，因而从福建获取教育资源成为台湾官学发展的便捷之道。这种教学资源的流向，具体表现为教学图书资料、办学经验和学官、师资的供给。

清朝规定，府、县儒学生员主要学习根据朝廷意旨注解的儒经和程朱理学著作。在台湾，闽学派的理学著作尤受重视，闽籍理学家李光地主持编纂的《性理大全》《朱子全书》被御颁为各级官学必读书；张伯行、蔡世远等在福州鳌峰书院组织整理、刊刻的正谊堂先儒遗书，被视为正宗版本。义学、社学、番学的教学用书，也都是与内地一样的《三字经》《千家诗》和"四书五经"。当时福建刻书业发达，大量的闽版儒学著作和普及读本，成为台湾士子、学童学习的范本。

台湾官员在办学过程中，总是习惯于从福建移植先进经验和寻求指导，如康熙五十四年（1715年）诸罗县学为飓风所坏，知县周钟瑄进行大规模重建，因仰慕福州鳌峰书院山长蔡世远才学，遂通过友人请求蔡世远撰写《重修诸罗县学记》，意图在于"诸罗僻处海外，诸生观化聿新，愿有以教之也"。蔡世远欣然答应，利用写《重修诸罗县学记》的机会，高度概括地传授了朱子理学的精髓。不久后，黄叔璥出任巡台御史，蔡世远又以同门之谊，作《送黄侍御巡按台湾序》，寄托对黄叔璥以朱子理学造福于台民的期望。

　　清朝官制实行本籍回避制度，出任台湾行政主官的都是非闽籍官员，但文教官员却不受此限。文教官员，掌府学者称为教授，掌县学者称为教谕，各配训导为助手，教授、教谕、训导都是归入吏部统管的有品级的官员。由于语言、习俗等方面的便利，清朝明确规定，台湾府学教授必由内地选派；府学训导及各县教谕、训导，应优先从泉州府的晋江、安溪、同安和漳州府的龙溪、漳浦、平和、诏安等地官儒学师资中选任，若不敷使用，才于福建全省范围选调。这项规定，显然是为了提高教学效果，同时也有利于向台湾推广朱子理学，因为上述地区都是闽南方言区内受朱子"过化"，或在明清时代闽学人才较多的地区。

　　从实际贯彻情况来看，据方志资料所列，从 1687 年到 1893 年，共任命府学教授 69 名，其中只有 1 名因以知县兼教授，为湖北籍，还有末期 3 名为台湾籍，此外一律为福建籍；同期府学训导共 51 名，其中广东籍 1 名、台湾籍 3 名、不详 1 名，其余皆为福建籍。各县级儒学教谕共 259 名，其中福建籍 238 名、台湾籍 12 名、不详 9 名；县、厅儒学训导共 243 名，其中福建籍 214 名、台湾籍 14 名、广东籍 1 名、不详 14 名。①

　　由此看来，除了清末岛内人才增多，才出现个别本籍文教官员外，整个清代台湾文教官员，几乎都是闽籍人员出任。出任的闽籍人员中，又以泉、漳、福、兴诸郡居多，次则闽北。这些地方，都是福建教育文化发达地带，闽学人才层出不穷，有很强的文化输出能力。事实上，除了上述文教官员，那些遍布台湾各地的义学、社学、番学和书院，需要更多的师资。这些师资很大程度上也依靠福建供应。福建穷苦书生很多，功名无望的人，往往乐于外出谋生，到台湾担任塾师，对于他们来讲也是一种不错的选择。所以，在能够进入地方志记载的有名有氏的学官名单背后，应该有一支规模更大的闽籍教师队伍，在默默无闻地为闽文化传播台湾做出贡献。

　　闽文化的顺利传播，使台湾社会文化水准与内地的差距迅速拉近。清朝治台 50 年后，巡台御史夏之芳曾赞叹："我皇上御极以来，文德覃敷，声教暨讫，休风雅化，已遍遐陬。"② 台湾已俨然"彬彬称治，为海邦邹鲁"。方志则称："台虽外岛，作育数十年，沐浴涵濡，骎骎乎海东邹鲁矣……岛屿文明因之日盛，而且番社有学，文身者亦习弦歌，岂特在野之

---

① 参考刘宁颜总纂《重修台湾省通志》卷 8 第 1 册，第 59～66 页，第 96～257 页相关内容，台湾省文献委员会，1992。
② 范咸：《重修台湾府志》卷 22《艺文三》。

俊秀？有德有造已哉！"① 这些话虽有溢美成分，但以闽学为宗的儒家文化已在台湾迅速扎根，并为台湾文治化社会的建立打下坚实的基础，却是不争的事实。

在台湾成建制区大力推广闽文化，其目标毫无疑问是使台湾在福建管辖之下，成为与内地一样的稳定社会。简而言之，也就是使台湾社会内地化。那么，台湾社会何时实现内地化？台湾学者李国祁教授认为，大体而言，到 19 世纪中期，台湾西部已开发地区内地化已基本完成。其主要依据是，此时这些地区"非仅设官分治与中国本部十八行省相同，甚至地方官亦大多是科举出身，社会上领导阶层也由豪强之士转变为士绅阶级。民间的价值判断与社会习俗均以儒家道德标准为主。而沈葆桢开发台湾的一系列措施，则又将台湾的内地化进一步扩展到北部、东部"②。也就是说，在台湾建省之前，总体而言内地化已经实现。

所谓台湾社会的内地化，当从两层意义而言，一是指原住民的"向化"。在台湾纳入清统一政权的建制系统以前，原住民处于与内地社会相隔膜的状态，经过清朝一百多年的统治，大量原住民接受了汉文化教育，生产、生活方式都趋同于汉族社会，尽管还有相当一部分"生番"未服"王化"，但在历任治台者理番，尤其是沈葆桢积极开山抚番，将行政建置扩展到南部、北部、东部以后，原住民归化已是大势所趋。二是指大陆移民在台湾定居下来后，按照内地社会形态组成新的稳定社会结构的过程。

台湾移民社会的内地化，是个相当复杂的过程。作为汉族开发新区，台湾移民社会曾经在相当长的时期内，处于不稳定和动荡的状态。这种社会结构，在以下方面表现出与内地社会截然不同的特点。

第一，移民社会的地缘认同强于血缘认同。"台地民非土著，逋逃之薮，五方所杂处。泉之人行乎泉，漳之人行乎漳，江浙两粤之人行乎江浙两粤，未尽同风而易俗。"③ 由于移民的分散性，以及相当一部分人并没有作永久定居的打算，他们只能从祖籍地的地缘认同中寻求归属感和安全感，而缺乏以谋生地为主的落地生根的本土认同；传统的血缘认同，限于客观条件而难成气候。

---

① 范咸：《重修台湾府志》卷 22《艺文三》。

② 李国祁：《清季台湾的政治近代化——开山抚番与建省（1875–1894）》，《中华文化复兴月刊》1975 年第 8 期。

③ 黄叔璥：《台海使槎录》卷二，第 42 页。

　　第二，男女比例失调。由于清朝长期禁止汉人携眷渡台，台湾汉族女性极少，移民虽结屯成庄而居，但能形成正常家庭生活的却不多，"男多于女，有屯庄数百人而无一眷口者"①，"乡间之人，至四、五十岁未有室者，比比而是。"② 这种状况一直到 18 世纪后半叶，清朝不时放宽移民携眷规定，才开始逐步缓解。

　　第三，初级社会群体比较复杂。从家庭组织来看，大家庭组织和单身者较多，而核心家庭较少，由于开垦和集体自卫的需要，亲族间往往组合成由一个家长控制下的扩张式家庭或复合式的家庭。同时，社区人群组合，往往表现为一种广泛的"非亲属组织"③，"失路之夫，不知何许人，才一借寓，同姓则为弟侄，异姓则为中表、为妻族，如至亲者。然此种草地最多，亦有利其强力，辄招来家，作息与共……"④

　　第四，信仰和价值观念的差异。移民社会初期只祈拜自己所携奉的神明，公共信仰社区难于形成，各人信仰圈呈以家族或共同祖籍地为单元的点状分布；在文化观念上，也以祖籍地传承的民俗文化（小传统文化）相尚，缺乏对大文化的追求，主流价值取向是势大族大、肆意称雄。

　　这些社会特点是清代前期台湾社会动乱不断的重要根源。不过，动乱恰恰是分散的移民社会重新整合，趋向产生新的群体认同，最终形成定居社会的必经过程。在这个过程当中，有两大因素起着关键的催化作用。

　　一是足够的家族世代繁衍。经过数代经营，一些家族开始在地方上形成规模，尤其是乾隆朝以后，数度放宽移民携眷的禁令，到乾隆末基本取消了该禁令，这就迅速缓解了台湾移民社会男女比例失调的问题，以血缘为纽带的初级社会群体得以较快发展。当这些血缘性的社会群体与居住地建立起不可分离的经济联系，它们就成为定居社会牢不可破的基础，宗族观念重新取代地域观念成为社会主要的认同意识。

　　二是官府文治化策略的催化作用。家庭的定居化和宗族观念的上升，有助于唤醒人们对区域社会安定和对高层文化的追求，在这种情势之下，官府"兴学校，重师儒"，"多方开导"，"转移士习民风"策略的长期作用开始发酵。一方面，以血缘关系为基础、以内地传统"乡党"观念为纽带

----

　　① 周钟瑄：《诸罗县志》卷十二《杂记志·外记》。
　　② 陈文达：《台湾县志》卷一《舆地志·风俗》。
　　③ 黄树民：《从早期大甲地区的开拓看台湾汉人社会组织的发展》，载李亦园、乔健合编《中国的民族、社会与文化》，食货出版社，1981，第 36~37 页。
　　④ 周钟瑄：《诸罗县志》卷八。

的新地缘观念得以重建，人们越来越倾向于在原有祖籍地认同的基础上，构建新的现居地的认同，"一些超地域性的宗教信仰（如妈祖、玉皇大帝、土地公等）可使居住于某地区的家庭与家庭之间消除彼此之间的分类意识，而产生一种强烈归属的地方意义，一些地域性的信仰（如客家人所信仰的三山国王、漳州人所信仰的开漳圣王等）则可使同一祖籍的人群聚居在一起，形成同质性较高的稳定社区。"① 另一方面，教育的发展逐渐从移民社会中缔造出一种新的社会阶层——士绅，并悄然取代前期开发过程中那些意气自雄的豪强之士的地位，引领着社会价值观念的转化，儒家道德观念逐渐成为民间价值判断和社会习俗的普遍准则。

　　到了这一地步，台湾移民社会事实上已经完全与中国内地社会同构化，也就是实现了内地化。

　　关于台湾移民社会的内地化，有许多学者从不同角度切入做过多方面的研究和论述，也有过许多争议和不同的提法。有的学者直接以"内地化"言之，如李国祈；有的学者则以"土著化"言之，如陈其南；还有所谓"本土化"的提法。但无论是"内地化"也好，"土著化"或"本土化"也罢，其实质都是中国传统社会组织形态和文化价值体系在台湾的重构过程。陈其南在论述台湾汉人社会从"移民社会"转型为"土著社会"的过程时写道：

　　　　……移民社会的性质就是原传统社会移殖或重建的过程。但移民社会在经过一段时间之后即经土著化过程转化为土著社会。而土著社会的特征则表现在移民本身对于台湾本土的认同感，不再一味地以大陆祖籍为指涉标准。换句话说，在意识上由"唐山人"、"漳州人"、"泉州人"、"安溪人"等等概念转变为"台湾人"、"下港人"、"南部人"、"宜兰人"等等。或在血缘意识及祖先崇拜的仪式上不再想"落叶归根"，或酿资返唐山祭祖或扫墓等等，而重新肯定台湾这地方才是自己的根据地，终老于斯，并且也在台湾建立新的祠堂和祭祀组织，逐渐地从大陆的祖籍社会孤立出来，而成为一新的地缘社会。这段长期的转型过程基本上表现在两种社会人群的组成方式和互动形态，一为祖籍分类意识之冲突和转变，一为宗族组织的移殖和形成。②

---

① 林仁川、黄福才：《台湾社会经济史研究》，厦门大学出版社，2002，第251页。
② 陈其南：《台湾的传统中国社会》，允晨文化实业股份有限公司，1987，第158页。

对照前述内地化的过程，笔者以为陈其南所描述的这个"土著化"过程，其实与"内地化"并不矛盾，实质上是同一过程的两种说法，或者说是从两种不同的视角看待同一个过程。古代汉族文化随移民从北方来到南方，每拓展一地，都经历过这样的既"土著化"（或"本土化"）又"内地化"的过程，到福建如此，到台湾也是如此。陈其南也承认，他所提出的"土著化"理论"所要探讨的是，来自中国大陆的汉人如何在一个新的移民环境中重建其传统社会的过程。所谓'传统'是指中国本土社会，尤其是移民原居地的华南所固有的社会阶层化现象及地缘和血缘组织而言"①。既然台湾汉族移民社会的"土著化"过程是个重建中国本土传统社会的过程，那么，将这个过程说成是"内地化"过程，也就不矛盾，更无不妥了。作为一个新纳入中国统一王朝版图的区域，作为一个以移民社会为主体的新的地方行政建置区，培植一个安于本土的定居社会，使其社会组织结构和文化价值观念与内地相同并连为一体，正是中国大陆政权所刻意追求的目标。所以，无论说是"内地化"也好，"土著化"也罢，都是清朝文治化策略下台湾社会建设的一种具有深长意义的成果。

---

① 陈其南：《台湾的传统中国社会》，第157页。

第六章 台湾建省与闽台关系

　　1885 年台湾从福建省分出，单独建省，这是台湾历史的重要里程碑。就区域发展格局而言，台湾建省并不是因条件成熟而水到渠成的产物，而是当时中国在内忧外患的特殊历史背景之下，基于加强东南海防的需要而采取的紧急措置。这一措置给台湾的进一步开发和近代化带来重要机遇。为了迅速提升台湾格局，形成建省的条件，清朝廷和福建省动用了大量人力、物力、财力资源，支持台湾建设和开发，尤其是发展台湾近代化事业，使台湾在短期内从一个边疆地区，后来居上，成为中国先进省份之一。台湾建省后，按照一省建制进一步完善了行政系统，但基于闽台特殊的历史关系和国防需要，在顶层设计的运行机制上，闽、台两省仍是在闽浙总督统制之下"联成一气""内外相维"的关系。

第一节　海防危机所引发的台湾建省之议

一　沈葆桢对台湾地位的洞明和为建省所做的前瞻性工作

　　1874 年日本侵台事件，使清朝对台湾的认识提升到一个新的高度。尤其是奉派全权处理"牡丹社事件"的福建船政大臣沈葆桢，在处理事件的过程中亲历台湾，调查所及，令他触目惊心。日本人虽被驱走，但台湾所面临的被侵略的威胁，并未根本解除。自鸦片战争以来，不断有西方人以传教和游历的名义，深入台湾中、东部原住民地区，收集山川地形、资源民俗等各类情报，其觊觎之心昭然若揭。沈葆桢了解，以西方人的军事征服能力和开发技术能力，一旦大规模地乘虚而入，占据并经营台湾后山一带，那些尚未"王化"的"瓯脱"之区，指不定哪天就成了西洋人盘踞的"都会"。台湾东部地区一旦落入侵略者之手，西部地区也势必不保，台湾一失，中国内地将完全暴露于外国虎视眈眈之下。沈葆桢说，每当他"言念及此，为之寒心"。

基于这样的危机感，沈葆桢认为，应该尽快"开山""抚番"，加快推进原住民地区的行政建置，使朝廷政令覆盖到全岛，并整饬吏治、营制、民风，提高行政效率，加强防务。而要使这些措置并举，非得有一位位高权重的大臣，直接坐镇台湾，以提升管理的权威性不可。所以，他处理完对日交涉后，就向朝廷上了《台地善后请移驻巡抚折》，建议将福建巡抚移驻台湾。他详细罗列福建巡抚移驻台湾的 12 条好处：

> 重洋远隔，文报稽迟；率意径行，又嫌专擅。驻巡抚则有事可以立断，其便一。镇治兵，道治民，本两相辅，转两相妨，职分不相统摄，意见不免参差，上各有所疑，下各有所恃，不贤者以为推卸地步，其贤者亦时时存形迹于其间。驻巡抚则统属文武，权归一尊，镇道不敢不各修其职，其便二。镇道有节制文武之责，而无遴选武文之权。文官之贪廉，武弁之勇怯，督抚所闻，与镇道所见，时或互异。驻台则不待采访，而耳目能周，黜陟可以立定，其便三。城社之巨奸，民间之冤抑，睹闻亲切，法令易行，公道速伸，人心帖服，其便四。台民烟瘾本多，台兵为甚；海疆官制久坏，台兵为尤。良以弁兵由督抚提标抽取而来，各有恃其本帅之心，镇将设法羁縻，只求其不生以外之事，是以比户窝赌，如贾之于市，农之于田。有巡抚则考察无所瞻徇，训练乃有实际，其便五。福建地瘠民贫，州县率多亏累，恒视台地为调剂之区，不肖者舞法取盈，往往不免。有巡抚以临之，贪黩之风得以渐戢，其便六。向来台员不得志于镇道，及其内渡，每造蜚语中伤之，镇道或时为所挟。有巡抚则此技悉穷，其便七。台民游惰可恶，而戆直实可怜，所以常闻蠢动者。始由官以吏役为爪牙，吏役以人民为鱼肉，继则人民以官吏为仇雠。词讼不清，而械斗扎厝之端起；奸宄得志，而竖旗聚众之势成。有巡抚则能预拔乱本而塞祸源，其便八。况开山伊始，地势殊异，成法难拘，可以因心裁酌，其便九。新建郡邑，骤立营堡，无地不需人才，丞倅将领可以随时札调，其便十。设官分邑，有宜远久者，有属权益者，随时增革，不至廪食之虚靡，其便十有一。开煤炼铁，有第资民力者，有宜参用洋机者，就近察勘，可以择地而兴利，其便十有二。①

---

① 吴元炳辑《沈文肃公政书》卷五，文海出版社，1967；连横：《台湾通史》上册，第 104 ~ 105 页。

这些好处，都是针对前此台湾地方弊政和进一步开发台湾、加强海防需要改进之处而言。从中可以看出当时台湾政治状况的种种问题。

为了解决这些问题，当时就有人提出台湾应单独建省，沈葆桢也已看到"综前后山之幅员计之，可建郡者三，可建县者十，固非一府所能辖"，将来建省是必然的，但他不同意立即这样做，因为他认为条件尚不成熟，用他自己的话说，就是台湾"器局未成"，综合其前后言论，他所谓"器局未成"包括两大方面。

一是台湾内政未修。在多年积弊没有革除的情形下，建省只会增加麻烦，"就目前之积弊而论……使不力加整顿，一洗浮浇，但以目下山前之规模，推而为后山之风气，虽多一新辟之区，适多一藏奸之薮，臣等窃以为未可也。"因此"欲固地险，在得民心，欲得民心，先修吏治营制"[①]。而欲修吏治营制，必须得先让福建巡抚坐镇台湾亲为整饬，才能达到预期的目的。

二是台湾财政上尚无法自立。"闽省向需台米接济，台饷向由省城转输，彼此相依，不能离而为二。"[②]

沈葆桢虽不同意台湾"别建一省"，但他在台湾期间的所作所为，又无一不在为台湾培植"器局"，为将来建省奠定基础。

他认为，对日交涉结束后，台湾所谓善后，实际上是一种"创始"工作；善后工作固难，"以创始为善后则尤难"。当初为了断绝"彼族觊觎之心"，紧急开展设防抚番、开山筑路工作，但仅仅这些，都还不是"经久之谋"。在他看来，这些工作都还"只有端倪，尚无纲纪"，"若不悉心筹划，详定规模，路非不已开也，谓一开之不复塞，则不敢知；番非不已抚也，谓一抚之不复疑，则不敢必。"因为台湾太大了，其中山地情况异常复杂，"有官未开而民先开者""有番已开而民未开者""有民未开而番亦未开者"，而那些不服管教的"生番"，又有数十种，大体可分为"凶番""良番""王字番"三类，许多地方的原住民还保留着"出草"猎人的原始习俗。因此，"开山""抚番"还有大量的后续工作要做，沈葆桢将之概括为以下两方面。

"开山"方面，包括屯兵卫、刊林木、焚草莱、通水道、定壤则、招垦户、给牛种、立村堡、设隘碉、致工商、设官吏、建城郭、置邮驿、建廨

---

① 吴元炳辑《沈文肃公政书》卷五。
② 吴元炳辑《沈文肃公政书》卷五。

署等 14 项工作。

"抚番"方面，包括设土目、查番户、定番业、通语言、禁仇杀、教耕稼、修道途、给茶盐、易冠服、设番学、变风俗等 11 项工作。

这些工作，绝非一朝一夕所能完成。沈葆桢说："山前山后，其当变革者，其当创建者，非数十年不能成功，而化番为民，尤当渐积优柔，不能浑然无间。"

作为一位著名的洋务实干家，他在上述各方面都开展了开创性的工作。除本书第五章已经提到的开山筑路，提请朝廷解除禁渡令以广招徕，以及扩大地方行政建置之外，还包括以下几方面。

解除台民贩卖铁、竹等禁令，扩大台民经济收入。

奏设闽台电线、引进机器开采基隆煤矿，促进台湾近代化事业，扩大地方财政能力，他认为"全台之利以煤矿为始基"。

在台南、屏东、高雄等地建造新式炮台，购买洋炮军械，建立军装局、火药局，加强台海防务。

构筑恒春城。

在原住民地区"广设义学"，逐步改善原住民习俗，即使在他离开台湾后，还不忘告诫后来的主持人"番学不可惜费，宜由我公随时加意提撕，将来收全功必在此也"①。等等。

图 37 亿载金城

沈葆桢所建安平"亿载金城"，为台湾第一座西式炮台。

---

① 沈葆桢：《复夏筱涛观察》，光绪四年十一月下旬，载《沈葆桢未刊信函》。

沈葆桢在台湾时间，前后不过一年零两个多月，他所着手的许多前瞻性工作，后来由福建巡抚王凯泰和台湾道夏献纶继续办理，次第实施。

王凯泰乃淮军将领，江苏宝应人，同治九年至光绪元年（1870～1875年）任福建巡抚。根据沈葆桢的建议，王凯泰于光绪元年五月十一日从福州东渡，十七日抵台，在台湾五个月，完成了大量工作，包括台北区划及建府筹备、增设县厅及调整驻所、筹建台北及恒春两城、收归台湾营制节制事权、兼理台湾学政、安排所有淮军内渡等等，与沈葆桢配合工作极为默契。沈葆桢于五月二十三日上《台地无庸另派大员片》奏报："王凯泰用心之缜密、励行之清苦，胜臣远甚，所有开山抚番事宜，自应归抚臣专办。署台湾道夏献纶于民番情伪了如指掌，可资辅翼，无庸另派大员。台俗好逸，抚臣率之以勤；台俗好奢，抚臣示之以俭；台俗好斗狠，抚臣感之以和平。正本清源，易俗移风，于是乎在。"① 王凯泰在台积劳成疾，扶病返闽不数日即病逝。

"开山""抚番"、增设郡县和近代化事业的起步，使台湾"器局"为之一变，不但政令大为畅通，原先的诸种弊端有所革除，而且财政潜力也得到很大程度的挖掘，台湾可"别建一省"的条件越来越成熟。连横在《台湾通史》"职官志"中写道："于是葆桢建台北府，改淡防厅为新竹，噶玛兰厅为宜兰，新设恒春、淡水两县，置台东、基隆两厅。而移北路抚民理番同知于埔里社，改为中路，大事更张，以革新吏治，营制亦稍整饬，而台湾之规模渐大矣。"又在"列传"中称赞道："析疆增吏，开山抚番，以立富强之基，沈葆桢缔造之功，顾不伟欤？"寥寥数语，道出了沈葆桢为后来台湾单独建省所做出的贡献。沈葆桢还被史家称为"台湾近代化的首倡者"。

二 中法战争中台湾战略地位的再凸显

沈葆桢提出让福建巡抚移驻于台湾的建议，在大臣中有不同意见，有人认为巡抚既负全面之责，单驻台湾，于内地又难于兼顾。后来经多方协商，拟定福建巡抚半年（冬春）驻台湾，半年（夏秋）驻福建的方案，得到朝廷批准。

沈葆桢完成台湾事务后调任两江总督，不久王凯泰去世，福建巡抚一

---

① 沈葆桢：《台地无庸另派大员片》，《福建台湾奏折》，台湾文献丛刊本。

职由丁日昌接任。丁日昌对台湾开发和近代化事业非常重视，多次提出筹台事务繁重，"省城、台湾势难兼顾，须专派重臣督办数年，方可徐议督、抚分住之局"① 的建议。刑部侍郎袁保恒则主张将福建巡抚改称台湾巡抚，专责台湾事务，福建全省事宜全归闽浙总督办理。这实际上是正式提出了台湾建省的建议。清朝廷将这些建议下发给李鸿章、沈葆桢等要员筹议。李鸿章持与沈葆桢相同的观点，认为"袁保恒请改福建巡抚为台湾巡抚，虽事有专属，而台地兵事、饷源实与省城呼应一气，分而为二，则缓急难恃，台防必将坐困"② 得到朝廷采纳。于是，福建巡抚分驻闽、台两地办公的做法，成为一种制度。

光绪十年（1884 年），中法战争爆发。这次战争，法国占领台湾的战略意图非常清楚。早在 1883 年 12 月，法国人就在国内报纸上扬言要占据琼州、台湾、舟山三岛为质。台湾为其中最大岛屿，战略位置最为重要，进可威胁中国沿海数省和京城门户天津，退可凭借岛上丰富资源，固守成为海上基地；此地清军防守薄弱，与大陆距离较远，中方运转不灵，易于得手；台湾的商业价值也最大。所以，台湾最终被锁定为法军占领目标。

1884 年 8 月初，法军首犯基隆，遭到中国守军顽强抵抗，法军暂退。此时法军不敢强攻，显然是担心台海西岸的马尾海军基地将像 10 年前日本侵台时那样，成为他们占领台湾的最大障碍，遂于 1884 年 8 月 23 日发动突然袭击，几乎全歼了清军福建水师，而后又集中了一批援兵，于 10 月初分两路强攻台湾北部，一路攻打煤矿重地基隆，一路偷袭基隆后路沪尾（今淡水）。

在此之前，清政府已经增派军队加强了台湾防务，并授淮军名将刘铭传以巡抚衔，坐镇台湾督办军务。刘铭传积极布防，先在基隆与法军展开激战，后来因顾忌后路失守，主动放弃基隆，收缩兵力，击退了沪尾方向的来敌。10 月 4 日，基隆失守。随后，台湾海峡为法国海军所封锁。

基隆失守，震惊朝廷，上谕严令军机大臣及南洋、闽粤等大吏力筹驰援，谕旨中每每有"目前以保全台湾为最要"，"台防紧急万分，必须赶筹接济"，"基隆要地，岂容法兵占据。着刘铭传乘其喘息未定，联络刘璈，同心协力，合队攻剿，并募彰、嘉劲勇助战，将敌兵悉数驱逐"③ 等语。经

① 张本政主编《〈清实录〉台湾史资料专辑》，第 1037 页。
② 李鸿章：《李文忠公选集》（上），台湾文献丛刊本，第 200 页。
③ 张本政主编《〈清实录〉台湾史资料专辑》，第 1091 ~ 1092 页。

多方筹措，清政府从江阴、两湖、山海关、天津、上海、广东、福建等处抽调大批军队和饷银、军火，增援台湾。然而，由于福建海军被歼，兵船不足，所雇商船和外国船只缺乏防御能力，无法突破法国海军的封锁；南洋舰队派出的 5 艘船只，也遭到法舰截击，2 船失事。大批援军集结于福建沿海，只能望洋兴叹。数万军队，实际到援的只有 2000 余人和部分饷械。

在后援乏力的情况下，在台清军和乡勇还是英勇地与法军展开争夺战，从 1885 年 1 月上旬到 3 月上旬，清军在月眉山一带数度反击，给法军以沉重打击。然而，终因装备悬殊，法军又得到良好的增援，月眉山、暖暖村、大水窟等地相继失守，清军夺回基隆的努力终告失败，退守基隆河南岸。3 月底，法军舰队攻占澎湖，进一步掌控了台湾海峡的制海权，台湾陷入极其危险的地步。恰在这时，冯子材在镇南关（谅山）取得大捷；而法国国内议会倒阁成功，也释出和平的愿望。清政府也就趁势收场，在总体战局对我国有利的情况下，与法国签定了和约。清政府接受议和的理由是："现在桂甫复谅，法即据澎，冯、王若不乘胜即收，不惟全局败坏，且孤军深入，战事益无把握，纵再有进步，越地终非我有，而全台隶我版图。"① 也就是以力保台湾为要。

和议既成，1885 年六七月间，法军撤离基隆、澎湖。

中法战争中台海战局的恶化，给清政府以深刻的教训，也使清朝上下对台湾的战略地位有了新的认识。

首先，它使清政府更加清楚地看到了台湾在中国海防线上牵一发而动全身的战略关联性。用法国人的话说，侵台的好处在于"可俟占领基隆后，再行率领各舰进攻中国北部"②。然后以台湾为抵押品，逼使中国屈服。清朝方面，也看出"此次法祸之起，独趋重于闽，先毁马尾舟师以断应援之路；随进荡基隆、分陷澎湖，无非为吞全台计"③。这种战略态势，再次印证了自清初以来对台湾为中国"七省门户"的重要地位的认识。尤其在近代西方船坚炮利的先进装备之下，一旦台湾有失，敌船依为基地，则不但东南诸省难于保全，即使是北部京门要地，也将在旦夕之间暴露在对方的攻击目标之下。所以，当法国人围攻台北之际，"两宫宵旰忧劳"，谕旨一

---

① 李鸿章：《李文忠公选集》（上），第 1129～1130 页。
② 〔法〕E. Garnot：《法军侵台始末》，黎烈文译，台湾研究丛刊第 73 种，1960，第 12 页。
③ 杨昌浚奏折，见台湾银行经济研究室辑《清末台湾洋务史料》，近代中国史料丛刊本，文海出版社，1978，第 45～46 页。

再强调保全台湾为"最要"，"基隆要地，断不容法兵久据。"① 最终清朝之所以在打胜仗的情况下接受和谈，原因固多，其中尽快解除台湾之危，无疑也是重要考量因素之一。可以说，经过此役的切肤之痛，清朝对台湾的重要性又有了新的体验。

其次，它使清政府进一步认识到加强台湾本岛防务的重要。在此之前，台湾每有事，都靠福建驰援；后援一断，台湾便无能为。日本侵台时，由于有马尾船政舰队的支援，很快就逼退日本人。但在中法战争中，马尾海军基地先被毁后，台湾便陷入窘境，"内外臣工，无不以台湾无备为恨"②。这说明，闽、台互为犄角固然重要，但台湾本身若缺乏独立防御能力，整个东南海防体系是有重大缺陷的。因此，事后有人提出，台湾"军中所需军火炮械，均须在台设局，制造存储，不得如前仰给福建，致有隔绝之患"③。刘铭传对此感受最深，他说："臣平居私议，常谓台湾孤悬海外，土沃产饶，宜使台地之财足供台地之用，不须取给内地，而后处常处变，均可自全。"④ 这就是说，台湾在军事上必须自成防御体系，在经济上必须具有支撑军备的能力，只有这样，才能应对各种突发事变。而要达到这样的效果，非得派大吏常驻台湾专心经营不可，前此由福建巡抚半年驻台、半年驻闽两头兼顾的做法，仍不足以收致"自全"之效。刘铭传还自告奋勇，请求解除自己"福建巡抚"的名衔，专心办理台湾防务。

再次，它还使清政府更加深刻地认识到建立一支先进的近代化海军的必要。中法战争中，福建水师和闽、台岸防都不堪一击，而法国人仅以数艘军舰游弋，便可占地锁海，中国领海任由驰骋。这种局面不改变，中国沿海始终被动，而台湾岸上防御再强，也难保证万无一失。只有建立一支堪与外船匹敌的近代化海军，御敌于海上，其中要有部分军舰布防于澎湖和台湾重要的港口，才能确保沿海与台湾的安全。

这些认识，直接导致了台湾建省进入实施阶段。

三　左宗棠再议台湾建省主张

中法战争后，清朝廷痛定思痛，光绪十一年五月初九（1885 年 6 月 21

---

① 张本政主编《〈清实录〉台湾史资料专辑》第 1093 页。
② 刘铭传：《刘壮肃公奏议》，台湾文献丛刊本，第 249 页。
③ 连横：《台湾通史》上册，第 107 页。
④ 刘铭传：《刘壮肃公奏议》，第 107 页。

日）发出上谕："现在和局虽定，海防不可稍弛，亟宜切实筹办善后，为久远可恃之计。著各抒所见，确实筹议，迅速具奏。"① 一时间，各大臣纷纷上奏，发表看法，海防成为朝野热议话题，其中最受关注的是海军建设；而台湾建制之改弦更张，也众说纷纭。据连横所见，这期间关于台湾善后的奏章有十数起，可见当时台湾问题是海防大计的焦点之一。在这关节点上，左宗棠关于台湾建省的奏折，对清政府最终决策起了关键作用。

左宗棠在中法战争中的角色，是钦差大臣督办全闽军务，坐镇福建调拨兵力和饷械。最多时他曾调集到150多营兵力，准备驰援台湾。但由于运力不足，航线被法国军舰封锁，真正能够实现调防到位的军队，寥寥无几。对此，左宗棠也只能干着急，事情紧急之时，他还被朝廷疑为存有"湘淮畛域之见"而有意拖延。因此，他对台湾防务之薄弱与后援之困难，有至为深切的体验。接到要求总结善后事宜的上谕后，他立即草拟奏章，于光绪十一年六月十八日（1885年7月29日）拟成《台防紧要请移驻巡抚折》，兹录其主要内容如下：

　　第思今日之事势，以海防为要图，而闽省之筹防，以台湾为重地。该处虽设有镇道，而一切政事必禀承于督抚。重洋远隔，文报往来，平时且不免稽迟，有事则更虞梗塞。如前此法人之变，海道不通，诸多阻碍，其已事也。臣查同、光之交，前办理台防臣沈葆桢躬历全台，深维利害，曾有移驻巡抚十二便之疏，比经吏部议准在案。嗣与督臣李鹤年、抚臣王凯泰会筹，仍以巡抚兼顾两地复奏。光绪二年，侍郎袁葆恒请将福建巡抚改为台湾巡抚，其福建全省事宜专归总督办理。部议以沈葆桢原奏，台湾别建一省，苦于器局未成，彼此相依，不能离而为二，未克奉旨允行。厥后抚臣丁日昌以冬春驻台、夏秋驻省往来不便，于台防、政事仍是有名无实，重洋远隔，兼顾为难，因有专派重臣督办数年之请。臣合观前后奏折，督抚大臣谋虑虽周，未免各存意见。盖王凯泰因该地瘴疠时行，心怀畏却，故沈葆桢循其意，而改为分驻之议。丁日昌所请重臣督办，亦非久远之图，皆不如袁葆恒事外旁观，识议较为切当。夫台虽系岛屿，绵亘亦一千余里，旧制设官之地，只海滨三分之一，每年物产关税，较之广西、贵州等省，有

---

① 台湾银行经济研究室辑《清末台湾洋务史料》，第44页。

盈无绌。倘抚番之政果能切实推行，自然之利不为因循废弃，居然海外一大都会也。且以形势言，孤峙大洋，为七省门户，关系全局，甚非浅鲜。其中如讲求军备，整顿吏治，培养风气，疏浚利源，在在均关紧要，非有重臣以专驻之，则办理必有棘手。据臣愚见，惟有如袁葆恒所请，将福建巡抚改为台湾巡抚，所有台澎一切应办事宜，概归该抚一手经理，庶事有专责，于台防善后大有裨益。至该地产米甚富，内地本属相需，若协济饷项，各省尚通有无，亦万无不为筹解之理。委用官员，请照江苏成例，各官到闽之后，量缺多少，签分发往。学政事宜并归巡抚兼管。勘转命案即归台湾道就近办理。其余一切建置分隶各部之政，从前已有成议，毋庸更张，专候谕旨定案，即饬次第举行。①

通读这篇奏折，可以理出以下几个要点。

（1）以中法战争中"海道不通，诸多阻碍，其已事也"的沉痛事实，证明了台湾行政建置级别太低所造成的弊端。

（2）总结了前此各大臣关于移驻巡抚、专驻重臣和台湾建省的种种主张，认为他们的主张各存意见，其中不无指摘一些大臣存有私心的意思。

（3）从台湾幅员之广、财税现状和经济潜力，反驳了台湾建省"器局未成"的观点；以台湾"关系全局"的战略地位，证明专驻重臣之必要。

（4）以各省可以互通有无的道理，排除内地需要台米，台饷仰仗内地，两地不可分而为二的疑虑。

（5）提出"将福建巡抚改为台湾巡抚"的主张，并对台湾建省后的官员委用办法和职责划分，提出初步意见。

概而言之，这些意见围绕台湾建省的必要性和可行性，作了较全面的论证。其中虽仍沿用"专驻重臣"和赞同袁葆恒"将福建巡抚改为台湾巡抚"的已有成说，但从台抚"一手经理"一切应办事宜、事有专责和官制委用办法，可以看出，左宗棠本人主张台湾单独建省的意见是很明确的。事实上，当初无论是沈葆桢移驻巡抚的建议，还是丁日昌专派重臣的主张，其本意也只是过渡办法，最终目标也还是指向台湾单独建省。如果说当时因局面尚不明朗而无法直接跨出建省这一步的话，那么，中法战争的惨痛

① 左宗棠：《台防紧要请移驻巡抚折》，档案，藏北京中国第一历史档案馆。

教训，已使这一步到了非行不可的时候，加上经多年经营，台湾"器局"确也已有大变。因此，这一意见出自朝廷重臣左宗棠之口，显然已势在必行，连那些当初反对台湾单独建省的大臣，也开始转变态度。

清朝廷于七月初八（8月19日）看到左宗棠的奏折，随后将该奏折连同其他善后奏折一并发给军机大臣、总理衙门大臣传阅，令他们速就相关事宜一体筹议。这些奏折中，还包括贵州按察使李元度提出"福建巡抚专驻台湾，兼理学政，且言军中所需军火炮械，均须在台设局，制造存储，不得如前仰给福建，致有隔绝之患"类似主张的专折。九月初五（10月12日），醇亲王奕譞和李鸿章等16名大臣联衔上奏，称："臣等查台湾为南洋枢要，延袤千余里，民物繁富。通商以后，今昔情形，迥然不同，宜有大臣驻扎控制。若以福建巡抚改为台湾巡抚，以专责成，似属相宜。"① 此时，连当初持台湾与省城不能"分而为二"论调的李鸿章，也同意台湾建省了。

看到奕譞、李鸿章等人的复奏，清朝廷当天就批复："台湾为南洋门户，关系紧要，自应因时变通，以资控制。著将福建巡抚改为台湾巡抚，常川驻扎，福建巡抚事即著闽浙总督兼管。所有一切改设事宜，该督详细筹议，奏明办理。"② 至此，台湾建省作为清朝廷的一项重大决策，被正式确定下来。

第二节　百业并举的建省工作与近代化建设

一　建省中的缓急轻重之争

台湾建省大策既定，按照清朝廷的旨意，具体的建省事项，由闽浙总督通盘筹措。当时闽浙总督是杨昌浚。刘铭传则以福建巡抚衔专驻台湾督办事务。对于建省决策，杨昌浚立即表示，一切改设事宜将"会商抚臣督同司、道悉心筹议"，并请朝廷尽快颁发关防。但身居建省事务关键位置的刘铭传，却另有一番想法。他看到朝廷建省的谕旨后，相继上了两道奏折，一道是说自己"目疾日重"，难担重任，请朝廷免去他的职务。另一道是《台湾暂难改省折》（十月二十七日），认为台湾建省时机尚不成熟，请暂缓实施。

---

① 奕譞等：《钦奉懿旨会议折》，档案，藏北京中国第一历史档案馆。
② 《大清德宗景皇帝实录》卷215，台湾文献丛刊本。

图 38　台湾首任巡抚刘铭传像

刘铭传一向勇于任事，此时为何颇有推诿之态？且先看他在《台湾暂难改省折》里所提理由：

台湾所出财赋，较之贵州、新疆则有余，惟沿海八县之地，番居其六，民居其四，重洋远隔，倚傍一空，猝有难端，全恃闽疆为根本，声气联络，痛痒相关，以助孤危之境……若改设台湾巡抚，与闽省划界分疆，即督臣顾全大局，一视同仁，司道以下，畛域分明，势必不相关顾。即以饷论，以后仍须闽省照常接济，方能养兵办饷。现在筹饷艰难，除不得不用之费，万难减省，以误要需，其稍可缓减者，即须力求撙节，惟视事之缓急轻重，次第分筹。臣前陈善后折，以为办防、练兵、清赋、抚番为急图。现既诏设台湾巡抚，必先渐抚生番，清除内患，扩疆招垦，广布耕民，方足自成一省。臣查台番与云贵苗民、甘肃番回迥异。台番不相统属，各社所占膏腴之地，高山宜茶，平地宜谷，一旦教之耕种，皆成富区……以臣度之，若认真招抚，示以恩威，五年之间，全台生番计可尽行归化；然后再筹分省，土地既广，财富自充，庶可无劳内地。刻下外办防务，内抚生番，巨款难筹，时形竭蹶……但台湾重地，经醇亲王等统筹全局，冀保海疆，自应派大员驻扎。似可仿照江宁、江苏规制，添设藩司一员，巡抚以台湾为行台，一切规模无须更动。全台兵政吏治由巡抚主持，内地由总督兼管。如此分而不分，不合而合，一俟全番归化，再行建省以重岩疆。既可宽此数年，从容筹办，目下又可节省巨款，腾出资财抚番、设防，

先其所急。此臣审度事势，拟从缓设巡抚之大略也……①

这段奏折，最重要的要注意刘铭传所强调的两点。

一是台湾财政一向依赖福建，如果分省后出现各不相顾的局面，台湾养兵、办饷等事宜必然陷入困境，而这种局面出现的可能性，在当时是存在的。

二是从海防建设角度出发，刘铭传已有一套建设台湾的计划，一旦建省，工作的轻重缓急将发生变化，而这种变化，使他的工作头绪增多，难度加大，如果得不到各方面的鼎力配合，各项工作势难开展。

从第一点来看，刘铭传的顾虑事出有因。其因来自于中法战争中所遗留的人际关系的紧张。台湾军务，本为湘系将领刘璈经管，刘铭传到任后，颇为不满刘璈的布防状况，认为刘璈疏忽北部防务，而将重兵放在并无大患的南部，明显失误；事后闽浙总督杨昌浚则替刘璈辩护，说"刘璈布置不错，刘铭传恶之"。台北开战后，刘铭传主动放弃基隆而回防沪尾，左宗棠对此很不满，参劾驻守沪尾的知府李彤恩"不审敌情，虚词摇惑"，导致基隆失守，其矛头暗指刘铭传。刘铭传则怪罪于与李彤恩同守沪尾的湘系将领孙开华。后来，刘铭传又多次参劾与左宗棠关系密切的刘璈，说他"贪污狡诈，不受节制，劣迹多端，声名狼藉"等，直至刘璈被革职查办。刘铭传在给朝廷的奏折中，并不讳言湘、淮两系在台防中的矛盾，并把这种矛盾归咎于左宗棠，说左宗棠到闽后，孙开华就"乘势朋挤，夸功诿咎，忘其所以。楚淮构讼结仇，固自刘璈兴之，实由孙开华成之"②。刘铭传自身也受到许多"督师不力"的指责，"谤书盈箧"③，与闽浙总督杨昌浚也有龃龉，人际关系相当紧张。在这种情况下，左宗棠提出改福建巡抚为台湾巡抚，刘铭传不可能不多留个心眼。一旦建省，他的巡抚职权就限于台湾，福建全局则落入湘系的杨昌浚手中。台湾财政尚无法自给，如果杨昌浚及其属下怀"畛域之见"而不积极配合，台湾局面必不可能打开，所以刘铭传向朝廷表明这种担心，并不是多余的。

从第二点来看，刘铭传心里很清楚，自沈葆桢提出移福建巡抚于台湾

---

① 刘铭传：《刘壮肃公奏议》，第 155～157 页。
② 中国史学会编辑《中法战争》第五册，中国近代史资料丛刊，新知识出版社，1955，第565 页。
③ 张本政主编《〈清实录〉台湾史资料专辑》，第 1145 页。

后，台湾建省迟早都要实现，只是需要一个过程。这个过程究竟有多长，取决于台湾财政状况和原住民地区的开发进程。原住民地区的开发，一时半会很难见效，而刘铭传被派驻台湾的紧要职责，是加强防务，因此，他主持台湾事务以来，善后工作的重心是办防、练兵，基础工作是清赋、抚番。清赋可以立竿见影扩大财源，为办防、练兵服务，而抚番却必须着眼于长远，在短期内可能还要消耗财力，在刘铭传原先的分"轻重缓急，次第分筹"的善后计划中，抚番显然属于诸端"急图"中的相对不急之图。现若立即建省，就马上面临建制上的"器局"问题。台湾现仅有区区八县之地，全岛还有占六成的原住民地区尚未归化，建省就"必先渐抚生番，清除内患，扩疆招垦，广布耕民，方足自成一省"。这么一来，既要外办防务，又要内抚生番，"巨款难筹，时形竭蹶"，原先的工作步骤被打乱不说，财政上的缺口更令刘铭传措手不及，将来台湾更得仰赖他人。所以，刘铭传一时间感到为难，是可以理解的。他所能做的，就是请朝廷暂缓建省，争取时间。这个时间有多长？按照刘铭传原先估计，"纵使专心一志，经营十年，尚恐难收实效。"[1] 但朝廷既已急迫建省，刘铭传也不得不紧缩时间，要求朝廷宽以五年。等五年后原住民都归化了，"土地既广，财富自充"，台湾就可以"无劳内地"了。

显而易见，刘铭传在这里所争的，不是台湾要不要建省的问题，而是如何建省，何时建省。在刘铭传的观念里，建省是要"分省设治"，设治必须有覆盖全省的行政建置、众多的人民和基本能够自给的财政，因此，"抚番"是建省的先决条件。也就是说，台湾要先进行政治、经济的基本建设，等各方面条件（"器局"）成熟后再建省。

但这个认识，与朝廷意图有落差。清朝廷建省的意图，是基于台湾关系全局的海防地位，必须立即提升其建制等级，才能起到足够的"镇慑"作用。也就是说，台湾建省是基于海防建设需要而提出的"因时变通"的办法，而不是一般意义上的分官设治，不可能等各方面条件成熟后再考虑建省。

因此，刘铭传《台湾暂难改省折》很快就被驳回。光绪十一年十二月十二日（1886年1月16日），上谕："台湾为南洋门户。业经钦奉懿旨，将福建巡抚改为台湾巡抚，刘铭传所请从缓改设巡抚，著无庸议。杨昌浚所

---

[1]　刘铭传：《刘壮肃公奏议》，第106页。

奏添设台北道不如添设藩司，系为因地制宜起见，自可准行。惟此次该督所奏，尚系大概情形，所有一切应办事宜，均未筹商妥定。台湾虽设行省，必须与福建联成一气，如甘肃新疆之制，庶可内外相维。著杨昌浚、刘铭传详细会商，奏明办理。"①

朝廷既已如此表态，刘铭传也就不再争。

作为地方大员，刘铭传看问题的立足点不必像朝廷那么高，他更多地考虑地方利益和为地方争取建设时间，这是很正常的。不过，刘铭传的请求也没有白提，毕竟他从朝廷的批复中得到了建省决策只是"大概情形"，一切应办事宜尚可从容"筹商妥定"的应承，以及福建必须与台湾"联成一气""内外相维"的指示。这对于满怀着闽台将"势必不相关顾"顾虑的刘铭传来说，不啻吃下一颗定心丸。联系到略前于此，刘铭传还有另一篇以"目疾"请求"开缺"的奏折，也可以推测，他的推诿，不无在不利情形之下采取"以退为进"的策略性动作的用心。

二　"抚番""清赋"：建省的基础性工作

刘铭传虽不再反对建省，但仍采用尽量拖延的策略，以争取时间。接到圣旨后，他继续以"染疾"为由在台湾休养，闽浙总督杨昌浚只好于二月间主动到台湾与他会商。二人商定，由内地及各省每年筹"协饷"80万两支持台湾，以五年为度。这让刘铭传颇为满意，他给李鸿章写信说："石帅由澎来台见面，极相契合，无畛域之见……"②但对于杨昌浚要求四月初一即行分省的建议，他仍未予同意，在一件批转文件上表示：

> 查台湾改设行省一切事宜，现在尚未议定，本爵部院驻台办防，尚未接印。须候改设各事议定，奏明另颁印信、或仍用旧印题奏咨件事，方能归台办理。刻下事未议定，且未接受巡抚印务，案卷亦不齐全，似尚不能分开，各归各管，应仍请督部堂暂归兼衔门循旧办理，以昭妥协。③

这些口气表明，刘铭传在利用延长接印的时间，维持现状，集中精力

---

① 《大清德宗景皇帝实录》卷 221。
② 李鸿章：《李文忠公全集》，电稿，卷七，台湾文献丛刊本。
③ 《刘铭传抚台前后档案》，台湾文献丛刊本，第 78 页。

用于他所规划的善后工作。这些工作基础打得越好，就越有利于将来建省后进入正轨。所以他希望这段过渡性时间越长越好，越能接近于他五年后再建省的主张。但是，朝廷在这件事上却是紧迫的。光绪十二年（1886年）三月二十四日、二十七日，朝廷连续催报建省进展，刘铭传才不敢怠慢，即于四月间赶回福州，与杨昌浚再行协商建省细节。两人拟定了《遵议台湾建省事宜折》。至此，督、抚协调建省事宜终于定案。

《遵议台湾建省事宜折》除了提出内地协银台湾各项经费之外，就闽、台分省的具体事宜提出16条意见。以此为基本框架，后来又陆续补充了一些项目。大体来说，这些建议中的主要内容，除了建省所面临的一些技术性问题，总体原则与刘铭传原先的善后办法，有很多是相重合的。那就是培养"器局"与海防建设并重举行。

《遵议台湾建省事宜折》虽已拟就，仍不等于建省已经实现。刘铭传继续利用公文往来的时间差，赶紧按照自己的思路，立即着手他所认为重要的培养"器局"与海防建设的工作。

在培养"器局"方面，主要是"抚番"和"清赋"，这是关系到将来建省成败的基础性工作。

抚番：在刘铭传看来，台湾现状，"番居其六，民居其四"，若弃"番地"而不管，台湾区区八县，政令所及不到半岛，如何能成气候？光绪十二年（1886年）四月十八日，他在《剿抚生番归化请奖官绅折》中，细述"抚番"意义："臣查台湾生番，横亘南北七百余里，尽占腹心之地，犬牙错处，无一不与民地为邻，岁杀居民至千余人之多。匪盗藉番地以为巢，聚众抢劫，土豪藉防番以敛费，养勇抗官。官令不行，民粮纷扰，绝海瘴疠之乡，官如传舍，相率苟安，生番杀人，视如未睹。臣忝膺斯土，谬领重兵，绅民诉番凶虐，民生不聊，安忍漠焉恝置？综览全台形势，如人之一身，生番横亘胸腹，四肢血脉不通，呼吸不灵，百病丛作。当此强邻迭伺，一岛孤悬，内患不除，何由御外？"[①]可见他对"抚番"是非常重视而且很有把握的。在该折上奏前的半年之内，他已经在不增兵、不增饷的情况下，招抚"生番"400余社，薙头归化7万余人，开发被荒弃的前山旧垦地2万亩。这些，"所裨于台湾全局，实大且深。"[②]

刘铭传估计，后山"生番"还有"不过十万"，居处零散，招抚较难。

---

① 刘铭传：《刘壮肃公奏议》，第206页。
② 刘铭传：《刘壮肃公奏议》，第207页。

所以他要求朝廷给他 5 年时间。但朝廷既不许可，刘铭传只好一面拖延建省，一面加紧"抚番"。他于光绪十二年（1886 年）四月在大嵙崁设立全台抚垦总局，下设 7 个抚垦局，分布于原住民集中区，各局又分若干分局，深入原住民村社。抚垦局人员编制，除总办、委员、幕宾、司事、局勇、医生外，还给各社配置教耕、教读各一名，以教原住民耕田和读书。为了改变原住民生产、生活方式，抚垦局还颁布了"五教"和"五禁"。五教是：教正朔、教恒业、教体制、教法度、教善行。五禁是：禁做饷（杀人作祭）、禁仇杀、禁争占、禁佩带（武器）、禁迁避。经过三年努力，恩威并施，其中不排除用武力征服，强制推行，终使"抚番"工作取得显著成效。光绪十五年（1889 年）二月，刘铭传奏称，全台"生番一律就抚"①。据日本人研究资料，该时期受刘铭传招抚的"归化生番 806 社，男妇大小丁口 148479 人"②。

"抚番"工作的显著成效，为地方建置推向全岛，确保政令畅通和实行有效管理，奠定了坚实的基础。

清赋：台湾作为富庶之区，土地管理却相当混乱，许多已开发的土地都隐瞒不报，新垦耕地也虚报不实。自清初以来，私渡私垦的情况比比皆是，官府鞭长莫及，尤其是对自雄一方的垦首豪强，很难有效监管。清初曾仿明郑旧规，按丁征收赋税，乾隆时每丁只收银 2 钱，不但低于郑氏时代，而且低于同时期内地的标准。乾隆十二年（1747 年）开始，也实行摊丁入地，按田园征收，对于原住民，则仍按旧例只象征性地收一点丁粮。道光年间，通计全台已垦熟田园 38100 余甲，又 3621 顷 50 余亩，谷种折地 1430 余亩，每年征粟 205600 余石，余租番银 18700 余元。到了建省之前，田园数已增加数倍，额征银也增为 85746 两，洋银 18669 元，谷 198057 石。"久无报丈升科"③。当时清朝一向视台湾财赋为无足轻重，有意减轻台湾人民的负担，所以没有过多计较，长期以来，造成了台湾民间富裕，奢侈成风，但官府财政和兵饷却要依靠内地供给的怪现象。

清朝决定建省后，开始对土地进行清丈管理，按地输赋，扩大财源，以冀"以台地自有之财，供台地经常之用"。但刘铭传初步调查，就大吃一惊，他发现台湾民间赋税负担，并不比内地轻，官库与农民实际上是两头

---

① 刘铭传：《刘壮肃公奏议》，第 233 页。
② 〔日〕伊能嘉矩：《台湾文化志》（中译本）下卷，台湾省文献委员会，1991，第 270 页。
③ 刘铭传：《刘壮肃公奏议》，第 303 页。

空。为什么会这样？原来，台湾田园大部分被绅民包揽。垦首领田，收取"大租"，又有"屯租""隘租"等名目；"大租"之下，又有"小租"，为佃户转租所收，而留给真正耕作的农户，所剩无几。上缴官府的"正供"，却少得可怜。"究之正供粮课，毫无续报升科。如台北、淡水，田园三百余里，仅征粮一万三千余石，私升隐匿，不可胜穷。"[1] 地方豪强吞并太多，是台湾财政困难的根本原因。

针对这种情况，刘铭传认为，"为朝廷经久之谋，除地方吞欺之弊，便民裕国，莫大于斯。"[2] 只要清丈田亩，按田定赋，就可以收到"民不加赋而官用足"的效果。

为了避免胥吏与豪强勾结，刘铭传从内地选调一批佐杂人员，分派南北各县，由各县选派正绅数人，先行会查保甲，就户问粮，查明户亩，逐田清丈。调查资料由台湾府、台北府各成立清赋总局进行汇总。赋税轻重，清丈完成后报户部核定。鉴于台湾民风强悍，以往这类措施往往引起聚众挟官，刘铭传严饬各县官吏认真办理，赏罚分明。

经过三年多的清丈，到光绪十五年（1889年）十二月，该项工作结束。清丈前，台湾"有赋之地"才70000余甲，清丈后，仅"民业田园"（不含官庄田园）就达到432008甲；田赋总额（含官庄租额银）达到670000两，比旧额增加了488000余两。

"抚番""清赋"，使台湾"器局"大开，不但为地方行政建置的扩展扫除了障碍，而且使台湾财政自理能力大大增强，每年平添48.8万余两的稳定收入，对台湾建省和近代化建设起了重大的支撑作用。

三　以海防为中心的近代化建设

既然台湾建省是为加强海防而采取的"因时变通"的措置，那么，海防设施和设备的添置，就是建省的中心工作。近代中国的海防危机，来自于西方近代化军事力量的挑战，应对这种挑战的唯一办法，就是加快自身的近代化进程。自沈葆桢以船政舰队为后盾逼退日本人对台湾的觊觎后，促进台湾近代化一直是筹台官员的梦萦。刘铭传说："台湾一岛，久为外人所窥，朝廷视为重地，改设巡抚，无非保固岩疆。臣忝膺斯土……惟办防以御外侮，抚番以清内患，清赋以裕饷需，此三事均为急不可缓……惟办

① 刘铭传：《刘壮肃公奏议》，第304页。
② 刘铭传：《刘壮肃公奏议》，第304页。

防一事，尤为台湾最重最急之需。"①

要巩固台湾，既不可无本岛独立防御体系，又必须与内地连为一气，工事、炮械、兵船、通信、交通无一不可或缺，这是中法战争的深刻教训。近代防御体系不是纯军事设施所能造就，还必须具备近代化的工业基础。对于这一点，刘铭传已经有一定的认识。所以，他在办理台湾海防的过程中，表现出相当开阔的视野，围绕海防中心，各项近代化建设都有所起步。

刘铭传以"办防"为中心的近代化建设，大体包括以下几个层次。

1. 以口岸炮台为重心的海上防御体系。

沈葆桢巡台时，曾经首倡用西法在安平、旗后等处建设新式炮台。鉴于中法战争中基隆和澎湖被法军占领，台湾海峡被封锁的惨痛教训，刘铭传也非常重视海岸炮台的建设和海上机动力量的配备。从光绪十二年（1886 年）正月开始，他用两年时间，仿效西法，在澎湖、基隆、沪尾、安平、旗后 5 个重要海口，修建了 10 座新式炮台。通过英国怡和洋行，购进阿马士庄新式后腔钢炮 31 尊，分别配备于上述 5 个炮台。又"查海防利器，水雷与炮台相资为用"，因此还购买了沉雷 60 枚、碰雷 20 枚，紧急时分布于上述各海口。台湾原有几艘船政局制造的轮船以应急需，但由于年代久远，有的沉没，有的已破旧不堪使用。刘铭传乃通过商务局，招股新购了"驾时""斯美"两艘钢质快船作为官轮，平时仍做商用，以船养船，战时即可做兵船，活动于海上。以这些设施、设备为基础，台湾近代化的海上防御体系初步成型。

2. 以军火制造为核心的近代工业体系。

刘铭传说："台湾先后购买后腔洋枪万余杆，各种弹子不自仿造，子尽则枪皆废弃，且孤悬海外，有事运济艰难。机器局厂工程虽较繁重，为善后计，不能不设法急筹。"② 1885 年，刘铭传在台北大稻埕兴建机器厂，购进设备制造枪弹，同时设立军械所和火药局。1888 年又对机器局厂进行扩建，兴建能生产各种炮弹的大机器厂和汽炉房、打铁房等。到 1893 年，已形成每日生产 500 磅火药的能力，各种枪炮弹药基本上能够自给。与军事工业起步的同时，一些本地资源加工业，也开始步入工业化道路。如官脑总

---

① 刘铭传：《刘壮肃公奏议》，第 245 页。
② 刘铭传：《刘壮肃公奏议》，第 266 页。

局、礦务总局、金沙抽厘局等实体的成立，使台湾樟脑、硫黄、黄金的生产和经营越来越规模化；受战争破坏而停产的基隆煤矿，也在官商合办下得以重兴。1887 年煤务局成立，采用新式采煤机器，每日可产煤上百吨。此外，电灯、自来水等民用工业也得到初步发展，工业化俨然已带动一些地区的城市化建设。有人还提出建立造船厂的计划。台湾围绕军事工业的近代工业体系，已悄然走在全国各省的前列。

　　3. 以快速反应为诉求的近代交通、通信体系。

　　台湾岛内交通，自沈葆桢开山，修建了四条东西走向的公路后，已大为改观。刘铭传认为，台湾四面皆海，需设防的地方多且分散，若能修一条从北到南的铁路，运兵迅速，互相呼应，将大大便于防务。1887 年，他上《拟修铁路创办商务折》，罗列了修铁路"有裨于海防""有裨于建立省城""有裨于台湾工程"① 三大好处，得到朝廷许可，当年就成立台湾铁路总局，着手募集商股，开工修路。刘铭传原计划将铁路从基隆修到台南，全长 300 公里。但因经费不足，最后打了折扣。到 1891 年，修成基隆到台北路段，计 28.6 公里；到 1893 年，又修成台北到新竹路段，计 78.1 公里。其后就停工了。铁路虽然没修多长，但这是全国最早自建、自主、自享权益的铁路，对于台湾防务和近代化，具有深远意义。此外，刘铭传还修了一条横贯东西的山路，从台湾中部的集集出发，抵达东部水尾，全长 182 里，这也大大提高了台湾交通路网的密度。

　　台湾孤悬海外，在归属福建管辖的时代，一旦有事，文报往来，往往需要个把月时间，每每误事。台湾建省后，仍然要与福建"联成一气""内外相维"，因此，刘铭传认为，尽快建立两岸快速通信系统，是非常必要的，"水陆电线，实为目前万不可缓之急图。"② "电报关系海防交涉重务……今海外孤悬之地，一旦与内地息息相通，所裨于海疆甚巨。"③ 铺设水陆电线，是当年沈葆桢所提倡的，由于他调任两江总督，电线之议也就中止了。1886 年，刘铭传在台北设电报总局，澎湖、彰化、台北、沪尾、基隆等地设电报分局。架设水陆电线三条：一条陆线从基隆到台南，直达旗后；两条水线，分别连接安平—澎湖和台北—福州，全长 1400 里。1888

---

① 刘铭传：《刘壮肃公奏议》，第 269～270 页。
② 刘铭传：《刘壮肃公奏议》，第 256 页。
③ 刘铭传：《刘壮肃公奏议》，第 259～260 页。

年，创立新的邮政制度，在台北设立邮政总局，在全岛分设下站、腰站及旁站 43 处，发行邮票，有专用邮船两艘，定期往来于台湾与大陆之间，邮路到达厦门、福州、广州、上海、香港等地。这是全国最早自办的邮政业务。为了培养近代化人才，刘铭传还分别于 1887 年、1890 年在台北大稻埕设立西学堂和电报学堂，培养了一批技术人才和外交人才。

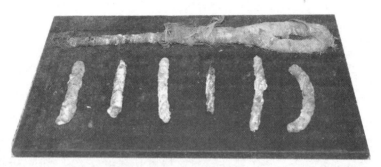

图 39 清末闽台海底电缆残段

刘铭传围绕办防而推行的上述种种近代化措施，继承和发展了沈葆桢、丁日昌等人在台湾首倡近代化的积极成果，给台湾面貌带来日新月异的变化。由于他所进行的大都是开创性的工作，加上建省事务头绪太多，难免也带来一些杂乱和负面的后果。比如，修铁路和铺电线，原先都是在丁日昌的提倡下，将大陆拆除的铁轨和电线移到台湾来用，可以节省成本，刘铭传原先也预期铁路可以修成 300 公里，但由于施工中用人不当，工期拖延等原因，最终拖延 7 年之久，耗资 120 多万两，才修成 106.7 公里，造成巨大浪费；台湾轮船招商局因下属贪污成风，每年亏空五六万。① 这些都令人感到不尽如人意。但着眼于主流，刘铭传大刀阔斧，"百业并举"的建省方略，还是值得肯定的。从某种意义上可以说，刘铭传实际上是在朝廷要求尽快建省和自己认为应该从缓建省的矛盾中，寻求一种折中的契合。他一方面要按朝廷的要求尽快铺设局面，另一方面要按自己的步骤安排台湾的建设，难免有顾此失彼之困扰和遗漏，而总体上，他的折中是成功的。清廷否决他从缓建省建议的"懿旨"下达于光绪十一年十二月十二日，刘铭传与杨昌浚联衔上奏遵旨建省折在次年六月十三日。但在光绪十二年至十三年之间，刘铭传的主要新政都已付诸实施，而此时台湾建省之事似乎被

---

① 李鸿章：《李文忠公全集》卷十，电稿，光绪十四年八月二十三日《寄烟台盛道》。

淡化。据杨彦杰教授考证，台湾建省的确切时间已到了光绪十三年八月初一①（1887 年 9 月 17 日），而刘铭传正式接受台湾巡抚关防，则已是光绪十四年正月十九日（1888 年 3 月 1 日），此时台湾省各项工作已基本走上正轨。可见，刘铭传成功地利用了建省过程的时间差，为自己的实施计划赢得了两年多时间。从中略可窥见刘铭传为推动台湾近代化所付出的苦心。

第三节　台湾省建制的完善与闽台关系

一　台湾建省后的省级行政建制

台湾建省工作千头万绪，前一节所叙，只是将最基础的"抚番""清赋"和关联性较强的中心工作"办防"，单独先做个介绍，以体现重点。实际上，按照刘铭传与杨昌浚联衔上奏的《遵议台湾建省事宜折》，总共提出内地协银台湾各项经费和闽台分省 16 条事宜，关系到方方面面。其中关于建省中的行政建制，拟在本节集中讨论。

台湾单独建省，首先涉及的是省级行政建制的变化。清朝地方最高长官为总督，一般兼管数省；次为巡抚，只管一省。《清史稿·职官志》载："总督从一品，掌厘治军民，综治文武，察举官吏，修饬封疆，标下有副将、参将等官；巡抚从二品，掌宣布德意，抚安齐民，修明政刑，兴革利弊，考核群吏，会总督以诏废置，标下有参将、游击等官。其三年大比充监临官，武科充主试官，督、抚同。"总督与巡抚的职权，清代屡有变动，一般来说，"巡抚例受总督节度"，但咸丰朝以后，巡抚职权加大，可以"节制协镇武职"，"总督兼辖省分，由巡抚署考会题，校阅防剿，定为专责，职权渐崇。"到了光绪末，裁去同城巡抚，"其分省者，权几与总督埒，所谓兼辖，奉行文书已耳。"② 按照这种情况，福建巡抚改为台湾巡抚后，其职权几乎与闽浙总督并列。闽浙总督虽多了个兼福建巡抚的职衔，其职权也仅限于福建，名义上可以兼统台湾，实际上只是"奉行文书已耳"（于浙江亦然）。有的学者以台湾巡抚挂的是"福建台湾巡抚关防"，认为仍隶属于闽浙总督管辖，所以台湾并不能算是个正式省份，这种看法并不正确。

台湾既成为一个单独的省份，必须有一套健全的官员配置。一般来说，

---

① 杨彦杰：《台湾历史与文化》，海峡文艺出版社，1994，第 258～259 页。
② 《清史稿》上，二十五史缩印本第 11 册，第 441～442 页。

每个省除主官巡抚之外，还有作为巡抚佐官的布政使和按察使，以及统管全省教育和科举的学政。这些职务，在朝廷决定建立台湾省后，都已有所考虑。光绪十一年十月十九日（1885年11月25日），在福建督、抚还没有拿出具体的建省方案之前，上谕就令军机大臣先议："台南北地舆袤延甚远，以形势而论，台北各海口尤为紧要。原设台湾道一员，远驻台南，深虑难以兼顾，且巡抚常川驻扎，一切钱谷、刑名事宜，必须分员管理，各专责成。应否于台湾道之外，添设台北道一员？着杨昌浚、刘铭传悉心会商，妥议具奏。"① 当时刘铭传还在考虑台湾暂难建省之事，对这些具体事项都还没有全盘计划。在给朝廷的答复中，他只折中地提出：巡抚暂缓改设，台北道员也不必添设，倒是可以先添设一员藩司（布政使），以便为将来建省过渡；此外，澎湖为闽台门户，非特设重镇不足以资守御，应将澎湖副将与海坛镇对调，仍归闽浙总督等管辖。

闽浙总督杨昌浚对这些意见基本赞同，但他认为建省之事不可缓，而且澎湖也应划归台湾管辖为便。光绪十二年三月十一日（1886年4月13日），他上《筹议台湾改设事宜请添设藩司》一折，大谈台湾应改设巡抚并预设其建省后的格局：

　　……就现在情形而论，以两府八县设立行省，似觉名实不称。然前明京兆、宣大两府曾设总督，国朝湖南曾设偏沅巡抚，皆因地制宜，随时变通，以期尽善。今为筹办台防计，非设大员驻扎其地，恐心力不专，作辍无常，难收实效。一省大政，不外分钱谷、刑名两端……臣前月函商抚臣，即议及设藩司一事，与抚臣所奏意见相同。愚臣以为添设台北道不如添设藩司，于用人、理财较有归宿也。又查台湾道本兼按察使衔，刑名事件应既归台湾道兼管，学政则改归巡抚兼管，于体制更属相符。惟盐务仍归福建盐道综理。闽盐销路本狭，内地盐有余而米不足，台地米有余而盐不足……酌盈济虚，其利乃溥。……澎湖一岛地方甚小，距台南不过百余里——如鼻之附于首，呼吸相通，而离闽省则七百里之遥，向归台湾道管辖，所以有台澎之称，今台湾改设行省，自应明归台湾管辖。至总督既兼闽抚，事体已属繁重，应否仍兼辖台湾之处，请旨敕议遵行。②

---

①　张本政主编《〈清实录〉台湾史资料专辑》，第1145页。
②　刘铭传：《筹议台湾改设事宜请添设藩司》，《刘铭传抚台前后档案》，第76~77页。

这篇奏折，是杨昌浚应朝廷要求督抚会商具奏之前，就自己"所拟大略先行恭折复奏"的意见，其中对台湾建省后官制和管辖范围已有大体设计。至此，刘铭传已知建省事宜已不可能再拖，也就转向积极。四月，他到福州与杨昌浚详细面商，六月十三日，共同拟定了《遵议台湾建省事宜折》，对建省列出详细条例。其中关于两省关系、省级官制变化及职权划分，拟定如下方案。

（1）台湾改设行省后，仍与福建连成一气。具体参照甘肃、新疆之例。新疆新设巡抚关防称"甘肃新疆巡抚"，所以台湾巡抚也应称"福建台湾巡抚"；而陕甘总督关防内有"兼管甘肃巡抚"，闽浙总督关防似也应添铸"兼管福建巡抚"。一切赏罚之权，由巡抚自主；司道以下各官考核大计，闽省由总督主政，台湾由巡抚主政。上奏朝廷则照旧会衔。这样，既职责分明，又连成一气，内外相维，不致明分畛域。

（2）台湾学政一职，一向由道员兼之，康、雍间曾一度归巡台御史兼摄，巡台御史撤除后又归台湾道。光绪元年，沈葆桢巡台，定福建巡抚半年驻闽半年驻台，学政遂归巡抚。台湾既单独建省，此后学政关防文卷便一并呈送台湾巡抚管

图40 福建台湾巡抚关防

福建台湾巡抚关防（据原始档案复制）。摄于闽台缘博物馆。

理，成为定例。但文武乡试，援照安徽赴江南会考之例，仍到福建应试，录取名额照旧。待将来生员增多，文风日盛，再奏明酌加名额。

（3）台湾改省后，添设藩司一员，综核钱粮、兵马，整顿厅县各官，并设布库大使一员，兼经历事；按察使（臬司）一缺，乾隆末已由台湾道兼衔，仍旧，不另设臬司，一切刑名由道审转，其驿传事务也由道兼治，添设司狱一员，会典职官有按司狱、府司狱，无道司狱，应以候补按司狱、

府司狱轮流借补。

（4）旗后、沪尾两海关，原归福州将军管理，近年税项所征，均拨充台饷，台湾既改省，请将两关改归台湾巡抚监管。

（5）台湾既改巡抚，台湾镇总兵应销去"挂印"字样，与新调澎湖镇总兵，统归巡抚节制。

以上所列，只是杨、刘所上奏折中关于台湾分省职权划分和官员添设的主要情况。从中可见，作为一个独立的省份，省级官员的配备，已是相当完善；职权的界定也很清晰。其中还有关于在台湾省建制尚不健全的情况下，一些一时无法安置的军队和官员，必须暂留福建供养，待将来条件成熟时再拨还台湾等规定，不一而足。这些都只是暂时性问题。朝廷对杨、刘二人的方案，原则上都同意。所以建省基本上按这些方案进行。但关于省城建设，后来变化较大，这里顺便做些说明。

杨、刘所列建省16条事宜中，第五条专门讲省城建设。其设想是"台湾改设行省，必须以彰化中路为省垣，方可南北兼顾。另造城池衙署，需费浩繁，一时万难猝办，所有官制，暂仍旧章，将来添设厅县，改派营防，再行奏办"①。省署的具体地点，前福建巡抚岑毓英就已看中彰化的桥孜图，刘铭传也认为该地"山环水复，中开平原，气象宏开，又当全台适中之地"②，"且地距海口较远，立省于此，可杜窥视"③。但这是一项长远的规划，毕竟，建省以办防为要，而防务、抚番、清赋，在在均需巨款，相比之下，省署建设可以从缓。刘铭传原先设想，等铁路建成后，就办理省城建设工程。然而，铁路建设由于商股不集，只好改为官办，提前支用原先计划用于省城建设的闽省协款，而且铁路最终也只修到新竹，便难以为继。这样，彰化省城的建设等于遥遥无期。直到光绪二十年（1894年），继任巡抚邵友濂才奏请放弃原方案："查台北府为全台上游，巡抚、藩司久驻于此，衙署、庙局次第粗成；舟车两便，商民辐辏。且铁路已修至新竹，俟经费稍裕，即可分储粮械，为省城后路。应请即以台北府为台湾省会，将台北府为台湾首府……"④，于是，省会最终确定建于台北。

---

① 刘铭传：《刘壮肃公奏议》，第282页。
② 刘铭传：《刘壮肃公奏议》，第285页。
③ 《刘铭传抚台前后档案》，第239页。
④ 《刘铭传抚台前后档案》，第239~240页。

图 41　清台湾巡抚衙门旧址

图 42　台湾布政使衙门

摄于闽台缘博物馆。

二　郡县的扩充与健全

台湾建省面临的最大问题之一，就是地方行政建置仍然不够完善。长期以来，行政管理局限于"山前迤南一线"，沈葆桢巡台后，积极开发后山，经过数任官员将近 10 年的经营，才形成 2 府、8 县、5 厅的建置格局，整个后山一路，只有卑南厅一处建置，勉强说得上"北部、南部、东部皆有经营矣"，"然彼时局势未开，择要举行，实非一劳永逸之计"。当时为体现政令通行全岛，可以先如此办理，但如今要扩为一省，地方行政建置布局，自当重新通盘考虑。

光绪十三年（1887 年）八月十七日，刘铭传上《台湾郡县添改撤裁折》，曰：

> 臣等公同商酌，窃谓建置之法，形势为先，制治之方，均平为要。台疆治法，视内地为独难，各县幅员，反较多于内地；如彰化、嘉义、凤山、新竹、淡水等县，纵横多至二、三百里，鞭长莫及，治化何由？且防务为治台要领，辖境太广，则耳目难周，控制太宽，则声气多阻。至山后中、北两路，延袤三、四百里，仅区五段，分设碉堡，并无专驻治理之员，前实后虚，亦难遥制。现当改设伊始，百废俱兴，若非量予变通，何以定责成而垂久远？[①]

他用将近一年时间进行实地考察，就山前山后"全局通筹，有应添设者，有应改设者，有应裁撤者"，最终拟出如下扩展方案。

关于山前一路：

> 拟在彰化桥孜图建立省城。分彰化东北之境，设首府曰台湾府，附郭首县曰台湾县。将原有的台湾府、县，改为台南府、安平县。嘉义之东，彰化之南，自浊水溪始，石圭溪止，截长补短，方长约百余里，拟添一县曰云林县。新竹苗栗街一带，扼内山之充，东连大湖，沿山新垦荒地甚多，拟分新竹西南各境，添设一县曰苗栗县。合原有之彰化县及埔里社通判，四县、一厅，均隶台湾府属。其鹿港同知一缺，应即裁撤。淡水之北，东抵三貂岭，番社纷歧，距城过远，基隆为台北第一门户，通商建埠，交涉纷繁，现值开采煤矿，修造铁路，商民麇集，尤赖抚绥，拟分淡水东北四保之地拨归基隆厅管辖，将原设通判改为抚民理番同知，以重事权。此前路添改之大略也。

---

① 刘铭传：《刘壮肃公奏议》，第 285 页。

关于山后一路：

> 后山形势，以北苏澳为总隘，南以卑南为要区，控扼中权，厥惟水尾，其它与拟设之云林县东西相直，声气未通。现开山路百八十余里，由丹社岭、集集街径达彰化，将来省城建立，中路前后脉络，呼吸相通，实为台东锁钥，拟添设直隶州知州一员，曰台东直隶州，左界宜兰，右界恒春，计长五百里，宽三、四十里、十余里不等，统归该州管辖，仍隶于台湾兵备道。其卑南厅旧治，拟改设直隶州同知一员。水尾迤北，为花莲港，所垦熟田约数千亩，其外海口，水深数丈，稽查商舶，弹压民番，拟请添设直隶州判一员，常川驻扎，均隶台东直隶州。此后路添改之大略也。①

按照这一方案，西线地区，将原来在台湾南部的台湾府移于中部的彰化，设府治地方为台湾县，并新设云林、苗栗二县，加上原有的彰化，共辖四县和埔里社厅，鹿港同知裁撤，则鹿港厅不复存在；原来的台湾府，则改称台南府，台湾县改称安平县，加上凤山、恒春、嘉义，共辖四县和澎湖厅；台北府格局依旧，仅将原属淡水县的四保之地划归基隆厅，并将通判升格为同知，以加重基隆厅事权。东线地区，增设台东直隶州，州治设于中部的水尾，由知州直辖；南部的卑南厅由直隶州同知管辖；北部的花莲港，增设直隶州判常驻管辖，是为花莲港厅，那么，东线直隶州下，应有三个部分的行政区域。光绪十三年九月初八日（1887 年 10 月 12 日），朝廷批准了上述方案。

但在台东直隶州成立前夕，水尾发生一些军人伙同垦户、原住民的兵变，原计划无法实施，知州只好在卑南就任，州判一职未专设，由吏目兼任，留卑南佐治，改派州同知管辖花莲港，于是，台东直隶州下，仅有卑南、花莲两个厅的行政单位。

按，由于曾任台东直隶州知州的胡传，在编写台东采访志时，曾明言卑南、花莲二厅均未设，因此对于这两地的建置，就出现了分歧的说法，有人视为散厅，有人不视为散厅，如，台湾省文献委员会编《台湾省通志》卷一《土地志·疆域篇上》记台湾当时只有三个厅，② 也就是只算埔里社、

---

①　刘铭传：《刘壮肃公奏议》，第 285～286 页。

②　台湾省文献委员会编《台湾省通志》卷一《土地志·疆域篇上》，第 40 页。

澎湖、基隆为厅级建置，而未算卑南、花莲。这是个值得讨论的问题。

卑南早在多年前移南路抚民理番同知于此地之时，就以厅级建置隶属于当时的台湾府（即后来的台南府），现既明确规定"卑南厅旧治，拟改设直隶州同知一员"，虽未实施，但直隶州知州驻于卑南，以吏目兼州判佐治，州判一职虽缺而未裁，那么理所当然仍有散厅建置，只是改属台东直隶管辖而已。而花莲港地方，则由州同知管辖，有人指出胡传在任知州之前，就是担任花莲港州同。当时台东州建制除传统州厅外，还设有三个抚垦局，分别是卑南、秀姑峦、花莲港，各委一位抚垦委员，按照惯例，抚垦委员设于有关县厅，一般由知县兼任，陈英《台东志》提到，花莲港州同兼花莲港抚垦局长，台东州吏目兼卑南抚垦局长。另外，从辖境来看，台东州共辖有莲、南、奉、新、广五乡，据1879年《台湾舆图》，花莲港抚垦局管辖莲乡，秀姑峦抚垦局管辖奉乡，卑南抚垦局管辖新、广、南三乡，这种格局，赫然就是当初设计的东线三个部分行政区划的形态。① 花莲、卑南既有专员管事，又有辖境，视其为散厅建置，是完全可以的。前已述及，在清朝的建置制度中，"厅"是作为新开发地方的一种特殊行政建置，只要是设置并常驻同知或者通判、有独立辖境的地方，就成为厅的建置。

所以，笔者认为，此处罗列台湾省之下的地方行政建置，不可遗漏台东直隶州所辖的卑南、花莲两个厅。于是，台湾从原来的2府8县5厅，建省后划分为3府1直隶州，共辖11县5厅。另外，到了光绪二十年（1894年），台湾巡抚邵友濂又于淡水县海山堡沿山一带，增置抚民理番通判一员，驻大嵙崁，称南雅厅，隶属于台北府，故至此实有6厅。

综合以上建置情况见表6所示。

表6　台湾省行政建制情况

省别	辖府（州）	辖　　县	辖　　厅
台湾省	台湾府	台湾、彰化、云林、苗栗	埔里社
	台南府	安平、凤山、恒春、嘉义	澎湖
	台北府	淡水、新竹、宜兰	基隆、南雅
	台东直隶州		卑南、花莲

---

① 《推估清末台东直隶州所属花莲港州同与卑南州判辖区》，超级大本营军事网站，http://lt.cjdby.net/thread-576758-1-1.html。

以上总计，台湾建省之后，地方行政建置共比原来增加了 1 个府、1 个直隶州、3 个县级建置、2 个厅级建置。

此外，还增设了澎湖总兵，与台湾总兵并归台湾巡抚管辖，所以，建省后台湾的军队建制，也是从前镇道共管时代不可同日而语的。

兹将建省后的台湾建制序列，整理成下图。

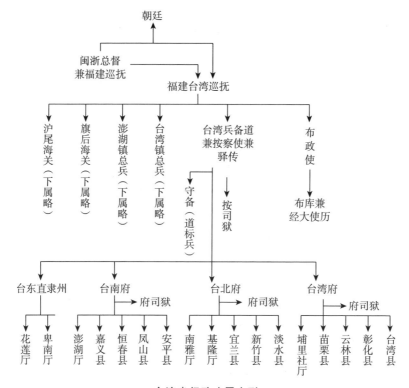

台湾省行政建置序列

上图所显示的行政隶属序列，有一个逐步形成的过程。

台湾建省的决策，早在 1886 年 1 月 16 日朝廷驳回刘铭传从缓建省的建议时，就已经进入实质性的操作阶段。但当时的实质性操作主要在办防、抚番和清赋等具体工作。到光绪十二年七月十三日（1886 年 8 月 12 日），朝廷下部议奏杨、刘联衔《遵议台湾建省事宜折》，而后礼部"添铸福建台湾巡抚关防并布政使、布库大使、按察使、司狱各印信"①，才开始对行政建置本身着手具体工作。然而，刘铭传的主要精力一直放在基础性的建设

①　《钦定大清会典事例·礼部》。

工作，一直到光绪十三年的八九月间（约为 1887 年 10 月以后），各项建设已初见成效，岸炮布防基本到位，"生番"大部分归化，清丈土地基本结束，横穿山路业已开通，铁路建设已经开展，水陆电线开始铺设，并在八月二十五日（10 月 11 日）实现与福州通话。在这种情况下，作为核心人物的刘铭传才把主要精力转移到省级和地方行政机构的建置上来。

八月初，台湾布政使邵友濂到任。

同月，刘铭传对台湾郡县添改裁撤进行统筹安排。

光绪十四年（1888 年）五月，刘铭传正式以福建台湾巡抚的名义发布："为照本爵部院于光绪十四年四月初九日在台北府城会同兼管福建巡抚事闽浙督部堂杨恭折具奏《台湾光绪十三年八月起至十二月底止调署委署代理州县各员缺》一折，除俟奉到朱批另行恭录行知外，行司即便移会台湾道转行查照。毋违。"并明言："查台湾分省已定，所有光绪十三年八月起，以前奉调、委署、代理各缺应归闽省汇办；其自十三年八月以后，就台办理。"①

综合这些资料，台湾省正式运转，单独行使各项权力，是从光绪十三年八月开始，也就是 1887 年 9 月 17 日以后。那么，图 6-1 所说明的也就是在这个日期以后的情况。其中县以下还有县丞、主簿、典史、巡检等官员建制，在此无法一一列出。此外，台湾、澎湖两镇总兵与总督也有直属关系，图 6-1 旨在体现大略情况，概括并不准确和全面。

三 台湾建省后闽台"联成一气"的关系

在台湾建省之际，刘铭传作为个人一直很担心的一个问题，就是他在建设过程当中，如果没有福建内地的大力配合，以台湾现有"器局"与财政状况，很难凭一己之力开创局面；同时，从海防角度，闽台唇齿相依，一向难分彼此，"改设巡抚，无非为保固岩疆"，但分省后如果出现畛域之见，协同不力，反倒成为东南边防的一种隐患，对于这一点，朝廷也有深刻的顾虑。所以，在做出分省决策的同时，清朝廷一再强调，"台湾虽设行省，必须与福建联成一气，如甘肃、新疆之制。庶可内外相维。"

那么，建省后的台湾，究竟如何体现与福建"联成一气""内外相维"呢？

---

① 《刘铭传抚台前后档案》，第 155～156 页。

所谓甘肃、新疆之制，是指光绪八年（1882 年）清朝平定阿古柏之乱，粉碎英、俄等国对新疆领土的觊觎之后，为巩固西北"塞防"，在新疆建行省置巡抚，称为"甘肃新疆巡抚"，归属陕甘总督（驻兰州，兼甘肃巡抚）管辖的事例。新疆建立行省后，设布政使、按察使，地方道、府、州、厅建置逐步完善，既具有独立的地方行政权，又与甘肃相表里，重大事情联衔上奏，共同处理，军事上严密联防，从而成为巩固边防的一个成功范例。左宗棠为西北"塞防"的这一范例立下汗马功劳，因此，他所主张的台湾建省，令人想到东南"海防"的同样模式。

闽台分而不离，"联成一气"，"内外相维"，首先体现在行政体制上的紧密关系。台湾虽单独建省，但在行政上仍依附于福建，台湾巡抚一直称为"福建台湾巡抚"，而原来的"福建巡抚"一职依然保留，只是由闽浙总督兼之。"闽浙总督兼管福建巡抚"实际上主要管理福建事务，并不插手浙江、台湾的具体事务，只是遇到大事时起到统筹的作用并领衔上奏朝廷。台澎范围内的行政事务，如司、道以下官员的考核、赏罚，地方治安、刑狱，地方财政收支，地方建造工程，原住民事务的处理，等等，完全由台湾巡抚自主。但由于闽台的特殊关系，"闽台一体"会更被强调，如《清实录》每提到台湾某地或某官，往往都要冠以福建之名，如"福建台湾嘉义县""福建台湾宜兰知县""福建代理台湾凤山知县"等等。此外，由于建省不久，台湾一些内部行政事务，有时也会主动依托于福建。比如，1889年，正逢"大计考核之年"，本来应由台湾巡抚主办，但因"事在创始"，刘铭传具奏《台省本届计典拟请暂附闽省汇办》，请求将台湾官员由他核定贤否后，"饬发福建藩司附于闽省大计册后会题"①。到台湾任职的官员，原有三年准回内地迁用的规定，建省后，这一规定也主要由福建贯彻落实，凡实任台湾逾三年，"著有劳绩，准回内地，不计繁简，均须调补优缺，芟除调简旧章，无缺当差，酌委优差一次；惟必得本营官切实考语，以免滥邀。两省如有停委撤差之员，督抚互咨，均不委用，以杜钻营。"② 由此可见两省行政上的密切配合。再有，台湾科举考试，乡试仍然必须到福建来考，只是享有独立的名额。

其次，闽台关系在经济上更难分彼此。台湾建省百业待举，海防建设尤需巨款，而台湾财政极其薄弱。杨昌浚与刘铭传在《遵议台湾建省事宜

① 《刘铭传抚台前后档案》，第 170 页。
② 刘铭传：《刘壮肃公奏议》，第 283 页。

折》中算了几笔账。一是闽台门户的澎湖，炮台建设急需 80 万两，由中央户部直接拨给。此外制械、设电、添官、分治、招垦、抚番，在在均需紧要；建立省城衙署坛庙，也要一笔巨款；台湾常驻军队 35 营，饷需不可或缺。台湾本地每年财政收入只有 100 万两，缺口很大。杨、刘提出的补助办法是：每年照旧从厦门海关径拨协银 20 万两；闽省各库每年协银 24 万两；再由朝廷下旨，令粤海、江海、浙海、九江、江汉五关，每年合计协银 36 万两。以上合计 80 万两，以 5 年为期。其中福建协银 44 万两加上台湾本地财政收入，"专应防军月饷之需"，其他五关协银 36 万两可使台疆各项事业"不致尽托空言"，分轻重缓急次第举办。经营 5 年之后，即可实现"以台地之财，供台地之用"，上述协款都可以停止。但事实上，澎湖炮台建设所需 80 万两，后来户部只从安徽等省提拨给 36 万两；五关协银后来没有得到朝廷批准；只有福建海关和各库的协银，基本上都陆续兑现了，其中一部分（104 万两）还被提前支取，用于台北的铁路建设。可见在台湾建省过程中，福建的确是做到"内外相维"，不存在"畛域之见"。

这里还可以举一件小事来说明在台湾建省过程中，福建方面主动维护闽台"联成一气"的全局观念。按照规定，"台湾分省，一切收支款项，议自光绪十四年起由台湾核办。"包括台湾巡抚养廉银和津贴，都由台湾支给。但由于台湾财政困难，"无款可提"，此事知会福建藩司后，"遵照部议名曰'福建台湾巡抚'，仍属联成一气，并非台湾新设；是以福藩司具详请示，亦系不分畛域之意……倘台地厘余充裕，就台提支，同属公家之款，奚分彼此？无如台地岁收税厘无多，综计厘余不敷局用一切开销，委属无款可提。本司悉心酌议，自光绪十四年正月起，爵抚宪养廉银两由台支送；其津贴一项，仍由内地照旧支送。"① 由此可见，福建除了提供台湾大项协银，在日常财务上，也是不吝支援。台湾巡抚的津贴，竟是从福建领取的。

朝廷要求闽台"联成一气"，"内外相维"，其实最主要的是就海防布局的意义而言的，所以在军事上的配合才是其核心内涵。台湾建省的根本意义，在于将海防线前移，加强台湾的军事地位，以确保大陆整个海岸线的安全。在这方面，闽台高层的理解是很到位的，配合也是默契的。刘铭传在台湾，始终把办防放在第一位。他亲自周历各海口，勘察炮台，积极向英国订购洋炮。款项不足，要靠福建协银和朝廷拨款。作为闽浙总督兼福

---

① 《刘铭传抚台前后档案》，第 158 页。

建巡抚，杨昌浚在拨给协银方面是积极的，同时他也一再向朝廷奏言："台湾改设行省需款甚急，请饬部筹拨。"① 为议定分省事宜，他还主动到台湾与刘铭传商榷，两人见面"极相契合，无畛域之见"②，后来提出由福建及各省协饷 80 万两，就是这次见面商定的。最终两人联衔的《遵议台湾建省事宜折》中，有几条显然是为军事上"联成一气"，"内外相维"而设计的。（1）将原归福州将军管理的旗后、沪尾两海关改归台湾巡抚监督，税项所征充作台饷；（2）将澎湖副将与海坛镇对调，澎湖以总兵镇守，加强其海防实力；（3）内地长泰、南靖等县澳引盐额定例拨归台湾代销，利税留台拨充防费；（4）台湾总兵销去"挂印"字样，与新调澎湖总兵统归巡抚节制；（5）巡抚既归台湾，所有抚一标左右两营即须移归台湾，但因省城未定，无法安置，暂留闽省，由总督兼管，兵饷也由闽省支发；待台湾巡抚移驻省城，再调归台湾。这些规定，一方面加强了台湾的军事力量和巡抚直接指挥军队的机动性，另一方面加强福建作为台湾腹地和坚强后盾的作用。

其实，作为总督，有"厘治军民，节制文武，察举官吏，修饬封疆"大权。调兵遣将保一方安宁是总督统揽的职责，巡抚与总督同领守土之责，而职权侧重于民政。以上之所以要加重台湾巡抚节制军队的权力，完全是基于东南海防的特殊情况而做出的调整；与此同时，闽浙总督仍然保留对闽台各地军队的管制权，在称呼习惯上，军队系统同样保留冠以福建名头，比如"福建台湾镇总兵""福建澎湖镇总兵""福建安平水师副将"等等。也就是说，驻台军队是由巡抚和总督双重节制的，遇到紧急情况，内外均可就便调遣指挥，及时驰援呼应，这便是"联成一气"之精义。事实表明，这种体制对东南海防的加强是有实效的。在后来中日甲午战争中，当北洋吃紧，闽台就预先积极布防，署闽浙总督、两广总督谭钟麟迅速调遣福建水师提督杨岐珍、南澳总兵刘永福、海坛协副将余致廷等率部驰援台澎，并组织大批饷械和兵船入台，严防固守。不久日军即挟北洋战胜之势南下，志在夺取台湾。守台清军顽强抵抗，在澎湖等要口多次打退日军进攻。可见闽台密切配合的防御体制机制，在实战中是巩固的。只是由于北洋战败，大势已去，东南局部防守已无能为力，最终接受《马关条约》，台澎清军和官员被迫撤回内地，台湾才沦于敌手。

---

① 张本政主编《〈清实录〉台湾史资料专辑》，第 1148 页。

② 李鸿章：《李文忠公全集》，电稿，卷七，光绪十二年二月二十六日，《台抚刘来电》。

第七章　反对日本殖民统治与
闽台政治关系

　　闽台官员通过培植台湾"器局"和建省来加强东南边疆建设的努力，终究没有解除弱肉强食国际环境下的海疆危机。1895 年，处心积虑觊觎台湾已久的强邻日本，通过甲午战争，迫使清政府签订《马关条约》，强行割占台湾和澎湖列岛，从此割断了闽台两地的行政关系。然而，日本这种露骨的扩张行径，根本上与人类正义相违背，终究要受到国际正义力量的清算；同时，这种强盗行为又是对中华民族极大的感情伤害，两岸的中国人都不可能轻易接受日本霸占台湾的事实。在日本殖民统治台湾期间，大陆人民从未消弭痛失台湾的悲愤，通过各种方式支持台湾同胞反抗殖民统治，期盼国家强大重新收复台湾；而台湾人民，也从未停止反抗殖民统治，争取民族解放的斗争。基于传统的地缘、血缘、文化和行政等密切关系，福建最能感受到这种努力和斗争的存在并与之有着各种千丝万缕的关系。太平洋战争爆发后，随着国际反法西斯阵线的形成，这种斗争更加公开化，在反法西斯胜利的曙光中，台湾迎来了回归祖国的希望。福建人民与台湾同胞一道，在争取台湾主权归还中国和战后接收台湾的过程中，发挥了不可替代的作用。

第一节　反割台斗争与闽台关系的变化

一　关于《马关条约》割台条款的法律效力

　　甲午海战，清朝北洋水师几乎全军覆没，清政府被迫应日本方面要求，以李鸿章为全权代表赴日谈判。李鸿章提出先停战、后议和的要求。日本人起初不答应，后来因发生李鸿章被行刺事件，才答应休战 21 天，以示缓和；但休战范围，只限于中国北方地区。在南方，日军却趁此间隙强占了澎湖列岛。显而易见，日本人将利用此次战胜的机会，实现其20多年前就已萌生的"征台"梦想，而且是变本加厉地吞并整个台澎地区。

1895年4月初，日本人向李鸿章提出媾和条约底稿，并以扩大战争，攻取北京相恫吓，只许李鸿章说"允"或"不允"，不得对条约内容提出任何异议。懦弱的清朝廷授以"宗社为重，边徼为轻"的旨意，4月17日，李鸿章只好签字接受《马关条约》。

《马关条约》共十一款，其中关于割让台湾的条款内容为：

第二款　中国将管理下开地方之权并将该地方所有堡垒、军器、工厂及一切属公物件，永远让与日本。

一、……（关于辽东半岛条款略）

二、台湾全岛及所有附属各岛屿。

三、澎湖列岛。即英国格林尼次东经百十九度起至百二十度止及北纬二十三度起至二十四度之间诸岛屿。

关于此条款之解释，近年有学者提出，清政府之本意，似乎只是将台湾全岛及所有附属各岛屿、澎湖列岛及岛上的属公物件的权利让与日本，主权问题并未涉及。也就是说，清政府还没有彻底地放弃台湾。[①] 但据黄静嘉先生注释，依日文本以及作为准据的英文本《马关条约》，该处规定均使用"主权"字样，因此汉文本所称将"管理下开地方之权"永远让与，自系指主权之让与而言。[②] 黄静嘉先生的解释，有较具体的依据，但也不见得这种文义表达的差异，丝毫没有进一步讨论的余地。在当时日本单方面强加于中国的"霸王条款"之下，清朝方面以最低的姿态和微妙的技巧在中文表达中留下一些有余地的措辞，如果这是一种刻意斟酌的做法，也是不难理解的；而以日文本和英文本作"准据"，本身就是认同强者的立场，以之去推断中文本也属完全相同的含意，似乎也不见得严谨。当然，这个问题还可以进一步研究和讨论。

笔者在这里更想提出的是，对于《马关条约》本身的法律效力和日本

①　张同新：《台湾史研究中出现的新问题》，海峡两岸台湾史研究现状与未来趋势学术研讨会论文，北京，2004。

②　黄静嘉：《春帆楼下晚涛急——日本对台湾的殖民统治及其影响》，商务印书馆，2003，第21页注①。

在完全违背台湾人民意愿的情形之下血腥攻占台湾的行为，有必要作国际公法与道义的讨论。

《马关条约》是中国近代史上列强强加于中国的诸不平等条约中，最野蛮、最露骨的掠夺条约，其强盗行径即使在当时弱肉强食的国际社会中，也令人侧目。当条约内容公布，英、美、法、俄、德等国都对日本所提出的割地条款之苛刻而瞠目。万般无奈的清政府曾经寄希望于各国能够主持公道，制约日本过分的贪欲，也愿意以各种优惠条件，换取各国出面干涉。但当时的国际环境，充斥着的是各打算盘的利益考量，并无所谓公理伸张。由于日本割占辽东半岛将危及俄、德、法在华利益，他们才以一副"公道"面目出面干涉，从而有了"三国干涉还辽"的结果。至于台湾，清政府也努力争取英、法干涉，但英国却"以窒碍甚多却之"①，日本做出"占领台湾后台湾海峡作为公共航道"的承诺后，英国更不打算插手了。法国曾对清朝使节表露同情之意，建议称"普法议和，普索法两省地，法以两省人不愿属普，普不能驳。中国可援例，听台民自便"②。这种表态曾经给清朝廷带来新的希望，直至5月2日批准条约之前，清朝一直都没有停止争取法国出面干涉的努力，甚至开出不惜一切的代价，恳求法国出面保台，但法国担心与日本冲突，只是虚与委蛇，最终以条约已经批准，碍难再行干涉了事。这也就是说，日本强行割占他国领土，在当时的国际环境中，的确是一种有违公理、令人不齿的霸道行为，只是由于丛林法则当道，才让其霸占台湾的目的得逞。

法国所举普法战争中与普鲁士交涉割地的事件，实际上提供了领土主权维护的一个案例，这种案例通常在处理国际事务中，与相关原则共同产生法律效力。事实上，在反割台斗争中，台湾官民都相当自觉地运用了这种国际法惯例和原则。《马关条约》签订之后，舆情汹涌，台湾民众反应激烈，署理台湾巡抚唐景崧电报朝廷：台湾绅民"呈递血书"反对割让台湾，并引用国际"公法会通第二百八十六章，有云割地须商居民能顺从与否？又云民必乐从，方得视为易主等语"。光绪帝据此令李鸿章"再行熟察情形，能否于三国阻缓之时，与伊藤通此一信，或豫为交换地步。务须体朕

---

① 中国史学会编辑《中日战争》第五册，中国近代史资料丛刊，新知识出版社，1956，第85页。

② 中国史学会编辑《中日战争》第五册，中国近代史资料丛刊，第106页。

苦衷，详筹挽回万一之法"①。但此时作为暴发户的日本，根本就不是个能够顾及国际公法和道义的国家，当李鸿章欲与伊藤博文商讨从缓交割台湾时，伊藤答以"尚未下咽，饥甚"。活脱脱一副迫不及待的贪婪嘴脸。由于各国的袖手旁观，孤立无援的清政府只能任人宰割，台湾人民誓死反抗，也被日本军队残酷镇压，日本最终血腥占领了台湾。

日本不但以赤裸裸的侵略战争，凭武力强迫清政府签订《马关条约》，而且在完全违背台湾人民意志的情形之下，血腥占领台湾，显然是一种公然践踏国际公法与道义的野蛮行径。这种行径在当时虽然没有受到国际社会的有效制止，但这并不意味着其行径有确定的法律保障。后来的历史清楚地表明，这一行径到头来还是无法逃脱国际公法和国际道义的清算。

早在18~19世纪的国际关系中，就有所谓"强加条约"（imposed treaties）的概念，意指其中一方缔约国的意志，因为受武力恐吓等原因而未能被完全表达。这种情况在道义上是被否定的，但当时还没有相关的国际法约束规定，在这种情况下，一般认为强加条约不等于条约无效，对缔约双方仍有约束力。第一次世界大战以后，国际联盟及永久国际法庭相继成立，开始有法学家提出，倘若国际条约的缔定是出于不道德的原因（如侵略战争），那么条约应该是属于无效的。第二次世界大战后，国际法原则明确：使用威胁或武力取得之领土，不得承认为合法；由征服而取得的领土在法律上为无效。《联合国宪章》第二条第四节规定："会员国在国际关系上不得使用威胁或武力，侵害任何会员国或国家之领土完整或政治独立。"之后，1969年《维也纳外交关系公约》第52条更明确规定："在违反联合国宪章原则的武力或威吓之下签订的条约无效。"这就在国际法中确立了强加条约无效的法理基础。

尽管法律不溯既往，但列强自近代以来强加于中国的不平等条约却有着特殊的历史情况。自两次世界大战中，中国作为世界正义力量起着不可忽视的作用以后，越来越多的国家都倾向于对近代以来掠夺中国的历史进行反思，20世纪20年代以后，中国政府和社会要求废除清朝与列强签订的不平等条约，重新订立平等友好条约的呼声越来越高。尤其在第二次世界大战中，中国政府加快了寻求废除不平等条约、缔结新约的步伐，并得到美、英等国的支持。美国率先承诺通过谈判"迅速地做到取消一切有特殊

---

① 张本政主编《〈清实录〉台湾史资料专辑》，第1206~1207页。

性质的权利"。英国虽然固守其在香港等地的殖民利益，但也乐于在中国承认其在香港继续行使治理权等前提下，重新签订友好条约。1943 年 1 月 11日，《中美新约》《中英新约》分别在华盛顿和重庆签署。继之其他一些享有在华特权的国家，也相继与中国重新签订平等条约。在这种国际潮流之下，强加于近代中国的一系列不平等条约，实际上都已经被国际社会所放弃，作为近代中国被迫接受的最大不平等条约之一的《马关条约》，理所当然也可以在一定历史条件下加以废除。

日本虽然未曾与中国废旧立新，但《马关条约》显然已经在被国际社会唾弃之列。尤其是后来日本又重新发动侵华战争，变本加厉要吞并中国，那么中国完全有理由单方面宣布从前与日本所签订条约无效。《马关条约》由日本单方面强加于中国，开头表述为："大清帝国大皇帝陛下及大日本帝国大皇帝陛下为订立和约，俾两国及其臣民重修和平，共享幸福，且杜绝将来纷纭之端……会同议定各条款"，现日本重启对华战端，和平已不复存在，等于日本自己先撕毁了前此两国之间的"和约"，中国也就自然不能再承认包括《马关条约》在内的一切中日条约和协定。1941 年 12 月 9 日，中华民国国民政府正式向日本宣战，并援引国际法相关规定和国际惯例，昭告中外所有一切条约和协定合同有涉及中日之间关系者，一律废止。这就意味着，《马关条约》无须经过双方协商，自然作废。日本根据该条约所占领的台湾和澎湖列岛，中国要重新收回主权，日本的占领和统治已处于非法状态。这就构成了后来国际社会认同战后台湾应归还中国的法理基础。

1943 年 12 月 1 日，中、美、英三国首脑发表《开罗宣言》（苏联斯大林后来也表态"完全"赞成"宣言及其全部内容"），庄严宣告："三国之宗旨，在剥夺日本自 1914 年第一次世界大战开始以后在太平洋上所夺得或占领之一切岛屿，在使日本所窃取于中国之领土，例如满洲、台湾、澎湖列岛等，归还中华民国。"该宣言既肯定了战后满洲、台湾、澎湖列岛归还中国的正当性，同时也用"窃取"一词，否定了当初日本通过不平等条约割占台湾、澎湖的合法性。

上述可见，《马关条约》关于割占中国领土台湾和澎湖列岛的条款，在当时既缺乏国际法理和道义的支持，在后来日本重启战端中又处于无效状态，其最终被中国和国际社会清算的命运，是有历史必然性的。

关于台湾主权归属的国际法律依据问题，还将在本书下一章中继续讨论。

二　台湾军民反割台斗争的正义性

《马关条约》尚未签字，关于日本欲割占台湾、澎湖等地的消息就已传开，国内舆论哗然，有志之士纷纷上书，强烈反对割台。翰林院编修丁立钧、李桂林、黄绍箕等，多次条陈割地之不可行。军机大臣翁同龢、两江总督张之洞以及湖北、广西、山东、河南等省巡抚，均力持反对和议，提出不惜迁都再战、作持久战。当时正逢全国举人聚集北京参加会试，闻信无不愤慨，不断联名上书，众口一词反对和约、反对割台。从4月30日到5月8日，都察院收到举人上书31件，签名者达1555人，史称"公车上书"。

割台凶讯传至台湾，"全台震骇"，人们"奔走相告，聚哭于市中"。绅民联合上奏："自闻警以来，台民慨输饷械，固亦无负列圣深仁厚泽，二百余年之养人心正士气，正为我皇上今日之用，何忍一朝弃之！全台非澎湖之比，何至不能一战！臣桑梓之地，义与存亡，愿与抚臣誓死守御。若战而不胜，待臣等死后，再言割地。皇上亦可上对列祖，下对兆民也。"① 户部主事叶题雁等在京台籍官员，联合汪春源等台湾举人，也向都察院上书道：

> 今者闻朝廷割弃台地以与倭人，数百万生灵皆北向恸哭，闾巷妇孺莫不欲食倭人之肉，各怀一不共戴天之仇，谁肯甘心降敌！纵使倭人胁以兵力，而全台赤子誓不与倭人俱生，势必勉强支持，至矢亡援绝、数千百万生灵尽归糜烂而后已……夫以全台之地使之战而陷，全台之民使之战而亡，为皇上赤子，虽肝脑涂地而无所悔。今日一旦委而弃之，是驱忠义之士以事寇仇，台民终不免一死，然死有隐痛矣……与其生为降虏，不如死为义民……但求朝廷勿弃以予敌，则台地军民必能舍生忘死，为国家效命……②

台事紧急之际，闽浙总督兼福州将军谭钟麟，派福建水师提督杨岐珍、南澳总兵刘永福率部入台，加强防务；又调福建候补总兵廖得胜、海坛协

---

① 连横：《台湾通史》上册，第69页。

② 台湾银行经济研究中心编《清光绪朝中日交涉史料选辑》，台湾省文献委员会，1997，第230页。

副将佘致廷等渡台，充实台湾防卫力量。《马关条约》签订后，谭钟麟又奏请将刑部主事俞振明和试用道员赖鹤年等留于台湾差遣，还调拨"枪一二千杆、弹药数万粒"[①]援台。粤人有吴国华、庞大斌等率众分乘小艇入援台湾（当时谭钟麟兼闽、广两处总督）。谭钟麟系慈禧太后信臣，对割台决策不好表态什么，但从他的调遣用意，反映出他保卫台湾的有限努力。当然他后来执行朝廷旨意，切断对台湾的援助，亦属无奈之举。

相比之下，处于台湾当时风口浪尖的署理台湾巡抚唐景崧，态度要明朗得多。4月16日，在民情紧逼而朝廷尚无确信之际，唐景崧焦虑万分，电奏称：

> 三次电奉，一次电询，总署和议情形，均未奉复详行。纷传割辽、台，并派某爵率兵船即日来台签押，李鸿章希图了事，断不可行。必不得已，查外国今年联二三国为同盟密约，我可急挽英、俄，或请外国，从公剖断。不可专从李鸿章办法，割台臣不敢奉诏。且王灵已去，万民骇愤已极，势不可遏，朝廷已弃之地，无可抚慰，无可约束。日人到台，台民抗战，臣不能止。……揆今时势，全局犹盛，尚属可为，何至悉为所索？列圣在天之灵，今日何以克安？臣不胜痛哭待命之至。[②]

联系到后来唐景崧又电奏引"公法会通第二百八十六章……"云，可见他的确曾全力反对割台，并努力建议寻求各国公议的帮助。

在事无挽回，台民拥立之际，唐景崧被迫接受"台湾民主国"总统印旗，仍然分电内地各省大吏，声明"仍奉正朔，遥作屏藩，商结外援，以图善后"，请求各省加以援助。可以说，作为朝廷命臣和地

图 43　丘逢甲像

资料来源：福建省档案馆编《台湾义勇队档案画册》，鹭江出版社，2012。

---

① 连横：《台湾通史》上册，第 75 页。
② 连横：《台湾通史》下册，第 728～729 页。

方长官，唐景崧为保台湾已做了力所能及的努力。

反对割台出力最巨者，当数在籍工部主事丘逢甲和帮办防务总兵刘永福。

丘逢甲以一介书生，"倾家财以为兵饷"，承担起统领全台团练的重任。他多次带领乡绅上书反对割台，事情不可挽回之际，又力主台湾自立"民主国"，推唐景崧为总统，建元永清，遍告内地各省及海外，号召支援台湾抗日到底。"台湾民主国"失败后，他被迫撤回内地，自号沧海君，写下大量慷慨悲愤的爱国诗篇。

刘永福是个英勇善战的将领。但他入台时所带劲旅不多，曾主动要求回内地招募旧部加强台防，又提出台防必须南北连为一气的主张，都没有得到重视和采纳。《马关条约》签订后，许多将领奉命撤回内地，唐景崧电询去就，刘永福坚定地答以"与台存亡"。日军攻破台北，"台湾民主国"解体后，刘永福担当起领导全台继续抗战的重任。日军首领桦山资纪移书劝降，内有指刘永福"背戾大清国皇帝之圣旨，徒学愚顽之所为"之语，并表示只要刘永福放弃抵抗，"当以将礼送归"。刘永福回书痛斥日本侵略之不义，表示自己"余奉命驻守台湾，义当与台存亡。来书谓余背戾圣旨，又何见理不明也。夫将在外君命有所不受……爰整甲兵，以保疆

图 44　刘永福像

资料来源：福建省档案馆编《台湾义勇队档案画册》，鹭江出版社，2012。

土"[1]。严正地表明了自己为国家守卫疆土的立场。

刘永福曾先后派部属罗绮章、吴桐林等内渡厦门，向各省求援。但清政府怕遗人以"不守约定"之名，派李鸿章坐镇上海，截留大批大陆官民援台军械和粮饷，并诏令沿海各处："现在和约既定，而台民不服，据为岛国，自已无从过问。惟近据英、德使臣言：上海、广东均有军械解往，并有勇丁由粤往台，疑为中国暗中接济，登之洋报，或系台人自行私运，亦

---

① 连横：《台湾通史》上册，第74页。

未可知。而此等谣传，实于和约大有妨碍，著张之洞、奎俊、谭钟麟、马丕瑶饬查各海口，究竟有无私运军械、勇丁之事，设法禁止，免滋口实。"①这就使刘永福的最后抗争失去一切内援，他长叹："内地诸公误我，我误台人！"在回天无力的情形下，台湾才沦于敌手。

在反割台斗争中，有一个人的作用往往被忽略，那就是福州人陈季同。陈季同早年毕业于马尾船政学堂，后来以翻译身份随第一批船政留学生到欧洲，入巴黎自由政治学院学习国际公法，继之长驻欧洲各国为外交官。甲午战争前，他正以总兵衔福建候补副将身份，赋闲在乡。割台事件发生后，他毅然应唐景崧之邀，赴台协同寻求对策。他精通国际法，向唐景崧建议，在《马关条约》无法改变的情况下，只有援引国际公法，寻求各国支持，才有可能挽救台湾。唐景崧电报朝廷"公法会通第二百八十六章，有云割地须商居民能顺从与否？又云民必乐从，方得视为易主等语"，都是出于他的主意。在清朝廷已无能为力的情况下，他又主张，以国际公法相关条款为据，以台民"不服割地"为由，宣布台湾"自立"，再以"自立"的名义抗拒日本的武装接收。这样，抗日就成了台湾的事，与清廷无关；而台湾看似"独立"于中国，却能保证台湾永属中国。显然，陈季同的这些主张，对"台湾民主国"的体制，产生了关键性的影响。"台湾民主国"成立后，陈季同出任"外务大臣"，周旋于西方各国之间，寻求帮助。可惜，当时西方列强只考虑自身利益，对于台湾之事置之度外，陈季同的办法也只能化为泡影。事败之后，陈季同曾满怀悲愤写下《吊台湾四律》，传诵一时。

总之，为了保住台湾，闽台两地官民都做了巨大努力，尤其是台湾人民付出了巨大牺牲。抗战中，清军将领杨紫云、吴彭年、陈得胜、陈尚志、杨泗洪、朱乃昌等，台湾义军首领姜绍祖、吴汤兴、徐骧、林昆冈等，皆力战而死，其惨烈程度，世所罕见。日军在武力征服台湾的过程中，烧杀淫掠，暴露出凶残暴虐的野蛮本性。这是一页不堪回首的历史，百余年来一直是台湾人民的旧伤痛，也是全体中国人的旧伤痛。台湾人民的苦难，是国家贫弱时代外敌强加于我的一场民族灾难，罪魁祸首是日本侵略者，台湾的失陷，归根结底是敌我力量悬殊，而非人心之不齐，治史者大可不必从内部做过多责难，对一些具体的人和事做过多苛求。就整个反割台事

---

① 张本政主编《〈清实录〉台湾史资料专辑》，第 1211 页。

件而言，是一场众志成城保卫乡梓的伟大斗争。在这场斗争中，中国人的腰杆是挺直的，行为是无愧于史册的，尤其是台湾民众表现出誓死不屈的爱国民族精神和拼死赴义的区域文化品格，其斗争事迹可歌可泣。台湾史家连横在唐景崧、刘永福二人的传记中写道："夫以景崧之文，永福之武，并肩而立，若萃一身，乃不能协守台湾，人多訾之，顾此不足为二人咎也。夫事必先推其始因，而后可验其终果。台为海中孤岛，凭恃天险，一旦援绝，坐困愁城，非有海军之力，不足以言图存也。"① 在当时特定的历史情形下，纵使是孙吴再生、诸葛再世，也无能为力，对于反割台斗争中的所有人和事，都应该有足够的宽容和敬重。至于一些别有用心的人利用这段历史煽动悲情意识，将整个国家民族的屈辱，片面曲解为局部的台湾悲情，甚至利用"台湾民主国"的抗日体制，为"台独"理论张目，则实在是对历史真相的歪曲和对抗日民族先贤的亵渎。

三　日据初期闽台政治关系的变幻

日本占领台湾后，清朝官吏、军队奉命撤回福建。同时，许多士绅、学子和官宦人家不愿事敌，也纷纷内渡；一些富商和平民也回到内地避乱。台湾社会精英大多数都有回到内地避乱的经历。据统计，从同治年间到日本割台，台湾共考取进士21人，举人82人，贡生205人，日本占领台湾后，在台进士除宜兰杨士芳之外，其余皆返回大陆，著名者有蔡德芳、丘逢甲、陈登元、萧逢源、许南英等。人文最发达的台南仅余举人2人、贡生13人，台北地区仅余举人1人、贡生8人未内渡。这些因各种原因未内渡的士绅，也多以避世隐忍的方式抵制异族统治，如台北陈鸾升"日唯究心濂洛关闽之书，以之反躬切己"；鹿港洪一枝闭门述作，所著《寄鹤斋诗集》《八洲游记》《中东战纪》多记述日人之虐政；新竹王松以"沧海遗民"自号，著有《台阳诗话》《如此江山楼诗存》等，多表达异族统治下避隐之心迹。他们以自己洁身自好的不合作姿态，影响于台湾社会，对日本殖民统治作无声的抗议。

在迁回内地的台湾同胞中，有许多誓不事敌的动人事迹。如号称"台湾第一家"的台中雾峰林家，在日本占领之初，举家内迁。其中长房世代为官，林朝栋是著名的抗法、抗日英雄，他回到内地后便终身不再踏上台

---

① 连横：《台湾通史》下册，第731页。

湾土地。他死后，其子林祖密奉母返台。林祖密以林家累世为官，不原为日本臣民。据殖民当局规定，没有日本国籍就不能拥有台湾土地。林祖密便悄然将部分土地、房产变卖，然后以奔丧为名，举家迁回闽南，于1913年撤销日籍，恢复中国国籍，后来又参加了孙中山领导的国民革命。台湾首富的台北板桥林维源，也举家内渡，隐居于厦门鼓浪屿，日本人曾多次劝其回台，他都不为所动。鹿港人、武进士许肇清，曾参与抗日斗争，后来内渡，也终老于泉州。还有台胞萧光明，为反割台散尽家财，还牺牲了两个儿子，最后也是迁回内地。更有一些台湾同胞，如桃园县人胡嘉猷，不甘心家乡沦于敌手，内渡后不久又潜回台湾，伺机再组义军重燃抗日烈火，事情败露后，只好又逃回内地。台北人林李成，也与许绍文、林维新等数次内渡厦门，秘密筹运军火，对于延续义军的后期抵抗起了重要作用。

然而，对于大多数台湾同胞来说，他们已世居台湾，扎根繁衍，既珍惜先人开辟荆榛的历史，又顾惜身家财产，虽不心甘情愿接受日本国籍，但在当时情况下，实际上没有多少选择余地。比如，雾峰林家次房的林献堂，也曾举家避乱于泉州，但庞大的产业都在台湾，所以第二年只好返台。林维源、许肇清的后人，最终也都因产业的原因，返回台湾故里。

按照《马关条约》第五款规定："本约批准互换之后，限二年之内，日本准中国让与地方人民愿迁居让与地方之外者，任便变卖所有产业，退出界外，但限满之后尚未迁徙者，酌宜视为日本臣民。"因此，在日本占领的头两年内，来往于海峡两岸的台湾同胞很多。但多数是暂时性地回内地避乱，台湾局面稍安定后，他们又回到台湾。

据日本官方统计，至1897年5月，迁离台湾的有4500人，约仅占台湾人口总数0.16%，但据有的研究者估计，实际上应不止此数。[①] 其中多数是中上之家，特别是对国家、台湾有相当贡献，受到清政府重用和褒赏的富豪、官宦人家，有的则是原先在福建就置有产业。而留在台湾的，最终都被宣布为"日本臣民"。

台湾迁回内地的人，绝大多数在福建定居，也有一部分到广东、江浙等地。他们中的一些人，继续暗中联络大陆人民支援岛内人民的反殖民统

---

① 尹章义：《日本殖民台湾时期台湾人的国籍与认同问题》，（台湾）《历史》月刊2001年11月号。又，据黄昭堂《台湾总督府》称，内迁人口为不到5000人，自由出版社，1989，第67页；许雪姬《日据时期的板桥林家》一文则引资料称，迁出台北者1874人，台中县301人，台南县2200人，澎湖县81人，共计4456人，参见张炎宪等主编《台湾史论文精选》（下），玉山出版社，1996。

治斗争；有些人后来则积极参加祖国人民的抗日战争；还有许多童生、秀才、举人，内渡是为了继续参加科举考试以谋求功名，他们多先附读于闽南和福州各地的府学、县学，等待三年一次的大考。1897 年丁酉科福州乡试，台湾士子有 140 人参加；次年全国会试，分别寄籍于侯官、安溪的台湾举人黄彦鸿和陈浚芝高中进士。当时台湾被割让的耻辱还隐痛于人心，舆论每多讳言，但黄、陈二人参加会试时仍以台湾籍贯报考，显然是提醒人们勿忘台湾的用意。1903 年，又有台湾举人汪春源考中进士，他是台湾最后一位进士。台湾士子以顽强的毅力和读书人特有的进取精神，表达了对于祖国文化的忠诚。

对于割台初期海峡两岸关系，当时有个叫泽村繁太郎的日本人，受日本台湾总督府的派遣，到厦门等地进行间谍活动。他写了一本《对岸事情》，详细叙述了割台两年半内两岸政治、商业的变化情况。商业的变化主要是两岸经贸往来急剧减少；日本经济加快了对厦门的渗透；由于内渡人口增加，厦、漳、泉一带物价、房价上涨惊人；等等。关于政治方面的情形，泽村繁太郎主要反映了如下情况：

一、在泉州，两年间自台湾返回清国者增加。

二、返回清国希望通过接受科举考试走上仕途者增加。

三、清国政府对返回者给予很好的待遇。

四、台湾的残兵败将及福建解雇的兵员四处流浪，危害了地方的安宁。

五、清国人中稍通晓东西形势者往往希望成为受日本政府保护之民。

六、另一方面，人们又多为市面上误解日本真意的谣言所迷惑。

七、台匪逃亡清国者私下里愈来愈得到当地官民的欢迎。

八、不断有武器秘密输送及煽动台匪的情形，但这当中出于政治目的者很少，大多是出于利益的商业主义行为。①

泽村繁太郎的看法充满了对中国人的鄙视和日本优越感，但从上述资料我们也可以得到许多有价值的信息。

---

① 〔日〕泽村繁太郎：《对岸事情》，第 132～133 页，中川藤四郎印，1898，日本国立国会图书馆藏。

　　第一，割台时期的确有大批台湾人内渡避乱于厦、漳、泉，一度引起人满为患，物价、房价飞涨，说明许多台湾人在上述地区购房定居；其中泉州积聚了最多的台湾人。《日日新闻》1897 年 5 月 8 日也报道，在这个日本人编定台湾地区国籍的日子里，许多人内渡清国，其中"寄居泉州者，实繁有徒"。他们的境遇，受到祖国政府的优待和福建故土人民的同情与包容。

　　第二，在内渡的台湾人之中，知识分子占了很大的比例。他们深受中国传统文化教育的影响，最不能容忍异族的统治；同时，他们的个人前途，只有在祖国的科举考试中，才能找到出路。如果继续留在台湾，最终只能成为日本同化教育和近代化教育中被遗弃、被边缘化的一族。

　　第三，所谓"市面上误解日本真意"，说明当时福建一般民众，对于日本割占台湾的强盗行径深恶痛绝，无论官方还是民间，都曾给流亡的台湾抗日义士以支持和庇护，有的还暗中向台湾输送武器和在精神上鼓励台湾人民的抗日斗争。

　　第四，由于日籍台湾人在内地享有特权，少数内地人也千方百计冒籍"台湾人"以寻求日本领事馆的庇护；而日本人出于在福建扩张势力的需要，也政策性允许部分人加入台湾籍。这些取得台湾籍的内地人，"一经领有护照，辄复干谒官长，持符妄为，于全省地方安宁，大有妨碍。"①

　　本来，福建人民对台湾同胞沦为日本的二等公民怀有深切的同情，台湾反日义士也经常以福建为后援。但这种关系很快被日本人所破坏。日本人在取得台湾后，紧接着就把扩张的目标盯向与台湾关系密切的福建。台湾总督桂太郎曾露骨地说："欲确立台湾之经营方针，非确立对清政策之方针不可；确立对清政策之方针后，非实行华南经营之政策不可；欲实行华南经营之政策，非举福建及厦门经营之实不可。"② 如何"经营"福建？日本人的伎俩是，在内渡的台湾籍民身上做文章。他们有意鼓励一些流浪汉、地方无赖甚至罪犯内渡，从事赌馆、妓院、贩卖鸦片等活动，而对有正当理由到大陆求学、访问的知识分子却严格控制。在日本领事馆的包庇下，台湾籍民在福建干尽作奸犯科、扰乱社会秩序的坏事，甚至充当日本人破

---

　　① 外务部档案，中日关系，开埠通商，兼署闽浙总督文一件，光绪二十九年五月十四日，中国第一历史档案馆藏。

　　② 参见〔日〕岩壁义光《日本帝国主义与南进政策——以初期殖民地经营与对岸问题为中心》，《法政史论》昭和五十一年第 4 号。

坏福建人民的反日运动的马前卒。这就使台湾人在自己同胞心中留下极其不良的印象。在福州、厦门等地，台湾籍民简直就是无赖、流氓的同义词，"福州人只要听到台湾人二字就咬牙切齿"，"中国人对台湾人十分厌恶"[①]。正如陈小冲教授指出："日本人在台湾籍民身上达成一石二鸟的目标，即一方面利用台人与大陆人特殊的历史渊源关系渗透到中国社会，扩张了自己的势力；另一方面又在两岸人民间深掘鸿沟，造成了两岸人民间的心灵伤痕……"[②] 而这种伤痕，对于日本加快对台湾的"同化"，又有很大的作用。

第二节　台湾反日志士在福建的活动

一　福建等地的台胞抗日团体

日本对台湾实行残酷的总督独裁制统治，在宪兵、警察和保甲制度严密监控下的台湾人民，缺乏民族尊严和人身安全感，民族文化也遭到肆意践踏。许多台湾青年通过各种途径到大陆来求学。据福建档案资料记载，到20世纪20年代初，旅居厦门的台民人数达到五六千人，他们以厦门为中心，有的散居于泉州、漳州；旅居福州的台民也有1000多人。其中在厦、泉、漳中高等学校就读的青年学生有200多人[③]。

第一次世界大战以后，全球性的殖民地民族民主运动风起云涌，殖民地人民的民族意识日益觉醒，随着台湾籍民在大陆人数的增加，他们中的有志之士，也逐渐拢成一体，在大陆同胞的支持下，成立了许多反对日本殖民统治，争取民族解放的革命团体。1923年，厦门大学台籍学生李思祯以切磋学术、促进文化为名，创办"台湾尚志社"，实际目的在于唤醒台人民族意识，追求台湾自治，主要成员为学生和偷渡内地的台湾青年，会员达到200余人。该组织与岛内爱国人士于1920年、1921年相继成立的民族运动组织新民会和台湾文化协会，时间极为接近，宗旨也很相似，而且主动与岛内民族民主运动相呼应。1923年底，台湾发生日警大规模搜捕、迫害岛内民族民主运动骨干的"治警事件"。"台湾尚志社"闻讯，立即印发《尚志》特刊，发表宣言，谴责日本殖民当局暴行，声援岛内的民族民主运

---

①　戴国辉：《日本殖民地支配与台湾籍民》，载王晓波编《台湾的殖民地伤痕》，帕米尔书店，1985。

②　陈小冲：《日本殖民统治台湾五十年史》，社会科学文献出版社，2005，第404页。

③　福建省档案馆等编《闽台关系档案资料》，鹭江出版社，1993，第4、14页。

动，并把宣言书和决议文分寄台湾、东京等地。日本驻厦门领事馆大为恐慌，急令侦破，该团体最终被取缔。但过不久，又出现"台湾新青年社"，其宗旨更加明确道：

> 若要救台湾，非先从救祖国着手不可；欲致力于台湾革命运动，非先致力于中国革命之成功。待中国强大时候，台湾才有回复之日；待中国有势力时候，台湾人才能脱离日本强盗的束缚。[1]

　　1925 年，厦门还活跃着一个叫"中国台湾同志会"的秘密组织。该组织以台湾人林茂锌、郭丙辛为首，其成员有大陆和台湾的青年学生，同样以唤醒台人民族意识为己任，每次聚会都无定所。该会曾在 4 月 18 日和 26 日，以纪念 5 月 9 日"二十一条"签订的"国耻日"即将逼近为背景，分别在厦门市内各显眼处，张贴《中国台湾同志会在厦第一次宣言》和《中国台湾同志会在厦第二次宣言》，揭露"日本自领有台湾以来，限制台湾人回祖国，连亲戚间也不得往来，妨害同胞间的相爱互助。更有侵略福建的恶劣手段，即利用台湾人中的败类，于厦门开娼寮、设赌场、卖阿片，紊乱社会，无恶不作"。并称"我们正在讲究补救办法"。号召"我们台湾人并不是日本人。日本人是我们的仇敌，应该排斥，不该亲近。我们台湾人是汉民族，是中国人的同胞，应该相提携，不该相残害"；"我们要明白自己的地位，我们无时无所莫不备受日本人的压迫，所以要卧薪尝胆，准备报仇雪耻。在厦须求正业，岂可徒受日本人恶用"；"我们该牢记国耻，永勿忘国耻日，要团结，要奋发，回收国土，撤废不平等条约，脱离外国羁绊，建设独立自主的民治国。"同时号召"中国同胞有爱国思想者，当然也要负起援助台湾的义务"。[2]

　　厦门是台湾籍民在内地居留最集中的地方，也是台湾有志之士在大陆从事反日活动最活跃的地方。台湾岛内的反日组织，也经常派人到厦门活动，寻求内地的支援。如台湾赤色复员会（原为"台湾农民组合"，系台共的外围组织）会员褚阮进、张沧海，因在台湾进行抗日复土活动，事发遭到日警搜捕，逃亡到厦门，又被厦门的日本爪牙侦得，1929 年末，褚阮进

---

① 参见王晓波《抗战时期台胞的血泪与奋斗》，《台湾史论文集》，中国友谊出版公司，1992，第 78 页。

② 参见钟兆云《落日——闽台抗战纪实》，鹭江出版社，2005，第 292～293 页。

被捕杀，张沧海逃往内地后也死于非命。当时中国共产党在厦门的组织很活跃，一些在厦门的台湾反日团体在秘密活动中与中共取得了联系，思想上逐渐倾向共产主义。他们在中国共产党的指导下，组建起厦门反帝同盟台湾分盟，其核心人物还被吸收为共青团成员。后来，厦门的台湾各团体根据需要，并入依据中共"抗日救国"方针组成的厦门青年救国会。

台湾在内地的早期抗日团体还有：（1）1922年成立于北京的"台湾青年团"（初称"北京台湾青年会"）。该会以联络大陆人士，响应台湾抗日归宗的民族运动为宗旨，蔡元培、梁启超、胡适、李石曾等都被吸收为名誉会员。（2）1923年成立于上海的"台湾青年会"，曾通电反对台湾"治警事件"及"台湾始政纪念日"，并有代表参加祖国的国耻纪念日和爱国活动。（3）1924年成立于上海的"台湾自治协会"，主张台湾脱离日本统治，并与朝鲜抗日志士组织"台韩同志会"，颇为活跃，还参加上海的反日运动。（4）1926年成立于南京的"中台同志会"，会员仅40余人，经常发表宣言，呼吁祖国人民和台湾同胞团结觉醒，共同奋斗。（5）1926年12月成立于广州的"广东台湾学生联合会"，继而改名为"台湾革命青年团"，成员多为广州中、高等学校和黄埔军校学生，时为国共合作开展轰轰烈烈的国民革命，该团体受到国、共两党的大力支持和影响，后文还将进一步提到。（6）1931年至1932年之间成立于广东的"台湾民主党"，活动范围遍及台湾、广东、福建以及南洋，与各地国民党组织和朝鲜志士结合，行动非常活跃。

1937年中国全面抗战爆发后，在大陆的台湾人更加活跃，各地台胞纷纷成立抗日团体，支援祖国抗击日本侵略者，如"台湾国民党""台湾青年党""民主总同盟""台湾独立革命党""台湾革命青年大同盟""夏鼓中华青年复土血魂团""抗日复土大同盟""台湾义勇队""少年团""台湾青年医疗队""台湾青年战地服务队"等等。[①]

"台湾独立革命党"是个什么样的党？它所宣扬的"台湾独立"是个什么样的理念？笔者检索了许多资料，都没有找到该党成立当时的确切记载，只在1939年5月6日台湾义勇队筹备委员会提交的《筹组台湾义勇队前闽浙粤等地台胞情形》报告中，追述"台湾独立革命党十三年在广东成立，

[①]　宋龙江：《台湾春秋》，台湾省新闻处，1969，第83页。另，何应钦在《八年抗战与台湾光复》（第九版）一书中也提到上述团体，黎明文化事业公司，1984，第111页。

十数年来，都在台湾本部和中国做着反日工作……"①，但查 1924 年以后活跃于广东的台胞反日组织，主要是"广东台湾学生联合会"和"台湾革命青年团"；另，该党于 1940 年 4 月 15 日"再刊"的刊物《台湾先锋》第一期中有《台湾独立革命党党章》，并标明"民国二十七年九月修正"（1938年），却未说明创党日期。该党章所表述的建党宗旨为："团结台湾民族，驱除日本帝国主义在台湾一切势力；在国家关系上，脱离其统治，而返归祖国，以共同建立三民主义之新国家。"② 根据这种以"返归祖国"为最终目标的"台湾独立"理念和以"再刊"《台湾先锋》为党刊的线索，我们可以追溯该党的前身。

图 45　《台湾先锋》杂志

资料来源：福建省档案馆编《台湾义勇队档案画册》，鹭江出版社，2012。

《台湾先锋》"发刊词"说："……《台湾先锋》与其说是创刊，毋宁说是复刊，远在祖国大革命开始之时，《台湾先锋》便已在广州与祖国人士及一切爱好正义者见面了，然而不久，以各种原因停了版。现在，我们再度以《台湾先锋》呈现于大众面前，而又恰在可以说是祖国第一次大革命的继续与扩大的抗战中出现……"从这些话中可以知道，《台湾先锋》最早是前述成立于 1926 年 12 月的"广东台湾学生联合会"，继而于 1927年改名为"台湾革命青年团"的机关刊物。这个团体在国共合作的背景中曾表现出"对革命的旺盛热情"，其成员兼有三民主义者和共产主义者，思想倾向于左派。1927 年 4 月 12 日国民党实行"清党"后，共产党和左派人士遭到残酷迫害，台湾革命青年团起初

---

① 福建省档案馆编《台湾义勇队档案》，海峡文艺出版社，2007，第 98 页。
② 纪念李友邦先生历史资料丛刊《台湾先锋》，人间出版社，1991，第 88 页。

并未受到冲击，后来因为该团体掩护许多革命者，引起国民党当局注意，遂于 6 月中旬解散。日本政府趁此机会，透过各种渠道在各地展开罗网，大肆侦查、逮捕参与台湾革命青年团的台湾青年。在台湾总督府的内部立案中，称之为"广东事件"。曾担任台湾革命青年团宣传部长的张深切，返回台湾后就被殖民当局逮捕入狱。

根据张深切后来回忆，台湾革命青年团成立后，就提出了"台湾独立"的口号。他说："革命青年团成立后，时常开会讨论台湾的革命方式，逐渐趋近于独立运动的倾向，不久就把过去的妥协思想都完全肃清。"所谓"过去的妥协思想"，是指他们在岛内时参加的"议会设置请愿运动"。那是台湾岛内的民族主义者为了争取民族自治，又不敢根本触及日本殖民统治体制的一种"合法"的改良主义运动，这一运动在台湾知识分子中影响很大，内渡大陆的知识青年大部分都曾参与这一运动。但在大陆，他们已不必顾忌殖民当局的迫害，加上大陆反帝反封建的民主革命理论的影响，他们的思想越来越趋向于激进，因此，"革命青年团，把这种议会请愿的消极理论，完全加以清算，重新建立了台湾独立革命的旗帜，毅然向日本帝国主义者公开宣战。一方面吁请世界的同情，积极地援助中国的革命，一方面实际地协力中国革命而求台湾的解放。"①

由此看来，广东台湾学生联合会和台湾革命青年团是最早建立"台湾独立"理论的团体（台湾共产党也提"台湾独立"，但那是在 1928 年以后了）。在这个团体中，有一个人非常活跃，那就是李友邦。而李友邦就是后来台湾独立革命党的主席。据张深切回忆，当初成立台湾革命青年团时，本来是要组建"台湾革命党"的，因没能组成党所以才先组"团"，团成立后，又曾筹备改组为革命党，但因国民党"清党"和日本政府的检举，才烟消云散。② 由此可以推知，台湾独立革命党是李友邦等人在中国抗战全面爆发、国共两党重新合作的新的历史条件下，为继续当年建立党团理想而重新组建的，台湾革命青年团就是这个党的前身，而该党党章所谓"修正"，当是修改当年台湾革命青年团的章程而来，连同党刊《台湾先锋》和"台湾独立"理念，都与当年的团体一脉相承。

在"二战"后的"台独"逆流中，曾经有人津津乐道在 20 年代就已经出现"台湾独立"理念和组织。其实，这只不过是一种抽除特定历史背景，

① 张深切：《广东台湾独立革命史略》，中央书局，1948，第 9～10 页。
② 张深切：《里程碑》，圣工出版社，1961，第 220 页。

图46　李友邦像

资料来源：福建省档案馆编《台湾义勇队档案画册》，鹭江出版社，2012。

蓄意曲解前人概念的伎俩，或者是基于对历史知识缺乏而产生的无知。台湾独立革命党所揭橥的"台湾独立"理念，在它的党章中已经很清楚地表明，其真实的含义是"在国家关系上，脱离其（指日本）统治，而返归祖国"。在同期《台湾先锋》，还刊登有该党主席李友邦的《台湾要独立也要归返中国》一文，对当时历史条件下为什么要实行"台湾独立"，做进一步的阐发。

李友邦首先从台湾曾经是中国之一省和台湾在1895年被清政府不得已地割让给日本这两个基本事实出发，认为这"决定了台湾革命目的的两面性，就是，一方面，他要求独立，同时，另一方面，他要求返归祖国"。这两个方面是否相冲突？李友邦认为并不冲突。他指出：

> 台湾的独立，是在国家关系上，脱离外族（日本）的统治，是对现在正统治着台湾的统治者而言。作为被压迫于日本帝国主义者之下的台湾民族，他是要向其统治者斗争，以争取能够自己处理自己，自己决定自己的前途的权利，被锁紧地压迫在日本帝国主义的铁蹄下的台湾民众，迫切地需要的是这个。但"回长山去啊！"从前是、现在也还是台湾五百万民众的口头禅，"长山"指的就是中国，要归回中国的热情，除了少数丧心病狂的作日本帝国主义的走狗的败类而外，这已成为一般台湾民众的要求，所以台湾要归返中国。①

李友邦鲜明强调，这两个目的是同时地为台湾革命所具有，缺一不可。

他不能缺掉第一个，因为马关条约以后，祖国政府已不得不把台湾

---

① 李友邦：《台湾要独立也要归返中国》，《台湾先锋》再刊第一期，1940年4月15日。

承认为日本所有，所以台湾革命已不得不成为台湾五百万民众自己的事，而祖国政府不能是主动的，除非他提出"收复台湾"的口号，既然由台湾五百万民众方面出发，所以他首先必须作争取独立的斗争。同时又不能缺掉第二个，在前清割让台湾的时候，台湾五百万民众不得不由中国的政治机构脱离而又不愿屈服于日本帝国主义者，所以在1895年曾一度有台湾民主共和国之成立，以后在祖国抗战胜利而台湾独立革命成功时，祖国当是一个崭新的三民主义的国家，台湾民众返归祖国的要求，当可以得到。故同时，台湾革命者又以归返祖国作为其革命目的之一。①

李友邦还基于台湾民众已有其特殊的政治生活、经济生活和文化生活的现实，很有预见性地指出，"至于（台湾）以何种形式归返中国，那不是现在的问题"，因为"第一，归返祖国必须在已获得独立之后，而现在仍是艰苦地作斗争的时候；第二，历史发展的条件将要规定台湾怎样归回祖国的形式。"②

显而易见，这些论述中的"台湾独立"，严格地是限定于从日本殖民统治之下争取独立，而不是一般意义上的独立；同时，这种独立是与争取回归祖国的目标相并列的，二者关系绝不可割裂。同样，其中所用到的"台湾民族"概念，也是严格地相对于异族统治才提出来的，其真实意义是指台湾人民具有自己的民族性（中华民族），绝不能接受异族的同化；而从返回到祖国意义上而言，便是融为中华民族大家庭的一部分，绝不含有还存在一个不同于中华民族的"台湾民族"的意思。在20世纪20~30年代，在大陆从事反日活动的台湾志士所组织的许多团体（包括台湾共产党），对于"台湾独立""台湾民族"等概念的运用，都是基于与上述相似的意思，正因为如此，他们才会得到大陆爱国人士和各党派的支持和呼应。

而"二战"结束、台湾光复之后个别人所鼓吹的"台湾独立""台湾民族"，完全与上述的意义相背离。前者的本意是要将台湾命运和前途与祖国紧紧地联系在一起，并与祖国人民并肩作战，为实现国家统一的共同目标而奋斗；后者却是完全违背包括台湾人民在内的全中国人民的意志，企图将台湾从中国永远分离出去，成为一个独立的国家。这种逆历史潮流而动的做法与观念，与当年台湾抗日爱国志士心目中的国家、民族理念，毫无共通之处。

---

① 李友邦：《台湾要独立也要归返中国》，《台湾先锋》再刊第一期，1940年4月15日。
② 李友邦：《台湾要独立也要归返中国》，《台湾先锋》再刊第一期，1940年4月15日。

二　李友邦的台湾义勇队与福建

李友邦，又名李肇基，台北人，1906 年生，1918 年入台湾师范学校就读，曾参加台湾文化协会，从事文化启蒙的宣传活动，形成强烈的民族意识。1924 年，李友邦与林木顺、李添进等同学，乘夜袭击台北新起街警察派出所，被日警追捕，他连夜内渡逃往上海。当时，孙中山在广州领导国民革命，创办黄埔军校。李友邦前往应考，被招为黄埔二期学员。在广州期间，他积极参加广东台湾学生联合会和台湾革命青年团活动，多次往返于东京、台湾、上海、杭州等地，奔走联络革命志士，曾经动员了王万得等一批台湾青年回祖国参加革命。

笔者所见大多数研究李友邦的著述，都认为李友邦在广州期间就组织了"台湾独立革命党"，但笔者认为这一说法并不可靠。李友邦在广州期间只是个 20 岁刚出头的活跃青年，在广东台湾学生联合会和台湾革命青年团中的职位并不高，即使他有单独建党的想法，号召力也不足，那么，所谓"建党"，当是指他已经加入的组织而言。据当时担任李友邦所在的"台湾革命青年团"宣传部长的张深切回忆，当时的确曾准备组建台湾革命党，但后来因各种原因没有组建成。以张深切的直接当事人身份，他的说法应该是比较可靠的，李友邦建党应该是后来的事情。台湾革命青年团解散后，李友邦即往上海，被日本侦探逮捕关押，后因"证据不足"释放。1932 年他在国立杭州艺术专科学校担任日语教师期间，又因支持学生爱国行动，被国民党特务机关逮捕，直到 1937 年抗日战争全面爆发后，因有黄埔同学的保释才出狱。

出狱后李友邦依然秉持欲救台湾应先救中国，欲求台湾民族运动成功，必先求得中国抗战胜利的信念，热情投入全民族的抗日事业。他积极联络台湾同志，于 1938 年 9 月，以当年在广州的台湾革命青年团为基础，建立起"台湾独立革命党"。10 月，他受到"朝鲜义勇队"的启发，萌生了组织"台湾义勇队"的想法。

当时散居在大陆各地的台湾人不少，闽南一带最为集中。抗战爆发后，大多数台胞以"籍民"关系，撤回台湾，但也有许多人表示自己本来就是中国人，"现大战迫在眉睫，如蒙祖国不弃，渠等决参加战地服务，能死于祖国者幸也"[①]，坚持留在大陆。然而，出于防范心理，国民政府福建省主

[①]　福建省档案馆等编《闽台关系档案资料》，第 77 页。

席陈仪还是以"关怀"为名，下令将居留于闽南一带的数百名台胞，内迁安置于闽北崇安，成立"台民垦殖所"，从事垦荒劳动。李友邦得知这一讯息，决定从这些台民中组织义勇队。为了便于取得国民政府军事委员会的批准，李友邦便以"台湾独立革命党"的名义，来建立这支武装。根据担任"台湾独立革命党"总部秘书的张毕来（中共地下党员）回忆：重建的台湾独立革命党"其实是虚的，它的活动只是学习，由李友邦对党员讲台湾革命问题"。之所以要成立这么一个党，主要目的在于在它的名义下成立一支主要由台湾人组成的抗日武装队伍，那就是"台湾义勇队"。[①]

李友邦先是通过国民政府浙江省主席黄绍竑的介绍，取得陈仪和国民党福建省党部主任陈肇英的许可，于1938年11月来到崇安，在"台民垦殖所"进行动员，立即获得台胞的热烈响应，踊跃报名，很快组建起一支300人的队伍。该年底，李友邦在桂林得到国民政府军事委员会政治部秘书长贺衷寒原则同意成立"台湾义勇队"的承诺。次年初，李友邦再赴福建，将第一批队员带到浙江金华，其余留在福建继续接受短期训练。

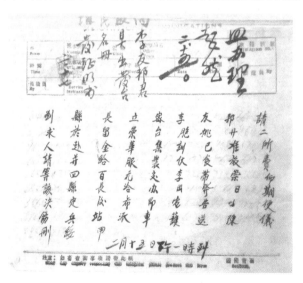

图47　陈仪批准义勇队电报

1939年2月15日的一份电报，内容为福建省政府主席陈仪批准留崇安台胞第一批22人赴浙江金华参加义勇队集训并拨发服装伙食旅费，由兵站派车护送。引自福建省档案馆编《台湾义勇队档案画册》，鹭江出版社，2012。

① 张毕来：《台湾义勇队》，载《革命史资料》第八辑，文史资料出版社，1982，第63页。

1939 年 2 月 22 日，"台湾义勇队"和"台湾义勇队少年团"正式成立，李友邦任义勇队队长和少年团团长。后来，李友邦又找黄绍竑开了介绍信找陈诚，到重庆后没见到陈诚，却见到"三青团"中央团部处长康泽，康泽要求"台湾义勇队"成立"三民主义青年团"，于是，获得军事委员会的正式批准，李友邦被授予少将军衔，编列于国民党浙江军事当局领导下的武装序列。

台湾义勇队成立后主要开展哪些工作？

《台湾先锋》再刊第一期登有李友邦《我们的工作》一文，介绍该队成立第一年里的工作：（1）对敌政治工作。利用队员都会日语、了解日方内部情形和日兵心理的优势，派员到各前线和后方开展瓦解日军的工作。（2）后方生产工作。台湾义勇队员中，有很多人掌握樟脑和各种药品生产技术，他们把这些技术力量分派到各后方生产基地，帮助解决生产难题，为缓解因敌人封锁而造成药品供应紧张，起到重要的作用。当时闽北崇安就设有樟脑制造厂。（3）医疗工作。队员中原先业医者甚多，他们便以医术为抗战和民众服务，如在金华队本部设有医疗所，在浙南某地设有儿童保育院，在敌后某地设有野战医院，还组织 4 个巡回医疗队，出入偏僻乡村，边为穷苦同胞义务治病，边宣传抗战。（4）台湾少年团之组织。义勇队对少年团工作非常重视，因为队中青少年甚多，而他们也认识到抗战的持久性，所以对后备力量更是加意培育、训练。

李友邦还在文章的最后说明，我们为什么要这样苦干？因为："（一）在日本帝国主义者统治之下的人们，只有艰苦奋斗，才能生存；（二）要能帮助中国同胞，打倒日本帝国主义以后，台湾人才能得到解放。"①

台湾义勇队活动范围遍及闽浙赣皖，在艰苦的斗争环境中，队伍不断壮大。1942 年 5 月浙赣战役后，台湾义勇队转战福建，10 月进驻龙岩。在龙岩，李友邦着重抓队伍整编和训练——整编成 3 个区队、9 个分队，总人数达 380 多人；开办干部训练班，提高队伍的军事、思想素质和技术能力。1943 年，由先后结业的干训班成员组成的 3 个工作组，被派到闽南一带从事抗日巡回宣传活动，以"保卫祖国，收复台湾"为号召，对发动闽南一带台胞积极抗日，起了很大作用。此外，李友邦还亲自率领少年团及部分队员，从龙岩出发，抵龙溪、同安、晋江等地开展公演募捐，募集抗日文

---

① 李友邦：《我们的工作》，《台湾先锋》再刊第一期，1940 年 4 月 15 日。

化事业基金 10 万余元。

图 48　台湾义勇队在行军途中

资料来源：福建省档案馆编《台湾义勇队档案画册》，鹭江出版社，2012。

　　义勇队除了主办《台湾先锋》，还曾创办《新港》《台湾青年》周刊等。

　　台湾义勇队在军事上也进行过几次有影响的行动。1943 年 6 月 17 日，日本人在厦门举办占领台湾 47 周年的所谓"始政"纪念活动，台湾义勇队在日军所设"兴亚院"投掷手榴弹，并在市区散发抗日传单；6 月 30 日，在厦门虎头山炸了日本海军油库及附属设施，毙伤日伪军数十人；7 月 1 日，在厦门日伪政府成立 3 周年的庆祝会场上，投掷多枚手榴弹，当场炸死日伪军数十人，给日伪军的心理造成极大震撼。他们还曾配合漳州抗日武装，进行一次袭击日军战斗，毙伤日伪军 100 多人。

　　由于台湾义勇队的名声越来越大，各地台胞不断加入这支队伍。1943 年 11 月，台湾义勇队升格为"台湾义勇总队"，李友邦升为中将总队长，直属国民政府军事委员会政治部。总队下设 4 个支队，分布遍及前线、后方、敌后、根据地，声势大振。一直到抗战胜利，这支队伍都活跃在闽西、闽南一带。1944 年春，国民政府成立国防最高委员会中央设计局台湾调查委员会，陈仪为主任委员，委员共 11 人，其中台籍委员 5 人，李友邦为委员。台湾光复后，李友邦于 1945 年 12 月 8 日率台湾义勇队回到台湾，为中将兼三青团中央直属台湾区团部筹备处主任。"二二八"事件后，李友邦被以"通匪"及"幕后鼓动暴动"罪名逮捕，解送南京监禁了3个月，后经陈诚援救释放回台。1952年，被国民党军法处以"匪谍案"处决。

三　福建：台湾人投奔祖国抗战的重要出发点

福建是台胞的故乡，抗战爆发时，居留厦门的台民有1万多人，居留福州的也有2000余人。基于中日交战状态，福建省国民党政府通知日本方面，尽快撤回领事机构和在闽台民，绝大多数台民撤回，但也有一部分"逃匿不归"。据当时媒体报道，仅厦门一地，"逃港者不下3000人，逃匿不归者千余人"①。这些逃匿者有各种原因，但基于宁愿留在祖国或逃往他处，也不受日本殖民统治的心理的人，占了很大一部分。其中还有不少人想留下来参加祖国抗日，如居留晋江石狮的医生周燕福等人，不仅坚持留在祖国，还积极购买救国公债，踊跃参加献金运动。他们通过媒体表明心声："台人原系中国人，清政府将台湾割让日本后，数十年台民即惨受亡国痛苦，故回中国流浪各地，因有冷血者甘为虎伥，作拍卖祖国之汉奸，致引起祖国同胞恶感，此所谓'好人被歹人累'也。渠等亟望祖国一日强盛，则台民一日得瞻天日……"，他们表示，"除非将来中国政府派队强迫驱逐出境，则若辈决不离此地。"②

留在大陆的台湾同胞，许多人都自愿参加了各种抗日活动。除了参加台湾义勇队，一些人还就地参加抗日组织。日军占领厦门后，厦门台胞抗日活动更加活跃。1939年夏，日军在南普陀寺举行所谓超度阵亡将士的道场，还强迫厦门民众前往烧香礼拜。道场活动中，突然出现"杀尽日寇汉奸"等传单标语，标语联署"厦门中国青年复土血魂团""台湾革命大同盟"。从这个联署可以看出，台湾同胞已与大陆抗日组织携手对敌。这两个组织后来又多次联手，进行突袭和刺杀行动。厦门日本陆军特务机关情报部长田村丰崇，日本"兴亚院"特派员、日本华南情报部部长、厦门全闽新日报社社长泽重信，先后被刺杀。

厦门市档案资料显示，当时厦门有不少台湾人"有爱国思想不忘祖国"③，要求恢复中国国籍，还有游振煌等人组织了"台湾抗日复土总同

---

① 见《江声报》1937年8月26日。
② 见《江声报》1937年8月6日。
③ 厦门市档案局、厦门市档案馆编《近代台湾涉外档案史料》，厦门大学出版社，1997，第164页。

盟"，团结了许多台胞参加祖国抗战。

　　除了原先居留内地的台胞参加抗日，还有许多台湾爱国志士，千方百计偷渡内地，投奔祖国抗日队伍。由于台胞只会讲闽南话、客家话和日语，他们大都选择从福建登陆，然后再到各地寻找机会，投身抗日事业。为了避免各种嫌疑和不必要的麻烦，他们有时干脆自称"福建人"，以取得信任。如，曾从事日俘管理工作、后在郭沫若领导下从事抗战活动的台胞康大川就自述："1938年我大学毕业，得到大陆同学的协助，一起从日本直接奔回祖国大陆参加抗日战争。由于我是台湾人，没有任何一个单位肯于接受我参加抗日斗争。同学提醒我，不要再说自己是台湾人，改以自己的祖籍地福建作为籍贯。这一做法果然起了作用，我被录取为（十九路军六十师）政治工作队队员……"

　　中共福建省委党史研究室钟兆云《落日——闽台抗战纪实》一书（鹭江出版社，2005），采撷了众多当事人资料，其中仅述及以内渡厦门为起点，然后奔赴祖国抗日战线的台胞就有不少，兹引述如下。

　　杨诚，早年回大陆在厦门集美学校读书，"九一八"事变后参加抗日学生运动，1934年入北京大学，"七七"事变后赴延安，加入中国共产党，曾任归国华侨救国联合会主任、延安外语学院英语系党支部书记等职。新中国建立后，他成为我国第一代航空工业的领导者之一。

　　蔡啸，1934年内渡厦门，曾应征国民党中央军，但因其台湾人身份，被疑为日本间谍而遭监禁。出狱后，得知新四军二支队成立，他又前往龙岩白沙，遇新四军政治部副主任邓子恢，遂被吸收为新四军。新中国建立后，曾任中共第十届、十一届中央委员，全国政协第五届、六届常委，全国政协第五届副秘书长，台盟总部理事会主席等职。

　　沈扶，1930年内渡厦门，抗战爆发后辗转香港，再赴延安，从事日本有关资料研究和翻译工作，同时兼做日本战俘的管理教育工作。

　　刘伯文，1930年内渡厦门，以福建籍考入中央陆军军官学校（即黄埔军校）第八期，次年以"九一八"事变爆发，刘伯文与另三名来自台湾的学生联名上书校长蒋介石，要求上前线报国，因尚在受训期而未获准。四人不肯罢休，私下离校前往察哈尔投奔冯玉祥部，但又被校方召回。受训结束后，刘伯文因学业突出，留校执教。南京沦陷后，他随校西迁，执教多年，仅骑兵中下级士尉官，就带出2000多名，大多数都开赴抗日前线。

李纯青，少年时代就要求父亲送他回大陆读书，1929 年毕业于厦门集美师范，后到上海读大学，1933 年回厦门，同年 8 月参加中国共产党，1935 年潜回台湾补习日语，1936 年赴日本留学。抗战爆发后他回国，先是由范长江介绍进上海《大公报》，后转到香港《大公报》。他凭着对日本的深入了解和精深的学识，以笔为矛，撰写了大量剖析日本、宣传抗战的文章和著作，成为《大公报》的著名记者。

宋斐如，青年时代回大陆，后到北京大学任教，"九一八"事变后，辞去北大教职，到主张抗日救国的冯玉祥将军处任职，深受冯玉祥的信任。冯玉祥下野后，宋斐如东渡日本，进东京帝大研究院深造，后回国。抗战期间，他创办《战时日本》刊物，又曾主笔《广西日报》，发表了大量有见地、有号召力的抗日文章，后来到了重庆，时与李纯青、谢南光等聚会，纵论国事，希望抗战早胜，台湾早日光复。

郑约，早年在台湾参加文化协会，宣传抗日救台湾，1930 年前后遭到日本警察缉捕，潜回闽南祖家。"九一八"事变后，郑约与几名抗日分子秘密抵厦门，参与向日本领事馆投掷炸弹、散发传单等活动。1936 年，他将妻儿从台湾召回厦门团聚，后来流亡泉州、南安、永春等地，最终参加李友邦的台湾义勇队，并被任命为义勇队驻闽南办事处主任，其长子未满 18 岁也参加了台湾义勇队。抗战胜利后，郑约曾举家迁往台湾，后又与一女两子回大陆。新中国成立后，郑约之子郑坚曾任全国台联副会长，女儿郑晶莹曾任台联广东省委副主委等职。

以上都是可以找到名姓和事迹的台胞参加祖国抗战的例子，在这个名单的背后，是更多的默默无闻的台湾同胞，从福建走上抗日战场。他们中有许多人甚至为祖国抗战事业献出了生命。

有人撰文概括台湾同胞回祖国参加抗战的三个特点。一是这些台胞大都有显赫的学历和较好的家庭背景，他们牺牲优越的生活条件和工作机会回祖国抗战，完全是出于爱国热情的驱动。"总体而言，他们可以说是那个时代台湾人菁英中的菁英。他们归返祖国投入抗日战争的行动，如实反映了那个时代的台湾人民心声"。二是他们不是个别的单一个人事件，而是许许多多的台胞精英，不约而同，前赴后继地投入抗日大业。由此可见当时台胞投奔祖国，参加抗日战争的信念，是何等的坚强。三是他们分别加入了不同的政党，"如果依地理位置的角度来看，如果抗日台胞是先回到祖国华南，则大体上是加入中国国民党。如果抗日台胞是先回到祖国华北，则多是加入中国共产党。"①

这个概括，基本上反映出当时的实际情况。

第三节　福建与台湾光复

一　闽台人士争取台湾回归祖国的努力

"收复台湾"的口号，是由国民党内部酝酿良久之后而逐渐产生的，这一点，本书将在下一章中具体讨论。然而，在光复台湾的过程中，台湾爱国志士和福建有关方面所表现出来的巨大热情和积极配合，对于促进国民政府收回台湾，也起了重大作用。

在抗战全面爆发前，台胞在大陆的抗日组织，受岛内派系的影响，比较分散且各自行动。全面抗战爆发后，大陆台胞深受鼓舞，认识到从此台湾与祖国有了一致的敌人，应该团结奋战；同时，祖国方面也更加清楚地看到台民爱国热情之可用，从而在组织上和物质上予以更有力的支持。这时期大陆各地台胞抗日团体得到很大的发展，以各种名称开展抗日活动的同胞团体层出不穷，比较著名的同胞抗日团体有："台湾革命青年大同盟""中华青年复土血魂团""抗日复土大同盟""台湾革命党""台湾独立革命党""台湾国民革命党"等等。

1938年9月18日，一部分台湾抗日团体合并成立"台湾民族革命总同盟"（领导人谢南光），另一部分则于1939年并入李友邦领导的"台湾独立革命党"。1940年3月29日，"台湾独立革命党"与"台湾民族革命总同盟"在重庆联合成立"台湾革命团体联合会"。1941年2月10日，在容纳了更多团体以后，又在重庆整合为统一的"台湾革命同盟会"，形成了大陆台胞的抗日革命联合阵线。

但总体而言，在抗日战争的前半段，大陆的台湾抗日革命组织，在祖国抗日与台湾抗日两者关系的认识上，仍普遍停留于以往的观念，认为他们目前只是"帮助祖国抗战"，而他们自身还有更根本的革命任务，那就是靠台湾自己的力量，推翻日本在台湾的殖民统治，争取民族独立和解放；在完成这一任务的过程中，祖国政府同样也只能"帮助"他们而不可能是

---

① 《在祖国战场上的抗日台胞》，环球网证坛，http://bbs.huanqiu.com/thread-162409-1-1.html。

"主动"的。尽管早在 1939 年 12 月,台籍志士柯台山在重庆就已提出反对不切实际的"台湾独立"或"台湾自治"的想法,认为"惟有努力光复运动一途"①,才是根本出路,但这毕竟是个别人的看法,无法为台湾革命团体所普遍接受。所以,当时他们的口号是:"保卫祖国,解放台湾"。

太平洋战争爆发和中国政府正式对日宣战后,这种观念发生了根本转变。1941 年 12 月 9 日,国民政府在正式对日宣战中宣布"所有一切条约协定合同,有涉及中日间之关系者,一律废止"。这等于宣布,国民政府已经不承认《马关条约》的有效性,"收复台湾"将作为中国抗日战争的重要目标。这一宣告,给台湾抗日革命团体以极大鼓舞,因为这意味着,中国将直接通过这场全民族的战争,收回台湾主权;在大陆的台胞,无须经由独立的民族解放运动途径,而只要直接参加祖国抗战,争取最后胜利,便可以实现台湾归返中国的目标。在这种背景下,大陆的台湾抗日组织更加活跃。1942 年 3 月,台湾革命同盟会举行第二届代表大会,发表宣言称:

> 太平洋战争爆发,在中国抗日战事上划了一个新阶段;同时在台湾革命史上亦划了一个新阶段。祖国向倭寇正式宣战,马关条约已告失效,台湾已与其他沦陷区相同,站在祖国省群中,站在祖国疆域上,吾台革命已不复孤立,吾台六百万同胞,已与祖国四万万五千万同胞混为一体,破镜重圆。祖国的命运,亦即台湾的命运,祖国存则台湾亦存,祖国战胜则台湾光复,否则沉沦。②

接着,李友邦的台湾义勇队将口号改为:"保卫祖国,收复台湾"。

从此,台湾抗日革命团体的重点工作,转入积极促进国民政府收复台湾,概括起来,这些活动涵盖建党、建政、建军各方面。

建党方面,台湾革命同盟会第二届代表大会后,该组织开始逐步与中国国民党发生统属关系。不久国民党成立中央直属台湾党部,同样以台籍人士为主干,进驻漳州,以台湾革命同盟会为外围组织,但因人事原因,二者并不协调。后来"台湾调查委员会"(以下简称"台调会")成立,台湾革命同盟会主要骨干大都参加了"台调会"工作。台湾光复后,二者人员逐步统合,迁往台北。

---

① 张瑞成编《台籍志士在祖国的复台努力》,"近代中国出版社",1990,第 86~87 页。
② 《台湾革命同盟会第二届大会宣言》,《台湾先锋》再刊第十期,1942 年 12 月 25 日。

建政方面，台湾抗日爱国人士最早提出台湾重新建省的主张，在 1942年 4 月 5 日《台湾革命同盟会第二届大会宣言》中，他们大声疾呼：

> 在情在理在势，祖国都应早定收复台湾大计。其中最重要的一着，就是应该设立台湾省政府，正式承认台湾为沦陷省区。台湾设省，则在台湾的同胞相信祖国决心收复台湾，将起而抗日，将联袂而起；台湾设省，则国内潜伏的台湾力量，可以表面化而用为恢复台湾的生力部队；台湾设省，则战争结束时，同盟国家不能视台湾为日本殖民地。无论国内国际乃至台湾省内的观念，将因此完全一变，而台湾的光复工作可以事半而功倍。目前增设台籍参政员，使台湾民情得以上达，尤为急不容缓的措施。①

该宣言还提到建军的问题：

> 台湾在历史与地理上，具有特殊性质，与普通沦陷省份略有不同。在国军实行收复时，必须台湾武力的配合，故设立台湾光复军及组训干部，也是收复台湾的一种重要准备工作。②

这些主张和建议，尽管在当时没有得到直接采纳，但都是一些富有前瞻性的问题，后来大多被摆上议事日程。而在当时提出这些问题，更富有实际意义的是，在全国上下掀起了一股收复台湾的舆论热潮。

1942 年 4 月间，以纪念台湾被割让 47 周年为契机，陪都重庆展开了一场声势浩大的光复台湾宣传运动。4 月 5 日，以在渝各国际文化团体的名义，举行"台湾光复运动宣传大会"，由司法院副院长覃振主持，孙科出席并作《解放已在眼前了》的演讲。4 月 17 日为《马关条约》签字日，重庆再一次举行纪念大会，章渊若代表国民党中央执行委员会秘书处吴铁城发表《我们应如何认识台湾》的演说词。《台湾先锋》再刊第十期，为此推出"台湾光复运动"特辑，刊登了国民党军政要人冯玉祥《我们要赶紧收复台湾》、孙科《解放已在眼前了》、陈立夫《率土之滨》、陈仪《台湾必须光复》、梁寒操《清算的时候到了》、马超俊《我怀台湾》、康泽《光复台湾》

---

① 《台湾革命同盟会第二届大会宣言》，《台湾先锋》再刊第十期，1942 年 12 月 25 日。
② 《台湾革命同盟会第二届大会宣言》，《台湾先锋》再刊第十期，1942 年 12 月 25 日。

等文章和演说词。

这场宣传运动的影响迅速扩及全国，被李友邦称为"台湾革命史上可大书特书的一页"①。从此，光复台湾成为全国人民的共识，成为国民政府不能不完成的一项历史任务，也成为国际社会不能不重视和承认的一种主权国家和人民的意志。

1942年至1943年间，反法西斯的盟国中，曾经出现所谓战后台湾划归"国际共管"的议论，当时同设于福州的台湾革命青年团和闽粤台湾归侨协会，立即发表《为战后台湾问题联合声明》，向中外严正指出"战后处理台湾问题，除将台湾之领土主权完全归还中国外，任何维持现状或变更现状之办法，均为台湾人民所反对"②。与此同时，李友邦和台湾革命同盟会也都撰文和发表声明，抗议这股国际逆流。这种发自台胞的声明，对国民政府在国际交涉中坚持收回台湾主权的立场，起了有力的敦促作用。

福建与台湾的特殊渊源关系，决定了福建在台湾光复中的特殊地位。从国民政府正式对日宣战开始，福建人士就对战后台湾收复问题予以关切。1942年12月，国民政府福建省主席陈仪在《台湾先锋》发表文章，指出：

> 台湾之受非人待遇，非彼等所自取，实为晚清昏聩政策所造成。简言之，台湾今日的恶劣环境，实祖国所给予的。"解铃还须系铃人"，所以我们四万万五千万同胞，皆负有拯台湾于水火的责任。今台湾革命运动日益展开，其总代表台湾革命同盟，积极推进光复运动，要求祖国增设台湾籍参政员，要求设立台湾省政府俾便争取台湾内向，诚属适时适切。……于此，热望我国及同盟国家，对于台湾革命问题，多家关注，并积极予以援助，使台湾得及早解放……③

福建省临时参议会成立之初，就极为关切复台问题，参议员纷纷提案要求做好复台准备。1944年4月，陈村牧等8名参议员联名提《拟请中央恢复台湾省制案》，着重从闽台历史上的行政关系陈述：

> 台湾为我国东南屏障，清初原属本省之一府，光绪十一年因防列

---

① 李友邦：《台湾革命运动》，人间出版社，1991，第25页。
② 福建省档案馆等编《闽台关系档案资料》，第178页。
③ 陈仪：《台湾必须光复》，《台湾先锋》再刊第十期，1942年12月25日。

强觊觎改为行省，设三府一州十一县六厅，甲午战后割让于日……现距胜利之期不远，亟应从速恢复台湾省制，以正视听，并坚定台胞内向之心。办法：建议中央依东北四省例，在陪都或本省设立临时台湾省政府，以号召台胞并策划收复接管等准备。

国民政府行政院收到此提案后，于7月7日批复福建省政府："关于收复台湾，中央正做整个筹划，仰即转知该省临时参议会。"①

1944年12月，在福建省临时参议会第二届第三次大会上，副会长林希谦发表讲话表示：

> 关于台湾收复后的复员及一切的措施，中央固然筹之已熟，可是闽台原属一家，我们福建人士，对于台湾的一切，实负有"兄弟相扶持"的先天义务，同时中央亦正需要我们福建人士作更进一步的帮助。②

上述可见，福建人士在促进国民政府收复台湾方面，是与台湾同胞同声共息的；尤其在恢复台湾行政建置方面，闽台人士的共识高度默契。

二　福建在台湾接收中的独特作用

1945年8月15日，日本宣布无条件投降。9月2日，日本在向各同盟国投降而签署的无条件投降书中表示"接受美、中、英三国政府元首7月26日在波茨坦宣布的，及以后由苏联附署的公告各条款"。9月9日，日本中国派遣军总司令冈村宁次向中国呈递的降书中承诺：按照盟军受降规定，在中华民国（东三省除外）、台湾与越南北纬16°以北地区内之"全部日本陆海空军与辅助部队之将领愿率领所属部队向蒋委员长无条件投降"。

于是，台湾接收进入实施阶段。

在台湾接收过程中，福建起了不可替代的作用；重建后的台湾行政和公共事业系统，深深地留下了福建的印记。

在此之前，国民政府国防最高委员会已经以原福建省主席陈仪为主任委员，成立台湾调查委员会。"台调会"成员基本上以台、闽人士和陈仪在

---

① 福建省档案馆等编《闽台关系档案资料》，第382~383页。
② 福建省档案馆等编《闽台关系档案资料》，第383页。

福建工作的旧班子人员组成，其中先后被吸收为专、兼任委员的台籍人士有林忠、李友邦、李万居、谢南光、黄朝琴、宋斐如、丘念台、林啸鲲、游弥坚、刘启光等。"台调会"主要做三项工作：（1）搜集有关台湾资料；（2）在前项基础上起草《台湾接管计划纲要》；（3）培训接收人员。

这些工作中，前两项因有熟悉台湾状况的班底人员为基础，显得相对容易；第三项工作特别繁重。由于日本统治下台湾人民被视为"二等公民"，文不能为治吏、武不能为将领，非但要害部门不得染指，即使是担任一般公务员，也受种种限制，台湾人民长期被压在社会最底层，排除于体制之外，一旦日本人撤走，行政和公共事业管理人才奇缺。加上非常时期交接替代，在人事上难免"疑人不用，用人不疑"法则的支配，更显得人力支绌。陈仪曾在写给陈立夫的信中说：

> 台湾收复后，最困难的问题，是人员的问题，因为台湾各机关高级人员几乎都由敌人担任，收复以后，立即须由中国人接任，这一大批人员的补充，真是困难。[①]

为了解决接收人员问题，国民党中央党部决定，由陈仪牵头，在中央训练团举办"台湾行政干部训练班"，招收学员120人，分民政、工商、交通、财政、金融、农林、渔牧、教育、司法各组训练，为期4个月，从1944年12月开学到1945年4月结业。又由四联总处之银行训练班，训练银行业务人员40名。1944年10月，中央警官学校开办"台湾警察干部讲习班"，次年在福建设立第二分校，共训练各级警务人员922名。

作为长期担任福建省政府主席的陈仪，在"台调会"工作过程中，无疑更多地动用了福建的资源，同时也更多地引用福建人。在首期结业的118名"台湾行政干部训练班"学员中，福建人最多，有31人，占了26%左右；"台湾警察干部讲习班"因后来中央警官学校直接把分校设在福建，福建学员所占比例更高，毕业总数922人中，福建人662名，占72%。

1945年8月27日，蒋介石正式签发陈仪出任台湾省行政长官的手令，接着又任命陈仪兼台湾省警备总司令。此后，陈仪开始组建接收的骨干人马。苦于干部不足，陈仪曾鼓励各方推荐、邀约人才，尤其是从福建借调

---

① 《陈仪致陈立夫函》（1944年5月15日），《民国档案》1989年第3期。

人员。福建省财政厅、民政厅、建设厅及邮政、银行部门都抽调了许多得力干部。陈仪还请福建省主席刘建绪在闽招聘与台湾"语言接近"的科秘、地政人才120名并代为培训，"如经费不足，并请赐借"①。当时陈仪身在重庆，在招聘人员、刺探台情和对台运输等方面，都很仰赖于福建，而福建地方当局也总是予以大力配合。

10月5日，陈仪派台湾行政长官公署秘书长葛敬恩和警备总司令部参谋长范诵尧（原福建省保安副司令）为台湾前进指挥所正、副主任，带领首批接收人员，其中包括黄朝琴、林忠、游弥坚、李万居等台籍干部，先行入台。随后，陆军第七十军七十五师和海军陆战队一部、陆军第六十二军主力（这些军队大多曾在福建从事抗战）、海军第二舰队（几乎全由闽人组成），分别于17日至26日间陆续到台接收。最后，陈仪于24日飞抵台北，次日在台北中山堂举行中国战区台湾省典礼受降，顺利地完成了对台湾的接收。

台湾接收之际，政治建设千头万绪，职能机构的配置和具体行政事务都有难于周全和顾此失彼之处，在这种情况之下，政府中枢及台湾地方都基于闽台渊源，而予以整合利用。比如，台湾省行政机构建立后如何实施监察？1945年10月22日，监察院院长于右任向国防最高委员会第174次常务会议提呈："以台湾省光复，其监察机构亟宜设立。闽台地区接近，拟请合福建台湾为一监察区，其原有闽浙监察区内之浙江省，划出为浙江监察区，请鉴核备案。"② 获得会议通过。新设立之闽台监察区，以杨亮功为监察使。杨亮功在1947年"二二八"事件后，曾以监察使身份赴台湾查办相关问题。根据福建省档案馆资料，闽台区监察委员会行署一直到1949年还在履行职能。此外，当时国民政府农林部，也设有"农林部闽台渔业指导处"。这些都是闽台行政关系在新的历史时期的某种延续。

在具体行政事务中遇到某些问题，台湾各级行政部门也总是习惯于向福建寻求解决办法。比如，接收不久，台湾市面上曾先后出现缺猪肉、粮荒、木材需求量增大等问题，对此，福建方面无不积极予以配合，设法供应。③

---

① 福建省档案馆等编《闽台关系档案资料》，第399页。
② 参见汪毅夫《台湾光复初期闽台关系的若干史实》，《中共福建省委党校学报》2008年第10期。
③ 参见钟兆云《抗战后期福建在台湾光复中的作用和贡献》，《东南学术》2005年第4期。

尤其突出的是，接收之初台湾能操国语（普通话）的教师人才奇缺——由于在日本"皇民化"运动之下，台湾人被禁止说中国话，学生都只会讲日语和闽南话。尽快实行祖国化教育，普及国语，成为台湾教育部门的当务之急。1946年2月12日，陈仪亲自致电厦门市政府："本省接管伊始，国民学校国语教师需要迫切，兹拟在闽南招选240名，以师范毕业，年龄在26岁以上，能操国语及闽南语者为限。"厦门市政府接电后，"即日登记招选"，还垫支赴台旅费，分三批选送了这些教师。①

在这前后，台湾高雄市政府也委托泉州、厦门代招闽南籍小学教师100名，区政及其他教育人员72名。

据台湾教育部门所列《本省光复前后各时期教育概况比较总表》②，接收时台湾各级各类教育中，由本国人担任的教职员总数是7359人，到1946年5~7月间，增至17121人。一年之内，陡增近万人，若非从福建大量选送，是不可能满足需要的。

当时除了教育部门，台湾其他各项社会事业也都缺人，不断有各机构向福建要求调人的情况，福建省无不予以满足。"赴台湾服务"成为当时福建热血青年的一种爱国行动。福建境内各高校毕业生，尤其成为广受台湾各部门欢迎的"抢手货"。1945年厦门大学毕业生才17人，其中10人都自愿去了台湾。福建协和大学、福建学院及工、农、航、商、法政等院校，都发动了大批学生赴台。

陈仪接收和主政台湾，多重用闽人，这是当时不少人的感觉，后来许多研究者也都这么说。这一说法，既有部分事实，也有不明真相的误解，甚至有一些有意夸大的成分。

的确，陈仪在接收台湾的过程中，带去了许多主政福建时的旧部属，有的记载说，陈仪赴台时，"拟随陈长官赴台之旧僚在福州等候者30余人"③。在台湾军政各要职中，陈仪用了不少旧人，如：

柯远芬（台湾警备司令部参谋长）；

严家淦（公署财政处长兼日产处理委员会主任委员）；

周一鹗（公署民政处长兼日产处理委员会主任委员）；

---

① 厦门市财政局档案；转引自钟兆云《抗战后期福建在台湾光复中的作用和贡献》，《东南学术》2005年第4期。

② 藏南京中国第二历史档案馆，全宗号：教育部1，案卷号：00628。

③ 福建省档案馆等编《闽台关系档案资料》，第384页，转引自《台湾省通志·光复志》。

包可水（公署工矿处长）；

胡福相（公署警务处长）；

方学李（法制委员会主任委员）；

夏涛声（宣传委员会主任委员）；

楼文钊（机要室主任）；

张国键（人事室主任）；

韩联和（台南市长）；

石延汉（基隆市长）；

陆桂祥（台北县长）；

谢真（台东县长）；

袁国钦（台南县长）；

张文成（花莲县长）；等等。

但这些人并非都是闽籍，其中一部分是在闽履职的外省人。之所以给人造成重用福建人的印象，是因为他们都是从福建过去的；同时，陈仪在组建台湾警备总司令部直属特务团时，曾指定要从福建兵员中抽调，这也给人一种只信任福建人的印象。另外，由于福建赴台人员确实占较大比例，他们在工作中容易得到升迁，也给人以被重用的感觉。

实际上，陈仪所重用的，各省人都有，其中也包括部分从大陆回去的台湾籍干部（即所谓"半山"），如：

游弥坚任台北市长；

刘启光任新竹县长；

谢东闵任高雄县长；

黄朝琴任台湾省议会议长；

李友邦任三青团台湾区部筹备处主任；

王民宁等代表台湾警备总司令部参加南京受降仪式；

黄国书参加台湾军事接管工作；

宋斐如任公署教育处副处长；

连震东任台北州接收委员会主任委员、公署参事兼代台北县长；

柯台山任台湾日报社社长；

李万居任台湾新生报社社长；

曾溪水任台南市区长；

谢挣强任台南县区长；等等。

由于僧多粥少，不可能人人都得到满意的安排，而陈仪也的确有疏忽台湾人士的一面，如台籍志士李纯青曾告诫陈仪说：

> 或谓"台湾民心待收拾，应以提拔台湾人，激励台湾民心"，说这话的，对长官公署弃置台湾人，深表遗憾。任何省都有本省的省政府委员，话虽有理，但期期以为不必争执此事。因为台湾乃以国家力量收复的，人事行政当然归中央支配，省界观念必须泯灭。或为台湾革命奔走半生或一生者，固甚愿荣归故里，这也是人之常情。但我却认为中国已经一统，何必"楚材楚用"？进一步说，干革命的人，也未必尽适合于做官，走错了路该埋怨自己。惟为陈长官方面打算，无台湾人可是一种损失。"十室之内，必有忠信"，难道台湾一省，完全没有政治人才吗？即使如此，人必不怪台湾人，而怪陈长官乃以统治殖民地的姿态出现。如台湾人对长官公署作如是想，而其心境的悲哀就太大了，祖国也太残酷了。民主是现政治的主流，我相信陈长官必不忽略台湾的民意。①

显然，台籍志士对陈仪的人事安排颇多芥蒂。

尤其是那些在台湾本土从事抗日民族运动的人士，更不被重视，也就有更深的失落感。之所以如此，有特定的历史原因。台湾长期受日本"皇民化"戕害和封锁，岛内志士与大陆联系并不紧密，缺乏政治共识；台湾人长期受日本压迫，缺乏高级行政专才，更谈不上有广阔视野的政治家；加上当时日本在台湾势力仍然非常强大，且蠢蠢欲动，要在短期内完成接收且稳定社会，是一项相当艰巨而有风险的任务。作为一个练达而有威望的政治人物，陈仪更多地使用可靠而熟悉的旧人，以收"驾轻就熟，通力合作，指挥灵活，事功易赴"② 之效，是可以理解的。遗憾的是，陈仪没能在这样做的同时，切实地体察、安抚好台湾人民因长期受殖民压迫而受伤脆弱的心，更没能安顿好台湾人民的生活，以至于给后来的历史留下变数。

从台湾志士来讲，他们长期受异族压迫，为摆脱日本殖民统治付出了艰苦的努力；对于回归祖国，他们满腔热忱，抱着很大的期望，希望参与

---

① 李纯青：《送陈仪将军》，载秦孝仪主编《中国现代史史料丛编》第 3 集《抗战时期收复台湾之重要言论》，"近代中国出版社"，1990，第 323 页。

② 福建省档案馆等编《闽台关系档案资料》，第 410 页。

管理和建设台湾，希望能够当家做主，这种愿望更是可以理解的。但在殖民统治突然结束，出头之日近在眼前的情形之下，也需要有一定的胸襟和历史的透视力。割离是痛苦的，弥合也不可能尽是快乐，只要没有忘记，所有的苦难都是源于日本侵略者强加于我，而这个根源已经拔除，便能够泰然处之。可以当家做主的一天终究要来临，只是还需要一些时间而已。其实，在蒋介石选择由陈仪来接管台湾时，就已经考虑到了台湾的特殊状况和闽台之间的特殊关系，即使陈仪确实重用了福建人，那也是基于闽台人之间容易沟通与角色互动的因素。放在台湾被迫割让而又在祖国战胜中实现回归的整个近现代历史中去认识，这毋宁是历史发展的一种难免的步骤。闽人大批入台掌权，从历史长远的眼光看来，只不过短暂一瞬，或者也可以说，只不过在本来就属闽文化孕育的台湾身上，多留下一个母体的印记而已，与其苛责于历史人物的用心，不如站在一个更高的历史层面上，将之看作台湾在终于摆脱 50 年异族统治后，重获新生时的一番阵痛。

第八章　国民政府与台湾光复

台湾最终摆脱日本殖民统治，回归中国，宏观而言，这是第一次世界大战以来世界范围风起云涌的民族解放运动的历史大势所产生的积极成果。包括台湾人民在内的中国人民，为反抗殖民压迫、争取民族解放进行了艰苦卓绝的斗争。尤其是在第二次世界大战中，中国人民与世界反法西斯阵线一道，为反法西斯战争胜利付出了惨重的牺牲，做出了重要贡献，台湾之回归，既是中国人民为之奋斗的一个重要目的，也是中国人民理所当然应得的一份报偿。当时主政中国的国民政府，为收回台湾主权，进行了长期的努力，终于在抗日战争的胜利中，完成了收回台湾主权和治权的历史使命。台湾回归后，国民政府根据台湾的实际情况和中国地方行政体制的特点，重新将之改造并设置为中国省级行政区之一。从此，台湾属于中国领土不可分割的一部分的法律地位，再也不能改变，两岸传统的行政关系得以延续。

第一节　国民政府收复台湾之经过

一　收复台湾目标之酝酿

1912 年中华民国成立，基于当时积贫积弱的中国，尚无法与列强撕裂关系，只能采取先承认清政府所签订的不平等条约，再徐图"修约"的策略。北京政府成立初期，曾经开展与各国废除旧约另订平等新约的外交努力，也取得了一些积极成果，为后来的南京政府以及战后废除不平等条约奠定了一定基础。孙中山曾在《临时大总统宣言书》中提出，中华民国将"一洗而去""满清时代辱国之举措"。显然，废除不平等条约，是亚洲第一个民主共和国所致力的长期目标，包括收复被外国霸占的国土。

国民政府"收复台湾"的意识，渊源自孙中山的民族主义思想。据蒋介石于 1946 年 10 月 25 日在《台湾光复一周年纪念会训词》中追述，早在孙中山组织兴中会时期，就曾提出"恢复台湾，巩固中华"的口号。① 但这一说法尚未得到可靠史料的支持。有学者研究认为，"1920 年代孙中山也只能说：要台湾'最低限度的自治'便打住"②。不过此一时彼一时，20 世纪 20 年代孙中山如何说，并不能否定他早期革命活动时的口号，只是还需要进一步的史料证实而已。但有一点可以肯定，国民党要员谈到将来要收复台湾的目标时，几乎都追溯到孙中山的遗愿。

在大革命时期，孙中山曾与在广州地区活动的台湾爱国志士接触，关心他们的活动。如李友邦刚入黄埔军校时，因语言不通，曾受到孙中山关照，"承蒙总理爱顾有加，要友邦每周日到革命先辈党国元老廖仲恺先生府中，学习国语、探讨革命问题"。③ 当时中国革命处于紧要关头，孙中山对于台湾人民的民族解放事业，也多所思考，因此而鼓励台湾志士背靠祖国，向日本殖民者作争取民族独立和解放的斗争，是个很切合实际的问题。后来广州台籍学生成立广东台湾学生联合会和台湾革命青年团，开展台湾民族独立运动，显然是受到孙中山三民主义思想的重大影响。

1927 年 4 月 1 日，台湾革命青年团出版《台湾先锋》创刊号，卷头即为孙中山的肖像和遗嘱，有李济深的题词，并收入戴季陶于 2 月 5 日在黄埔军校政治部应在粤台湾青年之请所作演讲稿。戴季陶在演讲中说道：

> 总理病革时，对我所言二三有关日本的事情，总理说，"我对日本问题三个最少限度的主张：一是日本须放弃日本与中国所缔结一切不平等条约。二是须使朝鲜、台湾两民族，实现最少限度的自治。三是日本对苏联应该不反对其政治；并不阻止苏联与台湾及朝鲜的接触"……于此可知我总理虽在病中，亦念念不忘台湾同胞，关心注意台湾同胞的革命事业。

戴季陶进一步发挥说："台湾民族是属于我们中国的民族，台湾的领土本来也是中国的领土，日本以强权和武力，夺了我们的土地，把我们的台

---

① 陈鸣钟、陈兴唐主编《台湾光复和光复后五年省情》（上），南京出版社，1989，第 300 页。

② 吕芳上：《抗战与台湾光复》，《近代中国》第 108 期，1995。

③ 严秀峰：《李友邦》，《抗战时期的台湾义勇队》，转引自王晓波《台湾史与台湾人》，台北东大图书公司，1988，第 86～87 页。

湾同胞当作奴隶"，因此，"台湾的中国同胞，受压迫、虐待于日本，可明白与朝鲜别无差异；所以我们要注意台湾民族的独立。台湾民族独立运动的态度，须联合与台湾在同样境遇的朝鲜，及我们东方被压迫民族为一团，协力向帝国主义者反抗。"①

显然，戴季陶在这里阐释了孙中山当时对于台湾问题的思想：日本必须放弃过去所强加给中国的一切不平等条约。台湾同胞是我中国民族，台湾土地是我中国领土，台湾人民应该起来反对日本帝国主义统治，争取民族自治；中国大陆的同胞应该大力支持台湾人民争取独立的斗争，先帮助台湾人民取得民族独立和解放，然后才有台湾回归祖国的可能。

这里所讲"台湾民族""台湾民族独立"，都有特定的语境："台湾民族"只是针对处于统治地位的大和民族而言，所以有个前提"台湾民族是属于我们中国的民族"；"台湾民族独立"也是相对于从日本帝国主义统治之下争取独立而言，而不是成为一个绝对独立的民族国家，所以也有个前提"台湾的领土本来也是中国的领土"。

从以上论述可以看出，在大革命时代的孙中山眼里，台湾主权的收回，要经历一个比较复杂的过程，但无论这一过程多么复杂，台湾终究要归还中国。

1927年南京国民政府建立后，以"修改不平等条约"作为其外交纲领，试图通过与列强的和平谈判，达到废除旧约、另订新约的目的。在向各国驻华使馆致送的照会中，国民政府申明："中国前政府与外国政府、公司及个人所订立之不平等条约及协定，既无存在之理由，国民政府于最短期间内废除之"，"关于中国之条约或协定，未经国民政府参加为缔约之一造者，不得视为对于中国有约束力。"② 经过几年的努力，废除旧约也取得一些成效，如在关税自主、收回租界、取消领事裁判权等方面有一定进展，但在台湾问题上，废约难度很大，显然不是和平谈判所能解决，国民政府也就不便公开提出收回台湾。

不过，在非外交公开场合，尤其是在国民党内，"收复台湾"还是被时时作为激励人们斗志的远大目标。"九一八"事变后，中日民族矛盾激化，国民政府对日态度趋于强硬。1933年3月，蒋介石北上保定部署对日军事，

---

① 《台湾省通志·革命志·抗日篇》，台湾省文献委员会，1971，第111～112页。
② 《中日外交史料丛编》第一册《国民政府北伐后中日外交关系》，"外交问题研究会"，1964，第3～4页。

12 日他在孙中山逝世 8 周年纪念大会上说，将来不但要收复东北，还要收复台湾和琉球。4 月，在另一次讲话中他又提到，10 年之后，必可"驱逐日本出境，光复朝鲜，收回台湾"①。1934 年 4 月 23 日，蒋介石又在江西抚州的一次演讲中指出：

> 父母既生我们下来，作了国家的主人，当然要做一个独立国家的国民！当然要使我们的国家由我们手里复兴起来！不仅是东四省的失地我们要收复，而且朝鲜、台湾、琉球……这些地方都是我们旧有领土，一尺一寸都要由我们手里收回！②

这些讲话当时只局限于军中，没有对外公开。蒋介石在日记中也写道："倭寇之传统政策，在并吞满蒙，为东亚之霸王，吾党之传统政策，乃在恢复朝鲜台湾等失地，以行王道于世界也。"③ 可见，收复台湾的目标，的确在"九一八"事变后就已经在酝酿中。

1937 年"七七"事变爆发，国民政府步入全面抗战的轨道，"收复台湾"的口号，便被公开、明确地提出来。

1938 年 4 月 1 日，蒋介石在国民党临时全国代表大会上，再次提到孙中山总理在世的时候，就为国民党定下了"恢复高台，巩固中华"的目标，并解释道："因为高丽（朝鲜）原来是我们的属国，台湾是我们中国的领土，在地势上说，都是我们中国安危存亡的生命线，中国要讲求真正的国防，要维护东亚永久的和平，断不能让高丽和台湾在日本帝国主义者之手"，因此，要"以解放高丽台湾的人民为我们的职志"④。

这是在正式场合，首次公开、明确地提出"收复台湾"的口号。

口号既已提出，就得体现于具体行动。国民党为收复台湾所做的第一个具体行动，就是试图先在党组织上实现对台湾的渗透。1940 年 3 月 30 日，蒋介石发出致陈立夫、朱家骅、王芃生等人的"极密"电报，称"查汪逆傀儡登场在即，我方对倭亚宜加大打击，赞助日本台湾朝鲜的各项革命运动，使其鼓动敌国人民群起革命如罢工等，以骚扰敌之后方，减其侵

---

① 《徐永昌日记》第三册，"中央研究院"近代史研究所影印版，第 4 ~ 5 页。
② 中国国民党中央委员会党史委员会编《总统蒋公思想言论总集》卷十二，第 198 页。
③ 《蒋中正总统档案·困勉记》卷二十四，1933 年 2 月 19 日条，台北"国史馆"藏。
④ 秦孝仪主编《中国现代史史料丛编》第 3 集《抗战时期收复台湾之重要言论》，第 2 页。

略势力，即希兄等负责约同日韩台在渝之革命首领，会商筹划推动为要"①。

时任国民党中央组织部长朱家骅收到密电，立即与内政部长陈立夫、国际问题研究所所长王芃生、三青团中央团部处长康泽、军委会政治部秘书长贺衷寒、中统局副局长徐恩曾、特种经济调查处李超英等会商。4 月 26 日，朱家骅向蒋介石报告，其中关于台湾的部分为："台湾本我辖地，兹拟迅速成立本党党部，为工作便利计，暂用化名。查有前在政治部供职之刘启光一名，系台湾籍，当先约其谈话，俟议有具体办法，再呈请核定经费及负责人员。"②

朱家骅通过在台湾革命团体联合会任秘书长的刘启光，约见了联合会领导人谢南光、宋斐如等，达成在暂保台湾革命团体的独立性的同时，"暗中须与本党保持极密切之关系，并受本党之指导"③ 的意见。经多次协商，双方决定先成立"中国国民党中央组织部直属台湾党部筹备处"，刘启光介绍早年就参加同盟会的台湾人翁俊明参与筹备工作。

1941 年 2 月，国民党中央组织部直属台湾党部筹备处在香港成立，翁俊明为筹备处主任，刘启光为秘书，陈哲生、李自修、叶永年分任组训、宣传、总务三科科长，林忠为重庆联络站负责人，谢东闵为桂林联络站负责人。同月，台湾革命团体联合会解散，整合为"台湾革命同盟会"，作为台湾党部的外围组织。台湾党部任务是"先从沿海一带之台人工作着手，徐图深入岛内，以岛内工作为主。以后一再督促，率以日人监视严密，仅能由港澳、厦门两地派员进入台湾，展开地下活动，党部本身于光复之前未能移岛内"④。

在对台湾进行组织渗透的同时，国民党中央还注重对台湾问题定位的统一口径。1940 年 5 月，台湾革命团体联合会向三青团中央函询关于中央对于台湾革命问题的具体政策，以作为今后活动的纲领。康泽曾专此将准备答复的问题提交朱家骅审定。朱家骅慎重地做了些补充后才予以答复。

---

① "中央研究院"近代史研究所档案馆藏"朱家骅档案"，全宗号 301，宗号 30，册号 1，标题《台湾党务——策动日韩台革命运动》。

② "中央研究院"近代史研究所档案馆藏"朱家骅档案"，全宗号 301，宗号 30，册号 1，标题《台湾党务——策动日韩台革命运动》。

③ 秦孝仪主编《中国现代史史料丛编》第 2 集《台籍志士在祖国的复台努力》，"近代中国出版社"，1990，第 305～309 页。

④ "中央研究院"近代史研究所档案馆藏"朱家骅档案"，全宗号 301，宗号 30，册号 2，标题《台湾党务——台湾革命运动与中国国民党》。

这些问题包括"中央对台湾之根本政策""中央对台湾革命运动之具体意见""中央对回国参加抗战之台胞的国籍处理"三个方面。其中第一个方面的第一个问题是："中央希望台湾完全复归祖国，抑由日本脱离后，保持独立形态，受祖国保护？"康泽拟答"当然复归祖国"，经朱家骅补充后的答复是："当然复归祖国，因台湾原系福建省一旧府属。"①

如此明确的答复，说明当时国民党高层对于"收复台湾"的口号，已经有了十分广泛的共识。

二　收复台湾目标之明朗

收复台湾口号虽已提出，·但敌强我弱的局势，仍在制约人们的信念。所以除了以口号激励国人斗志和在组织上开展一些渗透活动外，并没有太多的实质措施。从 1940 年夏到 1941 年冬天到来时，中国的抗日战争陷入一种严峻的国际局面。当时希特勒德国已经击败法国，控制西欧大陆，仅剩英国退守孤岛。日本乘机加强对中国封锁，1940 年 6 月 19 日，在法国战败前夕，日本迫使法国政府关闭滇越铁路，封锁印度支那与中国的边界；6 月 24 日，英国又在日本恫吓下，暂时封锁滇缅公路 3 个月。9 月 27 日，日本与德国、意大利签订《德、意、日三国军事同盟条约》。美国感觉到战争逼近，决定参战，但其策略是先扶持英国在欧洲战场对德国采取攻势；而在亚洲，则准备牺牲中国利益，在承认日本发动侵华战争所造成的"既成事实"的条件下，与日本进行谈判。后来由于中国政府和人民的强烈反对，加上日本贪得无厌，美日谈判才没有成功。在这种复杂的国际局势下，国民政府对于台湾问题，不可能有进一步的考虑。

1941 年 12 月 8 日，日军悍然偷袭珍珠港，美国终于尝到了纵容日本侵略扩张的恶果。蒋介石认为：过去英美"视中国为无足轻重，徒利用我以消耗日本之实力，今日本果闪击英美。……中国抗战的危险已过大半"②。12 月 9 日，国民政府主席林森发表《国民政府对日宣战文》，向中外宣告：

中国为酷爱和平之民族，过去四年余之神圣抗战，原期侵略者之日本于遭受实际之惩创后，终能反省。在此时期，各友邦亦极端忍耐，

①　"中央研究院"近代史研究所档案馆藏"朱家骅档案"，全宗号 301，宗号 30，册号 2，标题《台湾党务——台湾革命运动与中国国民党》。

②　张其昀：《党史概要》第 3 册，"中央文物供应社"，1979，第 1193～1194 页。

冀其悔过，俾全太平洋之和平，得以维持。不料残暴成性之日本，执迷不悟，且更悍然向我英美诸友邦开衅，扩大其战争侵略行动，甘为破坏全人类和平与正义之戎首，逞其侵略无厌之野心，举凡尊重信义之国家，咸属忍无可忍。兹特正式对日宣战，昭告中外，所有一切条约协定合同，有涉及中日间之关系者，一律废止，特此布告。①

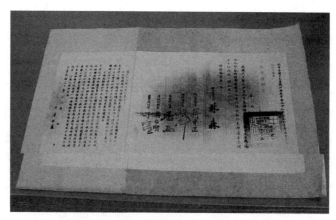

图49　国民政府主席林森签署的对日宣战文

全面抗战已经打了四年半，之所以到此时才大张旗鼓对日宣战，是因为此前国力不足，单凭本国的力量，要从强敌中收复失地，是比较遥远的事情。而现在美、苏皆参战，给抗战带来了新的格局，正式宣战可以强化中国与同盟国关系；同时也向全世界表明，中国人民浴血奋战，是要维护自己的国家民族利益，战后一定要收回失地，再不能听任国际社会的摆布。在此之前，英美等西方国家曾表露过使日本侵略势力退回到"九一八"事变时状况的意思。宣战后，中日间一切不平等条约均废止，《马关条约》对中国不再有约束力，日本根据该约割占台湾的事实，中国也绝不承认其"合法性"，台湾与东北地区一样，被视为中国长期受日本侵略的沦陷区，在法理上，依然被视为中国领土的一部分。中国人民要通过这场全面对日战争，对日本的长期侵略和压迫进行总清算，必须使中国的国家领土，恢复到甲午中日战争之前，而不是回到"九一八"事变时的状况，才算是最终取得胜利。因此，这一宣战，对于收复台湾有着极其重大的意义。

---

① 《国民政府对日宣战文》，载《抗战时期收复台湾之重要言论》，第2~3页。

1941 年 12 月，日军战机频频从台湾基地起飞，轰炸驻菲律宾美军，美军高层从中看到台湾在西太平洋的巨大战略价值，攻克台湾被列入盟军的战略目标。美军计划在占领台湾后，设法把台湾作为军事基地，进攻日本本土。至于台湾政治去向如何处理，美国有三种意见：“台湾可独立和自治；归还中国；设立一临时联军托管制，在托管期间，台湾人民可准备举行公民投票，决定他们最后政治命运。”[1] 美国倾向于台湾托管，拟取得中国同意，由“美国单独军政管理台湾，一直到日本投降和战后总解决为止。顶多我们只可答允象征性的中国参与”[2]。

1942 年 8 月，美国《幸福》《生活》《时代》三大杂志编辑人，以学术研究的名义，联合起草并印发《太平洋关系》小册子，其中第四章提议，战后在太平洋建立一条防御地带，由一个国际委员会来共管这条防御线内的一切据点：

> ……我们提议，以一向点缀着横越太平洋商务航线的岛群为基地，建造一个新的凌驾一切防御体制。由夏威夷向西，我们计划一连串强大据点——英勇的中途岛和威克岛、关岛，那些由日本代管统治而将来应由我们占领的岛屿——琉球和小笠原群岛，一直到台湾——全线最适当的停泊站，同时也是联合国空中舰队最强大的西部终点。……在台湾方面，中国的利益显然是占优势的，而且这种利益，在任何国际行政机构中应有其代表权。……为了尊重中国的优越利益，台湾应该划在中国关税和金融系统之中，但是因为联合国需要以它为一大根据地，所以把它划为中国领土的一部，似乎不妥……由于台湾的国际地位性质，在任何可以预见的未来时日中，它的居民不可以要求独立主权，也不投票加入中华民国。[3]

这个小册子在重庆《中央日报》连载后，立即遭到中国各界舆论的强烈反对。早在这年的 4 月间，中国陪都重庆就已掀起一股收复台湾的舆论热潮，国民党党政要人和文化界人士纷纷发表讲话和撰文，明确提出中国政府和人民通过这场战争，一定要收复固有领土台湾。11 月 3 日，国民政府

① 〔美〕柯乔治：《被出卖的台湾》，陈荣成译，前卫出版社，1988，第 20 页。
② 〔美〕柯乔治：《被出卖的台湾》，第 32 页。
③ 重庆《中央日报》1942 年 11 月 5 日。

外交部部长宋子文在重庆中外记者招待会上，当有记者问："战后之我国，在领土方面是恢复到九一八以前之状态？抑恢复到甲午以前之状态？"宋子文明确答复："中国应收回东北四省、台湾及琉球，朝鲜必须独立。美国方面有一流行口号，即'日本为日本人之日本'，其意在指日本所侵据之地均应交还原主。"① 11 月 13 日，重庆《中央日报》和《扫荡报》联合版也发表立法院院长孙科的文章，公开批评同盟国内某些人关于战后世界安排的错误主张，严正表示"设使抗战胜利后，中国失去五十年之台湾，仍不能收复，则在中国之立场言，绝不能承认其为公平与合理"②。

1943 年 1 月 7 日，重庆《大公报》发表社论，正面阐明中国人民收复台湾的决心：

> 美国幸福、生活、时代杂志……把台湾看作单纯的日本殖民地，忘记它的历史，不明它的现状，以为脱离了日本，台湾就像十字街头的流浪儿，可随便安排给任何一个慈善机关收养，这种观念是不正确的。我们要在这里纠正这种观念，郑重向世界公言：台湾是中国的老沦陷区，我们不能看它流落异国，战后中国一定要收复这块土地。第一，根据国际公法的先占主义，台湾是不折不扣的中国领土。……台湾是中国先占的土，且经清朝统治垂二百余年，属于福建布政使管辖，为福建省的一部分。第二，日本从中国手里夺去台湾，台湾应该归还中国。……中国为领土完整而抗战，为清算一八九五年以来的中日关系而抗战，我们忍受牺牲，不畏痛苦，自然要收复所有的失土，包括台湾在内。第三，根据大西洋宪章，台湾也该归还中国。……台湾"领土的改变"就与大西洋宪章第二条所述相同，"未经有关民族自由意志所同意"，日本以帝国主义的方式攫取台湾，台湾人曾揭竿而起，拼命抵抗日本的侵略。……他们的政治要求很简单，即回归父母之邦的中国。以上三点，旨在说明：中国必收复台湾，言情喻理，皆不应把台湾与中国强迫分离，盟国之中如有人作此想头，必受中国人的强烈反对。就台湾的国防地理论，它是中国东南海疆的屏障；它与海南岛是中国监视海疆的一对眼睛，谁愿意

① 《外交部长宋子文在重庆国际宣传处记者招待会答问》，载《抗战时期收复台湾之重要言论》，第 3~4 页。

② 重庆《中央日报》、《扫荡报》联合版，1942 年 11 月 13 日。

让人拆去屏障？谁愿意让人挖去眼睛？[1]

中国政府和人民的严正立场，引起美国政府的高度关注。当时太平洋战场，很大程度上仰仗于中国抗日战场的支撑，美国政府不可能不顾及中国人民的感情。1943年2月，罗斯福总统向国民政府驻美大使魏道明表示："日寇所有岛屿，除其本国外，均应就同盟国警备立场支配之，台湾当然归还中国，将来太平洋警备权自应以中、美为主体，在南太平洋由澳洲及新西兰辅助。"[2]

中国虽得到美国总统战后归还台湾的口头承诺，但当时中国并无收复台湾的军事能力，在盟国联合作战中，中国并无可能派出一支军队攻取台湾；台湾同胞也不具有从内部瓦解、推翻日本殖民统治，从而实现回归祖国的能力。台湾很可能是先由盟军攻克并实际控制。中国若不能在盟军攻克台湾之前，谋求盟国从正式国际文件上承认台湾为中国领土、战后必须归还的具体规定，那么，台湾归属问题仍然可能因异国军队的占领而变得复杂化。因此，要想真正收复台湾，中国政府还必须进一步从外交努力入手，谋求中国对台湾主权地位的国际正式承认。

1943年11月，美英邀请中国参加开罗三国首脑会议，商讨联合对日作战和战后如何处置日本等问题。蒋介石抓住这个有利时机，向美国总统罗斯福提出"日本于九一八事变后向中国侵占之领土（包括旅、大租界地），及台湾、澎湖，应归还中国"。罗斯福予以同意，即命私人顾问霍普金斯起草公报草案。《草案》写道："日本由中国攫取之土地，例如满洲、台湾、小笠原等，当然应归还中国。"中方核定后，认为文中"小笠原"更正为澎湖后可以同意。

在提交会议讨论中，英国方面提出，其他被占领土地都没有说明归还何国，所以可将其中"当然应归还中国"改为"必须由日本放弃"。

对此，与会的中国国防最高委员会秘书长王宠惠力争："如此修改，不但中国不赞成，世界其它各国亦将发生怀疑。'必须由日本放弃'固矣，然日本放弃之后，归属何国，如不明言，转滋疑惑。世界人士均知此次大战，由于日本侵略我东北而起，而吾人作战之目的，亦即在贯彻反侵略主义。

---

[1]　《中国必须收复台湾——台湾是中国的老沦陷区》，重庆《大公报》1943年1月7日。

[2]　《宋子文答记者问》，载陈志奇编《中华民国外交史料汇编》，台湾渤海堂文化事业有限公司，1996，第5700页。

苟其如此含糊，则中国人民乃至世界人民皆将疑惑不解。故中国方面对此段修改之文字，碍难接受。"

英国外交部次长贾德干解释："本句之上文已曾说明'日本由中国攫去之土地'，则日本放弃后当然归属中国，不必明言。"

王宠惠不为所动，指出："措辞果如此含糊，则会议公报将毫无意义，且将完全散失其价值。在阁下之意，固不言而喻应归中国，但外国人士对于东北、台湾等地，常有各种离奇之言论与主张，想阁下亦曾有所闻悉。故如不明言归还中国，则吾联合国共同作战，反对侵略之目标，太不明显。故主张维持原草案字句。"

在场的美国驻苏大使哈立曼支持中方意见。因中美双方坚持，此项内容最后维持原草案。①

12 月 1 日，中美英三国首脑联合发表《对日作战之目的与决心之公报》，也就是《开罗宣言》，其中规定："三国之宗旨，在剥夺日本自一九一四年第一次世界大战开始后在太平洋上所夺得或占领之一切岛屿；在使日本所窃取于中国之领土，例如东北四省、台湾、澎湖群岛等，归还中华民国"。

图 50　开罗会议

1943 年 11 月，美、英邀请中国参加开罗三国首脑会议，图中坐者从左至右为：蒋介石、罗斯福、丘吉尔、宋美龄。引自中华全国台湾同胞联谊会、中国人民抗日战争纪念馆编《纪念台湾光复历史图片集》，华艺出版社，2005。

---

①　以上讨论细节，见中国国民党中央党史会编印《中华民国重要史料初编——对日抗战时期》第 3 编《战时外交》(3)，"中央文物供应社"，1981，第 525～534 页。

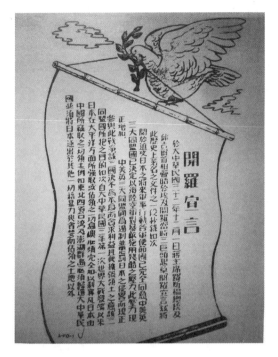

图 51　《开罗宣言》内容宣传画

资料来源：中华全国台湾同胞联谊会、中国人民抗日战争纪念馆
编《纪念台湾光复历史图片集》，华艺出版社，2005。

至此，战后台湾由中国收回的态势，才明朗化。

三　收复台湾目标之实现

《开罗宣言》发布后，国民政府即积极筹划台湾的收复工作。1944 年
春，蒋介石令行政院秘书长张厉生，会同军事委员会国际问题研究所所长、
日本问题专家王芃生，"拟具收复台湾政治准备工作及组织人事等具体办
法"。同时命令，在国防最高委员会中央设计局下面，设立台湾调查委员
会，作为负责收复台湾筹备工作的职能机构。4 月 17 日（恰逢《马关条约》
签订 49 周年之日），"台调会"在重庆正式成立，以陈仪为主任委员。之所
以派陈仪负责此事，一是因为他与中央设计局秘书长熊式辉派系相同，同
为日本陆军大学出身，且二人在台湾问题方面主张一致；二是因为陈仪曾
任福建省主席，1935 年去台湾考察过，而且他平时一直比较留心台湾情况
和搜集有关台湾资料。

　　张历生等人于 3 月 15 日向蒋介石提出一项拟成立"台湾设省筹备委员会"的报告，6 月 2 日，蒋介石批示："关于将来台湾克复后军事及行政之负责管理问题，可根据开罗会议时我方提出之原建议，先向美国商洽，俟有相当结果，再与英国商洽。……所拟关于行政院设'台湾设省筹备委员会'一节，查现在中央设计局业已设置台湾调查委员会，如稍加充实，多多罗致台湾有关人士，并派有关党政机关负责人员参加，即足以担负调查与筹备之责，暂不必另设机构，以免骈枝之弊。"

　　蒋介石之所以不批准设立"台湾设省筹备委员会"，而以"台调会"替代其职能，是因为对台湾收回后究竟采取什么体制实行管理，心中并无准数。美国之支持中国收回台湾，也是有目的的，那就是想以此换取在台湾的军事设防权。中美英三国开罗会议关于"日本领土暨联合国领土被占领克复时之临时管理问题"，还做出以下决定：

　　　　1. 敌人土地被占领时，由占领军队暂负军事及行政责任。但占领军队如非中、英、美三国联合军队，凡关于该地区之政治问题，应组织联合机构，而此三国中，无军队参加之国亦均派员参加管制。

　　　　2. 中、英、美三国领土被收复时，由占领军暂负军事责任，该地之行政由该地原主权国负责。彼此相关事项由占领军与行政机构协商行之。

　　　　3. 其它联合国领土被收复时，由占领军暂负军事责任，由该地原主权国负行政之责，但仍受占领军事机关之节制。①

　　上述规定中第二项的情况，很可能在台湾收复时出现。当时国民政府根本不可能设想派几十万大军去攻克台湾，台湾只能留由盟军去占领，然后由中国实行行政接管。而这种情况下的台湾管理，实际上是行政机构与占领军共管，能否实现省制管理，殊无把握，所以筹备台湾设省，还为时过早，必须待盟军占领台湾后，与美英协商才能确定。当务之急，只能先做好台湾各项资源的调查、拟定接管计划和人员的培训工作，而这些工作由"台调会"来完成，似乎更加合适。

　　"台调会"关于战后台湾的设计，集中于行政方面，设想盟军攻克台湾

---

① 张瑞成编《光复台湾之筹划与受降接收》，"近代中国出版社"，1990，第 23～24 页。

后，建立军政府，由中国负责行政方面事务，因此，所拟定《台湾接管计划纲要》，并没有涉及中国军队攻台的问题，也没有设立台湾警备部队的内容，关于军事方面，只提到"（21）台湾应分区驻扎相当部队，以根绝敌人残余势力。（22）军港、要塞、营房、仓库、兵工厂、飞机厂、造船厂及其它军事设备、器械、原料接管后应即加修整"①。显然，收复台湾，全然是一种期待盟国落实《开罗宣言》的姿态。

事实上，《开罗宣言》发布后，美国内部仍然有一股主张独占和全面控制台湾的力量，也在做积极准备，那就是曾任美国驻台副领事的情报人员乔治·基尔所领导的特别研究小组。他们认为"中国将无法负起管制台湾的全面责任"，战后应设法使台湾实行"托管"或"中立化"，以冀长期拥有台湾军事基地的使用权。在一部分高层官员的支持下，他们也在全面搜集台湾资料，培训未来接管统治台湾的军政府的军政人员。1944 年和 1945年初，美国海军部还制定了 12 套相当完备的民政手册，打算作为登陆台湾后，军政府人员的行动准则。后来美军所攻占的冲绳、塞班等岛屿，都遭到美国"独占性地托管"的命运。可见，一直到 1945 年初，国民政府究竟最终以什么样的方式接收台湾，多大程度上掌握台湾管辖的主权，都还是一个未知数。后来形势急转直下，美军还来不及占领台湾，日本就宣布投降，台湾才免于被美军占领的命运。

日本海军主力被击垮后，美军内部对战略进攻方向产生分歧。海军上将尼米兹曾主张先攻占台湾和中国沿海，切断日军在东南亚的战略补给线，然后进攻日本本土，这一计划包括与蒋介石取得协议，由美军单独管理台湾，一直到日本投降和战后总解决为止。而太平洋盟军统帅麦克阿瑟则主张先进攻菲律宾、琉球，直逼日本本土。1944 年 10 月美军占领莱特岛后，尼米兹才放弃了原计划，认同占领菲律宾、琉璜岛及琉球群岛为优先。1945年 3 月，美军占领菲律宾，6 月进占琉球。在此期间，盟军飞机对台湾和日本本土反复进行猛烈空袭，在台日军已成惊弓之鸟。

如此一来，就出现了可能在盟军占领台湾之前，就可以提早结束战争的局面。于是，国民政府加紧接收台湾的准备工作。

1945 年 4 月 7 日，蒋介石批准由"台调会"和党政军各机关主管人员每月开一次联席会议，会商接收事宜。5 月，中国国民党"六大"在重庆召

① 陈鸣钟、陈兴唐主编《台湾光复和光复后五年省情》（上），第 51 ~ 52 页。

开，台湾问题成为大会关注的重要问题之一。谢东闵代表台湾党部出席大会，成为台湾沦陷50年来第一位参加国民党全国代表大会的台籍代表。蒋介石在会上再次誓言"受日寇劫掠最早之台湾，重归祖国，始为我抗战彻底之胜利"。并专门接见谢东闵，问询台湾有关情况，要他转告台湾同胞："台湾的光复快要到了。"

1945年7月26日，美英中三国发表《促令日本投降之波茨坦公告》，宣布"《开罗宣言》之条件必将实施，而日本之主权必将限于本州、北海道、九州、四国及吾人所决定其它小岛之内"①。

8月6日、9日，美国在广岛、长崎投下两颗原子弹。

8月8日，苏联对日宣战并出兵中国东北。

8月15日，日本天皇广播投降诏书。随即，台湾总督安藤利吉命令在台日军不许轻举妄动，静待善后处理。

日本宣布投降后，摆在盟军面前的最大问题，是登陆和管制日本本土。对于台湾，他们已无暇顾及。一方面，战争既已结束，台湾既已承诺归还中国，美军也就没有理由和必要先去占领，然后再办理移交；中国人民为抗战付出惨重代价，做出重大贡献，任何迟滞移交领土的举动，都将刺激中国人民的反感情绪。另一方面，随着战争的结束，美国政府开始承受国内越来越大的"送子回家"运动的压力，美国人民急切地盼望早日见到在战争中幸存下来的子弟，美军不可能大量在海外迟滞不归。于是，8月17日，也就是在受命为接受日本投降的驻日盟军总司令的第三天，麦克阿瑟以第一号命令规定：

在中华民国（东三省除外）台湾与越南北纬十六度以北地区内之日本全部陆海空军与辅助部队，应向中国战区统帅蒋委员长投降。

这个结果，显然与国民政府原先所设想和准备的从盟军手里接管台湾，有所不一样。国民政府和最高军事当局立即根据新的情况，快速做出反应。1945年8月27日，蒋介石正式签发陈仪出任台湾省行政长官的手令，同时任命陈仪为台湾省警备总司令，以便行政接收和军事接收同时进行。

---

① 张逢周主编《近五十年中国与日本》第五卷，四川人民出版社，1990，第305页。

1945 年 10 月 25 日上午 10 点，中国战区台湾省受降典礼在台北市中山堂举行，美国军事代表顾德里上校、柏克上校、和礼上校等，台湾民众代表林献堂、陈炘、杜聪明、林茂生等 30 余人，以及新闻记者 10 余人参加。陈仪以中华民国台湾省行政长官兼警备总司令的名义，向日本台湾总督兼日军第十方面军司令安藤利吉大将发出第一号命令：

> ……遵照中国战区最高统帅兼中华民国国民政府主席蒋及（中国陆军）何总司令命令，及何总司令致冈村宁次大将中字各项备忘录，指定本官及本官所指定之部队及行政人员，接受台湾、澎湖列岛地区日本陆海空军及其辅助部队之投降，并接收台湾、澎湖列岛之领土、人民、治权、军政设施及资产。……

安藤利吉签具受领证：

> 今收到中国战区台湾省行政长官兼警备司令署部第一号命令一份，当遵照执行，并立即转达所属及代表各政治、军事机关及部队之各级官长士兵遵照，对于本命令及以后之一切命令、规定或指示，本官及所属与所代表之各机关部队之全体官兵，均负有完全执行之责任。①

至此，国民政府为收复台湾所作努力，完全实现。陈仪昭告中外：

> 本人奉中国陆军总司令何转奉中国战区最高统帅蒋之命令，为台湾受降主官。此次受降典礼，经于中华民国三十四年十月二十五日上午十时，在台北市中山堂举行，均已顺利完成。从今天起，台湾及澎湖列岛，已正式重入中国版图，所有一切土地、人民、政事皆已置于中华民国国民政府主权之下。这种具有历史意义的事实，本人特报告给中国全体同胞，及全世界周知。②

---

① 张瑞成编《光复台湾之筹划与受降接收》，第 202～203 页。
② 张瑞成编《光复台湾之筹划与受降接收》，第 201～202 页。

图 52　中国战区台湾省受降典礼

1945 年 10 月 25 日，中国战区台湾省受降仪式在台北中山堂举行，图为受降仪式会场。引自中华全国台湾同胞联谊会、中国人民抗日战争纪念馆编《纪念台湾光复历史图片集》，华艺出版社，2005。

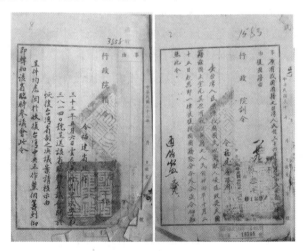

图 53　行政院令

1945 年国民政府行政院关于恢复台湾省制和台湾人民恢复国籍的训令。引自福建省档案馆编《台湾义勇队档案画册》，鹭江出版社，2012。

第二节 台湾省制的恢复

一 恢复台湾省制的预案

台湾在被日本割占之前，是中国清朝的一个省份；台湾回归中国后，依然应该恢复为中华民国的一个省的建制，才最符合台湾的实际情况和人民的期待，也才最切合"光复"之义。在国民政府收复台湾目标酝酿过程中，实际上就不断有人开始习惯地用"省"来界定将来台湾的行政单位。早在中国国民党中央组织部筹备成立直属台湾党部时，就有人提出称为"台湾省党部"，当时组织部长朱家骅因台湾将来光复后的行政区域名称尚未确定，所以不用"省"字。国民政府对日宣战后，台籍志士慷慨激昂，提出台湾"归返祖国，恢复行省"的要求。

在此前后，有关台湾重新作为中国领土后应采用何种行政区划方式，曾经出现各种各样的主张，有人主张仍将其归为福建省的一部分，有人主张将其划为一特殊区域，也有人主张恢复台湾省。

1942 年 3 月，《台湾革命同盟会第二届大会宣言》（4 月 5 日公开发表）大声疾呼：

> 在情在理在势，祖国都应早定收复台湾大计。其最重要的一着，就是应该设立台湾省政府，正式承认台湾为沦陷区。

1944 年 4 月 28 日，国民党直属台湾党部又上书中央党部秘书处及组织部，从台湾历史、战略地位、国际形势和民心所向四个方面，历数台湾设省之必要，认为：

> 惟自卅年十二月八日，我国对日正式宣战后，依国际法例，中日条约即告废除，台湾主权实已重归我国，本可依东四省例，即设省政府省党部于邻省，以免国际共管续言，迨开罗会议明白决定归还台湾，国际上更无问题，若不乘此良机，及时复省，确定名义主权，则国际

风云，倏忽万变，我弃人取，难再置否。①

上述可见，在台湾光复前，恢复台湾省制，是台籍志士最早提倡和大力鼓动的。但当时国民党中央，基于基础工作开展不足和人事方面不好安排的原因，对于这项工作不便操之过急，仅以"恢复省制，似应在国土光复之后为宜，至先改该部为省党部一节，应俟省制问题决定后再议。又该部成立不久，亟应深入台岛组训台胞，以厚植党基，应勿庸斤斤于名份之争"② 答复。

"台调会"成立后，台湾建制问题开始提上议事日程。"台调会"主委陈仪根据蒋介石的意旨，尽量多地网罗台籍人士参加工作，台籍志士林忠、李友邦、李万居、谢南光、谢挣强、黄朝琴、林啸鲲、游弥坚、刘启光、宋斐如等都先后被吸收为"台调会"专、兼任委员。其中任职于国民政府外交部的黄朝琴，平时就关注台湾回归问题，搜集了大量资料，写成《台湾收回后之设计》研究报告，共 12 章。他认为收回后之台湾，应设置实验省制，然后再过渡到新省制：

> 台湾原为我国行省之一，收回后应当恢复省制，然在日本统治五十年间，社会情形、经济状况、风俗习惯与各省已不相同，故不应遽以尚在讨论未经实验之新省制，施于台湾，应自军事行动终结接收完毕之日起，暂以六年为过渡时期，根据宪法草案第一百零二条"未经设省之区域，其政治制度以法律定之"之原则，施以实验省制，将总督改为省长，仍采用幕僚长制，以总务长官辅助省长综理全岛政务，不但执行中央法令，监督地方自治，且付与委任立法权，划定某种事项，为台湾省参议会立法之范围，藉以维持台湾之现状，一俟国内宪法公布自治完成后，徐图改革采用新省制，未为晚也。③。

黄朝琴认为，即使将来采用新省制，也要维持地方行政及自治制度。这篇报告资料翔实，分析透彻，立论得体，具有很强的说理性和可操作性。

不久，另一位台籍人士柯台山，也拟成一个《台湾收复后之处理办法

---

① 秦孝仪主编《台籍志士在祖国的复台努力》，第 354～355 页。
② 秦孝仪主编《台籍志士在祖国的复台努力》，第 358 页。
③ 秦孝仪主编《台籍志士在祖国的复台努力》，第 227～265 页。

刍议（政治大要）》，提出：

> 台湾收复初期，社会秩序纷乱，各业停顿，殆所难免。于收复后，似宜即行根据宪法草案第一百零二条，按照实际情形赋予省府以立法权，在不违背中央法令下颁布政令，以便推进各种重要行政事宜；
>
> 省政府之组织宜采用委员制，执行职务及职权之划分，幕僚长制似宜确立。省参议会之产生尤宜采用代表制。在省自治尚未实施之前，省府委员由中央指派，一待省自治实施，省委员会即由全省人民公选而组织。[1]

台籍人士踊跃出谋划策，为国民政府设计台湾建制，提供了重要参考。1944 年 7 月，"台调会"连续召开座谈会，对将来台湾建制进行讨论。林忠认为："台湾完全与闽省相同，而且在日本占领之下，其民族思想特别浓厚，所以台湾不宜视同蒙、疆等地，应视为内地的一省。但情形容有特殊，有些设施可暂与各省不同。"

黄朝琴在发言中指出："台湾是从前的一省，所以收复必须改省。台湾离开祖国将五十年，政治、经济、建设以及风土习惯和国内相差很远，希望台湾收复以后五六年内，以维持现状为目的，不以实验的名义而以实验的方式来治理。将来台湾省的制度，必须以单行法制定，不必与各省相同。……行政机构有考虑的必要，日本在台湾的制度很好，原有的总督府，只须名称的取消，改为省政府。原来的总督府机构不予更动，内地各省政府的机关太多，于台湾人不习惯。五十年来台湾的系统都是一元化，如遽加变更，使台人无所适从。"

谢南光认为："黄先生所提出的台湾特别省制一节，可以说是我们台湾同志一致的要求……台湾在政治制度、经济制度、文化教育程度等，其水准均在水平线以上，所缺者党化教育、思想教育而已。祖国于收复台湾，应尽量利用台湾的设施发扬光大，利用台湾建设资本主义经济的经验和人才来重建台湾，来建设祖国。人才与经验的交流实属必要。台湾各种制度设施中，优良者予以保存运用，不合国情者予以铲除。……台湾受过小学教育的有三百余万，中等教育的有三十万人，大学及专门教育的有五万人，

---

[1]　秦孝仪主编《台籍志士在祖国的复台努力》，第 283～284 页。

不能说无人才可用，只在用之得法。台湾人受日本教育，对于国文素养尚差，故在考试方面，将来应以十年为期，实行特别考选制度，由考试院划定为特别考选区，准予以日文应试……"

综合以上台籍人士的意见，比较一致的有这么几条：

——台湾应恢复中国行省建制，设立省政府；

——基于台湾历史的特殊性，台湾省制应该有一个过渡形态；

——台湾省政府应是一种特殊省制，由单行法制定，拥有较大权限；

——台湾省行政机构应保留自己的系统，不必参照内地省份的编制；

——台湾省应逐渐实行地方自治；

——台湾地方建设的过程中，应重视本地人才的作用。

这些意见，经"台调会"研究吸收，最终融入《台湾接管计划纲要草案》。

1945年3月，经蒋介石核准签发，正式公布了《台湾接管计划纲要》，其中关于省制的恢复，规定：

（1）台湾接管后一切设施，以实行国父遗教、秉承总裁训示、力谋台民福利、铲除敌人势力为目的。（2）接管后之政治设施：消极方面，当注意扫除敌国势力，肃清反叛，革除旧染（如压制、腐败、贪污、苛税、酷刑等恶政及吸鸦片等恶习），安定秩序；积极方面，当注重强化行政机关，增强工作效率，预备实施宪政，建立民权基础。……（5）民国一切法令，均通用于台湾，必要时得制颁暂行法规。日本占领时代之法令，除压榨、钳制台民、抵制三民主义及民国法令者应悉予废止外，其余暂行有效，视事实之需要，逐渐修订之。……地方政制，以台湾为省，接管时正式成立省政府……接管后之省政府，应由中央政府以委托行使之方式赋以较大之权力。……接管后应积极推广地方自治。①

以上规定，实际上为台湾收复后的省制恢复，提供了一个相当成熟的预案。

---

① 陈鸣钟、陈兴唐主编《台湾光复和光复后五年省情》（上），第49~51页。

二　台湾省行政长官公署制的实施

上述预案准备的前提，仅限于台湾行政管理的系统。因为当时的主导思想，还是准备等待盟军攻克台湾之后，国民政府派出行政班子接收地方行政管理权，其中并不涉及地方警备部队的配备和管理问题。到了接收台湾的实施阶段，情况又大不一样。1945 年 8 月 17 日麦克阿瑟宣布在台湾的日军直接向中国投降后，台湾马上面临军事接管的新问题。蒋介石对这一问题的反应是，在任命陈仪为台湾省行政长官的同时，令其兼任台湾省警备总司令，以便于行政接管和军事接管同时进行。由于前期已有行政接收的成熟预案，在行政与军事统合起来之后的省制体系有何区别的问题上，没有作更深的考究。但作为当事人的陈仪，却有了新的想法。

陈仪长期研究台情，任职于福建时经常会晤台湾的访问者，还亲自到过台湾。他对于台籍人士所言种种关于日本人统治台湾制度的利弊，有着很深的体会。接到台湾省行政长官兼警备总司令的任命后，他感到责任重大，同时也感到若要完成台湾的顺利接收并实现平稳过渡，有必要掌握更大的权力，加上台籍人士也有关于台湾接收要有"过渡形态"和"特殊省制"的建议，于是，他向蒋介石提出，台湾先不建立省政府，改为设立"台湾行政长官公署"，作为过渡体制。蒋介石权衡之后，令台湾加一"省"字后，批准了陈仪的建议，全称为"台湾省行政长官公署"。

对于这一改动，陈仪的解释是：

> 台湾收复以后，自应称台湾省，以与其它各省一律。惟际兹收复之初，政治与军事相辅而行，本人又奉命兼任台湾警备总司令，故必须有一权力较大之临时机构，俾得统一事权妥为运用。将来接收事竣，秩序平复，自应按照常规，依省制改组。①

按当时国民政府省制，系采用委员合议制，省政府委员、秘书长以及兼民政、财政、建设、教育等厅长的委员，都是简任官员而非省主席的幕僚。他们受省主席领导，但各有一定的主管权责，参与省政决策，对同为委员的省主席的权力，可以起到一定的制约作用。而在行政长官公署制度

---

① 张瑞成编《光复台湾之筹划与受降接收》，第 157 页。

下，行政长官为特任，大权独揽，其余辅佐官员，如处理政务的公署秘书长及各职能部门的负责人，都是简任官员，属行政长官的幕僚佐治人员，没有参与决策的权力。

显然，行政长官公署体制与日据时代的总督制有相同的模式。对于台湾人来说，以这样一种体制作为过渡形态，并不陌生，也乐于接受，他们也认同"惟初接管之时，以台湾仍有敌国残余势力存在，奸徒乘机窃发，亦或难免，暂赋行政首长兼领军事指挥权，以利接受，而安社会，自为事实上必要"①。只是后来陈仪过于重用亲信，被疏远的台籍人士有了失落感，才开始对行政长官公署制度颇有微词，这是后话。

行政长官公署制度，与当初《台湾接管计划纲要》所规定之省政府"由中央政府以委托行使之方式赋以较大之权力"原则不悖，但与"接管时正式成立省政府"的预期不符，也与正常省制不同，因此必须专门制定组织大纲。1945 年 9 月 4 日，《台湾省行政公署组织大纲》拟成，规定：

> 第一条，台湾省行政长官隶属于行政院，依据法令综理台湾全省政务。第二条，行政长官于其职权范围内，得发署令，并得制定台湾单行条例及规程。第三条，行政长官得受中央委托办理中央行政，对于在台湾之中央各机关有指挥监督之权。第四条，台湾省行政长官公署设左列各处：……。第五条，行政长官公署必要时得设置专管机关或委员会，视其性质隶属于行政长官或各处，其组织由行政长官定之。第六条，行政长官公署置秘书长一人，辅佐行政长官综理政务，并监督各处及其它专设机关事务。秘书长下设机要室、人事室，各设主任一人。……②

这些规定，对照于国民政府此前一年修正公布的《省政府组织法》规定"省设政府综理全省事务，并监督地方自治。政府于不抵触中央法令范围内，得依法发布命令"，显然赋予行政长官许多超越一般省制的特权。这种做法，曾引起国民政府高层不少人士的异议，认为该体制尚待斟酌，以不悖现行法规为好。但到 9 月 20 日，国民政府正式公布《台湾省行政长官公署组织条例》，明令"台湾省暂设行政长官公署，隶属于行政院，置行政

---

① 陈鸣钟、陈兴唐主编《台湾光复和光复后五年省情》（上），第 85 页。
② 陈鸣钟、陈兴唐主编《台湾光复和光复后五年省情》（上），第 113～114 页。

长官一人，依据法令综理台湾全省政务"①，该体制最终还是得以确定，同时也强调，这一特殊建制系过渡性质。

过渡性质的台湾省行政长官公署，沿袭了许多日据时代总督府的行政制度。公署本部，共设有秘书、民政、财政、教育、工矿、农林、交通、警务、会计9个处，法制、宣传、设计考核3个委员会，粮食、专卖、贸易、气象4个局等机构。除了这些职能机构，一些重要的事业机构和临时性机关，如省立保健所、银行、图书馆、博物馆、日侨管理委员会、日产处理委员会和各类研究所，也都直属公署管辖。公署设秘书长一人，下辖机要、人事2室，辅佐行政长官处理日常政务，并监督各处及其他专设机关事务。这些建制，都与日本总督府制度非常类似。

行政长官公署时期的地方建制，基本上也维持日据时代的格局。日本统治台湾以来，曾经对台湾地方行政区划，进行过9次变更，到收复前夕，台湾地方行政建置共有5个州、3个厅；州、厅之下，辖市、郡、支厅，共有11市、51郡、2支厅；再下依次为街、庄，共有67街、197庄。接收之初，行政长官公署发布文告："本省各级地方政府，在接收时，为手续便利计，暂用原有州、厅、市、郡、街、庄的制度，不过这是过渡的办法。台湾既然是中华民国的一省，制度上应尽可能与其它省一律；除九市改为九省辖市外，自明年（指1946年。——引者注）一月起，五州三厅，改为八县；郡改为区；街庄改为乡镇；乡镇下设村里，其区域没有多大变化。"②可见，接收之初，除了将原属州厅管辖的11个市中的9个改为省辖市，将州厅改称县，郡改称区，街庄改称乡镇之外，暂无变动。

尔后，国民政府中央设计局曾参照其他各省县制情形，拟订台湾省各县市行政区划计划纲要草案，将全省划分为24个县、7个省辖市及4个县辖市。但行政长官公署依然认为："本省已往之行政区域，在日本统制之五十年中，曾经九次之变更，而最后五州三厅，实已成为政治、经济、文化之单位。且日本在台湾之行政业务，产业区划，户口税收，又多以州厅为重点。为求利用已有之基础，便利政令推行起见，爰依照中央法令斟酌当地历史，就原有州、厅区域，划为八县、九省辖市、二县辖市。"③ 1945年12月6日和11日，行政长官公署依据中华民国修正市组织法第四条和县各

---

① 《台湾省行政长官公署组织条例》，《国民政府公报》1945年9月21日。
② 台湾省文献委员会编《台湾省通志》卷一《土地志·疆域篇》（上），第74~75页。
③ 台湾省文献委员会编《台湾省通志》卷一《土地志·疆域篇》（上），第75页。

级组织纲要第十三条的规定，分别公布了《台湾省省辖市组织暂行规程》和《台湾省县政府组织规程》，收复后台湾过渡时期的地方建制遂确定下来。

暂行之台湾省各县市区划如下。

由五州三厅改设的新 8 县为台北县、新竹县、台中县、台南县、高雄县、台东县、花莲县、澎湖县。

原属于州厅管辖而现改为省辖的 9 市为台北市、基隆市、新竹市、台中市、彰化市、嘉义市、台南市、高雄市、屏东市。

县辖市 2 个，为宜兰市、花莲市。县辖市之设，系因其市政、人口尚未达到一定规模而特殊处理，待市政发达、人口增加后，也将逐步改为省辖市。

县、市以下，依次设置区、乡镇、村里、邻；区和乡镇，根据人口和辖地，分一、二、三等。

三　台湾省制的恢复与地方行政建制的完善

作为一种过渡时期的特殊体制，台湾省行政长官公署制度从一开始就备受争议。

早在接收之前，舆论皆倾向于台湾应先实行"特殊省制"作为过渡形态之时，就有人持不同意见。1945 年 8 月，吴健华发表《论重建台湾政制之原则》一文，指出"（日本）以殖民地之观点视台湾，故其政制原则，乃趋向于集权专制……为台胞五十年来对其压抑力量所深恶痛绝之最者"，认为"观台湾历史这传统，适可建一省制……尤其我现行省政府之组织，系采合议式之委员制，置之于台湾，必可一新台胞久受集权统治之耳目"①。

不可否认，以与原有体制相接近的行政长官公署制度来接收台湾，对于实现台湾平稳过渡，的确曾起到明显作用。比如接收过程"工商不停顿，行政不中断，学校不停课"，若非特殊体制下的高效率，是难于实现的；经济上的统制政策，则使台湾过渡时期避免了奸商操纵牟取暴利；陈仪还充分利用行政长官的特有权力，维持台币及金融机构自成系统，使台湾一度避免像内地各省那样法币泛滥，物价暴涨的灾祸。但这种局面没有维持多久，由于国民党政权的全面腐败，台湾也不能幸免。为了应付经费需求的

---

① 陈鸣钟、陈兴唐主编《台湾光复和光复后五年省情》（上），第 85 页。

增长，台湾省行政长官公署也开始大量增加货币供应量，以致使台币最终失去其安定人心、平抑物价的作用，加上台湾人对陈仪多重用"外省人"所产生的积怨，于是，人们便将所有的弊端，归咎于行政长官公署权力过大的缘故。

值得注意的是，公开批评行政长官公署制度的，起初主要来自大陆而非岛内。1946年初，闽台建设协进会向国民政府进呈《请速废台湾特殊制度》，对台湾行政长官公署制度、军政不分、经济统制等弊端，提出全面批评，要求改用与内地同样的省制，指出："今日当局之高压较之日本台湾总督更有过之而无不及焉。……行政长官之制度不废，则台民实未解殖民地之倒悬，几疑中央不予以平等待遇也。"① 同一时间，渝昆桂柳闽台各团体也联合进呈《台湾施政建议书》，建议尽快依法建立正常的台湾省政府。

这些意见和建议，还集中反映到国民党中央执行委员会第六届二中全会上，袁雍等15位委员联名提案，要求"东北各省及台湾所有一切政治经济制度应与内地各省一律，不得自成集团，植国家祸乱之源"②。

1946年7月，闽台建设协进会上海分会、台湾重建协会上海分会、福建旅沪同乡会等代表，到南京向国民政府、立法院、行政院请愿，要求撤废台湾省行政长官公署，改为与大陆各省相同的省政府架构，希望取消台湾的特殊化政策。

但是，这些进言和请愿，最后都是无果而终，原因在于蒋介石和陈仪都认为台湾在非常时期暂行行政长官公署制度是"合理而有利于台湾复兴建设的"。蒋介石和陈仪都曾留日，对于日本的威权政治颇多信赖。抗战胜利以后，国内各派政治势力蜂起，蒋介石希望刚收复的台湾，成为他有效控制的禁脔，所以大力支持台湾行政长官公署制度。陈仪曾为自己辩解说："人家攻击我在台湾不该实行政治建制和经济建制的特殊化，其实这是主席（指蒋介石。——引者注）交代我的两项根本政策，非如此，不足以安定这块新回祖国的领土，不能防守它免于国内时局动荡和经济波动的影响。"

1947年台湾"二二八事件"后，岛内反对行政长官公署体制的风潮高涨，陈仪成为众矢之的。"二二八事件处理委员会"提出的《处理大纲四十二条》，主要内容是要求废除行政长官公署制度，撤销专卖局、贸易局，建立省政府制度，实行地方自治，民选县市长。3月5日，旅沪台湾各团体发

---

① 福建省档案馆等编《闽台关系档案资料》，第385页。

② 福建省档案馆等编《闽台关系档案资料》，第384页。

表宣言，痛斥陈仪"对于台湾接管，抄袭旧日本治台方法，颁布所谓台湾省行政长官公署大纲，以行政、财政、立法、军事之大权，集中于长官一人之身，形成新殖民地总督之变相……挽救之道，唯有立即允许台湾施行自治，省长县长一律民选，废除特殊化之行政长官制度及其一切特殊法令设施"。

闽台监察使杨亮功、监察委员何汉文也指出，长官公署制度的实施与台湾"二二八事件"的发生有直接关系，认为"台湾自接收以来，以情形特殊，故于省级行政设行政长官公署，台人对长官公署呼之为新总督府。与国内各省不同，此形式上使台胞不愉快者也。按其实际，长官公署之权力、法令亦几与日人之台湾总督府相若，此又事实上使台人不愉快者也"。

3月中旬，在国民党六届三中全会上，刘文岛等55位委员提出临时动议，要求将陈仪撤职查办，获得大会通过。在一片指责声中，陈仪被迫向蒋介石提出辞呈。3月17日，国防部长白崇禧对台湾全省发表广播讲话："在政治制度上，决将现在台湾行政长官公署改组为台湾省政府，各县市长可以定期民选，各级政府人员以先选用台省贤能为原则。"4月22日，蒋介石主持行政院第784次例会，以台湾事变既平，陈仪引咎请辞台湾省行政长官兼警备总司令为由，决议撤销台湾省行政长官公署，依照《省政府组织法》改制，任命魏道明为台湾省政府主席，还决定各厅增设副厅长，尽可能起用台籍人士。

1947年5月16日，台湾省政府正式建立，魏道明就任台湾省政府主席，实行合署办公。魏道明律师出身，历任国民政府司法部长、南京市长、行政院秘书长、驻美大使、立法院副院长等职。他是台湾恢复省制后第一任省主席，就任后，立即取消戒严，结束"二二八事件"后的清乡，撤销专卖制度，起用台籍人士，通令高山族改称山地同胞。1947年11月举行台湾省第一届国民大会代表选举，扶助台胞参选"国代""立委"。这些措施，对于缓解省籍矛盾，弥合"二二八事件"给台胞带来的身心创伤，都起了一定的积极作用。

新建立的省政府，设省政府委员会，下设民政、财政、教育、建设、农林5个厅，秘书、社会、警备、交通、卫生、新闻、主计7个处及人事室、粮食局、烟酒公卖局等机构，还设置物资调节委员会、失业救济委员会、省民营企业辅导委员会等，以利经济的恢复和生产。

随着正常省制的恢复，地方行政建制也有待于做出新的调整。原有沿袭自日据时代的 8 县 11 市格局，存在以下问题。

（1）各县市面积不成比例。一般来说，经济发达。人口稠密的平原地区，行政区划面积要稍小；经济落后、人口稀疏的山地，行政区划面积要稍大。而当时台湾的行政区划却相反，如东部山区的台东县面积 3500 多平方公里，花莲县面积 4600 多平方公里；西部较为富庶的台中县，面积却达 7000 平方公里以上，台南县也达 5000 平方公里以上。

（2）各县人口悬殊。人口最少的澎湖县只有 7.4 万人，花莲、台东两县也各只有 10 余万人；而台北、新竹、高雄等县各有 70 万 ~ 80 万人，台中、台南两县更多达 100 万人。

（3）省辖各市经济贫弱。原有 9 个省辖市，除一部分较强外，其余如屏东、嘉义、彰化、新竹等市经济力薄弱，财政不能独立，多将附近乡镇编入市区，以求调剂，徒增市民负担。

（4）地方自治实施不便。由于一些县面积过大，人口过多，政令推行困难，自治事项办理不便，尤其是各自治区人口不均，代表人数的分配难度很大。

省制恢复后，地方自治被提上议事日程，重新调整行政区划已是迫在眉睫。但这项工作却屡屡搁置。

1947 年 6 月，台湾省政府委员会第三次会议就已提议改进本省行政区划案，经审查后，复提交第二十三次会议讨论决定，由于牵涉太多，影响重大，决定暂时维持现状。到 1949 年，该议案重新被提出，经本省地方自治研究会研讨后，提经"省政府委员会"第一百二十三次会议审议，结果又以"戡乱时期安定地方为妥，而调整区域牵动甚大，极易引起地方纠纷"[①] 为由，再次搁置。该年年底，议案又被重提，通过"省政府委员会""全省行政会议""省参议会"审议，提请"行政院"核示，最终获得"行政院"第一百四十五次会议修正通过，核定全省划分为 16 个县、5 个省辖市，此时已是 1950 年 8 月 16 日。

新的行政区域划分原则为：（1）采中县制，各县人口多在 30 万 ~ 50 万之间；（2）采析县办法，即一县或并邻市划分为二县或三县，不牵涉其他县市区域，使不致支离破碎；（3）参酌实际情形，即参酌有关文献及各方意见，并就各县市自然环境与地方实际情形而划分。

---

① 台湾省文献委员会编《台湾省通志》卷一《土地志·疆域篇》（上），第 92 ~ 93 页。

划分的具体结果为：

（1）原台北县分为台北、宜兰二县。

（2）原新竹县合原新竹市分为桃园、新竹、苗栗三县。

（3）原台中县合原彰化市分为台中、彰化、南投三县。

（4）原台南县合原嘉义市分为台南、嘉义、云林三县。

（5）原高雄县合原屏东市分为高雄、屏东二县。

（6）澎湖、花莲、台东三县，以及台北、基隆、台中、台南、高雄五个省辖市，行政区域照旧。其中原属台北县的士林、北投二镇，已于1949年7月单独划出成立草山风景区管理局，1950年3月改称阳明山管理局，政区重划后仍旧予以保留。

以上合计，台湾省共辖16个县、5个省辖市、1个管理局。至此，台湾从日本殖民统治之下收复之后，在体制上完全恢复到中国一个省的建制形态。

第九章　战后台湾归还中国的法理依据

中国依据《开罗宣言》和《波茨坦公告》收回台湾领土主权，是中国人民为世界反法西斯战争做出重大贡献而获致的一项成果，也是国际道义对日本军国主义自第一次世界大战开始以后对外扩张，以及追溯到通过甲午战争从中国强行攫取台湾等一系列恶行的总清算的结果，其正当性和合法性不容置疑，在当时也已经顺理成章地成为事实。然而，后来在风诡云谲的国际局势变幻中，"台独"逆流泛起，有人利用美国基于特定历史阶段的政策而主导的对日和平条约（即《旧金山和约》），散布"台湾地位未定论"，并以《旧金山和约》来否定《开罗宣言》，质疑《开罗宣言》和《波茨坦公告》的法律效力。这既是对历史的无视，也是对国际法的曲解。事实证明，《波茨坦公告》的原则在战后一直为相关各国所重申和遵循，中国收回台湾主权的法理依据充分，法律程序完整，台湾属于中国领土的法律地位已然非常明确并得到国际社会的普遍承认，"台湾地位未定论"的想象并无法律解释空间。确保台湾领土主权，既是两岸中国人责无旁贷的历史性任务，也是两岸和平发展，共同争取民族复兴前景的重要条件。

第一节　中国收回台湾主权的法理依据和程序

一　从《开罗宣言》到《波茨坦公告》：台湾归还中国原则的确立

对于《开罗宣言》，一定不能离开其所产生的特定历史背景而孤立地看待。当时的历史实况是：一方面，世界反法西斯战争进入关键时期，美国在太平洋战场上展开反攻，此时中国的抗日战场牵动着世界反法西斯战争的全局。若不是中国军民以顽强的抗敌意志将上百万日军拖在中国大陆，美军在太平洋战场将面对成倍的日本军力。盟国之协同对敌，早在1942年1月1日，有对德、意、日宣战的26个国家在华盛顿签署《联合国家宣言》，声明并约定以全力对轴心国作战，决不单独停战和讲和，其后参加国增加到 47 个，美、英、苏、中都是参加国。但美国一直担心中国难于以全力支撑抗日战争。为了确保中国在大陆与美国在太平洋协同作战，国际社会有必要提高中国的抗战地位，并给中国以更大的支持和鼓励。开罗会议正是在这种情形之下，由美国总统罗斯福亲自发起，经过半年的精心准备，邀请中、英国家首脑来召开的。它绝不是盟国军事人员的一般性协同会议。

另一方面，中国在对日宣战后，即宣布包括《马关条约》在内的一切涉及中日关系的条约协定合同作废，中国为收复失地而战，为维护国家领土完整而战。蒋介石曾公开表示，台湾没有归还给中国，就不能算中国抗战"彻底之胜利"。但这种宣告，毕竟是单方面的；尽管早在 1943 年 2 月，美国总统罗斯福也曾口头表示，战后台湾"当然归还中国"，但这毕竟也不能算是国际社会的正式认同。中国还需要一个正式的国际会议，以有法律约束力的文件的形式来充分表达坚持抗战的国家诉求，开罗会议正好给了中国这样的机会。蒋介石参加开罗会议的重要目标之一，就是寻求战后收回台湾的国际法承认。在会议期间，蒋介石多次与罗斯福密谈，坚持日本以武力攫取的东北四省、台湾及澎湖列岛，必须归还中国，取得了罗斯福总统的同意并述诸文字。中国代表在讨论文字表述中，又立场鲜明地坚持要写明日本所窃取于中国之领土，例如满洲、台湾、澎湖列岛等，必须"归还中国"，而不是像英方代表所主张的那样，只称"必须由日本放弃"，就是为了避免行文理解上的歧义。最终发表的《开罗宣言》，原题是《对日作战之目的与决心之公报》，全文如下：

　　罗斯福总统、蒋委员长、丘吉尔首相，偕同各该国军事与外交顾问人员，在北非举行会议，业已完毕，兹发表概括之声明如下：

　　三国军事方面人员关于今后对日作战计划，已获得一致意见，我三大盟国决心以不松弛之压力从海陆空各方面加诸残暴之敌人，此项压力已经在增长之中。

　　我三大盟国此次进行战争之目的，在于制止及惩罚日本之侵略，三国决不为自己图利，亦无拓展领土之意思。

　　三国之宗旨，在剥夺日本自从一九一四年第一次世界大战开始后在太平洋上所夺得或占领之一切岛屿；在使日本所窃取于中国之领土，例如东北四省、台湾、澎湖群岛等，归还中华民国；其他日本以武力或贪欲所攫取之土地，亦务将日本驱逐出境；我三大盟国稔知朝鲜人民所受之奴隶待遇，决定在相当时期，使朝鲜自由与独立。

根据以上所认定之各项目标，并与其他对日作战之同盟国目标一致，我三大盟国将坚忍进行其重大而长期之战争，以获得日本之无条件投降。[①]

由此可见，《开罗宣言》是在世界反法西斯战争的历史性关键时刻，为进一步贯彻《联合国家宣言》的精神，由中、美、英三国首脑就对日作战的目的与决心问题，亲自协商形成共识，又经各方参与官员进行细致的技术性讨论后形成定案的一项国际协定，其中含有对参战国的权利（对中国而言，就是收回东北、台湾和澎湖）和义务（对中国而言，就是以"不松弛之压力"，"坚忍进行其重大而长期之战争"，决不单独讲和）的规定，也含有对作战对象国（日本）实行战后惩罚的原则规定。其内容系经过协同作战的美、中、英三国首脑亲自议定，后来又征得苏联首脑斯大林"完全同意"的表态后公之于世，那么，四国首脑是否签署已不重要，重要的是它明确规定了四国共同认定而将产生普遍约束力的国际行为规范原则，它作为具有对缔约国法律约束力的正式文件的地位，是不容否定的。

更为重要的是，《开罗宣言》的精神，又在两年后为相同国际主体所协定的《波茨坦公告》所直接继承，1945 年 7 月 26 日，美、中、英三国（后来又加入苏联）联合发表敦促日本投降的《波茨坦公告》，这个由三国首脑签署的国际文件中第八项，明文重申："《开罗宣言》之条件必将实施"。经过《波茨坦公告》的重申，《开罗宣言》的法律效力得到巩固，其国际法地位已是牢不可破。

从法律意义上，国际"条约"或"协定"是一种内涵丰富的概念，可用各种不同的方式表述，如条约、公约、协定、宣言、换文、文件等。1969年《维也纳条约法公约》第二条第一款第一项规定："称'条约'者，谓国家间所缔结而以国际法为准之国际之书面协定，不论其载于一项单独文件或两项以上相互有关之文书内，亦不论其特定名称为何。"根据这一规定，名称并不影响国际协定的法律效力。在西方国家最流行的国际法教本《奥本海国际法》第 487 目中，也明确指出：宣言可以"用来作为一个条约的

---

① 张瑞成编《光复台湾之筹划与受降接收》，第 202~203 页。

全部规定的名称，依照这类条约，签字国承允日后采取某一种行为方针"。"由国家元首或政府首脑签署、用会议公报的方式、且包含会议中所获致的协议的官方声明，可以认为对各该国具有法律上的拘束力。"① 该书第 508 目又指出"用书面契约形式的国际约章，有时不但称为协定或条约，并且称为公约、专约、宣言、议定书等。但这其间并无重要分别；不管叫什么名称，它们对缔约国的拘束力是相同的"②。从实际案例来看，常设国际法院曾在 1933 年 4 月 15 日对东格陵兰岛的判决中指出，一国外交部部长对于外国公使在其职务范围内的答复，应拘束其本国。国际法院还曾在 1978 年的"爱琴海大陆礁层案"中指出，联合公报也可以成为一个国际协议。

按照这些原则，宣言或者联合公报，不但本身应被视为国际条约，而且可以成为续订其他条约的依据。在法律意义上的国际条约通常有"契约条约"（Treaties of Contract）和"造法条约"（Law - making Treaties）之分。契约条约通常是两国间的"双边条约"，约定与两缔约国自身有关的具体事项；而造法条约通常是许多国家所缔结的"多边条约"，规定若干共同遵守的规则，具有衍生其他条约的造法功能。从《开罗宣言》和《波茨坦公告》所产生的特定历史背景来看，这两个文件显然具有为战后的国际秩序确定规范和处置原则的主观意图；而在客观事实上，后来无论是《日本投降书》，还是盟国对日本的战后和约，乃至 1972 年中日《联合声明》，都在不同程度上落实《开罗宣言》和《波茨坦公告》的规定或强调遵循其精神和立场。可见，《开罗宣言》和《波茨坦公告》的法律意义非常明显——它就是一种具有"造法"性质的国际协议，其法律效力高于战后根据其精神所制订的各种条约。

因此，从《开罗宣言》到《波茨坦公告》，已经从法律意义上明确规定了战后台湾归还中国的原则。这个原则既经确立，便不可逆转，其后依据其精神所制订的各种条约，无论其表述方式有何变动，不足以构成对其原则的实质否定。

二　从《日本投降书》到台湾接收：中国收回台湾主权的规范程序

从《开罗宣言》"使日本所窃取于中国之领土，例如东北四省、台湾、

---

① 劳特派特编译《奥本海国际法》第一卷第二分册，中国人民　交学会编译委员会，1954，第 334～336 页。
② 劳特派特编译《奥本海国际法》第一卷第二分册，中国人民外交学会编译委员会，1954，第 353～354 页。

澎湖群岛等，归还中华民国"的明确规定，到《波茨坦公告》"《开罗宣言》之条件必将实施，而且日本之主权必限于本州、北海道、九州、四国及吾人所决定其它小岛之内"，在国际法上确立了台湾归还中国的原则。这两个文件虽只是作战阵营双方中的一方诸国单方面宣布的公告，不是正式的对日条约，也不能替代缔约国双方为处置特定事项而订立的契约条约，但这两个文件是国际社会对于近代日本军国主义对外扩张行为实行惩戒处分的国际协定，其中规定了日本必须为其扩张行为而承担的法律后果（即必须把东北、台湾、澎湖归还中国），今后对日本停战必须是基于这一结果的实现，战后的善后条约也必须以承认这一结果为条件，只有到日本宣布愿意接受这一结果，才能宣告战争结束。

1945年8月15日，日本宣布无条件投降，9月2日，签署《日本投降书》，承诺："兹接受美、中、英三国政府元首7月26日在波茨坦宣布的，及以后由苏联附署的公告各条款。""余等为天皇、日本国政府及其后继者承允忠实履行波茨坦宣言之条款，发布为实施该宣言之联合国最高司令官或其他同盟国指令代表所要求之一切命令及一切措置。"①

图54 日本投降书

《日本投降书》的签订，使战后台湾归还中国的原则，得到当事国日本的承认，也就是《开罗宣言》和《波茨坦公告》的法律意图中对于日本的国际法约束力，经由《日本投降书》而获得落实，此后，日本向中国归还台湾，便进入实施的程序。

8月17日，也就是日本宣布投降的第三天，驻日盟军总司令麦克阿瑟以第一号命令规定：

---

① 《日本投降书》，参见王绳祖、何春超、吴世民选编《国际关系史资料选编（17世纪中叶—1945）》，法律出版社，1988，第903页。

在中华民国（东三省除外）台湾与越南北纬十六度以北地区内之日本全部陆海空军与辅助部队，应向中国战区统帅蒋委员长投降。

此一命令，意味着盟国依法实施台湾归还中国程序的正式启动。

随即，中国政府快速做出反应，8月27日正式任命陈仪为中华民国台湾省行政长官兼台湾省警备总司令。10月5日，国民政府派台湾省行政长官公署秘书长兼台湾警备总司令部前进指挥所主任葛敬恩中将，率相关接收人员80余人飞抵台北，开展接收筹备工作，随即，首批进驻台湾的国民政府军队第七十军、第六十军及一部分空军也向台湾开进，于10月16日到达台湾，受到台湾民众夹道欢迎。

1945年10月25日上午10点，中国战区台湾省受降典礼在台北市中山堂举行，中华民国台湾省行政长官兼警备总司令陈仪，在美国军事代表、台湾民众代表以及新闻记者等数十人见证之下，向日本台湾总督兼日军第十方面军司令安藤利吉大将发出第一号命令，宣布接收台湾、澎湖列岛之领土、人民、治权、军政设施及资产。安藤利吉当场签具受领证。陈仪随即昭告中外："从今天起，台湾及澎湖列岛，已正式重入中国版图，所有一切土地、人民、政事皆已置于中华民国国民政府主权之下。"①

至此，中国依法收回自《马关条约》后被日本窃取的台湾、澎湖领土主权的程序，已然完成。

应该说，从《开罗宣言》《波茨坦公告》到《日本投降书》，台湾主权归还中国所依据的法律文件体系是完整的，在当时的国际社会也已经处理得非常清楚，不存在丝毫的含糊。当时的国际社会和战败的日本，对于中国收回台湾主权所依据的由《开罗宣言》《波茨坦公告》和《日本投降书》所构成的法律基础，对于中国接收台湾、澎湖的程序，以及恢复对台湾、澎湖行使主权的事实，都没有异议。

第二节 "台湾地位未定论"之剖析

一 蓄意模糊台湾问题表述的《旧金山和约》

在国际关系上，宣战国之间要通过召开和平会议并缔结和平条约，才

---

① 张瑞成编《光复台湾之筹划与受降接收》，第201～202页。

能算战争结束。由于战后东、西两大阵营的对峙，中华人民共和国成立，以及随之而来的美国从中国大陆的全面撤退，再加上朝鲜战争的爆发，等等，盟国与日本之间和平条约的缔结，情况变得复杂起来。围绕台湾问题，美国的态度发生了重大改变。

本来，从"二战"结束到朝鲜战争爆发前，美国对于战后台湾归还中国的立场，都是明确的，而且对于中国人民解放军准备解放台湾，也采取不干涉政策。1949 年 12 月 23 日，美国政府向驻远东外交人员发出"第 28 号特别命令"，说"台湾的失陷已在广泛的预期中"，该文件目的在于"制定一项宣传政策，以便在台湾可能为中国共产党军队攻陷时，尽量减少对美国和其他国家士气的损害"。还强调，台湾在政治上、地理上和战略上都是中国的一部分，"它虽然被日本统治了 50 年，然而从历史上看，它是中国的，在政治上和军事上，它是一种严格的中国责任"。文件要求宣传这样的观点：台湾并不重要，美国军队干涉或建立军事基地对国民党并无好处，而对美国害处极大，不要对台湾表现出不适当的关注，等等。1950 年 1 月 5 日，杜鲁门总统发表"台湾不干涉声明"："在开罗声明中，美国总统、英国首相及中国主席已表示，日本应将台湾这种盗自中国的领域归还中华民国。美国是声明实行开罗宣言的 1945 年 7 月 26 日波茨坦宣言的签署国。此宣言的条款，在日本投降之际，已得到日本的承诺。台湾已依循这些宣言，向蒋介石大元帅投降，而且美国及其他同盟国，对于过去四年间，中国在该岛上的权利行使都加以承认。美国并无夺取台湾或其他中国领域的意图。目前，美国既不想在台湾取得特权，而且也无设置基地的意图。此外，也不打算使用军队来干涉现状。"[①] 这些内部指令和公开声明，都承认台湾为中国的领土，甚至还表现出将台湾国民党当局与中华人民共和国政府置于同一线上，任由中国人民解放军进军台湾的姿态。

但是，随着朝鲜战争的爆发，美国态度立即发生转变。在战争爆发两天后，杜鲁门总统下令美军第七舰队阻止对台湾的任何进攻，并发表"台湾中立化声明"："台湾未来地位的决定，必须等待太平洋安全的恢复，对日和约的签定，或经由联合国的考虑。"[②]

1951 年 9 月 8 日，美国为首的西方国家为了完成战后对日处分的法律手续，在旧金山召开会议并签署了《对日和平条约》，即《旧金山和约》。

---

① 美国《国务院公报》1950 年 1 月 16 日。
② 美国《国务院公报》1950 年 7 月 3 日。

《旧金山和约》中关于台湾处置的条文，表述为"日本放弃对台湾及澎湖列岛的一切权利、权利根据及要求"，刻意制造出台湾由日本放弃后归属不明的悬念。

旧金山会议召开时，中华人民共和国已经取代中华民国成为唯一能够合法代表中国人民的政府。但美国借口同中国在朝鲜处于交战状态，反对中华人民共和国出席，而英国在外交上已经承认新中国政府，则反对台湾当局出席。在美、英分别起草的对日和约中，英国的草案本来是要中华人民共和国参与签署的，而且在和约中写明台湾归还于中国。美国为协调美、英两国草案的差异，转而听取战败国日本的意见。日本首相吉田茂在回答美国的照会中，表示不希望中华人民共和国政府签署条约，而如果因为要让台湾国民党当局签署而发生问题的话，则希望将大陆和台湾都排除。于是，在1951年7月20日，以美英两国为邀请国向与日本国处于战争状态的其他联盟国发出和平会议的邀请帖中，作为主要对日交战方的中华人民共和国和台湾当局都未受到邀请。被邀请的国家中，印度、缅甸都已与新中国建交，且对和约内容不满，拒绝参加。苏联、波兰、捷克三国则以中华人民共和国没有被邀请以及对条约内容不满，没有在条约上签署。因此，美国主导的没有对日主要交战国中国参加的旧金山会议之对日媾和，是片面的。以国际法原则衡量，《旧金山和约》存在重大问题，它在以下方面的缺陷一直受到质疑。

首先，它与世界反法西斯阵营达成的《联合国家宣言》精神相抵触。"二战"期间，为共同全力对轴心国作战，26个国家于1942年1月1日在华盛顿发表《联合国家宣言》，约定"每一政府各自保证与本宣言签字国政府合作，并不与敌人缔结单独停战协定或和约"[①]。这就是说，如果要与战败国日本签署和约，就必须以全体参与行动为前提。中、美、苏、英都是《联合国家宣言》缔约国，其中中国还是主要对日作战国，《旧金山和约》把中国排除在外，显然不符合《联合国家宣言》的限制性规定。

其次，它与《开罗宣言》《波茨坦公告》和《日本投降书》等国际法文件的精神相冲突。如前所述，关于战后台湾归属问题，早在《开罗宣言》拟定时，就进行过讨论并最终达成定议，写明台湾必须"归还中国"，这一定议经过《波茨坦公告》重申和《日本投降书》承认接受，已成为国际社

会必须遵循的法则并且业已实施。但《旧金山和约》却刻意回避台湾"归还中国"的规定，把关于台湾战后处理拉回到"日本放弃对台湾及澎湖列岛的一切权利、权利根据及要求"的立场，这是公然违背《开罗宣言》精神的倒退行为。

再次，它在表述有关台湾归属问题上的指向，违背了"条约不拘束第三国原则"。《维也纳条约法公约》第 34 条规定："条约非经第三国同意，不为该国创设义务或权利。"这是一项古老而被普遍公认的法则。《旧金山和约》在没有中国参加的情况下，无视中国已经依据《开罗宣言》《波茨坦公告》精神和《日本投降书》的承诺，实现收回台湾主权的事实，擅自把台湾在战后的归属，表述为由"日本放弃"而不写明"归还中国"，这是有意制造台湾归属的模糊概念，使台湾的主权归属在该表述上显得不明不白，是对中国的单方面侵权和强加行为。

基于《旧金山和约》存在上述问题，它在国际法上对中国没有约束力；又由于该约只规定日本必须承担的义务（即放弃对台、澎的一切权利），而没有贯彻《开罗宣言》和《波茨坦公告》精神明确台、澎由日本放弃后的主权归属（即归还给中国），中国方面从未承认《旧金山和约》。1951 年 9 月 18 日，中华人民共和国外交部部长周恩来发出严正声明："《旧金山对日和约》由于没有中华人民共和国参加准备、拟制和签订，中央人民政府认为是非法的，无效的，因而是绝对不能承认的。"[①] 台湾当局也曾于旧金山会议召开前夕，声明旧金山对日和会所签订的条约对中国没有约束力。

二　"台湾地位未定论"的想象并无法律空间

由于《旧金山和约》制造了关于台湾战后地位的模糊表述，从此，《旧金山和约》屡屡成为"台湾地位未定论"者援引的"法律"依据，这是美国基于当时战略利益的需要，出尔反尔蓄意释放的想象空间。

然而，这个空间无论在历史事实上还是法律逻辑上，都并不能成立。从历史事实而言，台湾在历史上属于中国，战后已由日本归还中国，中国政府已恢复对台湾行使主权，这个事实无论如何是无法否定和推翻的；从法律权利的逻辑推导而言，日本"放弃"台湾后，台湾当然归还其原主权国中国，这也是得到国际社会认同而无法否定和推翻的。

---

① 《周恩来外长关于美国及其仆从国家签订旧金山对日和约的声明》，《人民日报》1951 年 9 月 19 日。

早在美、中、英三国讨论《开罗宣言》时，美、英两国首脑都已认同战后台湾"当然应归还中国"。当时英国代表虽提出要将其中"当然应归还中国"的表述改为"必须由日本放弃"的异议，但在其所解释的含义中，也认为"本句之上文已曾说明'日本由中国攫去之土地'，则日本放弃后当然归属中国，不必明言"。这就是说，英国也承认台湾由日本放弃后必然是归还中国，在逻辑上是顺理成章的。那么，即使《旧金山和约》对台湾问题的表述发生了倒退，由"归还中国"倒回到由"日本放弃"，也仍然不能否定中国对台湾的主权权利，而不能因此就导出"台湾主权未定"的结论。

由于中华人民共和国和台湾当局都没有参加旧金山会议，《旧金山和约》对中国大陆和台湾都没有约束力，这样，在法理上，中日两个交战国之间，还需要一个专门处理战后事宜的双边协议，才能正式结束战争状态；同时，在台湾问题上，也必须与日本签订一个与《马关条约》相对应的对台湾、澎湖群岛的处分条约，来确认中国收回台湾主权的事实。又由于中国处于国家尚未统一状态，这样的条约最终便以台湾和大陆分别单独与日本处理的形式出现。

《旧金山和约》签订后，美国就出面斡旋，促成台湾当局与日本政府签订双边和约，并定调其中关于台湾归属问题的条款要与《旧金山和约》一致。1952 年 4 月 28 日，台湾当局与日本政府签署了《日本国与中华民国之间的和平条约》（又称《中日双边和约》或《日华和约》）。当时中华人民共和国政府已经宣布为代表中国的唯一合法政府，故未承认《日华和约》的合法性。尽管如此，即使从该条约解释，也不可能导出"台湾地位未定"的结论。该条约第二条规定："兹承认依照 1951 年 9 月 8 日在美国旧金山市签定之对日和约第二条，日本业已放弃对于台湾、澎湖群岛，以及南沙群岛及西沙群岛之一切权利、权原及请求权"。这一条款虽呼应了《旧金山和约》的相关条款，但应该注意的是，该条约之签订，本身就是以台湾属于"中华民国"为前提的，双方在和约照会中提到："关于中华民国之一方，本条约应适用于目前在中华民国政府控制下及今后可能在其控制下之全部领土。"① 该约第十条规定："就本约而言，中华民国国民应认为包括依照中华民国在台湾及澎湖所已施行或将来可能施行之法律规章，而具有中国国籍之一切台湾及澎湖之居民……"第四条还规定："兹承认中国与日本国间

① 参见王俊彦《战后台日关系秘史》，福建人民出版社，2000，第 47 页。

在中华民国三十年即公历一千九百四十一年十二月九日以前所缔结之一切条约、专约及协定，均因战争结果而归于无效。"这些归于无效的条约，当然包括《马关条约》，《马关条约》归于无效的结果，台湾当然就归属其原来的主权者中国。

这也就是说，台湾当局与日本签订的《日华和约》，对于台湾由"日本放弃"的表述虽呼应《旧金山和约》，但其内在精神在于使日本承认放弃《马关条约》后，将台湾归还给"中华民国"，在法律含义的指向上与《旧金山和约》蓄意模糊台湾法律地位的意图完全不同。如果说《旧金山和约》在没有中国参加的情况下，在台湾归属问题的表述上制造了模糊概念的话，那么，台湾当局与日本政府签订的《日华和约》则已经重新使这种表述归于明确，即指向台湾主权复归于中国，其中相关条款就是要日本承诺对于将台湾归还给中国的行为做出严肃的保证。就"中华民国"角度而言，《日华和约》的法律含义毫不含糊，即通过该约，继 1945 年 10 月 25 日接收台湾，代表中国事实上恢复对台湾行使主权之后，又获得了日本明文承认"中华民国"在台、澎的领土主权，日本已经从国际法定义上将台湾归还中国，从此之后，日本对台湾已经没有任何法律关系，中国对台湾的领土主权获得事实和法理上的完全确定，因此，根本就不存在"台湾地位未定"的法律解释空间。至于"中华民国"在中国的地位以及与中华人民共和国的关系，那是中国内部未了的两岸关系问题，已经不属国际关系的范畴。

中华人民共和国成立后，一直坚持向全世界表明台湾是中国神圣领土的坚定立场。所有与中华人民共和国建交的国家，都承认世界上只有一个中国，中华人民共和国是中国唯一合法政府，台湾是中国领土不可分割的一部分。1971 年 10 月 25 日，第 26 届联合国大会投票通过了第 2758 号决议，"恢复中华人民共和国的一切权利，承认她的政府的代表为中国在联合国组织的唯一合法代表"，这个只有主权国家才能参加的最权威的国际组织对新中国的接纳，意味着中华人民共和国对于台湾的领土主权权利得到全世界的普遍承认。1972 年 9 月，中日恢复邦交，在周恩来总理和姬鹏飞外长代表中国政府，与田中角荣首相和大平正芳外相代表日本政府所签署的《中日联合声明》中，日本承认中华人民共和国是中国唯一合法政府，"中华人民共和国政府重申：台湾是中华人民共和国领土不可分割的一部分。日本政府充分理解和尊重中国政府的这一立场，并坚持遵守《波茨坦公告》第 8 条的立场。"美国总统尼克松与中国总理周恩来于 1972 年 2 月 28 日签署《上海公报》，美国声明"美国认识到，在台湾海峡两边的所有中国人都认为只有一个中国，台湾是中国的一部分。美国政府对这一立场不提出异议。它重申它对由中国人自己和平解决台湾问题的关心"。1978 年 12 月 16 日，中美双方发表《中华人民共和国和美利坚合众国关于建立外交关系的联合公报》，称"美利坚合众国承认中华人民共和国政府是中国的唯一合法政府"，"美利坚合众国政府承认中国的立场，即只有一个中国，台湾是中国的一部分"。1982 年 8 月 17 日，中美发表《八一七公报》，中国重申"台湾问题是中国的内政"，美国政府重申"无意侵犯中国主权和领土完整，无意干涉中国内政，也无意执行'两个中国'和'一中一台'的政策"。这些表明，日本承认台湾已归还中国的事实（即"坚持遵守《波茨坦公告》第 8 条的立场"）；而"台湾地位未定论"始作俑者的美国政府，也放弃了当初基于特定背景而出笼的阶段性对台政策，不再提及危害中国收复台湾正义性和合法性的模糊概念。"台湾地位未定论"的想象，完全没有法律空间。

第三节　两岸中国人共同的历史责任

一　确保台湾领土主权，两岸中国人责无旁贷

台湾自古就是中国领土，中国人最早到达并开发了台湾，从晚明开始到近代，中国政权正式在台湾设立地方行政建置实行治理，促进了台湾经济、社会、文化的全面发展，最终成为中国的一个省份，这是没有人能够抹杀的历史事实。台湾在中国国力衰弱中被强邻日本用武力所夺，但中国人经过团结、自强的奋斗，在国际正义力量的支持下已经收回台湾领土主权，即已经恢复历史性权利（restitution in the right），这也是没有人能够抹杀的历史事实。因此，台湾领土主权属于中国的法律地位是明确的。至于两岸仍然分离为两个政治实体的现实，那是中国内战遗留的未了问题，属于中国的内政。

1949 年，中华人民共和国成立。中国所发生的这一重大变化，是同一国际法主体内部的政权更替，而不是一个新国家的出现。世界上仍然只有一个中国，所不同的只是代表中国的政权发生了变化。这种情况在传统国际法里适用于"政府继承"的概念，也就是在一个国家内部由于革命或者政变引起政权更迭，旧政权的权利和义务被新政权所取代。中华人民共和

国政权取代中华民国政权后，中国作为一个独立国家的主权和领土保持不变，而由中华人民共和国自然、完整地继承。由于台湾领土主权在 1945 年 10 月 25 日已经由当时代表中国的中华民国收回，中华人民共和国继承自中华民国的国家资产，当然要包括台湾领土。这就是中华人民共和国一直坚持对台湾拥有主权的法理依据。

中华人民共和国成立后，逐步得到世界各国的承认，这种承认是对中国新政府合法性的承认，而不是对"新国家"的承认。到 1971 年联合国决议"恢复中华人民共和国在联合国组织中的一切权利"，则新中国政府作为代表中国的唯一合法政府的地位，得到全世界的普遍承认，也就意味着新中国政府对中华民国的"政府继承"，得到全世界的普遍承认。根据国家主权不能被分离的原则，一个国家只能由一个合法政府来代表，因此，全世界已经与中华人民共和国建交的 160 多个主权国家，都承诺坚持世界上只有一个中国，中华人民共和国政府是中国唯一合法政府，台湾是中国领土不可分割的一部分的立场。那么，确保台湾领土主权，决不容许任何人把台湾从中国分割出去，以保障国家统一的前景，就是中华人民共和国政府和人民责无旁贷的历史性任务，任何政治组织和政治人物都担负不起失去台湾主权的责任。

由于特定历史背景下国际环境的变幻，中国革命引起的政权更迭，出现了一种复杂情况，那就是新中国政府对旧中国国家资产的继承，至今在实际上尚未全部完成。中华民国政权的部分实力，退往台湾，得到某些国际势力的支持，与中华人民共和国对峙，形成国内两个政权长期隔海并存的局面。台湾当局一直以"中华民国"的名义，继续与中华人民共和国争"法统"，不承认中华人民共和国的"政府继承"，由此甚至又引出所谓"两个中国""一中一台"的说法。笔者认为，这种局面，实质上依然是某些国际势力不愿意看到中国强大起来，想利用中国内部问题，来制约中国发展的结果。然而，无论如何，两岸分离的状态，改变不了台湾是中国领土一部分的国际法地位，国家领土的暂时分离，只是引起究竟哪一方政权可以成为代表中国的合法政府的问题，而这个问题，属于中国内战遗留的未了问题，是中国的内政，就像美国政府在朝鲜战争未发生前所认为的，"它是一种严格的中国责任"，应该由中国人自己来解决。

事实上，到目前为止，两岸的法律都承认"一个中国"，并坚持领土不得变更。《中华人民共和国宪法》规定："台湾是中华人民共和国的神圣领土的一部分。完成统一祖国的大业是包括台湾同胞在内的全体中国人民的神圣职责。"台湾现行"中华民国宪法"也规定："中华民国领土，依其固有之疆域，非经国民大会之决议，不得变更之。"并在 2005 年增修条文中继续称台湾为一个"省"。这也证明，两岸人民非常清楚，台湾是中国的台湾这一点，绝不容改变。中国国民党荣誉主席连战在 2013 年 2 月 25 日与中共中央总书记习近平会见时说："两岸各自的法律、体制都实施一个中国原则，台湾固然是中国的一部分，大陆也是中国的一部分，从而形成'一中架构'下的两岸关系，而不是国与国的关系。'九二共识'由此产生，这是双方政治互信的基础，必须加以维护。"

有人说，"中华人民共和国政府至今尚未对台湾实际行使领土主权"，这种说法并不准确，应该说，中华人民共和国政府一直在行使对台湾的主权，而且行使得卓有成效。新中国成立以来，在对外交往中，始终不渝地坚持对台湾拥有主权的立场，并使世界上大多数国家都承认了中国对台湾的主权，使权威的联合国组织承认了中国对台湾的主权，这就是行使主权的具体表现。中华人民共和国至今尚未对台湾实际行使的，只是治权。由于内战遗留的问题和外国势力干预的原因，中华人民共和国政府的治权至今未及于台湾地区，台湾地区由台湾当局实际控制，形成一个事实上的治权，这是治权在特殊历史条件下与主权的分离，而不是主权的分割。它并不影响中华人民共和国在法律上对台湾主权的拥有。

台湾既是中国领土的一部分，根据主权在民的原则，台湾的所有权或主权属于包括台湾人民、大陆人民、港澳人民以及所有具有中国国籍的海外侨胞在内的全体中国人民。也就是说，只有全体中国人民才能决定台湾的前途。台湾当局继续以"中华民国"名义实际控制台湾地区，形成事实上的治权。从 1945 年到现在，"中华民国"对台湾的治理，在法律性质上有个变化的过程。1945 年国民政府收回台湾，是代表全中国行使对台湾的主权及所有权，因此从 1945 年到 1949 年的四年内，国民政府对台湾的治权是完全由主权所派生的合法治权，主权和治权是统一的。1949 年以后，"中华民国政府"已经不能代表全中国人民，从这个时候起，台湾当局对台湾的实际控制，其主权和治权也就不再完全统一。从主权来讲，它没有受到全体中国人的授权，充其量只是得到部分中国人（即台湾人民）的授权，所以这时候的治权，不能算是主权所派生，在法律上有重大瑕疵，有的学者将这种情况称为"部分违法"的治权。

这种治权的存在，有一个根本的基础，那就是必须以承认台湾是中国领土的一部分，台湾居民都是中国人，台湾主权依然掌握在中国人手里，两岸关系是中国内部的关系，而不是国与国之间的关系为前提。在这种前提之下，以继续共同致力于国家统一为目标，两岸关系才可能得到发展。将来两岸无论以何种方式实现统一，在得到全体中国人的授权情况下，台湾的治权才能回到与主权重合的状态。相反，如果像"台独"势力所为，根本否认台湾是中国的一部分，企图把台湾从中国分离出去，成为另外一个国家，那么，自第二次世界大战以来"中华民国"在以中国名义下收回台湾主权的一切条约文件，将不再适用于台湾政权主体，两岸关系的性质将发生根本改变，台湾当局的治权将处于"完全违法"状态，也就失去存在的基础。因此，坚持"一个中国"立场，确保台湾领土主权属于中国，台湾同胞同样责无旁贷。

二　和平发展共同推动民族复兴，是历史赋予两岸同胞的任务

台湾问题的产生，根本上是因为外国侵略导致中华民族衰落的产物，是整个中华民族的一个巨大伤痛，是全体中国人的巨大悲情。

台湾问题从一开始就牵扯着全体中国人的感情，刺激着中国人的神经，影响着中国历史的发展。就在强邻日本割占台湾的同一年，民主革命先驱孙中山成立起中国第一个民主革命组织兴中会，提出了第一个民主革命的纲领，第一个提出了"振兴中华"的口号，唤醒国人的民主革命意识和民族解放意识。日本割占台湾16年后，中国人民推翻腐朽没落的封建专制统治，建立起第一个民主共和国。中华民国成立30年后，国民政府向长期侵凌中国的日本宣战，昭告中外废除日本强加于中国的一切不平等条约，使"收复台湾"的长期目标，成为一项现实可取的任务。在艰苦卓绝的抗日战争中，中国人民空前团结，民族意识空前觉醒，终于一洗自鸦片战争以来历次战败的屈辱，在世界反法西斯正义力量的支持下，第一次取得了反侵略战争的完全胜利，并从事实上和法理上收回被日本霸占50年的台湾。

抗战之胜利，台湾之光复，是全体中国人浴血奋战的成果，如果不承认、不珍惜这个来之不易的成果的性质，便会冒犯到中国人的民族感情。同时，这场胜利还标志中华民族复兴的一个转折点。自近代中国衰落以来，寻求民族复兴便成为一代又一代中国人的梦想，无数仁人志士为之殚精竭虑，流血牺牲，前赴后继，奋斗不息，共同目标都是寻求在社会进步、人

民幸福和领土完整的基础上，使中国重新站立起来，成为能够对人类做出有益贡献的现代国家。在日本统治台湾50年间，台湾人民也从未停止反抗殖民统治的斗争，台湾光复之际，绝大多数台湾人民都有扬眉吐气之感，台湾社会精英，还组织"光复致敬团"回祖国大陆参访，到陕西祭拜黄帝陵，与国民政府各部门沟通，积极为国家建设和台湾省建设献计献策，表现出极大的爱国热情。因此，台湾光复的历史事实，已经作为民族复兴之路的一个重要里程碑，载入史册。无论历史发展是如何曲折，两岸的中国人都要站在足够深广的历史高度，以对前贤和后人负责的态度，把确保台湾领土主权当作整个民族复兴的重要条件而传承下去，任何政治组织或个人，都承担不起台湾领土得而复失的责任。如果不能巩固台湾领土主权，就谈不上民族振兴。

当前，两岸合作，和平发展已经成为两岸关系的主流。如何进一步凝聚共识，增进互信，并为将来和平统一奠定基础，正在考验着两岸政治人物和有识之士的智慧。由于两岸的长期隔绝、意识形态的不同以及社会历史环境的差异，凝聚共识、增进互信需要时间，但不可逆转。只要两岸认同同属一个中国的原则，共守一份振兴中华民族的历史责任感，任何力量都无法再使台湾从中国分割出去。正如中共中央总书记习近平在2013年2月25日会见中国国民党荣誉主席连战时指出，"两岸关系虽然历经坎坷，但终究能打破长期隔阂，开启交流合作。这是因为，两岸同胞同属中华民族，这种天然的血缘纽带任何力量都切割不断；两岸同属一个中国，这一基本事实任何力量都无法改变；两岸交流合作得天独厚，这种双向利益需求任何力量都压制不住。"习近平还指出，"近代以来，中华民族饱受列强欺凌。想起那一段屈辱的历史，每一个中国人都会心痛。实现中华民族伟大复兴，是中华民族近代以来最伟大的梦想。现在，我们比历史上任何时期都更有信心、更有能力实现这个梦想。'兄弟齐心，其利断金'，实现中华民族伟大复兴，需要两岸同胞共同努力。我们真诚希望台湾同大陆一道发展，两岸同胞共同来圆'中国梦'。携手推动两岸关系和平发展，同心实现中华民族伟大复兴，应该成为两岸关系的主旋律，成为两岸中华儿女的共同使命。"

习近平所说的"中国梦"，在两岸同胞中引起广泛共鸣。中国国民党荣誉主席连战表示，"两岸人民同属中华民族，都是受中华文化熏陶的中国人，理所当然应增进同胞情谊，互助互谅，拒绝分裂，走向融合。发展两岸关系是全民族的事业，也是两岸人民共同的心愿。我们要发挥中华民族整体智慧，互利融合，振兴中华，开创民族辉煌的新时代。"中国国民党荣誉主席吴伯雄也表示，"两岸人民同属中华民族，都是炎黄子孙。两岸关系面临承前启后、继往开来的新形势，国共两党要有共同振兴中华民族的使命感。两岸应该强化经济关系，深化社会交流，加强文化交流，讨论推动签署教育交流、文化交流协议，为两岸民众创造更多实质利益。两岸同胞有责任传承和发扬中华文化，让中华民族为世界作出有意义的贡献。"

2013 年 5 月 9 日，由台湾学者组成的"台湾竞争力论坛"公布一项调查报告显示，在分布于台湾 22 县市年满 20 岁以上民众的 1077 份有效样本中，受访者认同自己属于中华民族的占 89.3%，认同原因中，53.3% 基于血缘，30.8% 得益于从小教育教养，15.7% 出于文化的因素；坚持非中华民族者占 7.5%。不认同自己是中国人的有 37.6%，但若加入法理与台湾利益的现实考量，仍然否定自己是中国人者只有 22.5%。结合该论坛在此前半年内所做的三次民调，台湾民众认同自己是中国人的比例为 57% ~ 61%；认同中华民族者为 86% ~ 90%，不认同中华民族者为 6% ~ 8%。[①] 这说明，大部分台湾民众并不否定自己是中华民族的一分子，两岸和平发展共同推动中华民族复兴，有着广泛的民意基础。

---

① 《台湾民调：近 9 成认同中华民族，近 4 成不认同自己是中国人》，观察者网，http://www.guancha.cn/politics/2013_05_10_143561.shtml。

第十章 金门马祖与福建

闽台两地密不可分的行政关系，不仅体现在历史上，从国家尚未统一的现实角度，在两岸地方行政建制当中，至今还有交叉部分。台湾当局实际控制的金门、马祖，就是福建属地。金门在历史上一直隶属于福建省泉州府同安县，1914 年民国政府在厦门设立思明县，金门一度改隶思明县，1915 年设立金门县后，归厦门道管辖。马祖列岛则分别隶属于福建省连江县、长乐县和罗源县。1949 年国民党政权退据台湾后，固守金门、马祖，并将马祖列岛编为连江县。台湾当局保留了福建省地方建制，下辖金门、连江二县。因此，叙述闽台行政关系，不可回避金门、马祖及其相关行政体制之由来。

第一节 金门历史与金门县

一 金门历史概述

金门位处台湾海峡西南部，东经 118°17′~118°28′，北纬 24°24′~24°32′，紧挨大陆，地处九龙江口外，由金门岛（俗称大金门）、烈屿（俗称小金门）、大嶝、小嶝、角屿、大担、二担、东碇、北碇、草屿、后屿等 50 多个岛屿组成，稍大的岛屿 12 座，总面积大约 178 平方公里。其中主岛东西向长约 20 公里，南北向最宽处约 15 公里，中部狭窄处仅 3 公里，面积约 134 平方公里，呈哑铃状横卧海上，距同安县治及厦门市，均不过 40 公里。岛上主要为丘陵地貌，自东而西一线高地，如岛之脊梁，太武山雄踞东部，最高峰海拔 238 米。环岛多港湾口岸，南部的料罗湾是个可以停泊众多舰船的良港。金门与厦门隔海相对，互成掎角之势，为厦门外捍，无金门则厦门孤悬海中，金、厦相依，为福建南部出海口的咽喉之地；而金门诸岛地形、暗礁、潮流复杂，又有天然良港，军事上是个典型的易守难攻之地，战略地位远高于邻近的岛屿和海口，自古为兵家必争之地。

金门岛古称浯洲，又称浯岛、浯海、浯江、沧浯等。20世纪60年代，岛上的富国墩发现新石器时代文化遗址，经专家研究，与平潭壳丘头文化遗址有共同特征，因此被归为同一文化类型，称为"壳丘头类型文化"或"富国墩文化"。可见，其原始居民应为同属闽广沿海一带古人类的一部分。但在唐朝以前，金门孤悬海外，并未有确切的原始文字记载。

最早见于文字记载从大陆迁往金门的居民，为牧马人。今金门岛上古迹及地名多与马有关，如牧马王祠、牧马寨、马坪、驷湖、洗马溪、菽薯山等，显然与唐宋间福建地方官府多于沿海岛屿设牧马场有关。道光《金门志》载，唐贞元间牧马监陈渊带了一批将士来到金门拓荒，这是金门开发史上的一件大事。五代时期，闽王王审知在福建保境安民，使沿海经济文化得到长足发展，尤其是鼓励海上贸易，使金门的地理位置优势得以显现，逐步集聚起越来越多的人口。到了宋初，官府开始要求金门岛民输纳户钞，并编设基层行政机构。宋朝是福建发展的黄金时期，由于人口猛增，农地开发无远弗届，金门岛的土地也被大量开垦出来，并形成接近于内地的农耕社会。朱熹为同安主簿时，曾至金门采风，所见到的已是一个"野饶稻黍输王赋"的社会，文化也相当发达，经朱子教化，文风益盛，据道光《金门志》记载，宋代金门籍进士有6名。

图 55　金门牧马侯祠

资料来源：李增德著《金门史话》，台湾金门县文化局，2005。

经济逐步发达而又孤悬海外,最易成为海盗剽掠的目标。从南宋后期开始,金门海盗之患渐兴。绍定年间,泉州太守真德秀曾"巡海道,屯要害,遣将击贼于料罗,贼遁去,德秀遂经略料罗战船"①。宋末元初战乱,不少人避乱于金门。元朝定鼎之后,在金门设置盐场,人口继续增加。到了元末,倭患与内乱交炽,金门饱尝战火之苦,据《沧浯琐录》记载,元顺帝时,金门内有白莲社活动和土豪称霸,外有倭寇和广东乌尾船袭扰,村落经常受到焚掠。

明初,朱元璋为了防御倭寇,强制迁徙沿海岛民于内地,金门所属的大小嶝岛,曾经"一屿皆墟"。受命办理福建海防的江夏侯周德兴,先后在沿海各要害之地,筑城16座,设置巡检司45个。其中在金门者为:设置守御千户所并建所城1座;设置官澳、峰上、田埔、陈坑、烈屿5个巡检司,各建巡检司城(寨)。此外又建"捍寨"7处:天宝寨、山西寨、洪山寨、牛岭寨、欧厝寨、秽林寨、青崎山寨,还在相宜处筑设瞭望墩台。周德兴希望经过如此周密部署,浯洲能够成为闽南一带固若金汤的海上门户,故将之命名为"金门"。

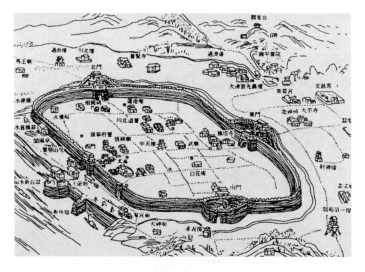

图 56　明代金门千户所城

资料来源:李增德著《金门史话》,台湾金门县文化局,2005。

---

① 道光《金门志》卷一六引《真西山集》《泉州志》。据谢重光教授引《宋史》订正,真德秀知泉州和御海贼事,当在嘉定年间。参见谢重光、杨彦杰、汪毅夫《金门史稿》,鹭江出版社,1999,第20页。

　　周密的布防在一定程度上提供了安定的保障，加上沿海陆地人口日多、土地硗确，生存压力增大，许多人纷纷向海上寻求商业或渔盐之利。到明朝中期，金门人口急剧增加。明正统八年（1443年）以后，官府将原来的盐课改征折米，"其后上都粮户与浯洲盐户多置田产"①，引起金门土地开发的又一次高潮。据杨彦杰研究员估算，至嘉靖、隆庆年间，金门已是村庄遍布，人口已达七八万之众，耕地在三四万亩以上。②

　　也正是在这一时期，沿海一带倭寇、海盗活动更加猖獗，料罗湾成为海寇往来寄泊之所，经常据此剽掠各地，金门民众深受其害。嘉靖三十八年至三十九年（1559~1560年），大嶝、西仓、西洪、林兜、湖前、平林、阳翟、后浦、湖下、湖尾、古宁头等各乡村，先后受到倭寇肆劫，乡民自发组织起来抵御，但还是损失惨重，苦不堪言。抗倭名将俞大猷、戚继光等曾多次出入金门一带打击倭寇，俞大猷曾派任金门城为守御千户，在金门五年。金城南磐山海滨摩崖题刻"虚江啸卧"，即俞氏遗迹，金门耆绅还曾为俞氏建生祠，以纪其功。万历三十年（1604年），浯屿水寨把总沈有容

图57　俞大猷石刻

抗倭名将俞大猷在金门城南碣石题刻"虚江啸卧"。引自李增德著
《金门史话》，台湾金门县文化局，2005。

① 道光《金门志·赋税考·盐法》。
② 参见谢重光、杨彦杰、汪毅夫《金门史稿》第四章。

率兵大破倭寇于台湾，驻师料罗，倭患稍解。继之又有荷兰殖民者来犯，沈有容曾率金门所部前往澎湖宣谕，斥退荷兰侵略者。但荷兰人后来盘踞台湾，屡屡进犯闽南。金门、厦门又成为抗击荷兰的重镇。无情的战火，锻炼了金门人的坚强性格，金门社会在动乱中继续发展。到明末清初，金门人口已有数万户，十几万人的规模，人文发达，读书成风，谣称"五步一秀才，十步一举人"，"无地不开花，无金不成同"。据《明清进士题名碑录》，明、清两代金门共考取进士 34 人，其中明代 28 人。①

　　明代后期福建亦商亦盗的海上武装势力很活跃，天启、崇祯年间，郑芝龙集团崛起，并接受福建官府招安，效顺朝廷，逐步剪除各支势力，建立起以金门、厦门为中心的海上霸主地位。明朝灭亡后，郑芝龙于 1645 年在福州拥立明唐王称帝，是为南明隆武帝。第二年郑芝龙被清朝诱降，其子郑成功密带一旅退守金门，在烈屿吴山盟约誓言抗清。经过数年努力，郑成功重新收拾其父旧部，巩固金、厦根据地，以南明招讨大将军、延平王名义号召"反清复明"，开府思明州，声势大振，鼎盛时拥有陆军 72 镇、水师 20 镇。永历十二年（1658 年），郑成功率十几万大军北伐，直逼南京，由于孤军深入又贻误战机，被清军击垮，损失大部分兵力，只好退回金、厦。清军趁势尾追而至。郑成功将官署及部众家眷都移置于金门，严密防守，并做好收复台湾准备。

　　永历十五年（1661 年）三月二十三日，郑成功亲率舟师从金门料罗湾出发东征，收复台湾，作为反清复明的新基地。郑成功主力入台后，留其兄郑泰和世子郑经守金、厦。清康熙二年（1663 年）十月，清军攻打金、厦，郑军败溃，金门被清军占领。清军在金门大肆焚掠，实行迁界，强驱遗民迁至离海 30 里的内陆，金门变成一片废墟。这是金门历史上因战乱而发生的一次毁灭性倒退。

　　清朝统一台湾后，废除迁界政策，让居民重返故土，金门居民陆续回迁，沿海及内地生计无着之民，也乐于到海岛拓荒或谋渔盐之利，因此，金门渐渐恢复了往日生机，到乾隆中叶已重现"地亩日辟，民人辐辏"② 的繁荣景象。

　　近代开埠以后，国内经济萧条，人民负担加重，金门土地不足，渔盐生产手段落后，本地资源所能支持的发展空间有限，许多人纷纷出洋谋生。

---

① 参见谢重光、杨彦杰、汪毅夫《金门史稿》，第 219～221 页。
② 《清高宗实录》卷七六〇，"乾隆三十一年五月己巳朔"条。

"地不足于耕，其无业者多散之外洋，如吕宋、实力、交留巴等处，岁以数百计，得归者百无一二焉，其贸易获利归者千无二三焉。"① 进入 20 世纪，尤其是第一次世界大战后，世界经济复苏中的海外市场，需要大量劳动力，金门与沿海其他地方一样，出现了出国潮，本地人口呈递减趋势，经济也相当萧条，粮食不能自给，多仰赖同安、海澄等地输入。

1937 年，日本发动大规模侵华战争，10 月下旬，日本军舰进入金门附近，切断金门岛对外交通。26 日，日军攻占金门岛，国民政府机构退于大嶝。1938 年 5 月 10 日，厦门陷落。日军扶持成立伪金门治安维持会，后又改为伪金门行政公署，归厦门市管辖。日伪在金门种鸦片、设烟馆、拉夫、强征骡马等，极尽搜刮盘剥之能事。富有反抗传统的金门人民一直坚持抗日斗争，以种种公开或隐蔽的行动给日伪制造麻烦。1945 年 8 月 15 日日本投降，10 月 3 日金门光复，才得以进行战后重建家园。

二　金门行政建制沿革

金门很早就有人类活动，而且这些人类来自大陆，这是可以肯定的。但是，金门历史的早期，长期处于荒僻状态，缺乏正规的行政管理。据金门方志记载，唐贞元年间，"金门岛为万安监牧马区"。万安监牧是福建都团练观察使柳冕奏置于泉州的牧马机构，其下属"群牧"机构有 5 个，马场多分设于岛上，陈渊就在这一时期被派遣到金门牧马。据说当时随陈渊入金门开发的马户，有蔡、许、翁、李、张、黄、王、吕、刘、洪、林、萧等 12 姓，陈渊因此被尊为"开浯恩主"。那么，牧马场就是大陆政权在金门设置的最早的管理机构。其时朝廷还批准从南安县析出四乡，置大同场，金门属于大同场管辖。

五代后唐天成四年（929 年），升大同场为同安县，金门遂属于同安县。

入宋以后，金门人口增多，有必要加强管理。"宋太平兴国三年，岛居者始输纳户钞。熙、丰间，始立都图，都有四，其统图九，为翔凤里"②，统于同安县绥德乡。乡、里、都、图，是古代乡村各级行政组织，担负征科和治安职能。熙宁、元丰年间，金门共有 4 都 9 图，合为翔凤里，属于同安县绥德乡。

宋元时期福建是全国重要海盐产地，金门制盐业兴起，元大德元年

---

① 道光《金门志·风俗志·商贾》。

② 道光《金门志·分域略·沿革》。

（1297 年），增设浯洲盐场，负责向岛民征盐，后又置管勾司，继之又改为司令司。这是行政组织系统之外的专业管理机构。

明朝金门仍属同安县，同安县基层建置，在坊为二隅，在乡为 11 里，统辖 34 都，共 53 图。金门仍为翔凤里所辖。当时翔凤里共辖有十二至二十共 9 个都，其中属于金门地区的是十五至二十 6 个都。浯洲本岛分为 3 个都，大抵以中部的太武山为界，山之西为十七都（约为今之金沙镇），山之东为十八都（约为今之金湖镇），山之南有双山，其西南为十九都（约为今之金城镇和金宁乡）。而小金门即烈屿，则为二十都，大、小嶝岛分别为十五、十六都。盐业专管机构，起初改为踏石司，不久又改为盐课司。明洪武二十年（1387 年），金门设立守御千户所，建立所城，并陆续设置官澳、峰上、田埔、陈坑、烈屿 5 个巡检司，这些都是军事机构。明末郑成功据金、厦抗清，行政中心设于厦门，金门则主要作为军事中枢，行政上隶属于思明州。

清康熙十九年（1680 年），清军占领金门，沿袭明朝旧制，金门行政上复为同安县管辖，军事上则设置金门镇总兵官，下辖中、左、右三营，后来裁去中营，留左右二营。当时因迁界政策，金门尚在军事管制中，直至 1683 年台湾统一，实行复界，金门基层行政组织才得以逐步恢复。雍正元年（1723 年），置浯洲盐场使，恢复金门盐业专营，管辖沙尾、永安、浦头、南埕、宝林、官镇、田墩、烈屿 8 个盐埕。地方行政则有所加强，雍正十二年（1734 年）在金门设置县丞署，由同安县派出一位县丞常驻金门治理政务。乾隆三十一年（1766 年），泉州府改派安海通判移驻金门，同安县丞移驻于灌口。乾隆四十一年（1776 年），将金门与同安东部的马巷合并为一个行政区，通判从金门移驻马巷，称马巷厅。乾隆四十五年（1780 年），因马巷厅事务繁多，难于兼顾金门政务，又将同安县丞移回金门，这样，金门既属于同安县，又受马巷厅管辖，成为定制。其时，金门仍属同安县翔凤里，有的著作称金门基层行政组织到清代才增为 6 个都，即除了原来浯洲本岛的十七、十八、十九都和烈屿的二十都，增加了大嶝岛的十五都、小嶝岛的十六都，其实这是误解，大小嶝岛的十五、十六都，明时就已存在，而且明确属于翔凤里。

按，明清时期的都图，又称都里，"都里之设，量道里远近而立为都，因人之多寡而分为里，所以定赋式、均徭役也。""都"是一种距离县城远近的区域概念，"里"是一种按户口多少而编制组织的概念。大小嶝岛的十

五、十六都，在明时或之前就已经存在，只是明初内迁岛民时被荒废了，所以人们提到明代翔凤里的金门部分，大都只提浯洲3个都，其实在那时，翔凤里在金门的地域，已经包括6个都，到了清朝只是因户口而恢复其地域编制而已。而"里"的概念，历代也多所变化，所谓翔凤里，只是沿用明代以前的习惯称呼，清代的"里"，有的地方又相当于"图"，里上有保，保上有都，都相当于旧时的乡，只是范围比宋时的乡要小得多。所以，清代金门基层行政组织，通常都说有6个都、10个保（道光后又析为11个保）、166个乡（这时的乡就是村，又不同于古早的乡）[①]，统归于习惯上的翔凤里。10个保就是：十七都的刘浦保、阳田保、汶沙保，十八都的沧湖保、琼山保，十九都的后浦保、古贤保、古湖保，二十都的烈屿保，十五、十六都的大小嶝保。这里面既有一个都分若干保的常规情况，又有一个都单独为一个保，甚至两个都合为一个保的特殊情况，皆因保主要按照人口多寡来编制。

清朝金门驻军机构，在近代以后有所变化，同治七年（1868年），裁去金门镇总兵，改置协镇副将及中军都司。

1911年辛亥革命爆发，民军光复金、厦，金门绅商公推都司饶肇昌为首，成立临时民政厅，维持地方秩序。1914年，民国政府在厦门设立思明县，金门隶属于思明县，派分治员驻金门理事。当时金门民户达18000余户，人口60000人以上，人口不多，本地经济也不甚发达，但侨商众多，地方财力颇为富裕；而在民初社会动荡中，金门治安变坏，盗贼横行，思明县的管辖鞭长莫及，很难得力。于是，金门旅新加坡华侨黄安基、陈芳岁等123号侨商，联名呈请在金门设县。由于华侨对辛亥革命有特殊贡献，当时当局对华侨呼声也特别重视，福建巡按使许世英迅速将金门侨商的申请转呈内务部、财政部，很快得到批准。民国四年（1915年），金门获准按照原有四岛置县，定名为金门县，设县知事，归厦门道管辖，原有的县丞署更名为县公署，为二等县治，实际辖区包括金门、烈屿、大嶝、小嶝、大担、小担、槟榔屿、虎仔屿、南碇、东碇、浯屿、草屿等岛屿，分6都、11保、166乡。

1925年，改县知事为县长。1927年，改县公署为县政府。1935年，金门县试行地方自治，将原十九都的后浦、古贤、古湖三保划为第一区，原

---

① 李增德著《金门史话》记有176个乡，见该书第185页，台湾地区福建省金门县文化局，2005。

十七、十八都的刘浦、阳田、汶沙、琼山、沧湖五保划为第二区，原二十
都的烈屿保为第三区，原十五、十六都的大小嶝保为第四区，各区设区署；
县政府机关编制为：县长 1 名，主任秘书、承审员各 1 名，国民兵团部副团
长兼社训教官 1 名，民政、财政、教育 3 个科，城厢警察所、保安中队各
1 个。

　　1937 年 10 月，金门岛被日军攻陷，金门县政府迁至大嶝，国民党军队
派一个营坚守大嶝。后金门县长一职改由南安县长兼署，在大嶝设金门县
办事处，置办事处主任，下设处员、办事员，以及一个自卫常备中队。日
军占领金门后，于 1938 年 5 月设伪金门治安维持会，次年 9 月改伪治安维
持会为伪金门行政公署，归厦门市管辖。1945 年 8 月 15 日日本投降，伪公
署人员避匿一空，地方秩序暂由地方士绅维持。10 月 3 日，国民政府新任
金门县长叶维奏偕国军在西园浦边登岛，接收金门；同时由福建省保安纵
队第九团上校团长朱镜波接受日本驻军投降。

　　金门光复后，恢复县建制，并逐步有所更张。至 1949 年，县机关为县
长 1 名，主任秘书 1 名，下设第一、二、三、四科及人事、主计 2 个室，另
有统计、督学、稽核员、合作指导员各 1 名。平行机关有地方干部训练所，
直属单位有警察局、稽征处、自卫警备中队、卫生院等。地方基层建置，
起初设珠浦、沙美二镇，古湖、沧湖、烈屿、大嶝 4 乡。后来珠浦与古湖合
并为珠浦镇，沙美与沧湖合并为沙美镇，烈屿、大嶝仍设乡，全县共分 46
个保。[①]

第二节　马祖列岛的历史变迁

一　马祖列岛的战略地位

　　今日两岸习惯所称的马祖列岛，有时也谓"马祖地区"，实际上是由
三大部分组成。一是主体部分竿塘乡，原属福建连江县，包括南竿（即马
祖岛）、北竿及其附属岛屿；二是原属福建长乐县的白犬列岛，分为东
犬、西犬，今改名东莒、西莒；三是原属福建罗源县的东涌（古时又称东
永）、西涌，今名为东引、西引。这些岛屿加上高登、亮岛、大坵、小坵
及其他礁屿，马祖列岛共有大小岛礁 36 个，断断续续分布于闽江口外的

---

① 　以上内容主要根据道光《金门志》、1967 年重修《金门县志》等文献编述。

海上。列岛陆地总面积才 29.6 平方公里，但各岛分散，南北逶迤近百公里，有如一串珍珠撒落东海，控制着一片巨大的海域。其经纬度为北纬 25°56′04″～26°23′08″、东经 119°54′04″～120°30′08″ 的范围内。其中最大岛为南竿岛，面积为 10.64 平方公里，岸线长 20 多公里，地势西部和东北部较高，最高峰云台山海拔 248 米，北岸青水澳和西岸马祖澳是泊船港口。相传宋时湄洲民女林默娘入海救父罹难，遗体漂流到南竿澳口处，当地人感其孝行，为其厚葬并立庙祭祀，后成"妈祖信仰"，马祖之名即由此而来，至今当地仍有天后宫，香火极盛。

马祖列岛位处台湾海峡北端，东临大海，西扼福建最大河流闽江的出海口，离大陆岸线仅 10 余海里，到闽江口仅 20 余海里，到省城福州的水陆两程距离，也仅 80 余公里。距台湾本岛 114 海里，距金门 152 海里，距澎湖 180 海里。马祖列岛与金门列岛北南呼应，并与东南的澎湖列岛，构成一个巨大的海上三角地带，恰好牢牢控制了整个台湾海峡，因此，马祖列岛是海上交通的一个重要支点，战略地位非常重要。

早在宋元海外交通发达的时代，马祖列岛的战略地位就已初步引起重视。南宋乾道年间，曾分派水军定期留屯于闽海各岛，其分驻点就含有马祖列岛。宋末元军进攻福州和元末明军进攻福州，都曾以水军从海路包抄，闽江口海上各岛的肃清是其前提条件。进入明代，海患日炽，海岛攻防更显重要，因此，如今所能找到的关于马祖列岛的文献记载，多见于明清时代，且多与海防相联系。

现存最早的福建省志《八闽通志·地理·山川》记载："上竿塘山在大海中。峰峦屈曲，上有竹屿、湖尾等六澳。下竿塘山突出海洋中，与上竿塘山并峙，山形峭拔，中有白沙、镜塍等七澳。"并注"上二山在二十六都"[①]。何乔远《闽书》所记上竿塘、下竿塘，与《八闽通志》略同，并加载"上并有民居，洪武二十年内徙"[②]。

乾隆《福州府志》引万历府志："小埕水寨在连江定海所前，定额船四十六，北与烽火门会哨，南与南日会哨，西洋、下目、下竿塘、白犬皆其汛也。"并引曹学佺《海防志》："闽有海防，以御倭也，国初设卫……（东

---

①　黄仲昭修纂《八闽通志》卷四，福建人民出版社，1990，第 80 页。
②　何乔远编撰《闽书》卷四《方域志》，福建人民出版社，1994，第 106 页。

涌）亦设远哨……。"①

可见，从明初开始，就已在马祖列岛设防御倭，最远的防哨，已设到东涌。

明朝不少个人著述也提到马祖列岛海防情形。如连江人董应举（官至户部侍郎）《浮海纪实略》记载：

> 省城门户，从闽安镇南出琅琦门，东出双龟门，以定海为左臂，皆牙突海中。国初，江夏侯之所城也，而又置寨小埕，与定海犄角。其汛地乃远至东涌，拒贼于外海。②

曾出任琉球册封使的长乐人谢杰也记道：

> 福州要地，曰牛头门、罗汉洋、万安所、牛头、观音澳，近福清县；白犬山、松下、梅花所、磁澳、南茭、东沙，近长乐县；五虎门、闽安镇、下竿塘、小埕，近闽县、连江；上竿塘、定海所、马鼻、下目屿、北茭、濂澳门，近连江、罗源县；东涌、西洋、嵛山、七星、台山，俱近福宁州，设有小埕把总、海坛游兵、名色把总、烽火把总各守之。③

上述可见，明代马祖列岛海防，属于闽安千总管辖。

到清朝，方志有关马祖列岛的记载更多，尤其是关于海防的情况更加详细。康熙《福建通志》云：

> "日屿、月屿为（长乐）梅花所界，五虎澳为连江界，下竿塘四澳为（连江）定海所界，花瓶为（连江）北茭巡司界……鸡笼山对福州之白犬洋……"④。

> "南竿塘，冲要海汛，在五虎东大海中，与连江北竿塘对峙，设烟

---

① 乾隆《福州府志》卷十三《海防》，福建省情资料库，http://www.fjsq.gov.cn\showtext.asp?ToBook=6030&index=42。

② 乾隆《福州府志》卷十三《海防》，福建省情资料库，http://www.fjsq.gov.cn\showtext.asp?ToBook=6030&index=42。

③ 谢杰：《虔台倭纂·万里海图》。

④ 康熙《福建通志》卷十八《海道篇》，康熙廿三年刊本。

墩瞭望。"

"北竿塘在东北大海中，距县八十里，与闽县南竿塘对峙，冲要海汛，设烟墩瞭望，有八使澳、下目、白沙、镜港等澳，中有进屿门，北有可门、下屿二汛，界罗源，可门沿岸有马鼻与鲈峰对峙，有堡，其地为下井，明总兵戚继光败倭于百丈岩即此。"

"又有白犬东沙，冲要海汛，属长福营右军分防。""罗湖属霞浦县，南接东冲，北至大金，洋中有鹿耳、草屿、东涌等岛，西洋、芙蓉二山俱外洋孤岛紧要海汛，西洋海中之大东、小东、马鞍、菱迹，芙蓉海中之马砌、魁山、四礵，俱属闽安水汛巡防。"①

乾隆《福州府志》卷十三《海防》又载：

"南竿塘，冲要海汛，与连江北竿塘毗连，南北北竿塘兼白犬、东沙，置战船四，拨千把总一员巡防，南竿塘设烟墩瞭望。"

"南北竿塘，县东北大海中，距八十余里，冲要海汛。南竿塘属闽县，北竿塘属连江。北竿塘设烟墩瞭望，有八使澳、下目、白沙、镜港七澳，中有进屿门。明初徙其民于内地，后弛禁，耕渔稠密。国初，海氛未靖，复内徙。"②

民国《连江县志》载：

"定海外东北有南、北竿塘两岛并峙，中村曰白沙、镜港、塍村、芹石、塘崎、石尖、孟澳，皆渔户之寓居焉。明洪武初曾徙其民于内地，后成为小村落。……距治一百六十里东涌，亦渔户之寓居焉。""……前哨汛北茭、西洋山，后哨汛竿塘、白犬山，左哨汛竿塘、下目山，右哨汛上、下竿塘山，远哨汛东涌山，北与福宁烽火寨、南与兴化南日寨会。"③

---

① 康熙《福建通志》卷八十六《各县冲要篇》。
② 乾隆《福州府志》卷十三《海防》，福建省情资料库，http://www.fjsq.gov.cn/showtlxt.asp? To Book＝6030&index＝42。
③ 曹刚等修，邱景雍纂《连江县志》（全一册），成文出版社，1967，第63、161页。

清杜臻撰《闽粤巡视经略》记载:

> 梅花所在二十四都,筑城设旗军千四百五十八名,其地曰梅花山,下有海江……磁澳原设防船十二只,以备东沙、白犬外洋之盗,万历之季,并入五虎游。[①]

以上记述中所提到的下竿塘、南竿塘即马祖岛,上竿塘即北竿塘岛,下目即高登岛,东涌即东引岛,东沙是亮岛(西引岩)西南的一个小岛,白犬即白犬列岛(即东莒岛和西莒岛)。这些地方在历史上曾经分散隶属于连江、长乐、闽县、罗源等县,归属多次变动,但军事上都作一体布防,主要是抵御倭寇和海盗,保卫闽江口一带安宁和省城福州的安全。

修于民国时期的《清史稿》记:"福建用兵海上,较他省为多,岛屿星罗,处处与台澎相控制,故海防布置尤为繁密。"又概括福州海防之要:

> 福州重在闽江,以江口内为省治所在,其外自北境松崎、江户,经东西洛,南北竿塘、鳌江口,至闽江近口之琅崎岛、金牌、五虎门,皆扼要之所,……在其外海之岛,若猴屿受闽江之冲、东永(即东涌。——引者注)当长乐之臂,较白犬、东沙诸岛为要,此福州之防也。[②]

由此可见,马祖列岛自古以来就是台湾海峡一个重要的战略支点。

二 马祖历史沧桑

马祖列岛迄今发现的最早人类遗迹,是在东莒岛大坪村的炽坪陇史前遗址,是台湾"中央研究院"历史语言研究所陈仲玉、刘益昌两位教授2001年在马祖做田野考古调查时发现的,后来陆续发掘出土大量陶片、石器、贝器、贝壳和动物骨骸,遗址年代为距今6000~4100年的新石器时代,其文化面貌与福州昙石山遗址下层文化相类似。时隔不久,研究人员又在距离该遗址不远的福正村,发现了蔡园里遗址,为历史时期人类遗迹,共

---

① 杜臻:《闽粤巡视经略》卷五。
② 《清史稿》卷一百三十八《兵九·海防》,上海古籍出版社,1995年《二十五史》本,第540页。

出土 500 多片唐末、五代、宋、元时期的陶瓷片，以及大量贝壳、鱼骨、兽骨等，印证了唐宋以后，的确随着福建的开发和海上交通的发达，有不少大陆近海居民移居于岛上。

除了考古发掘资料，还有不少文献记载、历史遗迹和民间传说可以反映马祖列岛早期居民的活动。方志记载，南竿乡仁爱村的"大王宫"神庙中有立于元朝的石碑，被视为先民开发的最早证据，那时马祖主要作为大陆渔民出海捕鱼时的休憩避风之所。福州地区乡村"大王宫"很多，多数祭拜的是闽越王。而被认为与闽越遗族关系密切的居民，是活跃于闽江流域及沿海一带的疍民，福州语俗称"曲蹄仔"。据《莒光乡志》《南竿乡志》《东引乡志》记载以及陈仲玉教授调查，马祖地区以"曲蹄"命名的地名很多，多与历史上疍民聚居有关。①马祖历史学者林金炎先生在他所编著的《马祖兵事》一书中写道：

> 元末马祖列岛就有民居，其多为蜑族，俗称"曲蹄仔"，南、北竿塘两岛就各有村落七、八澳，他们结茅与庐，耕渔为业，牧牛羊，他们与水寨汛兵和守望峰墩的官兵为邻。②

除了疍民，闽江口地区的其他居民也会陆续移居岛上。岛上多大风，且"地无三里平"，农业开发潜力不大，居民主要以渔盐为业，主要海产有大黄鱼、鲳鱼、鳗鱼、丁香鱼等。从历史上看，马祖列岛居民的繁衍和传承并不稳定，他们比内地居民经历了更多的动荡和变迁。有史料可查的大变动就有两次。一次是明初"徙其民于内地"，明太祖朱元璋实行海禁政策，岛上居民被迁徙一空，片板不许下海，洪武年间在岛上设"埠寨"，马祖列岛变成纯军事据点，后来弛禁，才有居民再迁入。另一次是清初，为封锁台湾明郑政权，实行"迁界"，岛民一律内迁至离岸 30 里，岛上民居等建筑设施尽行焚毁，台湾统一后才予以"复界"，部分居民才又陆续回迁入岛。

马祖弹丸之地，经此两次彻底的破坏，本土文化很难积累，所以有关马祖的历史资料和实物遗迹极其匮乏。回迁马祖的居民，大都来自长乐、

① 参见陈仲玉《谈马祖列岛的"曲蹄"族》，载臧振华、陈仲玉编《马祖研究——马祖列岛与海洋环境文化》，台湾地区福建省连江县政府，2011。
② 林金炎编著《马祖兵事》，台湾地区福建省连江县政府，2011，第 14 页。

连江等地，至今马祖列岛的语言和民间习俗，与闽江口一带没有明显区别。通行语言是操长乐口音的福州话，当地称"平话"（跟传统福州人称自己的方言一样），节庆习俗与闽江口居民略同，民间信仰与福州一带如出一辙，据林金炎先生调查，马祖列岛共有各种寺庙55座，其中南竿19座、北竿16座、莒光14座、东引5座、亮岛1座，供奉的神祇有天后妈祖、临水夫人、关圣帝君、梅石高总管、玄天上帝、白马尊王、福德正神、万寿尚书公陈文龙、陈将军、赵大王、肖大哥、周大王、五灵公等。① 这些神祇崇拜，都是福州地区遍地可见的民间信俗。

马祖可追述的历史，主要与海防相联系，战争陪伴着马祖的历史沧桑。

明朝马祖海防主要围绕抗倭而展开。洪武年间，江夏侯周德兴入闽防倭，在闽江口沿海和马祖列岛建立起严密的防御体系。永乐至景泰年间，马祖洋面依然常游弋着巡检司的战船，马祖列岛上设有"烟墩"，一旦有警，戍兵燃起烽火，数十里外的卫所巡司望见，立刻可以行动起来。据传，郑和下西洋时，还从海岛抽调训练有素的水师官兵同行。

明中叶以后，海禁稍弛，军备松懈，倭寇、海盗和民间走私船舶活跃起来，马祖各岛的水寨逐渐为倭寇、商船占为驻留据点。闽东是倭患重灾区，抗倭名将戚继光、俞大猷都曾在闽江口岛屿留下许多战斗足迹。明万历八年（1580年），明官军曾在东涌擒杀倭贼30余人。万历四十四年（1616年），日本船队大举进犯台湾，被风刮散，有一艘漂到东涌，福建巡道副使韩仲雍令董伯起入东涌侦探，结果被日本人扣押并挟持回国，直到第二年才送回。该年，又有一伙倭寇流窜于竿塘、白犬洋面，杀人夺船，伺机掳掠，后被台风刮到东沙岛触礁搁浅，参将沈有容奉命进剿，全歼倭寇，大部分生俘。至今东莒岛东沙有"大埔石刻"，为邑人董应举专为纪其事而勒，略曰：

> 万历彊梧大荒落，地腊后挟日，宣州沈君有容，获生倭六十九名于东沙之山，不伤一卒，闽人董应举题此。

明末郑芝龙集团崛起，控制了整个台湾海峡，马祖列岛也在郑氏掌握之中。在清郑对抗中，马祖再次沦为废墟，直到清朝统一台湾，列岛才逐

---

① 林金炎：《马祖列岛记》、《马祖列岛记续编》，转引自陈立群《试论马祖列岛的崛起》，载臧振华、陈仲玉编《马祖研究——马祖列岛与海洋环境文化》，第128页。

图 58 马祖大埔石刻

马祖东莒岛大埔石刻，为明朝抗倭遗迹。引自林金炎编著《马祖兵事》，台湾地区福建省连江县政府，2010。

渐恢复生机。清朝国势安稳后，定期派战船在马祖列岛海域巡逻、会哨，马祖有了100余年的相对安定时期，岛上生产得到恢复和发展。

但到清朝中期以后，马祖洋面战事又起。乾隆后期，福建沿海灾荒频仍，民生困苦，越来越多人铤而走险以"贩海"为生，与官方"海禁"政策发生严重冲突，不少人组织武装船队，重操亦商亦盗的海上营生，同安人蔡牵就是其中最大的一支。蔡牵与"夷匪"有勾结，拥有海船100多艘，活动于闽、浙、粤海面达10余年，马祖列岛成为他们活动的重要据点。

据《连江县志》记载，蔡牵船队经常停泊于竿塘，往来掳掠，补给淡水、食物、火药等，还在这里抗击官军的围剿，俨然成为蔡牵部的重要巢穴（一说东犬岛的蔡园里就是蔡牵的总部所在）。清嘉庆七年（1802年）初，官军组织温州镇、海坛镇、闽安协三路包抄潜匿于南竿塘的蔡牵部，蔡牵部出30余船与之对抗，从竿塘洋打到白犬外洋，官军占不到多大便宜。两年后，蔡牵部在竿塘洋击退温州镇20余船的进攻，杀死总兵胡振声等80

余人。嘉庆十四年（1809 年）蔡牵战死后，其余部一直流窜海上，马祖一带洋面始终不得安宁。

19 世纪初，西方洋船也开始到闽江口洋面活动。他们利用清朝海防的松懈，在竿塘洋、白犬洋一带贩卖鸦片、探测航路、绘制地图、侦察防务，为侵入内地作准备。鸦片战争后，福州被辟为通商口岸，洋船穿梭出入，马祖海域成了国际航线，闽海关相继在东犬岛和东涌岛建立导航灯塔。经由中法马江海战之后，外海已是无防可言，驻马祖列岛的官兵，只能办理一些地方治安，后来干脆改"汛"为"哨"，留少量士兵放哨而已。而此时因为航路通畅，流通发达，加上官府管制的松懈，马祖列岛反而繁荣起来，居民有所增多。

民国建立后，闽海先是由反正的清军、爱国青年组成的革命军和海军陆战队镇守，在各岛分派驻所。当时闽海仍是海盗活动频繁，岛民常受海盗和官方的双重摊派盘剥。抗日战争前，数股盘踞海岛的海盗就已与日本驻厦门的海军情报机构"兴亚院"有联系。抗战爆发后，日军即扶持这些地方豪强势力，拼凑成立"福建和平救国军"。从 1938 年开始，马祖基本上就被各种伪"和平救国军"控制，并成为日军进犯福州的海上通道和补给站。

盘踞马祖及其附近的伪军，先后有余阿楻（福清人）、林义和（南竿塘人）、林震（长乐人）、张逸舟（仙游人）、郑德民（福清人）、翁尚功（福清人）等部，他们之间既相互利用又钩心斗角，鱼肉百姓；与此同时，国民党军统也加强对马祖地区的渗透。抗战末期，马祖伪军张逸舟部见日军已日薄西山，乃接受军统策反，在马祖海域截击从福州撤退的日军船队。于是，这些往日事敌的伪军，摇身一变，成了国民政府"军事委员会福建先遣军"，后来，这支部队的一部分被收编入正规军调往岛外，一部分被分解遣散。

日本投降后，福建省主席刘建绪整饬地方，竿塘续存的所谓"先遣军"余部也被裁遣，马祖列岛才摆脱地方杂牌军的摆布，地方行政秩序逐步得到恢复。

第三节　1949 年以后的金门、马祖

一　两岸对峙中的金门、马祖

1949 年国民党政府败退台湾。败退之际，蒋介石曾经设想将闽台作为

一个战略区域，整体加以固守，也就是以台湾为中心，把防线重点放在大陆东南沿海一带，他在军事会议上强调，"台湾是头颅，福建是手足，没有福建即无以确保台湾"。但这一设想很快落空。7月下旬，中国人民解放军第三野战军第十兵团入闽，势如破竹，8月、9月、10月三个月间，连克福州、漳州、厦门，平潭岛也于9月16日解放。

厦门解放后，金门已近在咫尺，就势拿下金门似乎不太困难。10月24日，解放军第十兵团第28军趁夜进攻金门。由于轻敌和不熟悉渡海作战，第一批登陆金门的三个团共9000多人全军覆没，遭到解放战争以来最惨重的损失。自此，解放军停止了对金门、马祖的军事进攻，但夺取其他海岛的战役还在继续进行。1950年4月，解放军攻克海南岛，5月，解放福建东山岛，同月，退缩于浙江舟山群岛的12万国民党军队撤入台湾，舟山群岛解放，1955年初，又相继攻克浙江境内的一江山岛、大陈岛等岛屿。这样，国民党军队最终收缩固守于台、澎、金、马诸岛。

海南、东山、舟山、一江山、大陈等岛的解放，解放军总结积累了大量海岛登陆作战的经验，之所以不再继续夺取金门、马祖，是因为当时国际局势发生了重大变化。

1950年6月25日，朝鲜战争爆发，美国政府立刻改变其对中国内战的"不干涉"立场，派遣第七舰队进入台湾海峡，阻止解放军进攻台湾，把台湾当作美国太平洋战略锁链的重要一环加以"保护"，并对台湾实行军事、经济援助；同时，美国基于现实可能性考虑，也反对台湾"反攻大陆"，抛出"台湾中立化声明"，要求蒋介石放弃在中国大陆沿海的岛屿，实行划峡而治。1954年签订的《美台共同防御条约》规定，双方共同防御的地区只有台湾、澎湖，金门、马祖不在第七舰队保护之列。在这种情况下，如果解放军占领金门、马祖，按照"台湾地位未定论"的逻辑，就便于造成"两个中国""一中一台"乃至"台湾独立"的地理现实。

从国民党方面来讲，美国的保护就像一剂强心剂，暂时保障了台湾的安全，为此他们异常兴奋。但同时他们也明确表示，不能接受"台湾地位未定论"，也不放弃"反攻大陆"。蒋介石说："我要正告全世界人士：中华民国人民和政府绝不容许任何人割裂我中华民国的领土！""'两个中国'的说法，真是荒谬绝伦。""台湾和大陆本属一体，骨肉相关，休戚与共。"①

---

① 转引自全国台湾研究会编《台湾问题实录》，九州出版社，2002，第115页。

而中华人民共和国多次声明台湾问题是中国内政，坚决反对外国干涉或"联合国托管"。这样，国共两党在国内斗争中针锋相对，但在坚持"一个中国"，反对"两个中国""一中一台"的原则问题上，具有高度的一致性。

国民党要"反攻大陆"，就必须保住金门、马祖这两个重要的战略支点，以作为反攻的跳板；而中国人民解放军放弃夺取金马计划，将金门、马祖留给台湾当局管理，有利于保留两岸联系的桥梁，打破国际势力割裂中国的阴谋，为将来中国人自己解决国家统一问题创造条件。于是，金门、马祖在两岸对峙中，扮演了一种非常特殊的角色。

蒋介石一心利用"美援"实施"反攻大陆"，在金、马大修工事，添置装备，布置重兵，强化训练，不断对大陆进行偷袭和骚扰。主要形式有：利用空军优势密集派遣飞机袭击和骚扰大陆各地，进行空中侦察拍照，空投大量特工人员、电台和枪支弹药；令海军在台湾海峡劫持大陆各类船只；对大陆船只和军事目标进行炮击；训练两栖"蛙人"潜入内地刺探军情和骚扰；组编游击武装，对大陆沿海实行大规模突袭；等等。据统计，自1950年至1954年8月间，台湾当局对大陆沿海较大规模的军事偷袭有41次，动用总兵力达13万人次。

这些"反攻"举动最终都没有得逞，但蒋介石仍然乐此不疲。他的用意在于，一是通过这些"自动的、单独的"行动，把美国拖进对新中国的战争，为"反攻复国"创造条件；二是也借此表明他绝不会按照美国的意愿放弃金马搞划峡而治、分裂中国的态度。

对于蒋介石的后一层用意，中共中央主席毛泽东准确判断，并且意识到如果不进一步向全世界表明新中国对于台湾领土的态度，将给世人留下"中国有意放弃台湾"的错误印象，助长国际反华势力从事"两个中国""一中一台"的活动。1954年7月24日，《人民日报》发表《一定要解放台湾》的社论，严正宣布："台湾是中国领土，中国人民一定要解放台湾。不达目的，决不休止。伟大的中国人民决不能容忍侵犯我国领土主权完整的事情存在。"基于台湾当局在民族立场上的坚决态度，1955~1956年，中共中央还主动进行了寻求第三次国共合作，"和平解放台湾"的尝试。

大陆"解放台湾"口号的提出，以特殊的形式配合了台湾蒋介石"一个中国"的立场，有利于蒋介石顶住美国要求其从金、马撤军的压力。蒋介石非但没有放弃金马，相反却不断加强金马地区的军事力量。1957年7月，台湾当局实行"临战体制"。8月，金门驻军由1952年的3万人猛增到

9.6 万人，马祖驻军由 1952 年的 6000 人增加到 4 万人，蒋介石亲自巡视金门、马祖前线鼓舞士气。一时间，"反攻大陆"甚嚣尘上，两岸战云密布。

1958 年 7~8 月间，中共中央审时度势，决定以金门、马祖为战场，同美国支持的台湾当局进行一场军事较量。8 月 23 日晚 6 时 30 分，中国人民解放军福建前线炮兵部队对金门岛上军事目标和运输舰只发起猛烈炮轰。随后，对金门海空运输线进行封锁。9 月 3 日，美军舰队应蒋介石请求，为蒋军补给船护航。7 日，美军混合舰队驶入料罗湾。解放军继续炮击，"只打蒋舰，不打美舰"。美军不愿为了金门而卷入中国内战，只好退出，改为只用装备支援国民党军队。

金门炮战引起国际舆论强烈反响，美国政府迫于国际舆论和国内反战压力，不愿过多介入中国内战，遂又加大要求蒋介石从金、马撤军的压力；中国大陆也已达到探测美国底线的目的，如果战事扩大到迫使蒋介石不得不从金、马撤军，反而有利于国际反华势力分裂中国的阴谋。因此，中共中央军委根据毛泽东意见，确定对金门、马祖"打而不登、封而不死"的策略。10 月 6 日，国防部长彭德怀发布《告台湾同胞书》，宣布暂停炮击。后来双方又有过若干次小规模炮战，互有损伤，但炮战性质逐渐发生变化，变成政治上的象征意义大于军事意义。

金门炮战，既挫败了蒋介石拉拢美国支持其"反攻大陆"的打算，又挫败了美国搞划峡而治的阴谋。其后，台湾当局原则上放弃了武力"反攻大陆"计划，改提"光复大陆以三民主义为主，以军事为辅"，这就是"三民主义统一中国"口号的由来。美国也不得不在与台湾当局发表的"联合公报"中承认，"双方认为在当前情况下，金门、马祖与台湾、澎湖在防卫上有密切的关联"，从而不再撺掇台湾当局放弃金马地区。

为了体现两岸内战的事实，金门炮战一直延续，双方打打停停，后来形成"单打双停"（逢单日炮击，双日停止）惯例，或改打宣传炮；即使炮击，也不以杀伤和摧毁为目的，往往是把炮弹打到沙滩或其他空旷无人地带，形成一种奇特的战争现象。这毋宁是两岸中国人在复杂国际环境中共同维护"一个中国"立场的一种特殊默契。一直到 1979 年中美建交，中华人民共和国国防部长徐向前发表《停止炮击大、小金门等岛屿的声明》，历时 21 年的炮击，才正式画上句号。

二　"金马地区"的行政体制

1949 年 10 月 1 日，中华人民共和国成立，中共福建省委书记、省军区政委张鼎丞兼任新中国首任福建省人民政府主席。10 月中旬，中国人民解放军攻克原属金门县的大嶝岛、小嶝岛及附近岛屿（统属大嶝乡），成立大嶝区，由南安县代管，还任命了金门县县长。竿塘为马祖乡，按传统隶属关系列入新中国连江县管辖；白犬列岛属东沙乡，归长乐县管辖（后撤销，并入马祖乡）；东引、西引归罗源县管辖。1955 年 5 月，福建省人民政府正式宣布成立金门县人民政府，梁新民为县长，大嶝区归金门县管辖，借驻南安县政府大院办公。与此同时，台湾当局继续保留金门县，后来将南北竿塘、白犬列岛、东引、西引等岛屿，合并编为连江县。这就出现了两岸"两个金门县""两个连江县"的现象。由于金门、马祖一直为台湾当局所实际控制，新中国对金门、马祖的行政安排，只是一种虚置。中华人民共和国的金门县县长，终生也没有到过金门。大嶝区后来改为大嶝公社，改由同安县管辖。

图 59　福建省人民政府档案资料

　　1954 年 10 月 5 日，福建省人民政府通知晋江区专员公署要求建立"金门县人民政府"的文件。现藏于福建省档案馆。

　　国民党政府在大陆的最后一任福建省政府主席，是朱绍良上将，上任不到一年，福州就解放了。1949 年 8 月，国民党"福建省政府"随军队迁驻金门县。金门战役后，"福建省政府主席"改由金门防卫司令胡琏兼任，对所控制的沿海岛屿实行全面军管，停止县制，各设"民政处"处理地方行政。1950 年 3 月，成立金门及马祖两个"军管区行政公署"，代理所辖原属金门、连江、长乐、罗源、霞浦、莆田等县部分区域的政务。

　　1955 年 1 月 20 日，台湾当局恢复"福建省政府"建制，并在马祖设立"闽东北行政公署"，管理连江、长乐、罗源三县政务。7 月，"闽东北行政公署"改为"福建省第一区行政督察专员公署"。1956 年 7 月 16 日，为适应"反攻大陆"需要，统一战地军政指挥，实施金门、马祖"战地政务实验办法"，"福建省政府"受命移驻台湾省台北县新店镇办公，职能被架空，只负责研究"光复大陆"后的福建"重建计划"、人才储备、对大陆心理（宣传）战、闽侨联系与服务以及其他不属战地政务的一般行政工作。同时撤销"福建省第一区行政督察专员公署"，并将莆田县属乌丘暂归金门县管辖，罗源县所属东引（即东涌）岛、西引岛及长乐县所属西犬、东犬等岛划归马祖县管辖。这样，台湾当局所控制原属福建的地区，便正式整合为金门、马祖（台湾称连江）两个县，习惯上通称"金马地区"。

　　1987 年台湾当局宣布"解严"，但因金门、马祖为"战地"，仍持续戒严到 1992 年才终止"战地政务"。其后，金门、马祖两县的行政体制恢复正常，按照"宪政"原则实行地方自治，建立县民意机构和实行选举制。1996 年 1 月 15 日，"福建省政府"从台北新店市迁回金门办公。同年，台湾当局举行所谓第四次"修宪"，冻结"省级政府组织"。1999 年，台湾当局通过"地方制度法"，台湾地区的行政架构变成中枢本部、直辖市和县、乡三级，省级建置被虚化。

　　虚级化后的"福建省政府"不再有行政实权，但根据台湾当局现行法律框架，仍然有保留的政治意义。1999 年 8 月 25 日，台湾当局"行政院"制定"福建省政府组织规程"，规定"省政府"为"行政院"派出机关，受"行政院"指挥监督，其职责包括监督县市自治、办理法令授权事项及"行政院"交办事项等等，实际上成为一种咨询机构，起着"维系省政持续运作及扮演台湾当局与地方政府之桥梁"的作用。"省政府"的负责人，由"行政院"提请台湾地区领导人任命。兹将台湾当局所委任的"福建省政府主席"及其任期列为表 7。①

表 7   台湾当局所委任的"福建省政府主席"及其任期

姓　名	任　　期	备　注
胡　琏	1949 年 11 月 23 日～1955 年 2 月 1 日	以金门防卫部司令官兼任
戴仲玉	1955 年 2 月 1 日～1986 年 5 月 21 日	任内去世
吴金赞	1986 年 6 月 20 日～1998 年 2 月 10 日	以"立法委员"兼任
颜忠诚	1998 年 2 月 10 日～2007 年 5 月 21 日	
杨诚玺	2007 年 5 月 21 日～2007 年 11 月 28 日	以"省政府第一组组长"暂代
陈景峻	2007 年 11 月 28 日～2008 年 5 月 20 日	以"行政院秘书长"兼任
薛香川	2008 年 5 月 20 日～2009 年 9 月 10 日	以"行政院秘书长"兼任
薛承泰	2009 年 9 月 10 日～2013 年 2 月 18 日	以"行政院政务委员"兼任
陈士魁	2013 年 2 月 18 日～2013 年 8 月 1 日	以"行政院政务委员"兼任
罗莹雪	2013 年 8 月 1 日至今	以"行政院政务委员"兼任

　　名义上为"福建省政府"辖地的金门、马祖，长期作为台湾与大陆对峙的"战地"，在行政体制及辖区上都经历了很大变化，前面的叙述都已有所涉及，这里再做个梳理，分述如下。

　　金门县　原属金门县的大嶝、小嶝于 1949 年 10 月 10 日以后已属大陆。1949 年 11 月，台湾当局撤销金门县政府，改依驻军单位辖区，划分为金东、金西、烈屿三区，各设民政处管理地方行政，三个民政处共辖 9 个区公所。次年 3 月，三个民政处合并成立"金门军管区行政公署"，辖区除金门外，兼辖福建南部由国民党军控制的其他岛屿。1951 年，金门军管区划设金城、金宁、金湖、金沙、金山、烈屿 6 个区，各设区公所治理。1953 年 2 月，"金门军管区行政公署"撤销，恢复"金门县政府"建制，原辖 6 个区改为乡镇，同时代管莆田县的乌丘乡。1956 年实行"战地政务"后，地方行政由"防卫司令部"下设"政务委员会"负责，原有"县政府"权力虚化。1959 年增设金琼乡。1965 年撤销金山乡及金琼乡。1969 年"金门防卫司令部政务委员会"改为"金门战地政务委员会"，将部分业务移交"县政府"，军方逐渐淡出地方行政事务。1992 年后，"战地政务"终止，"县政

---

　　① 　这里关于金马地区行政体制所引资料，大部分参考"维基百科""百度百科"。http://zh. wikipedia. org \ zh－cn \% E7% A6% 8F% E5% BB% BA% E7% 9C% 81；http://baike. baidu. com \ link? url＝imVLB5Ph6YTwbOdD4yA882I.

府"恢复实际治理权。

现今，金门县共辖 6 个乡镇，即金城镇、金湖镇、金沙镇、金宁乡、烈屿乡、乌丘乡，辖属岛屿有金门岛、小金门（烈屿）、东碇岛、大担岛、二担岛、三担岛、四担岛、五担岛、乌丘屿（原属莆田县）、北碇岛等 12 座岛屿。至 2012 年，全县人口有 10.5 万余人。

马祖县　马祖列岛原分属连江、长乐、罗源、霞浦等县。1950 年 12 月，马祖列岛成立"马祖行政公署"，依岛为单位，分设南竿、北竿、白肯（即白犬）、东涌（即东引）、四礵、岱山、西洋、浮鹰 8 个区，各设区公所。1952～1955 年，偏北的西洋、浮鹰、四礵、岱山四岛区相继被中国人民解放军攻占，马祖仅剩 4 个岛区。1953 年 3 月，南竿、北竿两区改为乡，并以该二乡恢复"连江县"建制。8 月，改"马祖行政公署"为"闽东北行政公署"，将白肯区划分为白肯、东肯二乡并恢复"长乐县"建制，由"闽东北行政公署"就近督导连江、长乐、罗源三县政务。1954 年 3 月，改东涌区为乡建制，并于其上恢复"罗源县"建制。1955 年 1 月 20 日，"闽东北行政公署"改制为"福建省第一区行政督察专员公署"。1956 年实行"战地政务"后，于 7 月 16 日成立"马祖地区防卫部政务委员会"，各"县政府"权力虚化，"福建省第一区行政督察专员公署"撤销，罗源县所属东涌乡及长乐县所属白肯、东肯二乡，一律划归连江县管辖。1971 年，改白犬（白肯）列岛为莒光乡，西犬称西莒、东犬称东莒。1992 年后，"战地政务"终止，"县政府"恢复实际治理权。

现今，连江（马祖）县共辖 4 个乡，即南竿乡、北竿乡、莒光乡、东引乡，辖属岛屿统称马祖列岛，包括南竿岛、北竿岛、东引岛、西引岛、亮岛、高登岛、东莒岛、西莒岛等共 36 个岛屿。据 2000 年人口普查数据，全县 17775 人。[①]

三　两岸关系改善中的金门、马祖

1979 年，中华人民共和国全国人大常委会发表《告台湾同胞书》，提出两岸"通邮、通航、通商"的"三通"倡议，两岸关系进入新的历史时期。对金马地区而言，最明显的改善信号，就是停止了炮击。其实，即使在炮击的年代，两岸渔民就已在海上有不少的商品交换。随着军事对峙气氛的

---

① 《户口及住宅普查报告》第 27 卷《连江县报告》，台湾"行政院"主计处编印，2002。

缓和，两岸渔民越"界"捕鱼和在海上接触的机会越来越多，从不再互相敌视、防范，到互相问候、救助，再到互通有无交换小商品，民间往来和官方高层释放的善意相呼应，有力地推动着两岸关系的改善。大陆沿海岛屿设立了台湾同胞接待站，接待台轮入港避风、维修、补给等，并指定一些商业机构开展两岸"以货易货，等价交换"。20 世纪 70 ~ 80 年代，台湾经济飞速发展，制造业极其发达，而大陆还处在短缺经济时代，对工业品的需求极其旺盛。大陆渔民以海上渔获、内地的手工制品等，从台轮换回电子产品、服装等，极大地丰富了福建沿海的商品市场。

大陆改革开放初期，在广东、福建开辟四个经济特区，制定特殊政策灵活措施，吸引台港澳同胞和外商前来投资。由于地理和人文的关系，台商探索性到大陆投资就从福建开始。1983 年，第一家台资企业三德兴在厦门经济特区落户。1984 年初，台湾当局宣布允许台湾人员在"国际学术、科技、体育、文化等方面的会议和活动"中与大陆人员接触交往，接着又默许民间通过转口形式与大陆通商，两岸关系的坚冰逐渐打破。1987 年台湾"解严"后，大量台胞通过第三地回到大陆探亲。

在头一轮的两岸关系改善中，金门、马祖由于仍然延续"战地"体制，与大陆间除了民间海上往来，没有更多的题材。直到 1992 年，"战地政务"终结，金门、马祖地方当局才得以正视两岸关系改善的红利。此时大陆掀起新一轮更大的改革开放，台商投资大陆已出现高潮，两岸人员往来日趋热络，尽快实现直接"三通"的呼声越来越高。1992 年 3 月，福建省提出"两门对开，两马先行"构想。"两门"即厦门和金门，"两马"即福州马尾和马祖，都是近在咫尺，若能开辟直达通道，可以为两岸民众提供安全、便捷、经济的往返条件，促进两岸经济合作和共同繁荣。

1992 年 10 月，两岸以民间组织出面代表的方式，开始磋商往来事务，台湾海峡交流基金会与大陆海峡两岸关系协会在香港达成以"海峡两岸均坚持一个中国原则"为核心内容与精神的"九二共识"。在此基础上，第二年"两会汪辜会谈"又就加强两岸经济合作和科技、文化、青年、新闻等领域的交流进行了协商，签署了 4 项协议。这一协商平台，为两岸交流合作开辟了更大的空间。随即，国家有关部门发布《关于对台湾地区小额贸易的管理办法》，指定福建、浙江、江苏、上海、山东等东南沿海口岸，由台湾居民和大陆对台小额贸易公司进行"小额贸易"。

福建省和国家有关部门提出的设想和办法，得到台湾金马地方当局和有识之士的积极回应。1994 年 6 月，由金马爱乡联盟提出《金马与大陆小三通说帖》，希望以"单向通航""定点直航"或"先海后空""先货后客"等方式，率先在金马地区与福建之间实行"小三通"。

随着台商投资大陆的增加和两岸人员往来增多，台湾岛内工商界和民众希望两岸"三通"的呼声也渐渐高涨。但李登辉执掌的台湾当局实行"戒急用忍"政策，其后抛出"两国论"，继任的民进党当局更是执行分裂路线，台湾的大陆政策发生转向，导致两岸"两会"磋商平台陷于瘫痪，两岸关系发展缓慢。然而，台湾当局既不能无视民意，又刻意回避"一个中国"原则，于是，用"小三通"来作为回应两岸关系发展大势所趋的一种虚张声势的手段，以摆脱在大陆政策上的困境，换取时间，就成为一种不得不为的选择。

2000 年 3 月，台湾制订《离岛建设条例》，明确"为促进离岛（指澎金马地区）发展，在台湾本岛与大陆地区全面通航之前，得先行试办金门、马祖、澎湖地区与大陆地区通航"。该年底，台湾当局出台《试办金门马祖与大陆地区通航实施办法》，并于 2001 年 1 月 1 日生效，实行定点定时的货客运通航。规定：凡设籍金马地区满 6 个月以上居民，可申请赴对岸观光、旅游与从事商务活动。而大陆地区人民，得经由金马地区亲友或旅行社，申请赴金马地区进行旅游、商务、探亲或探病奔丧；每年允许一定数量的大陆同胞到金门和马祖访问，最长逗留时间不超过 7 天；大陆地区物品准许输入金、马两地，但仍禁止经转运往台湾。

根据上述办法，1 月 29 日及 3 月 2 日，马祖、金门分别与福州马尾、厦门签订《福州马尾—马祖关于加强民间交流与合作的协议》及《关于加强厦门与金门民间交流合作的协议》，明确"双方本着一个中国的原则"就通商、通邮、通航、供水、文教、探亲、旅游、医疗等多方面进行合作。这就是俗称的"小三通"。

"小三通"协议还没签订，双方实际上就已经开始试通航。2001 年 1 月 2 日，金门"县长"陈水在一行乘"太武号"与"浯江号"轮船自金门料罗港抵达厦门和平码头，完成了金、马与福建的"小三通"首航，这是 52 年来两岸一个重要的通航标志；同日，马祖进香团 500 多人乘台马轮抵达福州马尾港，实现了"双马"宗教直航。2001 年 2 月 6 日，厦门"鼓浪屿"号轮船载着 76 名金门籍民众从厦门驶向金门，这是 52 年来大陆轮船一次重要的直航金门事件。2002 年 4 月 16 日，金门—厦门定期班轮正式开通，每周二、周五各往返一次。次日，金门"太武号"和"大洋一号"货轮，从金门载运 1625 箱金门高粱酒直抵厦门，这是厦门 53 年来首次从金门按一般贸易方式直航进口产品。

图 60　金厦"小三通"首航

2001 年 1 月 2 日，"太武号"轮船从金门料罗湾驶抵厦门和平码头，这是两岸隔绝 52 年之后重新通航的一个重要标志。

台湾当局原定"小三通"试办一年，结果一直运行下来。作为两岸关系艰难发展时期的一种可贵通道，"小三通"的历史作用不可低估。首先，它为后来两岸全面"三通"积累了经验。"两门对开、两马先行"的模式，打破了两岸半个多世纪的隔绝，拉开了两岸直接往来的序幕，开启了"地方对地方""民间对民间"的协商机制；"小三通"运行过程，不断探索两岸人员、货物往来的方式、线路和内容，实现了邮包快速通关、截弯取直等多项突破，创造了"挂公司旗""另纸签注""一票到底""行李直挂"等模式，成为两岸实施全面直接双向三通的范本。其次，有力地促进了两岸文化交流。"小三通"开通后，福建与金马澎地区文化交流持续热络，民间信仰活动往来频繁，早先已经开办的"两门中秋海中会""两马同春闹元宵"等活动常态化，成为两岸交流活动的重要品牌，闽剧、南音、歌仔戏、高甲戏、木偶剧等富有地方特色的文艺交流经常举办，稳固了金马民众对福建的乡情纽带。再次，促进了两岸经贸往来。"小三通"以快捷、灵活、多样化的模式，大大节约了时间成本和运输成本，提高了台商投资意愿。福建运来价廉物美的生活用品和建材等，满足了金马民众生产生活需求，而金马名酒和台湾农产品等通过"小三通"进入福建，也成为主渠道。①

2008年马英九上台不久，中断近10年的两岸"两会"协商得以恢复，"三通"议题成为首选。当年6月，"两会"达成《海峡两岸包机会谈纪要》《大陆居民赴台湾旅游协议》。11月，又就两岸邮政、空运、海运、食品卫生达成4个协议。以这些协议为依据，两岸全面"三通"基本实现。2010年6月29日，两岸"两会"领导人签订《海峡两岸经济合作框架协议》（即ECFA），为两岸经济合作做出制度化安排。两岸关系进入新的历史阶段。

两岸全面"三通"的实现和ECFA的签订，给金门、马祖发展带来新的机遇，"小三通"通道不但不受"大三通"影响，而且线路增加、流量增大、限制放宽，显示出不可替代的优势。目前"小三通"有"金门—厦门""马祖—马尾""金门—泉州"等航线，每天有46个往返航班，截至2013年4月30日，"小三通"累计客运量已突破1000万人次。这在一定程度上带动了金马地区的发展和繁荣，原本处于人口外流的金马地区，开始变成人口成长区。"两门"和"两马"已经形成"一日生活圈"。越来越多的金门人到厦门购房、购物、游玩，大约每1.5户金门居民就在厦门拥有1套房产。许多人备有两张手机SIM卡，到了大陆就用中国移动、中国联通卡。各行各业都在谈论"大陆机遇"，台湾"第一名酒"金门高粱酒也被宣传为"福建的"高度白酒，因为两岸人眼里的"福建省"，本来就是一省。

后ECFA时代对于台湾金马地区和大陆福建省来说，都是不可多得的发展机遇。ECFA需要在探索中前行，探索需要先行先试。福建是大陆对台合作先行先试省份，台湾同样需要金马地区在与大陆交流合作中先行先试。金马地方政要和有识之士正在积极探讨如何利用台湾当局赋予离岛建设的优惠政策和ECFA所带来的机遇，加快完善基础设施，共建两岸"自由贸易区"，使之成为两岸经贸合作制度性一体化的一个突破口与切入点，以及打造"小三通"旅游品牌等。在金、马地方当局和饱受军事对立之苦的民众

---

① 参考单玉丽《"小三通"在两岸关系中的作用、机遇与前景》，《现代台湾研究》2011年第6期。

看来，只有成为两岸和平往来的通道，才是他们的美好未来之所系，因此，金马民众是两岸和平发展与和平统一的最积极拥护者。金门岛内甚至可以看到"一国两制"的招牌。台湾各种选举，金门、马祖都是蓝营选票"铁仓"，分裂势力在金马地区基本没有选票。在两岸关系发展中，金马地区一直发挥着推动和平发展和反对分裂的正能量。

参考文献

一　古籍文献

《山海经》，文渊阁四库全书本。

《列子》，文渊阁四库全书本。

司马迁：《史记》，上海古籍出版社，1995年《二十五史》本。

陈寿：《三国志》，上海古籍出版社，1995年《二十五史》本。

程大昌：《禹贡论》，文渊阁四库全书本。

毛晃：《禹贡指南》，文渊阁四库全书本。

沈约：《宋书》，上海古籍出版社，1995年《二十五史》本。

范晔：《后汉书》，上海古籍出版社，1995年《二十五史》本。

魏征：《隋书》，上海古籍出版社，1995年《二十五史》本。

刘恂：《岭表录异》，文渊阁四库全书本。

梁克家：《三山志》，文渊阁四库全书本。

乐史：《太平寰宇记》，文渊阁四库全书本。

李昉：《太平御览》，文渊阁四库全书本。

祝穆：《方舆胜览》，文渊阁四库全书本。

周必大：《文忠集》，文渊阁四库全书本。

赵汝适：《诸蕃志》，文渊阁四库全书本。

王存：《元丰九域志》，文渊阁四库全书本。

汪大渊：《岛夷志略》，文渊阁四库全书本。

脱脱：《宋史》，上海古籍出版社，1995年《二十五史》本。

宋濂：《元史》，上海古籍出版社，1995年《二十五史》本。

黄仲昭：《八闽通志》，福建人民出版社，1990。

何乔远：《闽书》，福建人民出版社，1994。

顾祖禹：《读史方舆纪要》，文渊阁四库全书本。

张燮：《东西洋考》，中华书局，2000。

顾炎武：《天下郡国利病书》，中华书局，四部丛刊三编。

沈有容：《闽海赠言》，台湾文献丛刊第56种。

谢杰：《虔台倭纂》，明刊本。

周婴：《远游篇》，明刊本。

沈演：《止止斋集》，明刊本。

胡宗宪：《筹海图编》，文渊阁四库全书本。

黄宗羲：《赐姓始末》，台湾文献丛刊本。

张廷玉等：《明史》，上海古籍出版社，1995年《二十五史》本。

黄叔璥：《台海使槎录》，台湾文献丛刊本。

翟灏：《台阳笔记》，台湾文献丛刊本。

蓝鼎元：《鹿洲全集》，厦门大学出版社，1995。

《台湾府志三种》（蒋志、高志、范志），中华书局，1985年影印本。

刘良璧等：《重修福建台湾府志》，台湾文献丛刊本。

《清会典台湾事例》，台湾文献丛刊本。

嵇璜、刘墉等：《清朝通典》，清刻本。

《福建通志·台湾府》，台湾文献丛刊本。

吴堂纂修《同安县志》，光绪十二年刻本。

李焕春等修《长乐县志》，咸丰二年刻本。

卢凤棽修《罗源县志》，道光十一年刻本。

周凯修，林焜熿等纂《道光金门志》，《瀚典·台湾文献丛刊》收录本。

曹刚等修，邱景雍纂《连江县志》，收入"中国方志丛书第76种"，成文出版社，1967。

《中国地方志集成·福建府县志辑》，上海书店出版社，2000。

《乾隆泉州府志》《乾隆福州府志》《乾隆马巷厅志》《民国长乐县志》《民国同安县志》《民国厦门市志》《民国金门县志》。

沈瑜庆、陈衍：《福建通志》，民国刊本。

赵尔巽等撰《清史稿》，上海古籍出版社，1995年《二十五史》本。

《明神宗实录》，"中央研究院"历史语言研究所影印本。

《大清圣祖仁皇帝实录》，台湾文献丛刊本。

《大清德宗景皇帝实录》，台湾文献丛刊本。

《台案汇录丙集》，台湾文献丛刊本。

计六奇:《明季北略》,台湾文献丛刊本。

江日昇:《台湾外志》,齐鲁书社,2004。

邵廷寀:《东南记事》,台湾文献丛刊本。

杨英:《先王实录》,福建人民出版社,1981。

阮旻锡:《海上见闻录》(定本),福建人民出版社,1982。

刘献廷:《广阳杂记》,台湾文献丛刊本。

夏琳:《闽海纪要》,台湾文献丛刊本。

沈云:《台湾郑氏始末》,台湾文献丛刊本。

李鸿章:《李文忠公选集》,台湾文献丛刊本。

罗大春:《台湾海防并开山日记》,台湾文献丛刊本。

沈葆桢:《福建台湾奏折》,台湾文献丛刊本。

刘铭传:《刘壮肃公奏议》,台湾文献丛刊本。

《刘铭传抚台前后档案》,台湾文献丛刊本。

陈文达:《台湾县志》,台湾文献丛刊本。

陈淑均:《噶玛兰厅志》。

周钟瑄:《诸罗县志》。

周玺:《彰化县志》。

台湾省文献委员会编《台湾省通志》,众文图书公司,1970。

刘宁颜总纂:《重修台湾省通志》,台湾省文献委员会,1992。

《中国地方志集成·福建府县志辑》,上海书店出版社,2000。

二　资料汇编、选编

陈子龙等编《明经世文编》,中华书局,1962。

李国祥等编《明实录类纂·福建台湾卷》,武汉出版社,1993。

庄为玑、王连茂编《闽台关系族谱资料选编》,福建人民出版社,1984。

厦门大学郑成功历史调查研究组编《郑成功收复台湾史料选编》,福建人民出版社,1982。

福建师大历史系郑成功史料编辑组编《郑成功史料选编》,福建教育出版社,1982。

《巴达维亚城日记》,郭辉译,台湾省文献委员会,1970。

《萧垅城记》,江树生译,《台湾风物》第35卷第4期。

C. R. 博克塞：《郑芝龙（尼古拉一官）兴衰记》，《中国史研究动态》1984 年第 3 期。

E. Garnor：《法军侵台始末》，黎烈文译，台湾研究丛刊本。

张本政主编《〈清实录〉台湾史资料专辑》，福建人民出版社，1993。

吴元炳辑《沈文肃公政书》，文海出版社，1967。

文庆等纂《筹办夷务始末》，国风出版社，1974。

贺长龄辑《皇朝经世文编》，《近代中国史料丛刊》第 74 辑，文海出版社。

台湾银行经济研究室辑《清末台湾洋务史料》，《近代中国史料丛刊》第 73 辑，文海出版社。

中国史学会编辑《中法战争》，中国近代史资料丛刊，新知识出版社，1955。

台湾银行经济研究中心编《清光绪朝中日交涉史料选辑》，台湾省文献委员会，1997。

福建省档案馆等编《闽台关系档案资料》，鹭江出版社，1993。

福建省档案馆编《台湾义勇队档案》，海峡文艺出版社，2007。

李友邦主编《台湾先锋》（重刊本十册），人间出版社，1991。

秦孝仪主编《中国现代史史料丛编》第 2 集《台籍志士在祖国的复台努力》，"近代中国出版社"，1990。

秦孝仪主编《中国现代史史料丛编》第 3 集《抗战时期收复台湾之重要言论》，"近代中国出版社"，1990。

《中日外交史料丛编》第一册《国民政府北伐后中日外交关系》，"中华民国"外交问题研究会，1964。

中国国民党中央党史会编《中华民国重要史料初编——对日抗战时期》，"中央文物供应社"，1981。

《徐永昌日记》，"中央研究院"近代史研究所影印本。

《朱家骅档案》，"中央研究院"近代史研究所档案馆藏。

《台闽地区户口及住宅普查报告》第 27 卷《连江县报告》，台湾"行政院主计处"，2002。

劳特派特编译《奥本海国际法》第一卷第二分册，中国人民外交学会编译委员会，1954。

三 专著、译著和论文

连横：《台湾通史》，商务印书馆，1983。

邓孔昭编著《台湾通史辨误》，江西人民出版社，1990。

尤玉柱主编《漳州史前文化》，福建人民出版社，1991。

卢美松、陈龙：《闽台先民文化探源》，福建人民出版社，2005。

汪毅夫：《闽台缘与闽南风》，福建教育出版社，2006。

汪毅夫：《闽台地方史研究》，福建教育出版社，2008。

杨彦杰：《荷据时代台湾史》，江西人民出版社，1992。

杨彦杰：《台湾历史与文化》，海峡文艺出版社，1994。

陈碧笙：《台湾地方史》（增订本），中国社会科学出版社，1990。

陈孔立主编《台湾历史纲要》，九州出版社，1996。

曹永和：《台湾早期历史研究》，联经出版事业公司，1981。

张瑞成编《光复台湾之筹划与受降接收》，"近代中国出版社"，1990。

陈鸣钟、陈兴唐主编《台湾光复和光复后五年省情》，南京出版社，1989。

柯乔治：《被出卖的台湾》，陈荣成译，前卫出版社，1988。

〔日〕伊能嘉矩：《台湾文化志》（中译本），台湾省文献委员会，1991。

〔日〕木宫泰彦：《日中文化交流史》，胡锡年译，商务印书馆，1980。

〔日〕藤井志津枝：《近代中日关系史源起——1871-1874年台湾事件》，金禾出版社，1992。

编辑部同人编《台湾史》，海外出版社，1985。

陈其南：《台湾的传统中国社会》，允晨文化实业股份有限公司，1987。

张崇根：《台湾历史与高山族文化》，青海人民出版社，1992。

林仁川、黄福才：《台湾社会经济史研究》，厦门大学出版社，2002。

黄新宪：《闽台教育的交融与发展》，福建人民出版社，2005。

黄静嘉：《春帆楼下晚涛急——日本对台湾的殖民统治及其影响》，商务印书馆，2003。

陈小冲：《日本殖民统治台湾五十年史》，社会科学文献出版社，2005。

张深切：《广东台湾独立革命史略》，中央书局，1948。

张深切：《里程碑》，圣工出版社，1961。

宋龙江：《台湾春秋》，台湾省新闻处，1969。

黄昭堂：《台湾总督府》，自由出版社，1989。

张其昀：《党史概要》，"中央文物供应社"，1979。

张炎宪等主编《台湾史论文精选》，玉山出版社，1996。

张乃根：《国际法原理》，中国政法大学出版社，2002。

唐文基主编《福建古代经济史》，福建教育出版社，1995。

厦门大学台湾研究所历史研究室编《郑成功研究国际学术会议论文集》，江西人民出版社，1981。

李亦园、乔健合编《中国的民族、社会与文化》，食货出版社，1981。

李友邦：《台湾革命运动》，人间出版社，1991。

王晓波：《台湾史论文集》，中国友谊出版公司，1992。

王晓波：《台湾史与台湾人》，东大图书公司，1988。

王晓波编《台湾的殖民地伤痕》，帕米尔书店，1985。

福建师范大学闽台区域研究中心编《闽台经济合作研究》，中国社会科学出版社，2000。

钟兆云：《落日——闽台抗战纪实》，鹭江出版社，2005。

王俊彦：《战后台日关系秘史》，福建人民出版社，2000。

张景旭：《台湾问题：中美关系的焦点》，福建人民出版社，1999。

全国台湾研究会编《台湾问题实录》，九州出版社，2002。

林金炎编著《马祖兵事》，台湾"福建省连江县政府"，2010。

《马祖研究——马祖列岛与海洋环境文化》，台湾"福建省连江县政府"，2011。

何少川主编《当代福建简史》，当代出版社，2001。

张光直：《台湾省原始社会考古概述》，《考古》1979年第3期。

张光直：《新石器时代的台湾海峡》，《考古》1989年第6期。

赵昭炳：《台湾海峡演变的初步研究》，《台湾海峡》第一卷第一期（1982年7月）。

林朝棨：《第四纪之台湾》，载《台湾研究在中国史学上的地位》，台湾大学考古人类学专刊第四种，1967。

严晓辉：《福建第四纪哺乳动物化石、古人类化石与文化遗存之研究》，载《福建历史文化与博物馆研究》，福建教育出版社，1993。

王振镛：《试论福建贝丘遗址的文化类型》，载《中国考古学会第三次年会论文集》，1984。

陈孔立：《澎湖不属同安考》，《台湾研究集刊》2005年第2期。

汪毅夫：《清代闽台之间的法缘关系》，《瞭望》2005 年第 21 期。

陈小冲：《张燮〈霏云居续集〉涉台史料钩沉》，《台湾研究集刊》2006 年第 1 期。

徐晓望：《郑芝龙之前开拓台湾的海盗袁进与李忠——兼论郑成功与荷兰人关于台湾主权之争》，《闽台文化交流》2006 年第 1 期。

徐晓望：《论晚明对台湾、澎湖的管理及设置郡县的计划》，《中国边疆史地研究》第 14 卷第 3 期，2004 年 9 月。

徐晓望：《隋代陈棱、朱宽赴流求国航程研究》，《福建论坛》（人文社会科学版）2011 年第 3 期。

晏爱红：《乾隆晚年台湾海口陋规案探析》，《石家庄学院学报》第 8 卷第 4 期，2006 年。

庄金德：《清初严禁沿海人民偷渡来台始末》，《台湾文献》第 15 卷第 4 期，1964 年 12 月。

李国祈：《清季台湾的政治近代化——开山抚番与建省（1875 － 1894）》，《中华文化复兴月刊》1975 年第 8 期。

尹章义：《日本殖民台湾时期台湾人的国籍与认同问题》，（台湾）《历史》2001 年第 11 期。

钟兆云：《抗战后期福建在台湾光复中的作用和贡献》，《东南学术》2005 年第 4 期。

吕芳上：《抗战与台湾光复》，《近代中国》第 108 期，1995 年 8 月。

左双文：《国民政府与台湾光复》，《历史研究》1996 年第 5 期。

褚静涛：《试论光复前后台湾省建制之过程》，《台湾研究》1999 年第 2 期。

褚静涛：《台籍志士与台湾省制之设计》，《民国档案》2005 年第 4 期。

单玉丽：《"小三通"在两岸关系中的作用、机遇与前景》，《现代台湾研究》2011 年第 6 期。

后　记

大约在 10 年前，笔者接受一个关于闽台行政建置关系研究的委托项目，研究成果出来后就被学界朋友们谬识为在该领域有所专长。其后又陆续参加一些合作项目，继续在闽台行政关系史领域深耕。学无止境，每次接手相关课题，都有新的史料发现，也有新的认识产生，对自己先前的成果也越来越不满足。这两年机缘巧合，再次得到一项研究资金，使我能够继续完善原先研究。笔者从文献和田野资料上做了进一步挖掘，对原有成果加以重写、扩充、增补、更正，并优化论述框架，费时约一年，汇成此书。本书文字稿于 2013 年 10 月完成，其后又花了不少时间和精力，搜集、拍摄、整理图片资料，分插其间。付梓之日，犹自惶惑，恐不能达到力求完善之初衷，且诚待于方家及广大读者批评指正。

本书之成，受益于领导、师友、编辑及读者之处颇多。他们对本书写作提纲、章节设置、体例规范乃至一些具体内容，都提出了不少宝贵意见。笔者最初设计章节，未涉及金门、马祖，徐晓望兄建议应增写金马地区与福建关系一章，这是个很有见地的重要补充；林国平兄、杨健民兄皆多年知交，每次交流都多有指教和鼓励；福建省博物院陈兆善研究员系我挚友，为本书搜集合适配图帮了不少忙；社会科学文献出版社黄金平先生是位很有水平且富有责任感的编辑，他细心地指出了原书稿中的许多表述缺陷和笔误，从而避免了不少技术性的硬伤。三年前有位台湾读者林先生来信，对笔者从前的相关著述中未述及鹿港厅建置提出质疑，并就鹿港、卑南、花莲诸厅的辖境问题，提出从福建搜寻档案资料线索的建议。从前笔者也曾为如何表述鹿港建置有所踌躇，一则因资料不足，二则因鹿港厅即使存在也过于短暂，故且略之。但事后看来，既为专述之著，这种忽略的确欠妥。因此，这次撰写本书，特别补述了鹿港厅的建置概况。遗憾的是，福建省档案局所存清代省署档案也很有限，欲就此有所发现，恐只能缓待来日。林先生素昧平生，竟对拙作如此细心，笔者颇引以为荣。林先生显然是位饱学之士，我期待今后继续领教。

对于以上各位的帮助和教益，在此一并表示深切的谢意！

许维勤

2015 年 4 月 10 日

图书在版编目（CIP）数据

闽台建制与两岸关系/许维勤著．—北京：社会科学文献出版社，
2015.5
ISBN 978 - 7 - 5097 - 5729 - 1

Ⅰ.①闽…　Ⅱ.①许…　Ⅲ.①政区沿革 - 研究 - 福建省②政区
沿革 - 研究 - 台湾省　Ⅳ.①K925.7②K925.8

中国版本图书馆 CIP 数据核字（2014）第 264922 号

闽台建制与两岸关系

著　　者／许维勤

出 版 人／谢寿光
项目统筹／王　绯
责任编辑／黄金平

出　　版／社会科学文献出版社·社会政法分社（010）59367156
　　　　　　地址：北京市北三环中路甲29号院华龙大厦　邮编：100029
　　　　　　网址：www.ssap.com.cn
发　　行／市场营销中心（010）59367081　59367090
　　　　　　读者服务中心（010）59367028
印　　装／三河市东方印刷有限公司

规　　格／开　本：787mm×1092mm　1/16
　　　　　　印　张：20.5　字　数：344千字
版　　次／2015年5月第1版　2015年5月第1次印刷
书　　号／ISBN 978 - 7 - 5097 - 5729 - 1
定　　价／85.00元